Hermann Hettner

Literaturgeschichte des 18. Jahrhunderts

Hermann Hettner

Literaturgeschichte des 18. Jahrhunderts

ISBN/EAN: 9783741126765

Manufactured in Europe, USA, Canada, Australia, Japa

Cover: Foto ©Thomas Meinert / pixelio.de

Manufactured and distributed by brebook publishing software
(www.brebook.com)

Hermann Hettner

Literaturgeschichte des 18. Jahrhunderts

Literaturgeschichte

des

achtzehnten Jahrhunderts.

Von

Hermann Hettner.

In drei Theilen.

Dritter Theil.
Die deutsche Literatur im achtzehnten Jahrhundert.

Drittes Buch.
Das klassische Zeitalter der deutschen Literatur.

Erste Abtheilung.
Die Sturm- und Drangperiode.

Braunschweig,
Druck und Verlag von Friedrich Vieweg und Sohn.
1 8 6 9.

Der Autor behält sich das Recht der Uebersetzung vor.

Inhalt.

Dritter Theil.

Geschichte der deutschen Literatur im achtzehnten Jahrhundert.

Drittes Buch.

Das klassische Zeitalter der deutschen Literatur.

Einleitung.

Der Kampf gegen die Schranken der Aufklärung.

Erster Abschnitt.

Die Sturm- und Drangperiode.

Einleitung.

-

Der Kampf gegen die Schranken der Aufklärung.

____

So gewaltig und segensreich die Errungenschaften der großen Aufklärungskämpfe waren, seit der Mitte des achtzehnten Jahrhunderts regten sich überall Zeichen, daß die Aufklärungsbildung bereits über sich selbst hinauszustreben beginne.

Es kam eine neue Epoche, deren unvergänglicher Ruhm und deren geschichtliche Bedeutung es ist, das trotz all' seiner Größe noch beschränkte und einseitige Lebensideal des Zeitalters der Aufklärung zum Lebensideal des vollen und ganzen, reinen und freien Menschenthums, zum Ideal vollendeter und in sich harmonischer Humanität vertieft und verklärt zu haben.

Kein anderes Volk hat diese entscheidende Entwicklung so tief und gründlich und so eigenthümlich durchlebt, kein anderes Volk hat sie zu so festem und klarem Abschluß gebracht.

Zwei verschiedene Entwicklungsstufen dieser großen Epoche sind scharf unterscheidbar. Die erste ist das Ringen und Kämpfen, die zweite die Durchführung und der Genuß des erreichten Sieges. Jene erste Entwicklungsstufe, das erste kühne, aber noch phantastisch unklare Aufleuchten des neuen gesteigerten und vertieften Lebensideals ist jene leidenschaftliche Erregung der Geister, welche wir als die Sturm= und Drangperiode zu bezeichnen ge=

wohnt sind. Die zweite Entwicklungsstufe ist das eigentlich klassische Zeitalter der deutschen Literatur, die kritische Philosophie Kant's, die von dem Ideal wiedergeborenen Hellenenthums getragene Dichtung Goethe's und Schiller's.

Vieles und sehr Verschiedenartiges hatte zusammengewirkt, die gährende Stimmung der Sturm- und Drangperiode hervorzurufen.

Die rastlos und unerschrocken vordringende Aufklärungsbildung hatte dem Menschen endlich wieder das lang verlorene Gefühl seiner sittlichen Würde und Hoheit wiedergegeben. Eben hatte Winckelmann mit flammender Begeisterung die strahlende Herrlichkeit des griechischen Alterthums vorgeführt. Eben hatte sich der deutschen Jugend in der von Tag zu Tag wachsenden Lust und Freude an den gewaltigen Schöpfungen Shakespeare's eine ganz neue, bisher ungeahnte Welt von Kraft und Leidenschaft, von Poesie und Herzenstiefe erschlossen, die mit unwiderstehlicher Allgewalt ihr ganzes Wesen ergriff und ihre Phantasie mit den machtvollsten Gestalten erhöhten Menschendaseins erfüllte. Und doch sah sich diese Jugend in eine Wirklichkeit eingeklemmt, die zu diesen hochherzigen Idealen und Forderungen im schneidendsten Widerspruch stand. Was dem Einzelnen Kraft und Halt giebt, der selbstbewußte Stolz auf ein mächtiges einheitliches Vaterland, wie konnte ihn der Deutsche haben, da Deutschland noch immer nur ein fast völlig zusammenhangloses Nebeneinander von mehr als dreihundert selbständigen Souveränetäten und von nahezu fünfzehnhundert Halbsouveränetäten war? Spottend fragte man sich nur, wie das liebe heilige römische Reich überhaupt noch zusammenhalte. Noch immer wucherte auch unter den fürsorglichen Grundsätzen des sogenannten aufgeklärten Despotismus viel Härte und Willkür; mit dem zunehmenden Alter war Friedrich der Große nur immer herrischer und gewaltthätiger geworden. In den meisten kleineren Ländern aber schaltete die nichtswürdigste Tyrannei; und zwar um so ungezügelter, da das grausame Prunken mit der unbeschränkten Selbstherrlichkeit im Innern den Mangel gebietender äußerer Machtstellung ersetzen und verdecken sollte. Noch immer hatte der Adel die verletzendsten Vorrechte, staatlich sowohl wie gesellschaftlich; noch immer war fast die Hälfte der Gesammtbevölkerung hörig. Und auch in den Sitten und Gewohnheiten des Hauses begegnen wir noch gar manchen befremdenden Zügen der Starrheit und Unfreiheit. Im wohlhabenden und gebildeten Bürgerthum, dem Kern des Volks, viel sittliche Tüchtigkeit und unermüdliche Arbeitskraft; aber für den Geist des Familienlebens ist es bezeichnend, daß die Kinder für die Eltern nur das unterwürfige Sie haben; der Hausherr als lästiger Polterer ist eine stehende Lustspielfigur. Noch immer das steifste Ceremoniell, fest abgezirkelte Satzung, wo wir nach frischer Herzensregung verlangen. Ein spannender Widerspruch, der in dem neuen Geschlecht um so tiefer grollte und wühlte, je mehr in ihm selbst noch die weinerliche Gefühlsweichheit Gellert's, die phantastische Ueberschwenglichkeit Klopstock's, und die so eben wieder durch Wieland in Umlauf gekommene Glückseligkeitslehre der englischen Moralisten lebendig fortwirkten und bunt durcheinander schwirrten.

Und mitten in diese gährende Stimmung fielen die mächtigsten Anregungen von außen. Goethe hat wiederholt auf den Einfluß der englischen Literatur hingewiesen. Und Jedermann weiß, welch frisch empfänglichen Boden der liebenswürdige Humor Sterne's, die trübe Schwermuth Young's, die dämmernde Nebelwelt Macpherson-Ossian's in der Innerlichkeit des deutschen Gemüths fand, und wie der neue Begriff vom Wesen ursprünglicher und naturwüchsiger Volkspoesie, der durch Lowth's tiefsinnige Untersuchungen über Geist und Form der hebräischen Dichtung, durch Wood's geistvolles Buch über Homer, durch Percy's Sammlung altenglischer Balladen, eingeleitet und vor-

1 *

bereitet wurde, in Deutschland sogleich auf's tiefste und nachhaltigste zündete. Allein wenn Goethe einmal in einem seiner
Gespräche mit Eckermann (Bd. 2, S. 169) äußert, daß aus
seiner Lebensbeschreibung nicht genugsam erhelle, was seine Bildung den Bewegungen der gleichzeitigen französischen Literatur
verdanke, so gilt dies nicht blos von seiner eigenen Bildungsgeschichte, sondern von seiner Darstellung und Ableitung der
Bildungsgeschichte jener denkwürdigen Zeit überhaupt. Die
eigentliche Wurzel der deutschen Sturm- und Drangperiode ist
das Naturevangelium Rousseau's. Was stumm und ahnungsvoll
im Herzen der deutschen Jugend gelegen, das hatte durch Rousseau
Leben und Bewußtsein, Ziel- und Richtung, Gehalt und Gestalt
gewonnen.

Von dem dämonischen Zauber, den der mahnende Weckruf
Rousseau's nach Natur und Ursprünglichkeit, nach Wiedergeburt
und Verjüngung, auf die nächsten Zeitgenossen ausübte, und
zwar mehr noch in Deutschland als in Frankreich, können wir
uns heute kaum noch eine genügende Vorstellung machen. Schon
1751, bei der Anzeige der ersten Schrift Rousseau's, hatte Lessing
(Nachm.. Bd. 3, S. 202) gesagt, man könne von diesen hohen
Anschauungen und Gesinnungen nicht ohne heimliche Ehrfurcht
reden. Inzwischen aber war die Wirksamkeit und das Ansehen
Rousseau's unablässig gestiegen. Selbst Kant, der doch auf's
tiefste alle Schwärmgeister haßte, konnte sich der großartigen
Gedankenwelt Rousseau's nicht entziehen. Es wird erzählt, daß
ihm einmal über dem Studium Rousseau's das Unerhörte begegnete, daß er seinen gewohnten täglichen Spaziergang vergaß;
und am 16. August 1766 schrieb Scheffner an Herder (Lebensbild, Bd. 1, 2. S. 165), Kant weile mit seinen Gedanken
jetzt beständig in England, weil Hume und Rousseau dort seien.
Besonders aber schaarte sich die Jugend um Rousseau. Für
Herder war während seiner Königsberger Studentenjahre Rous-

feau sein unausgesetzter Verkehr; und auch noch in Riga blieb
ihm derselbe für alle seine kühnen und genialen Zukunftspläne
der bestimmende Leiter und Führer. Goethe hegte, wie sein Tage=
buch aus der Straßburger Zeit (Briefe und Aufsätze, heraus=
gegeben von A. Schöll, S. 98) beweist, die lebhafteste Vorliebe
namentlich für Rousseau's religiöse Ideen. Es ist eine sehr bedeut=
same Thatsache, daß Kestner in einem herrlichen Briefe (vgl.
Goethe und Werther 1854, S. 37), in welchem er uns Goethe
in den ersten Monaten seines Weßlarer Aufenthalts schildert,
ausdrücklich hervorhebt, daß Goethe ein Verehrer Rousseau's sei,
wenn er auch nicht zu dessen blinden Anbetern gehöre; Werther
und Faust sind ohne Rousseau undenkbar. Heinse mit seinem
Drang nach sinnlicher Naturfülle bezeichnet sich als »verfeinerten
Rousseauisten«. Klinger ist sein ganzes reiches und wechselvolles
Leben hindurch niemals aus dem Kreise Rousseau's heraus=
getreten. Schiller widmet dem begeisterten Lob Rousseau's eines
seiner frühesten Gedichte; und seine ersten dramatischen Dich=
tungen, von den Räubern bis zum Don Carlos, was sind sie
anderes als der kraftvoll dichterische Ausdruck des tiefen revolu=
tionären Grollens, das der nach Natur und Freiheit lechzende
Jüngling durch die Schriften Rousseau's in sich genährt und
gesteigert hatte? In der Rechtswissenschaft, im Erziehungswesen,
überall dieselben tiefgreifenden Einwirkungen. In Rousseau's Na=
men, sagt Goethe im breizehnten Buch von Wahrheit und Dichtung,
war eine stille Gemeinde weit und breit ausgesäet. Und noch in
Niebuhr's Jugendzeit, die doch fast um ein Menschenalter später
fällt, war, wie Niebuhr in seinen Vorlesungen über die Geschichte
des Zeitalters der Revolution (Bd. 1, S. 83) berichtet, Rousseau
der Held Aller, die nach Befreiung strebten. Immer zahlreicher
wurden in Deutschland die Parkanlagen englischer Art, deren
Reize Rousseau in der Neuen Heloise so warm empfindend ge=
feiert hatte; und bald gab es in Deutschland keinen irgend

größeren Park mehr, in welchem nicht eine kleine künstliche Insel oder ein stilles Waldversteck mit der Büste Rousseau's geschmückt war.

Die geschichtliche Stellung der Sturm- und Drangperiode zu den großen Bestrebungen des deutschen Aufklärungszeitalters ist daher genau dieselbe wie die geschichtliche Stellung Rousseau's zu Voltaire und zu den französischen Encyklopädisten.

Wie in Rousseau, so auch in der deutschen Sturm- und Drangperiode das heiße Hungern und Dürsten nach tieferer Gemüthsinnerlichkeit und das zornmüthige Ankämpfen gegen Alles, was in Leben, Sitte und Denkart, in Wissenschaft und Dichtung, diesem Verlangen nach Natur und Freiheit sich hindernd entgegenstellt; und wie in Rousseau, so auch in der deutschen Sturm- und Drangperiode zugleich dieselbe Verzerrung dieser tieferen Innerlichkeit in die eitelste Gefühlssophistik, welche oft wieder verwirrte und gefährdete, was durch die Siege der Aufklärung für immer gelöst und errungen schien.

Aus der verrotteten Gegenwart und Wirklichkeit sollte der Mensch wieder zurückkehren zu dem verlorenen Paradies seines unverlierbar angeborenen Naturzustandes. Aus der herzschnürenden Enge der herrschenden Aufklärungsbildung sollte der Mensch sich wieder erheben und erlösen zum unverbrüchlichen Idealismus des Herzens, zur unverkümmerten Erfassung und Erfüllung seiner vollen und ganzen, reinen und ursprünglichen Menschennatur. Aber zunächst trat nur die eine Einseitigkeit an die Stelle der anderen. Die Jahre der Sturm- und Drangperiode sind die Flegeljahre der deutschen Bildung; und zwar um so ungebärdiger, je mehr die Enge und Stille des Daseins Phantasie und Gemüth ganz auf sich selbst wies, je mehr bei der Erstorbenheit aller öffentlichen Dinge jedes Gegengewicht einer bedeutenden Wirklichkeit fehlte. Man träumte den holden Traum, auch das Leben poetisch leben zu dürfen; und man ver-

stand unter dieser Poesie des Lebens nur die Eingebungen und
Gelüste ungebundener Gemüthswillkür. Man wollte die Philister-
haftigkeit bekämpfen; und man verfiel in die trübste Phantastik.

Natur, Natur! »Unter allen Besitzungen ist ein eigen Herz
die kostbarste, und unter Tausenden haben sie kaum Zwei.« —
»Das Leben soll der lebendige Athem der Natur sein, nicht das
schale Lied des gewöhnlichen moralischen Dudeldeis!« — »Mögen
sie immer Bollwerke vor ihr Herz postiren; wohl uns, daß wir
frei athmen!« — »Erkennt Natur auch Schreibepultgesetze, taugt
für die warme Welt denn ein erfrorner Sinn?«

»Ueberall ein unbedingtes Streben, alle Grenzen zu durchbrechen; überall unmuthiger Uebermuth.« — »Nur kleine Seelen
knieen vor der Regel; die große Seele kennt sie nicht.«

Zwei hochragende Genien waren die Führer der Sturm-
und Drangperiode, Herder und Goethe.

Herder übertrug das Naturevangelium Rousseau's auf die
Forderungen des dichterischen Empfindens und Schaffens. Er
ist dadurch wesentlich der Vorkämpfer der jungen Dichterschule
geworden; es fielen die letzten Schranken moralisirender Absichtlichkeit, in welche selbst noch Lessing gebannt gewesen. Und durch
die wissenschaftliche Erforschung und Erkenntniß der naturwüchsigen menschlichen Bildungsanfänge und deren allmäliger folgerichtiger Entwicklung, wurde er der Begründer einer neuen
Sprach-, Religions- und Geschichtswissenschaft, auf deren Bahnen
wir noch heute fortwandeln, wenn auch unendlich bereichert und
vorwärtsgeschritten.

Am tiefsten und mächtigsten aber gährte und wühlte die
neue Zeitrichtung in Goethe, dem genialen Dichterjüngling, der
nur darum ein so großer und gewaltiger Dichter wurde, weil er
ein so großer und gewaltiger Mensch war. Was der Grundgedanke und die treibende Kraft seines ganzen Lebens ist, das
Verlangen nach voller und ungetrübter Entfaltung und Bethä-

tigung der vollen und ganzen Menschennatur, das Ideal reinen
und freien Menschenthums auf dem Grunde vollendeter harmonischer Bildung, das keimte und knospete schon jetzt in ihm,
wenn auch zunächst nur als unbestimmter dunkler Drang, als
überschäumendes Unendlichkeitsgefühl. Einerseits daher im Götz,
im Prometheus und in der Fausttragödie, deren erste Conception
schon in diese Zeit fällt, das trotzige ungestüme Titanenthum,
das ungebändigte Stürmen und Drängen nach einer besseren und
kraftvolleren Menschenart, nach schrankenloser Erkenntniß und
Thatkraft; und andererseits im Werther die tiefe Klage über den
Verlust des erträumten Naturzustandes, das leidenschaftliche
Murren und Grollen gegen die Härte und Kälte der widerstrebenden Wirklichkeit, die dem drängenden Geist die Flügel be-
schneidet und sein kühnes Emporstreben gewaltsam herabbeugt,
der selbstquälerisch brütende Weltschmerz, das empfindsame und
schönselige Schwelgen des Herzens in sich. »Warum so grenzenlos an Gefühl und warum so eingeengt in der Kraft des Vollbringens? Warum diese süße Belebung meiner aufkeimenden
Ideen und deren dumpfes Dahinsterben unter der Ohnmacht der
Menschen? Daß ich mich so hoch droben fühle, und doch nicht
sagen soll, du bist Alles, was du sein kannst; hier, hier steckt
meine Qual!«

Ein Jahrzehnt darauf lenkte Schiller dies revolutionäre
Grollen auf Staat und Gesellschaft; einer der Wenigen, in denen
auch die politische Seite zu leidenschaftlichem Ausdruck kam.

Und rings um diese großen Führer die gesammte deutsche
Jugend, von denselben Stimmungen und Empfindungen getragen;
aber krankhafter und unreifer.

Viel thörichtes Singen und Sagen von der Urkraft und
Göttlichkeit des Genies, dessen Recht und Pflicht es sei, sich selbst
voll und ganz auszuleben; und dabei die naiv komische Gewißheit eines Jeden, selbst ein solch göttliches Genie zu sein, das

kein anderes Lebens- und Sittengesetz anzuerkennen habe als
einzig die ungebundene Eigenmacht des angeborenen Ich, wie
es ging und stand, wie es nackt aus der Hand der Natur kam,
ohne Zucht und Maß, mit allen Schrullen und blinden Leiden-
schaftlichkeiten. Die Spielereien der Lavater'schen Physiognomik, aus diesem Glauben an die Macht und Berechtigung aller
zufälligsten und persönlichsten Eigenheiten und aus dem Suchen
und Jagen nach Menschen von Genie und Herzenstiefe hervorgegangen, bemächtigten sich aller Kreise und galten als eines
der wichtigsten Bildungsanliegen. Der Ruf nach Genialität
wurde der Freibrief für alles Absonderliche und Verschrobene.
Die scharf betonte Kraftfülle wurde prahlerische Schaustellung
studentenhafter Roheit und wüste Orgie der Liederlichkeit; die in
sich versunkene Gefühlsinnerlichkeit wurde verzehrende Empfindelei
und haltlose Selbstverhätschelung. Und es ist nur ein neuer
und anderer Zug derselben überreizten Geniesucht, wenn in den
meisten Jünglingen dieser Zeit eine Theatermanie herrscht, wie
sie in solcher Ausdehnung wohl niemals vorgekommen. Schwerlich
würde in der Bildungsgeschichte eines Deutschen der Gegenwart
dem Theater ein so breiter Raum eingeräumt werden, wie ihm
Goethe in der Bildungsgeschichte Wilhelm Meisters eingeräumt
hat. K. Ph. Moritz sagt im Lebensroman Anton Reisers das
lösende Wort. Die Bühne, als die gefeite Phantasiewelt, erschien als die rettende Zuflucht gegen die Widerwärtigkeiten
und Bedrückungen der Wirklichkeit, als der einzige Ort, wo der
ungenügsame Wunsch, alle Scenen des Menschenlebens selbst zu
durchleben, Befriedigung finden könnte.

Lenz spricht diese gefühlsschwelgerische Starkgeisterei treffend
in den bekannten Versen aus: »Lieben, Hassen, Fürchten, Zittern,
Hoffen, Zagen bis ins Mark, kann das Leben zwar verbittern,
aber ohne sie wär's Quark!« Friedrich Müller, der sogenannte
Maler Müller, einer der Begabtesten dieser jungen Dichter, rühmt

an der alten Sagengestalt des Doctor Fauß, daß dieser gegen
das verlahmte vermatschte Menschengeschlecht als ein fester, aus=
gebackener, fix und fertiger Kerl stehe, aus dem ein Löwe von
Unersättlichkeit brülle.

In der Wissenschaft und Dichtung derselbe phantastische
Taumel. Je leidenschaftlicher man nach dem Vollen und Ganzen,
nach dem Unmittelbaren und Urwüchsigen trachtete, je tiefer und
ungeduldiger man sich nach des Lebens Bächen, ach! nach des
Lebens Quelle sehnte, um so verachtender meinte man auf die
Bedächtigkeit und Langsamkeit kaltblütiger ruhiger Forschung
herabsehen zu dürfen. Was die trockene und nüchterne Ver=
ständigkeit der Aufklärungsbildung nur ungenügend beantwortete,
was die schneidende Kritik Kant's verneinte oder wenigstens als
über das menschliche Erkenntnißvermögen hinausragend vor=
sichtig umging, das sollte ergänzt und unfehlbar beantwortet
werden durch die dämonische Kraft und Weihe des Genies, durch
die Göttlichkeit des unmittelbaren Fühlens, Ahnens und Schauens.
Von Lavater und Genossen wurde der Pietismus neu zugestutzt.
Hamann und Jacobi, gleich Kant von den Zweifeln Humes
ausgehend, aber vor der Ueberwindung derselben durch die Strenge
wissenschaftlich folgerichtigen Vorschreitens weichlich zurückschreckend,
verlieren sich in eine matte Glaubens= und Gefühlsphilosophie,
die schlagend das unvergleichliche Wort bewährt, daß der My=
sticismus die Scholastik des Herzens ist. Vollends in der Dich=
tung, dem eigensten Gebiet der Gefühls= und Phantasiethätigkeit,
erhob sich bei den Meisten, namentlich im Dramatischen, eine
so wüste Lust am Rohen und Gräßlichen, ein so tumultuarisches
Ueberspringen aller unüberspringbaren Kunstformen und Kunst=
gesetze, daß es wahrlich nicht Wunder nimmt, daß Lessing von
diesen ungeheuerlichen Erscheinungen, welche die ganze Arbeit
seines Lebens wieder in Frage stellten, verletzt und unmuthig
sich abwendete, so daß er in diesem gerechten Aerger sogar die

großartige Bedeutung der gewaltigen Jugenddichtungen Goethe's
verkannte.

Wenn Goethe einmal in den Wanderjahren sagt, daß nur
das Halbvermögen gern seine beschränkte Besonderheit an die
Stelle des unbedingten Ganzen zu setzen wünsche und seine
falschen Griffe durch den Vorwand einer unbezwinglichen Origi=
nalität und Selbständigkeit beschönige, so ist diese Betrachtung
sicher aus dem Rückblick auf diese maßlosen Irrungen und Ueber=
stürzungen der Sturm= und Drangperiode hervorgegangen.

Fast dünkt es uns unbegreiflich, wie es jemals eine Zeitstim=
mung geben konnte, in welcher so durchaus verschiedenartige Na=
turen und Richtungen, wie Herder, Goethe, Lavater, Jung=Stilling,
Claudius, die Grafen Stolberg, Friedrich Jacobi, Heinse, Lenz,
Klinger, und alle die Anderen, welche gewöhnlich als die Vor=
kämpfer und Vertreter der deutschen Sturm= und Drangperiode
genannt werden, arglos nebeneinander standen, ja sich zu innigster
Freundschaft und Strebensgemeinsamkeit zusammenschlossen;
Goethe selbst hat später über dieses wunderliche Durcheinander
bitter gespottet. Aber alle diese jungen Feuergeister, welche feind=
lich auseinanderstoben und sich in die entgegengesetztesten Partei=
lager spalteten, als das Werk der Verneinung vollendet war und
der Neubau begann, waren in ihrem ersten Ringen und Kämpfen
innig eins in dem begeisterten Gefühl, daß, wie sich Jacobi
ausdrückt, diese Zeit ein feierliches Ringen zwischen Untergang
und Aufgang, zwischen dem Ende einer alten und dem Anfang
einer neuen Zeit sei.

Treffend hat man die Sturm= und Drangperiode das deut=
sche Gegenbild der französischen Revolution genannt. Es ist
ungeschichtlich, wenn man, wie es grade neuerdings wieder viel=
fach geschehen ist, die Sturm= und Drangperiode nur als Abfall
von der Höhe der bereits errungenen Bildung, nur als bedauer=
liche Trübung der großen Aufklärungsziele des achtzehnten

Jahrhunderts betrachtet. Die winterliche Eisdecke der alten
Satzungen brach; überall Verjüngung und Erlösung, Frühlings-
luft, Phantasie und Jugendfrische. Aber es war eine Frage auf
Leben und Tod, ob sich der gährende Most klären, ob der Kern
des neuen gesteigerten und vertieften Lebensideals die trübenden
Schlacken von sich abstoßen, ob sich der herbe unversöhnte Zwiespalt zwischen schrankenlosem Unendlichkeitsgefühl und beschränkter
Endlichkeit, zwischen der Sophistik des eigensüchtigen Herzens
und den unverbrüchlichen Grundlagen und Gesetzen der Wirklichkeit, oder, wie man sich wohl auch auszudrücken pflegt, der herbe
unversöhnte Zwiespalt zwischen Ideal und Leben, zwischen Herz
und Welt, zu innerer Versöhnung und Selbstbefriedigung, zu
Ruhe und Gleichgewicht befreien werde.

Nicht Alle, die den Thyrsus schwingen, sind des Gottes
voll. Ein großer Theil dieser Stürmer und Dränger hat sich
niemals aus der unklaren Gefühlsüberschwenglichkeit, aus der
krankhaften Ueberspannung und Ueberreiztheit zu erheben vermocht. Viele haben sie durch Wahnsinn oder frühzeitigen Untergang
gebüßt. Noch die Kränklichkeiten der sogenannten romantischen
Dichterschule mit ihren religiösen und politischen Nachwirkungen
haben in der Sturm- und Drangperiode ihre Wurzel.

Jedoch den Großen und Auserwählten gelang es, sich aus
diesen Klippen und Fährlichkeiten sicher herauszuarbeiten.

Dies ist die zweite große Entwicklungsstufe und der Abschluß
dieser gewaltigen Kämpfe. Jene Großen und Auserwählten
sind dadurch die unsterblichen Schöpfer des großen klassischen
Zeitalters der deutschen Literatur und Bildung geworden.

Ursprung und Wesen dieser entscheidenden Wendung sich zu
klarer Einsicht bringen heißt sich über die Größe und die Schwäche
unserer größten deutschen Bildungsepoche Rechenschaft ablegen.

Wissenschaftlich wurde die Läuterung durch Kant vollzogen.
Im Jahr 1781 erschien die Kritik der reinen Vernunft, die

Untersuchung und Begrenzung des menschlichen Erkenntnißver-
mögens, deren Grundzüge Kant bereits 1766 in der geistvollen
Schrift über die Träume eines Geistersehers angedeutet und
vorgezeichnet hatte. Es war der Todesstoß der eitlen Glaubens-
und Gefühlsphilosophie, die dem Forschen und Denken die Träume
und Phantasien des Herzens unterschob. Und für die nächste
Zeit noch unmittelbarer griff die Kant'sche Sittenlehre ein. Man
pflegt meist zu erzählen, Kant habe gar keinen Antheil an den
Bewegungen der gleichzeitigen deutschen Dichtung genommen;
die geschichtliche Wahrheit ist, daß seine Sittenlehre ganz ausdrücklich gegen deren Thorheit und Krankheit gerichtet war. Es
geht gegen die Ueberstürzungen der Sturm= und Drangperiode,
wenn Kant in der Kritik der Urtheilskraft (Rosenkranz, Bd. 4,
S. 180) sagt: »Da die Originalität des Talents ein wesentliches
Stück vom Charakter des Genies ausmacht, so glauben seichte
Köpfe, daß sie nicht besser zeigen können, sie wären aufblühende
Genies, als wenn sie sich vom Schulzwange aller Regeln los-
sagen, und glauben, man paradire besser auf einem kollerichten
Pferde, als auf einem Schulpferde«. Es geht gegen die Ueberstürzungen der Sturm= und Drangperiode, wenn es in der
Kritik der praktischen Vernunft (Ebend. Bd. 8, S. 212)
heißt, es sei Steigerung des Eigendünkels und eine windige
überfliegende phantastische Denkungsart, wenn man sich nur
immer mit der Gutartigkeit des Gemüths, das weder Sporn
noch Zügel bedürfe und für welches gar nicht einmal ein Gebot
nöthig sei, schmeichle und darüber seine Pflicht und Schuldigkeit
vergesse; solche Gesinnung sei nicht Sittlichkeit, sondern nur
eigenwillige Tändelei mit pathologischen Antrieben, und es komme
darauf an, diese ihre Grenzen verkennende Eitelkeit und Eigen-
liebe zu den Schranken der Demuth, d. h. der Selbsterkenntniß
zurückzuführen. Und unverkennbar geht es auf Werther, was
ebenfalls in der Kritik der praktischen Vernunft (S. 304) gesagt

wird: »Leere Wünsche und Sehnsuchten nach unersteiglicher Vollkommenheit bringen nur Romanhelden hervor, die, indem sie sich auf ihr Gefühl für das überschwenglich Große viel zu gute thun, sich dafür von der Beobachtung der gemeinen und gangbaren Schuldigkeit, die alsdann ihnen nur unbedeutend klein scheint, freisprechen.« Daher der scharfe Gegensatz Kant's gegen die herrschende eudämonistische Sittenlehre, die nur Wohlbehagen und Glückseligkeit kannte und sich in Wieland sogar bis zum leersten Epicuräismus verirrt hatte; daher sein scharfes Dringen auf das Sollen der Pflicht, auf das Handeln um des Gesetzes willen. Und ist es auch unbestreitbar, daß Kant, der völlig leidenschaftslose, der bereits im hohen Alter Stehende, auch seinerseits nicht frei blieb von Einseitigkeit und Uebertreibung, so daß Schiller, der begeisterte Anhänger Kant's, grade gegen diese mürrische Möncherei und Entsagung tiefen und berechtigten Kampf führte, so war doch die Einwirkung Kant's auch nach der sittlichen Seite hin eine wahrhaft unermeßliche. Sokrates unter den Sophisten.

Und noch unmittelbarer und tiefgreifender wirkte das großartig fortschreitende Leben und Schaffen Goethe's und Schiller's, der beiden großen Dichterheroen.

Je leidenschaftlicher und ungestümer das Jugendleben Goethe's von dem Kampf und Widerspruch zwischen dem überschwellenden Unendlichkeitsgefühl des heißblütigen Herzens und der undurchbrechbaren Enge der Wirklichkeit bewegt und durchglüht war, um so mehr wurde ihm die zunehmende Lebenserfahrung und der Eintritt in bedeutende Weltverhältnisse der Grund ernster Selbstprüfung und Selbstbesinnung. Die ersten Jahre in Weimar beginnen diese Entwicklung, die Italienische Reise bringt sie zum Abschluß. Der dunkle Drang, den vollen und ganzen Menschen aus sich herauszubilden, begrenzte und vertiefte sich zu einer umfassenden Vielseitigkeit und Tiefe der Bildung, wie

kein anderer Mensch sie jemals erreicht hat, und zugleich zu einer
sittlichen Maßbeschränkung und inneren Harmonie, zu einer
Sophrosyne und Kalokagathie im schönen antiken Sinne des
Wortes, die ihn, was die unverständige Menge auch sagen mag,
zu einem der -Größten und Weisesten aller Menschen, zu einem
Urbild und Vorbild schönsten und reinsten Menschenthums macht.
»Von der Gewalt, die alle Wesen bindet, befreit der Mensch sich,
der sich überwindet«. Die Fortbildung und Versöhnung des
Werther ist Tasso und Wilhelm Meister. Der willenskräftige
und klar bewußte Künstler seines Lebens wird auf der heiteren
und klaren Höhe seines sittlichen Ideals der Dichter der modernen Bildungskämpfe und, wie er sich gern selbst nennt, der
Dichter der Herzensirrungen. Goethe kommt Shakespeare nicht
gleich an fester Sicherheit und elementarer Kraft des dichterischen Gestaltens; aber an Tiefe und Weite des geistigen Gehalts,
an Hoheit und Reinheit des Seelenlebens überragt er ihn, wie
die neue deutsche Philosophie die Philosophie Bacon's überragt.

Aehnlich die Entwicklung Schiller's. Was für Goethe die
bedeutende äußere Lebensstellung, die Anschauung der alten Kunst,
die erziehende Kraft Italiens war, das wurde für Schiller
das Studium der alten Dichter, besonders Homers und der
Tragiker, das Studium der Geschichte, das Studium Kant's.
Das Ergebniß war dieselbe innere Vertiefung und Begrenzung,
dasselbe hohe und reine Menschheitsideal.

Daher fortan das tiefe und innige, in der gesammten Ge-
schichte beispiellose Freundschaftsbündniß Beider. Es war der
Gewinn und der Ausdruck der innigsten Gesinnungseinheit und
Strebensgemeinschaft.

Es giebt eine bedeutungsvolle Sage des Alterthums, daß
die wilden Titanen gestürzt wurden und den heiteren Göttern
des Lichtes und der Ordnung weichen mußten. Die jungen

Dichtertitanen hatten diesen schweren Kampf in sich selbst durch-
gekämpft. Die Besiegten waren zugleich die Sieger.

Goethe und Schiller sind nicht blos die dichterischen Be-
freier der Deutschen, sondern weit mehr noch die sittlichen. Die
Ueberwindung der Sturm- und Drangperiode war die Zügelung
der entfesselten dunklen Gemüthsmächte zu freier Selbstbeherrschung,
der Uebergang von der Sophistik zur Sophrosyne, von der Freigeisterei der Leidenschaft zur versöhnten und in sich befriedigten Besonnenheit. Indem diese Dichter sich selbst erzogen, haben sie die
Menschheit erzogen. Und ist vielleicht, wie es Menschenschicksal
ist, die eigene Persönlichkeit zuweilen hinter diesem höchsten Ziel
zurückgeblieben, der Begriff des reinen und freien Menschenthums
war wiedererobert. Die Natur, welche Rousseau und die jungen
Stürmer und Dränger so nachdrücklich gewollt und erstrebt
hatten, ist gerettet; aber nicht die rohe und ungebärdig selbst-
süchtige, sondern die geläuterte, die mit Freiheit sich selbst be-
herrschende, die mit den Gesetzen und Forderungen der sittlichen
Vernunft übereinstimmende. Die Einseitigkeit des Zeitalters der
Aufklärung und die Einseitigkeit der Sturm- und Drangperiode
sind in einer höheren gemeinsamen Einheit versöhnt.

Es war die Eroberung des hehren Ideals vollendeter
Bildungsharmonie, oder, wie die Schulsprache sagt, des Ideals
vollendeter und reiner Humanität. Nach jahrhundertelanger
willkürlicher Selbstentfremdung hatte sich der Mensch endlich
selbst wiedergefunden.

Aber das Verhängnißvolle war, daß mit dieser stetig fortschreitenden inneren Bildung die äußere Gestaltung der Dinge
nicht Schritt hielt. Im schneidenden Gegensatz zu diesem hohen
und reinen Menschheitsideal blieb die Außenwelt nach wie vor
eine idealitätslose, kleinliche und philisterhafte, schwunglose, oft
sogar unvernünftige. Und die Einwirkungen der französischen
Revolution waren nur eine Verschlechterung der Zustände. Es

rächte sich, daß die deutschen Aufklärungskämpfe nicht, wie die englischen und französischen, zugleich politische, sondern nur ein seitig religiöse und sittliche gewesen. Selbst die Besten und Größten, nicht blos Goethe, sondern auch Schiller, fühlten sich zurückgeschreckt. Die politische Reaction wurde immer mächtiger und mächtiger. Nur allzu treffend sagte Madame Staël in ihrem Buch über Deutschland (Thl. 3, Kap. 11), in ihrem Privatleben seien die Deutschen von erstaunlicher Tüchtigkeit und Gewissen=haftigkeit; ihre Schmiegsamkeit gegen die öffentliche Gewalt aber mache einen um so peinlicheren Eindruck, da doch ihre ganze Philosophie und Bildung auf die Vertheidigung und Pflege der unverbrüchlichen Menschenwürde gehe. Was naturnothwendig sich in innigster Einheit und Wechselwirkung durchbringen und bedingen, was einander heben und tragen soll, Theorie und Praxis, die Idee reiner und schöner Menschlichkeit und das staat=liche und gesellschaftliche Dasein derselben, stand sich fremd gegen=über, war durch eine jähe unüberbrückbare Kluft getrennt.

> „Ach, noch leben die Sänger, nur fehlen die Thaten, die Lyra freudig zu wecken."

Niemand hat diesen tragischen Widerspruch tiefer empfunden und tiefer und mannichfaltiger ausgesprochen als Schiller. Die Kleinen und Zurückgebliebenen verfielen der schlechten Wirklich=keit; ihre Kunstschöpfung blieb eine roh naturalistische. Die Besten und Höchsten setzten ihr ganzes Denken und Empfinden und ihre ganze sittliche Kraft daran, der sie umgebenden ungünstigen und formlosen Natur zum Trotz sich nichtsdestoweniger den tiefsten geistigen Gehalt und die schönste künstlerische Form zu gewinnen.

Die gesammte Entwicklung unserer großen Literaturepoche ist durch diesen Widerspruch des neugewonnenen Menschheits=ideals und der widerstrebenden Wirklichkeit bedingt.

Hier einzig und allein liegt der Grund, warum Goethe

und Schiller auf der höchsten Höhe ihres großartigen Bildungsganges mit so tiefer innerer Wahlverwandtschaft zu den Griechen
gezogen wurden. In jenem denkwürdigen Briefe vom 23. August
1794, in welchem Schiller das Wesen und Streben Goethe's
mit so meisterhafter Klarheit und Schärfe gezeichnet hat, schreibt
Schiller an Goethe: »Wären Sie als ein Grieche, ja nur als ein
Italiener geboren worden, und hätte schon von der Wiege an
eine auserlesene Natur und eine idealisirende Kunst Sie um-
geben, so wäre Ihr Weg unendlich verkürzt, vielleicht ganz
überflüssig gemacht worden. Schon in die erste Anschauung der
Dinge hätten Sie dann die Form des Nothwendigen aufgenommen, und mit Ihren ersten Erfahrungen hätte sich der große
Stil in Ihnen entwickelt. Nun, da Sie als ein Deutscher geboren
sind, da Ihr griechischer Geist in diese nordische Schöpfung geworfen wurde, so blieb Ihnen keine andere Wahl als entweder
selbst zum nordischen Künstler zu werden oder Ihrer Imagination
das, was ihr die Wirklichkeit vorenthielt, durch Nachhülfe der
Denkkraft zu ersetzen und so gleichsam von innen heraus und
auf einem rationalen Wege ein Griechenland zu gebären.« Und
dies tiefsinnige Wort gilt nicht bloß von Goethe, sondern mit
geringer Einschränkung auch von Schiller selbst. Weil Goethe
und Schiller die Entfaltung und Bethätigung der reinen und
schönen Menschennatur, die ihr sittliches und künstlerisches Ideal,
der Gewinn und das Ziel ihrer Bildung war, in ihrer eigenen
Gegenwart und Wirklichkeit nicht fanden, suchten sie sich von
dieser Gegenwart und Wirklichkeit möglichst loszulösen und auf
die schöne Menschlichkeit der alten Welt und deren einfach hohe
Kunst und Dichtung zurückzugehen. Es ist eine der wunderbarsten Thatsachen, in welcher großartig freien und lebendigen
Weise diese beabsichtigte künstlerische Wiedergeburt hellenischer
Art und Kunst ihnen gelang. Vor Allem Iphigenie, Tasso, die
römischen Elegieen, Hermann und Dorothea und die gleichzeitigen

kleineren Idyllen Goethe's sind die unvergänglichen Denkmale dieses gewaltigen Strebens. Schiller stellt sich mit seinen Elegien und Epigrammen und mit seiner großen Wallensteintragödie würdig zur Seite. Wie bei den Bauwerken, Statuen und Gemälden der großen Italiener des sechzehnten Jahrhunderts, so ist auch hier die einfache Reinheit und Großheit der alten Kunst höchstes Muster und wird, weil die Gesinnung und Denkart mit der Gesinnung und Denkart des Alterthums im tiefsten Grunde verwandt ist, mit glücklichster Genialität nach-gebildet und erreicht; aber hier wie dort bleibt das Heimische und Eigenartige, das Recht und der lebendige Herzschlag der Gegenwart gewahrt und führet zu den reizvollsten Erfindungen. Es ist Renaissance im höchsten und schönsten Sinn. Wer hier von willkürlichem und gewaltsamem Abfall von der Macht und Frische des Volksthümlichen spricht, ahnt und weiß nicht, daß in der vollendeten Kunst Gehalt und Gestalt unbedingt eins sind. Aber fühlbar macht es sich doch, daß diese hohe Idealität unserer größten Geister nicht, wie es naturgemäß sein soll, von der Welt, in welcher sie lebten und wirkten, gehoben und ge-tragen, sondern unaufhörlich von derselben gehemmt und durch-kreuzt wurde. Die naive Sicherheit des Stilgefühls wurde beirrt. Es war schwer und fast unvermeidlich, daß, was zuerst tief innerliche lebendige Nachbildung gewesen, allmälich in äußerliche Nachahmung und in allerlei blos philologische Ex-perimente und Spielereien entartete. Goethe dichtete die kalte verkünstelte Achilleis und verfiel in der Natürlichen Tochter, in Pandora und in den dramatischen Festspielen aus dieser Zeit, in eine wirre Symbolik und Allegorik, von welcher sich seine dra-matische Gestaltungskraft nie wieder erholt hat. Schiller verlor sich in seinen späteren Dramen mehr und mehr in die trüben Irrgänge falscher Schicksalstragik und fand erst im Tell wieder die sichere Bahn des unmittelbar Volksthümlichen.

2*

Auch in Maximilian Klinger, einem der wenigen Stürmer
und Dränger, die gleich Goethe und Schiller durch Größe und
Ernst des Charakters sich zu fester und männlicher Klarheit her-
ausarbeiteten, und in Jean Paul ist dieser klaffende Widerspruch
zwischen dem unverbrüchlichen Menschheitsideal und der Idea-
litätslosen Wirklichkeit das stete Thema; nur daß bei ihnen die
Lösung nicht eine freie und harmonische Versöhnung ist, sondern in dem Einen herbe menschenverachtende stoische Entsagung, in dem Andern das bunte Farbenspiel humoristischer Welt-
betrachtung.

Und in demselben tiefgreifenden Widerspruch haben wir auch
den Schlüssel für die Entwicklungskämpfe der gleichzeitigen bildenden Kunst. In innigster Uebereinstimmung mit den großen
dichterischen Bestrebungen Goethe's und Schiller's und von diesen
aufs tiefste angeregt und gefördert, erblüht die bildende Kunst
in Carstens und sodann in Thorwaldsen und Schinkel zur
wunderbarsten Wiedergeburt reinsten und schönsten Hellenenthums,
wie so geniales und lebendiges Antikisiren nur dem Zeitalter
der Goethe'schen Iphigenie möglich war. Aber gar bald zeigte
sich, daß diese hohe und ideale Formenwelt, weil nicht aus dem
eigensten Geist der Zeit herausgeboren, in ihrer strengen Ausschließlichkeit dem modernen Gefühl und Bedürfniß zu eng und
zu fremd war. Die einseitigste Anlehnung an die mittelalterliche
Kunst stellte sich zu der antikisirenden Richtung in erbittertsten
und erfolgreichen Gegensatz. Und noch heut haben wir keinen
allgemein bindenden Stil gefunden, und werden ihn nicht finden,
bevor nicht die Wirklichkeit selbst wieder eine künstlerisch schöne
geworden.

Nur die Musik in der Tiefe ihres elementaren Gefühlslebens bleibt von diesen Schwankungen und Befangenheiten unberührt. Es ist die Zeit Mozart's und Beethoven's.

Es kann und wird bereinst gelingen, diesen Zwiespalt zwischen

Poesie und Leben, diesen traurigen Bruch zwischen den inneren
Bildungsidealen und dem äußeren Dasein aufzuheben.

Die hohen Ideale und Ziele ächter harmonischer Menschen-
bildung, wie sie unsere große klassische Literaturepoche in ernsten
und unablässigen Bildungsmühen gefunden und in unsterblichen
Dichtungen in Aller Herzen geschrieben hat, sind unverlierbar.
Sind wir Deutschen in unserem Fühlen und Denken, in unserem
Verhalten gegen die Satzungen der Kirchenlehre und der äußeren
Sitte, freier und unerschrockener als die Engländer und die ro-
manischen Völkerschaften, so haben wir dieß lediglich der großen
Erbschaft zu danken, welche wir von Kant und von Goethe und
Schiller empfangen haben.

Aber seit den letzten Jahrzehnten sind wir in eine neue
Epoche unserer Volksentwicklung eingetreten. Endlich haben wir
begonnen, aus Privatmenschen auch politische Menschen zu
werden. Eben jetzt ringen wir unter schweren Kämpfen und
Wechselfällen, die Thaten der Väter zu vollenden, dem Geist
einen Körper, der Freiheit und Schönheit höchster Bildung
den naturnothwendigen Grund und Abschluß eines mächtigen
und freien Volkslebens, einer schönen und lebenswerthen Wirklichkeit, zu geben und zu sichern.

Gewiß war es einseitig und nur ein Zeugniß der politischen
Unreife der Zeit, wenn Schiller in seinen inhaltsvollen Briefen
»Ueber die ästhetische Erziehung des Menschen« den allgemeinen
politischen Lehrsatz aufstellen wollte, daß man, um das politische
Problem in der Erfahrung zu lösen, durch das ästhetische den
Weg nehmen müsse, weil es die Schönheit sei, durch welche man
zu der Freiheit wandere; Schönheit und Freiheit stehen in un-
auflöslichster Wechselwirkung. Aber Thatsache ist, daß die
deutsche Geschichte seltsamerweise diesen Gang genommen hat.

Wir haben wahrlich nicht Ursache, über diesen scheinbaren
Umweg, der uns zum ersten Bildungsvolk der Welt gemacht

hat, mit der Geschichte zu habern. Nur wird es darauf an-
kommen, daß wir in der Sorge und Wirrniß unserer neuen
politischen Arbeit die hohen Bildungsideale unserer großen Denker
und Dichter nicht aus den Augen verlieren, sondern sie mit
voller Bewußtheit ausgestalten und verwirklichen.

Drittes Buch.

Das klassische Zeitalter der deutschen Literatur.

Erster Abschnitt.

Die Sturm- und Drangperiode.

Erstes Kapitel.

Herder.

1.

Johann Gottfried Herder, geboren am 25. August 1744 zu Mohrungen, einer kleinen Stadt in Ostpreußen, war Lehrer an der Domschule und Prediger an den vorstädtischen Kirchen zu Riga, als er seine ersten Schriften veröffentlichte. »Fragmente über die neuere deutsche Literatur. Drei Sammlungen. Riga bei Johann Friedrich Hartknoch 1767.« Und: »Kritische Wälder, oder Betrachtungen, die Wissenschaft und Kunst des Schönen betreffend. Drei Wäldchen. Ebendaselbst 1769.«

Die Fragmente waren eine weitere Ausführung und Kritik der Literaturbriefe; die Kritischen Wälder waren eine Kritik des Lessing'schen Laokoon und, gleich Lessing's Antiquarischen Briefen, eine Kritik einiger Schriften von Klotz.

Es bezeichnet treffend die wunderlich gemischte Empfindung, welche das erste Auftreten Herder's bei den nächsten Zeitgenossen

hervorrief, wenn Wieland (Ausgewählte Briefe Bd. 2, S. 283),
nachdem er soeben die Fragmente gelesen, an Zimmermann schreibt:
»Haben Sie je einen Kopf gekannt, in welchem Metaphysik und
Phantasie und Witz und griechische Literatur und Geschmack und
Laune auf eine abenteuerlichere Weise durcheinandergährt? Ich
bin begierig zu sehen, was noch aus ihm werden wird, ein sehr
großer Schriftsteller oder ein ausgemachter Narr«. Man war be-
fremdet und überrascht durch das Neue und von allen gewohnten Anschauungen und Zielen Abweichende, das in der Erscheinung und Denkweise Herder's lag; und doch fühlte und ahnte
man unabweisbar ihre innere Wahrheit und Berechtigung.

Wer unmittelbar vom Studium Lessing's zum Studium Herder's übergeht, hat noch heut dasselbe zwiespältige Gefühl. Lessing wurzelt noch durchaus in den Gedanken und Bestrebungen
des deutschen Aufklärungszeitalters, obgleich er als deren höchste
Spitze dieselben bereits weit überragt; Herder dagegen steht am
Eintritt jenes neuen Zeitalters, dessen gährende Entwicklungskämpfe man die Sturm- und Drangperiode zu nennen pflegt.

Schon früh hat sich daher die deutsche Literaturforschung
mit der Frage nach dem geschichtlichen Ursprung Herder's beschäftigt. Und nach Goethe's Vorgang ist es allgemein üblich geworden, Herder auf die Anregungen Hamann's zurückzuführen.
Allein diese Hinweisung auf Hamann ist doch nur eine sehr unzulängliche Antwort. So unleugbar es ist, daß auch in Hamann
das Drängen nach dem Ursprünglichen und Naturwüchsigen der
Grundzug seines Wesens war, und daß Hamann und Herder
ihr ganzes Leben hindurch einander treu verbunden gewesen, so
war doch die Wurzel ihrer Bildung von Grund aus verschieden.
Hamann's Gefühlsweise ging ganz und gar in den ausgesprochensten pietistischen Ansichten und Neigungen auf, Herder hat
vom ersten Anbeginn niemals diese Enge und Befangenheit getheilt. Es ist bekannt, wie bitter Hamann an Herder tadelte,

daß dieser in seinen sprachlichen Untersuchungen den Ursprung der Sprache nicht als unmittelbar göttliche Eingebung betrachtete, und daß er seine Ideen zur Philosophie der Geschichte auf die Grundlage der Naturwissenschaft, statt auf die Grundlage der Offenbarung stellte. Erst die Briefe und Schriftstücke aus Herder's Jugendzeit, welche in dem von seinem Sohn herausgegebenen Lebensbild Herder's (1846. Drei Bde.) veröffentlicht wurden, haben uns das Werden und Wachsen Herder's klar und urkundlich dargelegt. Der bestimmende Lehrer und Leiter seiner ersten Bildung war nicht Hamann, sondern Rousseau.

Von armen Eltern geboren, hatte auch Herder, gleich Rousseau, eine äußerst gedrückte Jugend verlebt; noch in seinem Alter (vergl. Lebensbild, Bd. 1, 1. S. 15) sagte er, daß er manche Eindrücke der Sclaverei, wenn er sich ihrer erinnere, mit theueren Blutstropfen ablaufen möchte. Und wie in Rousseau, so hatte auch in Herder dieses schwerempfundene Mißverhältniß zwischen den Anforderungen und Bedürfnissen seines hochstrebenden Geistes und zwischen dem Druck der äußeren Umgebung eine grüblerische Reizbarkeit des Gefühlslebens erzeugt, die für immer der Grundton seiner Seele, der mächtige Antrieb seiner geschichtlichen Größe und zugleich seine tragische Schwäche wurde. Wie natürlich also, daß der begabte Jüngling, sobald er Rousseau kennen lernte, sich von diesem auf's unwiderstehlichste angezogen und durchdrungen fühlte?

Herder's erste Bekanntschaft mit Rousseau fällt in die Zeit seiner Königsberger Studienjahre. Kein Geringerer als Kant war es, welcher (Lebensbild, Bd. 1, 2. S. 193) ihn zuerst in die Gedankenwelt Rousseau's einführte. Lange Jahre war Rousseau sein unausgesetzter Verkehr, die begeisterte Schwärmerei seiner einsamen Studien und seiner lehrreichen Gespräche mit vertrauten Freunden. Ein beachtenswerthes Gedicht jener Zeit (ebend. Bd. 1, 1. S. 252) schließt mit den Worten: »Mich selbst will ich suchen,

daß ich mich endlich finde und dann mich nie verliere; komm,
sei mein Führer, Rousseau!« Und auch als allmälich zu Rousseau noch Hume und Shaftesbury (ebend. Bd. 1, 2. S. 298),
Leibniz, Plato und Baco (Zur Philosophie und Geschichte, Bd.
18, S. 13) hinzugetreten waren, erweiterte sich zwar sein Gesichts-
kreis, aber das innerste Wesen seiner Empfindungs- und Anschauungsweise blieb unverändert dasselbe.

Die wichtigste Urkunde der Bildungsgeschichte Herder's ist
das überaus denkwürdige Reisetagebuch, welches er größtentheils
auf den Fluthen der Ostsee schrieb, als er 1769 als vierund-
zwanzigjähriger Jüngling sich von seinem einförmig engen Lehrer-
und Predigeramt in Riga losriß und zur Gewinnung neuer und
größerer Lebenseindrücke auf gut Glück in die weite Welt fuhr.
Wie ist es so ganz im Sinne Rousseau's, wenn Herder (Lebensbild, Bd. 2, S. 158) hier auf's tiefste beklagt, nur ein Tinten-
faß von gelehrter Schriftstellerei, nur ein Wörterbuch von Künsten und Wissenschaften, ein Repositorium voll Papier und Bücher zu sein, und wenn er sich mitten in diesen Klagen in den
feurigsten Ausdrücken gelobt, fortan nur dem werkthätig handelnden Leben gehören zu wollen! Spielt er doch sogar zu. Zeiten
(S. 182) mit dem hochfliegenden Gedanken, dereinst als erfahrener
und wagender Staatsmann der rettende Genius Liefland's zu werden! Und am wärmsten schlägt sein Herz und am vollsten und
nachdrücklichsten erströmt seine begeisterte Rede, wenn er, seine
weitgreifenden Reformpläne zunächst auf die Reform von Schule
und Haus beschränkend, darauf sinnt (S. 195), »den menschlich
wilden Emil Rousseau's zum Nationalkind Liefland's zu machen
und das, was der große Montesquieu für den Geist der Gesetze
ausdachte, auf den Geist der Nationalerziehung einer friedlichen
Provinz anzuwenden.« Er will ein Werk stiften, das Ewigkeiten
dauern und Jahrhunderte und Länder umgestalten soll. »Und
warum,« ruft sich Herder (S. 241) mit muthvollem Stolz zu,

»könnte ich eine solche Stiftung nicht ausführen? War es den
Lykurgen und Solonen möglich, eine Republik zu schaffen, warum
nicht mir, eine Republik für die Jugend? Ihr Zwinglis, Cal-
vins, Oekolampabius, wer begeisterte Euch und wer soll mich be-
geistern? O Zweck, großer Zweck, nimm alle meine Kräfte und
Begierden! Ich gehe durch die Welt; was habe ich in ihr, wenn
ich mich nicht unsterblich mache?«

Und aus dieser lebendigen Rousseaubegeisterung Herder's erwuchsen auch alle jene gewaltigen Ideen zur Umgestaltung und
Verjüngung der Wissenschaft und Dichtung, welche seine eigensten
und bleibendsten Thaten geworden sind. Das Große in Herder
ist, daß er vom ersten Anbeginn den Anregungen Rousseau's eine
durchaus neue und selbständige Wendung gab, wie sie sie Rousseau
selbst niemals geahnt und versucht hatte. Während Rousseau aus
seiner Grundanschauung nur die auf Staat und Gesellschaft bezüglichen Folgerungen zog, diese aber mit seltener Unerschrocken-
heit bis in ihre kühnsten Spitzen verfolgte, verharrte Herder dagegen in ächt deutscher Art mit der ausgesprochensten Vorliebe
im stillen Bereich innerer Beschaulichkeit, und führte mit bewun-
derungswürdigster Schöpferkraft die Ideen Rousseau's in die Betrachtung und Erforschung des innersten Wesens der Poesie, Religion und Geschichte. Es eröffnet einen tiefbedeutsamen Blick
in die Bildungswege und Gedankenentwicklungen Herder's, wenn
er in jenem Tagebuche (S. 185) trotz seiner innigen Verehrung
für Rousseau es eine thörichte Ausschweifung der Phantasie nennt,
sich an eitle Romanbilder wegzuwerfen und mit Rousseau Zeiten
zu preisen, die niemals gewesen. In Herder's schöpferischem, fein-
sinnigem und leicht beweglichem Geist wandelt sich Rousseau's Ruf
nach Natur und Ursprünglichkeit sogleich in das rastlose kräftige
Streben, den Ursprüngen menschlichen Daseins und Schaffens zu
lauschen und die höchste Bildung wieder zu diesen lauteren Quellen schlichter Einfalt und Lebensfrische zurückzulenken.

Wie Rousseau in seiner Stellung zu Voltaire und den französischen Encyklopädisten, ist daher auch Herder in seiner Stellung
zu Lessing und den Helden des deutschen Aufklärungszeitalters
zugleich ein Fortschritt und ein Rückschritt. Wie Rousseau, so
erschließt auch Herder den erstaunten Zeitgenossen ungekannte
Tiefen und Geheimnisse der Empfindung und Anschauung. Und
wie in Rousseau ist auch in Herder seine Größe zugleich seine
Schwäche. Im schwankenden Dämmerungston erregter Gefühlsinnerlichkeit, im schillernden Nebelkleide griffvoller, aber eigensinni-
ger Geniesucht verschwimmen und schwinden nicht selten wieder
die klaren Begriffsbestimmungen, welche von den großen Vorgängern längst unumstößlich festgestellt waren. Besonders von
seinen Jugendschriften gilt, was Herder einmal selbst sagt, daß die
Jugend lieber empfinden als wissen wolle. In seinen späteren
Schriften werden die Umrisse zwar fester und schärfer, aber auch
in ihnen überwächst doch noch oft die Empfindung den Gedanken,
die Ueberschwenglichkeit der Begeisterung die Ruhe der Untersuchung. Wie Plato's Philosophiren oft durch die Mythe, wird
Herder's Dialektik oft durch Allegorie und Dichtung unterbrochen.
Herder hatte das Bedürfniß, sich nach allen Seiten auszubreiten;
aber er hatte nie das Bedürfniß, eine Sache endgiltig abzuschließen.

Herder's eigentliche Urthat, die treibende Kraft und Lebensseele seines gesammten Empfindens und Denkens, war seine
geniale Einsicht in Wesen und Ursprung der Volkspoesie, wie
sie in dieser Tiefe und Lebendigkeit noch Niemand erschaut und
erkannt hatte.

Zwar war schon Lessing von der naiven Naturfrische der
alten Volkslieder auf's tiefste ergriffen, und wir wissen, wie
scharf er Nicolai abfertigte, als dieser die Lust an Volksliedern
plump verhöhnte; zwar lenkten eben jetzt auch Gerstenberg und
Klopstock die allgemeine Aufmerksamkeit auf die Edda; zwar
war namentlich durch die Engländer, durch Lowth's Untersuchungen

über die hebräische Dichtung, durch Young's Gedanken über Originalwerke, durch Dobb's Schönheiten Shakespeare's, durch Woob's Betrachtungen über Homer, durch Macpherson's Ossian und Percy's Sammlung alter Balladen die Unterscheidung zwischen Kunstdichtung und Volksdichtung lebendig geweckt worden. ·Herder jedoch, mit seiner tief innigen dichterischen Feinfühligkeit und mit seinem durch Rousseau geschärften Sinn für das Elementare und Naturwüchsige, war der Erste, welcher den Begriff der Volkspoesie zur vollen Geltung erhob und die Poesie als die naturnothwendige Muttersprache des menschlichen Geistes, als den Keim und Kern aller Religion, Philosophie und Geschichte erfaßte.

Diese tiefe Erkenntniß, daß, wie Goethe sich im zehnten Buch von Wahrheit und Dichtung treffend ausdrückt, die Poesie nicht das Privaterbtheil einiger weniger Gebildeter, sondern vielmehr eine allgemeine Welt- und Völkergabe sei, hat Herder immer und immer wieder und in den verschiedensten Wendungen ausgesprochen. Am klarsten und vollständigsten in dem 1768 geschriebenen Fragment: »Von Entstehung und Fortpflanzung der ersten Religionsbegriffe.« Die denkwürdige Stelle (Lebensbild, Bd. 1, 3, a. S. 390) lautet: »Der Denkart der Nationen bin ich nachgeschlichen, und, was ich ohne System und Grübelei herausgebracht, ist, daß jede sich Urkunden bildete nach der Religion ihres Landes, nach der Tradition ihrer Väter und nach den Begriffen der Nation, daß diese Urkunden in einer dichterischen Sprache, in dichterischen Einkleidungen und in dichterischem Rhythmus erschienen: also mythologische Nationalgesänge vom Ursprung ihrer ältesten Merkwürdigkeiten. Und solche Gesänge hat jede Nation des Alterthums gehabt, die sich ohne fremde Beihülfe auf dem Pfad ihrer eigenen Kultur nur etwas über die Barbarei hinaufgebildet. Wo nur Reste oder Nachrichten sind, da sind auch die Ruinen solcher Urkunden; die Edda

der Celten, die Kosmogenieen oder Theogonieen und Helden-
gesänge der ältesten Griechen, die Nachrichten von Indianern,
Spaniern, Galliern, Deutschen und von Allem, was Barbar
hieß, Alles ist Eine gesammte Stimme, ein einziger Laut von
solchen poetischen Urkunden voriger Zeiten. Wer Iselin's Geschichte der Menschheit in einem so merkwürdigen Zeitpunkt
beleben wollte, der bringe alle diese Nationalsagen und mythische
Einkleidungen und Fragmente von Urkunden in die nackte dürftige menschliche Seele zurück, die sie auf solchem Wege zu bilden
anfing, und mit allgemeinen Aussichten über Völker und Zeiten
sammle er so aus der Barbarei einen Geist urkundlicher Traditionen und mythologischer Gesänge, wie Montesquieu einen
Geist der Gesetze sammelte. Dort wenigstens sind überall re-
dende Züge zum Bilde des menschlichen Geistes und Herzens,
wie wir sie in unserm gebildeten und verkünstelten Zeitalter nicht
finden. Alles, was wir vom Menschen in unseren verfeinerten
Zeiten nur in schwachen dunklen Zügen sehen, lebt in den Urkunden dieses Weltalters.« An einer andern Stelle, in der
Abhandlung über Ossian (Zur schönen Literatur und Kunst,
Bd. 7. S. 63), nennt Herder die Poesie der Naturvölker das
Archiv des Volkslebens, den Schatz ihrer Wissenschaft und Religion, ihrer Theogonie und Kosmogenie, der Thaten ihrer Väter
und der Begebenheiten ihrer Geschichte, den Abdruck ihres Herzens, das Bild ihres häuslichen Lebens.

Namentlich Herder's Jugendthätigkeit wurzelt einzig in
diesem hohen Grundbegriff. Sie ist die Geltendmachung desselben
in seiner ganzen Tragweite; nicht blos für die Betrachtung der
Dichtung und Kunst, sondern ebenso sehr für die Betrachtung
der Sprache, der Religion und der Geschichte.

Grade die erste Epoche Herder's ist daher die unbedingt
reichste und geschichtlich wirksamste. Die Briefe und Lebens-
nachrichten Herder's bekunden unzweifelhaft, daß auch alle seine

späteren Werke, welche geschichtliche Bedeutung gewonnen haben, bereits in diesen ernststrebenden kräftigen Jugendjahren wurzeln.

Diese erste Epoche erstreckt sich bis zum Jahr 1778.

Herder's Lebensverhältnisse waren in dieser Zeit bunt und bewegt. Nachdem er Riga verlassen, hatte er längere Zeit in Nantes und Paris verweilt. Darauf war er über die Niederlande, Hamburg und Kiel nach Eutin gegangen und von dort als Erzieher und Reiseprediger des Prinzen von Holstein-Eutin über Süddeutschland nach Straßburg; Goethe hat in Wahrheit und Dichtung sein Straßburger Zusammenleben mit Herder lebendig geschildert. Von 1771 bis 1776 war Herder Hofprediger in Bückeburg. Im Sommer 1776 wurde er auf Goethe's Anlaß Generalsuperintendent in Weimar. Aber in seinem inneren Leben und Streben blieb Herder von diesem bunten Wechsel unberührt.

Am unmittelbarsten und nachhaltigsten wirkte die neue Anschauung Herder's auf die geschichtliche und kritische Betrachtung der Dichtung selbst.

Erst jetzt war die Einsicht möglich geworden, daß die Geschichte der Dichtung nicht blos eine äußerliche Erzählung und Aufzählung der Dichter und ihrer Lebensumstände und Werke sei, sondern die wissenschaftliche Darlegung des engen Zusammenhanges der Dichtung mit den durch Volksglauben und Volksthum bedingten allgemeinen Bildungsverhältnissen, die Ableitung der Literatur aus ihren bindenden weltgeschichtlichen Grundlagen, aus dem Geist und der Empfindung ihres Volks, der Zeit und des Landes. Schon früh war Herder diese geschichtliche Seite klar ins Bewußtsein getreten. Deutliches Zeugniß giebt die bereits 1766 und 1767 in Königsberg und Riga geschriebene »Abhandlung über die Ode« oder, wie Herder mit Recht hätte sagen können, die Abhandlung über die Lyrik; sie ist Bruchstück geblieben und darum erst in Herder's Lebensbild (Bd. 1, 3, a.

S. 61 ff.) aus seinem Nachlaß veröffentlicht. »Wenn irgend eine Gedichtgattung,« sagt Herder (S. 63), »ein Proteus unter den Nationen geworden ist, so hat die Ode nach der Empfindung, dem Gegenstand und der Sprache ihren Geist und Inhalt und Miene und Gang so verändert, daß vielleicht nur der Zauberspiegel des Aesthetikers dasselbe Lebendige unter so verschiedenem Gestalten erkennt. Die Dithyrambe der Griechen ist etwas durchaus Anderes als die hebräische Hymne, und auch innerhalb Griechenlands selbst scheint jedes besondere Vaterland den griechischen Odenbichter wieder besonders zu bestimmen, so daß (S. 66) Theben Pindar, Sparta Alkman, Teos Anakreon, Lesbos Sappho erzeugte; und diese Verschiedenheit zu untersuchen ist ebenso nöthig, als es nöthig ist, zu fragen, warum Sophokles und Euripides nicht Shakespeare und Racine sind.« Und noch bestimmter heißt es in dem gleichzeitigen »Versuch einer Geschichte der Dichtkunst« (ebend. S. 102): »Man hat einen Begriff der Ode festsetzen wollen; aber was ist die Ode? Die griechische, römische, orientalische, skaldische, neuere, ist nicht völlig dieselbe; welche von ihnen ist die beste, welche sind blos Abweichungen? Ich könnte es leicht beweisen, daß die meisten Untersucher nach ihren Lieblingsgedanken entschieden haben, weil jeder seine Begriffe und Regeln blos von Einer Art Eines Volks abzog und die übrigen für Abweichungen erklärte. Der unparteiische Untersucher nimmt alle Gattungen für gleich würdig seiner Bemerkungen an, und sucht sich also zuerst eine Geschichte im Ganzen zu bilden, um nachher über Alles zu urtheilen.« Und in der Abhandlung »Von der Verschiedenheit des Geschmacks und der Denkart unter den Menschen« giebt Herder (ebend. S. 188) seiner tiefen Erkenntniß von der nothwendigen Wandelbarkeit des dichterischen Ideals sogar die humoristische Wendung: »Ein guter ehrlicher Mann, der die Welt nur vom Markt, vom Kaffeehause oder höchstens aus dem Hamburgischen Correspondenten .kennt, staunt so sehr, wenn er über eine Geschichte kommt und findet, daß sich mit dem Klima, mit den Erdstrichen und den Ländern Denkart und Geschmack ändern, als Paris sich bei dem Einzuge eines indianischen Prinzen nur immer wundern kann. Seine Verwunderung löst sich endlich in ein Gelächter auf; was doch nicht, ruft er aus, für fabelhaftes Zeug in den Büchern steht; wer wird dies glauben! Oder er hält alle die Nationen für respective Narren; warum? weil sie eine andere Denkart haben, als ihm seine Frau Mama, seine werthe Amme und seine wohlweisen Schulkameraden einpflanzten. Machen wir uns nicht oft dieses Fehlers theilhaftig, wenn wir die Denkart der Wilden sogleich für fabelhaft oder thöricht erklären, weil sie von der unsrigen abgeht? Und doch lachen wir über die Chinesen, die ihr Land für das Viereck der Welt hielten und uns arme Bewohner der ganzen übrigen Welt für Fratzengesichter und Ungeheuer in die vier Winkel dieses Vierecks malten. Warum? Uns kannten sie nicht und sich hielten sie für die Monopolisten der Einsicht und des Geschmacks. Wie oft muß man glauben, in China zu sein, wenn man im gemeinen Leben täglich solche chinesische Urtheile hört, die aus Unwissenheit und Stolz alles das verwerfen, was ihrer Denkart und Fassung widerspricht.«

Im Jahr 1773, in der Abhandlung über die »Ursachen des gesunkenen Geschmacks bei den verschiedenen Völkern, da er geblühet« (Zur schönen Literatur und Kunst, Bd. 16, S. 51) hat Herder diese Anschauung in den schlagenden Satz zusammengefaßt: »So verschieden die Zeiten sind, so verschieden muß auch die Sphäre des Geschmacks sein, obgleich immer einerlei Regeln wirken; die Materialien und Zwecke sind zu allen Zeiten anders.«

Und lange Zeit beschäftigte sich Herder mit den Plänen eingehender Literaturgeschichtswerke. Der erste jugendliche »Versuch einer Geschichte der Dichtkunst« ist weit und tiefsinnig angelegt. Ebenso trug er sich mit einer Geschichte des Liedes, welche die

weitere Ausführung seiner Abhandlung über die Ode sein sollte.
Und ganz besonders oft scheint Herder der lockende Gedanke
nahegetreten zu sein, durch eine Geschichte der griechischen Dich=
tung der unmittelbare Ergänzer und Fortbildner Winckelmann's
zu werden, dessen Kunstgeschichte ihm von Jugend auf ein leuch=
tendes Vorbild gewesen. „Ein Winckelmann in Absicht auf die
Kunst,“ sagt Herder im zweiten Theil der Fragmente (1767,
S. 273. Zur schönen Literatur und Kunst, Bd. 2, S. 61), „konnte
blos in Rom aufblühen; aber ein Winckelmann in Absicht der
Dichter kann auch in Deutschland hervortreten und mit seinem
römischen Vorgänger einen großen Weg zusammenthun.“ Und
doch fällt auch hier sogleich der tiefe Unterschied scharf in das
Auge. Während Winckelmann immer und überall nur die ganz
unbedingte und rückhaltlose Nachahmung der Alten predigt, stellt
Herder die Forderung, daß eine solche Geschichte klar den Ge=
gensatz zwischen dem wahren und allgemeinen Ideal der Griechen
in jeder ihrer Dichtarten und zwischen ihren blos individuellen
National= und Localschönheiten hervorhebe, damit der Neuere sich
der todten Nachahmung entwöhne und vielmehr zur Nachahmung
seiner selbst ermuntert werde.

Keines dieser beabsichtigten Geschichtswerke hat Herder aus=
geführt; zu einem gründlichen Ausbau fehlten noch überall die
nöthigen Bausteine. Allein weit anregender und bahnbrechender,
als es vorzeitige Beschränkung jemals vermocht hätte, wirkte
die glückliche Allseitigkeit jener tiefen und feinen Anempfindungs=
fähigkeit, mit welcher Herder rastlos sogleich alle wichtigsten
Epochen der gesammten Dichtungsgeschichte der verschiedensten
Zeiten und Völker durchwanderte. Auf der Höhe dieser Seh=
weite erschien auch das, was bereits bekannt war, in durchaus
veränderter Gestalt und Beleuchtung; ja ganz neue oder doch
bisher ganz unbekannte Welten wurden entdeckt und erobert.
Die Wissenschaft wurde vertieft und erweitert; und in die auf=

strebende Dichtung der Gegenwart drang belebend und kräftigend
frischer Morgen= und Frühlingshauch.

Nur wer ein so offenes Auge für das Wesen und die viel=
gestaltigen Entwicklungsbedingungen der Volkspoesie hatte, konnte
über Homer sprechen, wie Herder in den Kritischen Wäldern
über Homer sprach. Mit so tiefer Empfindung für das ächt
Dichterische war noch niemals das Volksthümliche und Ursprüng=
liche der Homerischen Dichtung, ihre bildliche Kraft und an=
schauliche Wahrheit erfaßt worden; selbst von Lessing nicht. Von
Jugend auf keimten in Herder, wenn auch nur als dunkle
Ahnungen, jene großen Ideen, durch deren wissenschaftliche Aus=
gestaltung Friedrich August Wolf in die Betrachtung Homer's
und der epischen Dichtung einen so weitwirkenden Umschwung
gebracht hat. Betrachtete Herder schon als Jüngling in seinem
»Versuch einer Geschichte der Dichtkunst« (Lebensbild, Bd. 3, a.
S. 120) Homer nur als die höchste Blüthe und als den
organischen Abschluß der epischen Sänger, welche Homer voran=
gegangen waren und deren Ruhm vor dem Ruhm Homer's er=
bleichte, wie der Schein der Morgensterne vor dem Glanz der
Sonne, so pflückte Herder in der That nur die reife Frucht
seiner eigenen Aussaat, wenn er, inzwischen durch Wolf's Unter=
suchungen bereichert und fortgebildet, in der Abhandlung über
»Homer und das Epos« (Zur schönen Literatur und Kunst,
Bd. 10, S. 292) Homer's Epos als »die Gesammtstimme der
Gesangsvorwelt,« als »das aus vielen und vielerlei Sagen älterer
Zeit kunstreich emporgehobene Epos« bezeichnete.

Nur wer ein so offenes Auge für das Wesen und die viel=
gestaltigen Entwicklungsbedingungen der Volkspoesie hatte, konnte
so von Grund aus neue Anschauungen über den Ursprung und
den dichterischen Geist der biblischen Schriften gewinnen, wie
wir sie bei Herder von Anbeginn finden. Die Bibel war für
Herder seine erste Bildungsquelle gewesen; nur der Bibel zu

lieb, war Herder, wie er noch in seinem späteren Alter (Zur
Religion und Theologie, Bd. 5, S. 23) erzählte, Theolog ge=
worden; in seinen Kinderjahren hatte er Hiob, den Prediger,
Jesaias und das Evangelium gelesen, wie er sonst nie ein Buch
auf der Welt las. Schon in einer seiner frühesten Schriften,
im Versuch einer Geschichte der Dichtkunst, stemmt sich Herder
(Lebensbild, Bd. 1, 8, a. S. 112) fest gegen die Ansicht, auch
die dichterische Seite der Bibel nur als unmittelbar göttliche
Wirkung zu betrachten und den Ursprung derselben vom Himmel
zu holen; selbst für Lowth, den damals feinsten Kenner der
hebräischen Dichtung, welcher an dieser Lehre von der unmittel=
bar göttlichen Eingebung festhielt, hat Herder nur die spottenden
Worte, Lowth sei entweder zu sehr Redner oder zu gläubiger
Nachbeter der Juden und ihrer christlichen Nachfolger. Eine
lange Reihe von Abhandlungen aus den Jahren 1768 und 1769
(Lebensbild, Bd. 1, 3, a. S. 393—631), welche Herder unter
dem Namen einer Archäologie des Morgenlandes zusammen=
zustellen gedachte und welche später die Grundlagen seiner Schrift
über die älteste Urkunde des Menschengeschlechts wurde, ist ganz
und gar von dem Grundgedanken getragen, die älteste alttesta=
mentliche Dichtung, die Schöpfungsgeschichte, die Geschichte der
Sündfluth und die Geschichte Mosis als alte orientalische Na=
tionalgesänge zu betrachten; wer in dieser Einfalt nicht Größe
fühle, der fühle keine Poesie des sinnlichen Anschauens. In das
Jahr 1778 fällt die kleine, aber hochwichtige Schrift Herder's
über Salomon's Lieder der Liebe, wohl das Zarteste, was Her=
ber jemals geschrieben hat. Nie bethätigt sich die feine dichte=
rische Nachempfindung und Nachbildung Herder's herrlicher als
hier in dieser Uebersetzung der tief empfundenen altmorgenländi=
schen Minnegesänge; sowohl die Deutungswuth mystischer Ueber=
schwenglichkeit, welche dem hohen Liede so gern die fremdartigsten
und unnatürlichsten Anschauungen unterlegt, wie der geschmack=

lose Wahn des alten Rationalismus, welcher in der Bibel nur
eine Spreutenne kahler Moral sah, war für Jeden, der kein
Arg an gesunder Sinnlichkeit nimmt, für immer vernichtet. Und
nachdem bereits 1780 die Briefe über das Studium der Theologie diesen Gesichtspunkt lebendiger Volksdichtung über die
gesammte Bibel ausgedehnt hatten, erschien 1782 Herder's berühmtes Buch über den Geist der hebräischen Poesie, von welchem
Herder mit vollem Recht sagen konnte, von Kindheit auf habe
er es in seiner Brust genährt. Die hebräische Poesie war ihm
die älteste, einfachste, herzlichste Poesie der Erde, eine Poesie voll
des innigsten Naturgefühls, und doch ganz und gar nur das
dichterische Innewerden und Anschauen Gottes und seiner Werke,
das sich bald zur Entzückung hebt, bald zur tiefsten Unterwerfung herabsenkt; die hebräische Poesie war ihm die naturwüchsige und volksthümliche Dichtung eines Volkes, dessen ganzes
Sein und Wesen von dem tiefsten und kräftigsten Gottes-
bewußtsein durchglüht und erfüllt ist. Wer Alles in überirdischem
Glanz sehen wolle, sehe zuletzt gar nichts. Frei von allen theologisch zünftigen Voraussetzungen und Vorurtheilen hat dieses
gewaltige Buch, das leider unvollendet geblieben ist, erst wieder
die Augen für die unvergängliche Poesie der Bibel geöffnet.
Die herkömmliche sogenannte Einleitung in das alte Testament
ist, wenn sie den Namen der Wissenschaft beansprucht, in ihrem
innersten Wesen nichts als Literaturgeschichte der Juden.

Nur wer ein so offenes Auge für das Wesen und die vielgestaltigen Entwicklungsbedingungen der Volkspoesie hatte, konnte
in so großartiger Weise der Erforscher und Wiedererwecker der
alten Volksliederschätze werden, wie es Herder geworden ist.
Man belächelt jetzt die überschwengliche Begeisterung, mit welcher
Herder der Verkünder des vermeintlichen Ossian's wurde; diese
Begeisterung war der warme, wenn auch irregeleitete Ausdruck
derselben Richtung, welche ihn mit so erfolgreicher Vorliebe zum

Volkslied und zur Volkssage führte. Herder erhob die ver=
einzelten Anregungen Lessing's zu wirklich wissenschaftlicher Be=
deutung. Das Volkslied war ihm die Blume der Eigenheit
eines Volkes, seiner Sprache und seines Landes, seiner Geschäfte
und Vorurtheile, seiner Leidenschaften und Anmaßungen, seiner
Musik und seiner Seele. Mit unvergleichlicher Beweglichkeit des
Geistes und mit wunderbarer Kunst der Nachbildung sammelte
und übersetzte er die Stimmen der Völker unter allen Erdstrichen
und aus allen Zeitaltern; gleich aufmerksam auf die Gemüths=
laute der Grönländer, Lappen, Tataren, Wenden und Morlaken,
wie auf die Laute der Schotten, Spanier, Italiener und Fran=
zosen. Dies ist das greifbarste und darum auch das anerkannteste
Verdienst Herder's. Und doch wird man diesem Verdienst nicht
in seinem vollen Umfang gerecht, wenn man die gewaltigen
wissenschaftlichen Anschauungen außer Acht läßt, welche Herder
sogleich aus diesen neuen Entdeckungen zu ziehen wußte. Was
Herder 1773 in seiner herrlichen Abhandlung »Ueber Ossian und
die Lieder alter Völker« (Zur schönen Literatur und Kunst,
Bd. 7, S. 7 ff.), was er in der Einleitung zum zweiten Theil
der von ihm 1779 bei Weygand in Leipzig herausgegebenen
»Volkslieder« über die sinnliche Kraft und Anschaulichkeit, über
die schwunghafte zwingende Frische und Kühnheit des Volksliedes
sagte, ist bis auf den heutigen Tag unübertroffen und hat für
die Wiederbelebung unserer eigenen Liederdichtung die segens=
reichsten Früchte getragen. Und von nicht minder unermeßlichem
Einfluß war der geniale Scharfsinn, mit welchem Herder immer
und überall den großen geschichtlichen Hintergrund dieser schlichten
Volksphantasie hervorhob. Einige der allerfruchtbarsten Zweige
der heutigen Wissenschaft haben hier ihre triebkräftige Wurzel.
Es zeigte und bethätigte sich glänzend, was Herder gedacht und
erstrebt hatte, wenn er in jenen ringenden Rigaer Lehrjahren
einen Montesquieu der Literaturgeschichte verlangte. Herder ist

es gewesen, welcher die ersten Grundlagen zum Aufbau der vergleichenden allgemeinen Literaturgeschichte, des Erforschens der
Poesie in allen Gestalten und Wandlungen, gelegt hat. In der
Abhandlung über die »Aehnlichkeit der mittleren englischen und
deutschen Dichtkunst« (Zur schönen Literatur und Kunst, Bd. 7,
S. 42) ist diese hohe Aufgabe in folgenden Sätzen ausgesprochen:
»Die gemeinen Volkssagen, Mährchen und Mythologien sind
gewissermaßen Resultat des Volksglaubens, seiner sinnlichen Anschauungen, Kräfte und Triebe, wo man träumt, weil man nicht
weiß, glaubt, weil man nicht sieht, wo man mit der ganzen
ungetheilten und ungebildeten Seele wirkt; also ein großer Gegenstand für den Geschichtschreiber der Menschheit, für den Poeten
und Poetiker und Philosophen. Sagen einer und derselben Art
haben sich mit den nordischen Völkern über viele Länder und
Zeiten ergossen, jeden Ortes aber und in jeder Zeit sich anders
gestaltet; wo sind die allgemeinsten und sonderbarsten Volkssagen entsprungen, wie gewandert, wie verbreitet und getheilt?«
Ferner (S. 63): »Die kriegerische Nation singt Thaten, die zärt-
liche singt Liebe; das Volk von warmer Leidenschaft kann nur
Leidenschaft dichten, wie das Volk unter schrecklichen Gegen-
ständen sich auch schreckliche Götter dichtet. Eine Sammlung
solcher Lieder aus dem Munde eines jeden Volks über die vornehmsten Gegenstände und Handlungen seines Lebens, in eigener
Sprache, gehörig verstanden, erklärt und mit Musik begleitet,
wie würde es die Artikel beleben, auf die der Menschenkenner
bei allen Reisebeschreibungen doch immer am begierigsten ist, die
Artikel von der Denkart und den Sitten der Nation, von ihrer
Wissenschaft und Sprache, von Spiel und Tanz, Musik und
Götterlehre. Wie die Naturgeschichte Kräuter und Thiere be-
schreibt, so schilderten sich hier die Völker selbst. Man bekäme
von Allem anschauenden Begriff; und durch die Aehnlichkeit oder
Abweichung dieser Lieder an Sprache, Inhalt und Tönen und

insonderheit in Ideen der Kosmogenie und der Geschichte ihrer
Väter ließe sich auf die Abstammung, Fortpflanzung und Vermischung der Völker wie viel und wie sicher schließen!« Und
Herder ist es gewesen, welcher, so lückenhaft seine Kenntniß des
Einzelnen war, auch die ersten Grundlagen zum Aufbau der
altdeutschen Philologie gelegt hat, wenn anders dieselbe nicht
blos Herausgabe und Kritik der Texte, nicht blos Grammatik,
sondern in Wahrheit Wissenschaft des deutschen Alterthums ist.

Es ist auch hier wieder die Abhandlung von der Aehnlichkeit
der mittelalterlichen englischen und deutschen Dichtung, welche
unter der wärmsten Anerkennung der spurlos vorübergegangenen
Bemühungen Bodmer's das höchste Ziel dieser neu zu schaffenden
deutschen Alterthumswissenschaft aufstellt, indem sie (S. 51) verlangt, daß eine Geschichte des deutschen Mittelalters nicht blos
eine Pathologie des Kopfes, d. h. des Kaisers und einiger
Reichsstände sein solle, sondern eine Physiologie des ganzen
Nationalkörpers, ter Denkart, Bildung, Sitte und Sprache.
Herder setzte (S. 50) mahnend hinzu: »Mir ist noch keine Geschichte bekannt, wo die deutsche Feudalverfassung recht charakteristisch für Deutschlands Poesie, Sitten und Denkart behandelt
und in alle Züge nach fremden Ländern verfolgt wäre.« Sähe
Herder die heutige Wissenschaft, freudig würde er in das Goethe'-
sche Wort einstimmen, daß, was man in der Jugend wünscht,
man im Alter die Fülle hat.

Und diese hehre geschichtliche Auffassung gab Herder auch
eine andere Stellung zu Shakespeare, als bisher die Zeitgenossen
innegehabt hatten. Die wichtigste Urkunde seiner Shakespeare-
betrachtung ist jene inhaltsvolle und warmempfundene Abhandlung über den großen englischen Dichter (Zur schönen Literatur
und Kunst, Bd. 20, S. 271), welche, wie aus einem Briefe
Herder's (Nachlaß, Bd. 3, S. 81) hervorgeht, bereits 1771 begonnen, aber erst 1775 vollendet und veröffentlicht wurde; sie

bezeugt sattsam, daß sie zwar Lessing's Dramaturgie zur Vor-
aussetzung hatte, zugleich aber deren schöpferische Fortbildung war.
Lessing hatte seinem nächsten Zweck gemäß vorzugsweise die tief
innere Verwandtschaft Shakespeare's mit den Alten hervorgehoben;
Corneille komme ihnen freilich in der mechanischen Einrichtung,
Shakespeare aber, so sonderbare und ihm eigene Wege er wähle,
im Wesentlichen näher. Weil Lessing die antike Tragödie und die
Tragödie Shakespeare's in gleichem Abstand von dem Zopf des
französischen Classicismus erblickte, so meinte er Sophokles und
Shakespeare in der That unter sich selbst gleich und übereinstimmend; wir wissen aus der Geschichte seines Bildungsganges, wie
seine ersten eingehenden Sophokles- und Shakespearestudien genau
in dieselbe Zeit fallen. Herder dagegen betonte auf's schärffte den
tiefen, durch die Verschiedenheit des Volksnaturells und des Zeitalters bedingten geschichtlichen Gegensatz. Aus den von Grund aus
verschiedenartigen Ursprüngen des griechischen und des nordischen
Theaters suchte er (S. 273) zu erweisen, daß Sophokles' Drama
und Shakespeare's Drama zwei Dinge seien, die in gewissem
Betracht kaum den Namen gemein haben. Die griechische Tragödie sei gleichsam nur aus Einem Auftritt, aus dem Impromptu
der Dithyramben, des mimischen Tanzes, des Chors, entstanden;
dieser habe allmälich Zuwachs und Umschmelzung bekommen;
aus solchem Ursprung habe sich das griechische Trauerspiel zu
seiner Größe emporgeschwungen und sei Meisterstück des menschlichen Geistes, Gipfel der Dichtkunst geworden. Jene Simplicität der griechischen Fabel, jene Nüchternheit griechischer Sitten,
jenes Kothurnmäßige des Ausdrucks, die Musik, die Gestalt der
Bühne, die Einheit des Orts und der Zeit, welche die eigensten
Merkmale der griechischen Tragik seien, liege daher ganz ohne
Kunst und Zauberei natürlich und wesentlich im Ursprung der
griechischen Tragik selbst; diese Eigenheiten seien die Schlaube,
in welcher die Frucht gewachsen. Wie ganz anders, fährt Herder

fort, war der Ursprung des englischen Dramas! Shakespeare
(S. 285) fand keinen griechischen Chor vor, sondern Staats-
und Marionettenspiele; er bildete also aus diesen Staats- und
Marionettenspielen, dem so schlichten Lehm, das herrliche Geschöpf, das da vor uns stehet und lebt. Er fand keinen so einfachen Volks- und Vaterlandscharakter, sondern ein Vielfaches
von Ständen, Lebensarten, Gesinnungen, Völkern und Sprach-
arten; er dichtete also Stände und Menschen, Völker und Sprach-
arten, Könige und Narren. Er fand keinen so einfachen Geist
der Geschichte, der Fabel, der Handlung; er nahm die Geschichte,
wie er sie fand, er setzte mit Schöpfergeist das Verschiedenartigste
zusammen. Und hatte Shakespeare den Göttergriff, eine ganze
Welt der disparatesten Auftritte zu einer Begebenheit zu erfassen,
so gehörte es natürlich zur Wahrheit seiner Begebenheiten, auch
Ort und Zeit jedesmal zu individualisiren, daß sie mit zur Täuschung beitrugen. »Nimm dem Menschen Ort, Zeit und individuelle Bestandheit und Du hast ihm Odem und Seele genommen!«
Die antike und moderne, oder wie Herder in seiner, später auch
von Jean Paul beibehaltenen Sprechweise zu sagen pflegte, die
griechische und die nordische Tragödie mußten verschieden sein,
weil die Entwicklungsbedingungen, aus welchen eine jede hervorging, so durchaus verschieden waren.

Betrachten wir den nächsten Thatbestand, so hatte Herder
wohl nur die Absicht, hauptsächlich gegen Diejenigen Einspruch
zu erheben, welche trotz ihrer Verehrung Shakespeare's noch immer
an seiner Verletzung der sogenannten drei Einheiten Anstoß nahmen; wenigstens hat Herder diese vor Augen, wenn er am Eingang seiner Betrachtungen (S. 272) klagt, daß selbst die kühnsten Freunde Shakespeare's sich meist nur begnügten, ihn zu ent-
schuldigen und zu retten, seine Schönheiten nur immer gegen
seine vermeintlichen Verstöße zu wägen und ihn desto mehr zu
vergöttern, je mehr sie über Fehler die Achseln ziehen müßten.

Gleichwohl hat Herder aus dieser scharfen Gegenüberstellung der
Entwicklungsbedingungen antiker und moderner Tragik zugleich
eine Reihe anderer Folgerungen gezogen, welche über die Auffas=
sungsweise Lessing's hinaus ein sehr bedeutender Fortschritt waren.
Obwohl auch Herder noch ebensowenig wie Lessing sich zum
Bewußtsein gebracht hatte, daß der eigenste und tiefste Unter=
schied der antiken und modernen Tragödie vor Allem in dem tief=
greifenden Gegensatz liege, daß die moderne Tragödie mit ihrem
gesteigerten und verinnerlichten Freiheitsgefühl die Katastrophe, den
Untergang des Helden, nicht wie die antike Tragödie aus einem
äußeren unentrinnbaren Götterverhängniß, sondern vielmehr aus
der verantwortlichen tragischen Schuld des Handelnden selbst
ableite, so war doch Herder in der That der Erste, welcher, mehr
als es Lessing jemals vermocht hätte, die Größe und Eigenthüm=
lichkeit Shakespeare's auf ihre geschichtlichen Grundlagen zurück=
führte und ihn rein aus sich selbst erklärte. Nimmt es Wunder,
daß Lessing niemals irgendeine Tragödie Shakespeare's einer ge=
naueren Zergliederung unterworfen hat, wie er in seiner Jugend
doch selbst mittelmäßige Trauerspiele der römischen Kaiserzeit im
Einzelnen betrachtet und zergliedert hatte, so ist es eine sehr be=
deutsame Thatsache, daß uns in dieser kleinen Abhandlung Her=
der's solche Zergliederungen in reichster Fülle entgegentreten; noch
jetzt wird Niemand Herder's Worte über Lear, Othello, Mac=
beth und Hamlet ohne die innigste Befriedigung lesen. Und
glaubte Lessing, wie Philotas und besonders einzelne seiner unaus=
geführten dramatischen Entwürfe (Lachm., Bd. 2, S. 515, Bd.
11, S. 390) beweisen, Sophokles noch ganz unmittelbar nach=
ahmen und für die moderne Bühne nutzbar machen zu können,
so predigte Herder in jeder Zeile, daß einzig und allein in
Shakespeare das maßgebende Muster des modernen Dramatikers
liege, und daß jede einseitige Anlehnung an die Antike ihn von
dem einzig möglichen Wege ablenken müsse. Dabei ist freilich

nicht zu übersehen, daß andererseits diese Abhandlung Herder's
an einer Schwäche krankte, welche von Lessing's genialem Kunst-
verstand längst überwunden war. Herder hatte keine Einsicht in
die unverbrüchlichen Stilunterschiede des Epischen und des Dramatischen. Uneingedenk der unumstößlichen Lessing'schen Lehre,
daß das Drama nicht dialogisirte Geschichte sei, ließ sich Herder durch die aus Shakespeare's Jugendzeit flammenden Dramen
aus der englischen Geschichte, welche noch in der episirenden Unreife seiner nächsten Vorgänger befangen sind und daher zu der
vollen dramatischen Geschlossenheit der späteren Meisterwerke in
entschiedenem Gegensatz stehen, leider verlocken, das Wesen der
dramatischen Handlung wieder mit dem Wesen der epischen Begebenheit, oder, wie wir vielleicht bezeichnender sagen können, die
Einheit der Handlung wieder mit der Einheit der Person zu ver-
mischen. Das Drama war ihm (S. 301) lediglich Historie, Hel-
den- und Staatsaction, ein Größe habendes Ereigniß. Eine
Berirrung, die für das deutsche Drama der Sturm- und Drangperiode und für das Drama der Romantiker von den verhängniß-
vollsten Folgen wurde.

Und diese großartigen geschichtlichen Anschauungen und
Studien Herder's waren der Boden, aus welchem seine kritischen
Schriften erwuchsen.

Herder's Kritik ist lediglich die werkthätige Anwendung der
leitenden Grundsätze, welche er sich aus seiner neuen und eigen-
thümlichen Betrachtung der Geschichte der Dichtung gezogen
hatte.

So fühlbar die Kritik Herder's an fester Einsicht in die
künstlerischen Formgesetze hinter Lessing zurücksteht, so ist doch
auch sie, sowohl in ihrem Verhalten zu den dichterischen Bestrebungen der nächsten Gegenwart wie in der Feststellung der zu
erstrebenden Ziele, eine im höchsten Sinn schöpferische. Wer so
tief und innig wie Herder von dem unauflöslichen Zusammenhang

der Dichtung mit dem eigensten Leben und Weben des schaffenden Zeit- und Volksgemüths erfüllt und durchdrungen war, der
mußte in dem großen Kampf für eine volksthümlich deutsche
Kunst, welchen Lessing soeben zum glänzenden Sieg führte, auch
seinerseits ein gewaltiger, den Feind von ganz neuen Angriffs-
stellungen bekämpfender Mitkämpfer und Vorkämpfer sein. Und
wer so innig wie Herder von dem Zauber und dem inneren Gehalt ursprünglicher Volksdichtung und von dem tiefen Gegensatz
derselben zu der gelehrten Kunstdichtung erfüllt und durchdrungen
war, der mußte auch die letzten Schranken der vorwaltenden Reflexionsdichtung, welche Lessing niemals durchbrochen hatte, von
Grund aus durchbrechen.

Ist zu sagen, daß die Abwendung von den Franzosen zu
den stammverwandten Engländern, welche seit den berühmten
Streitigkeiten zwischen Gottsched und den Schweizer Kritikern
Bodmer und Breitinger die gesammte deutsche Literaturbewegung
unablässig bedingt und beschäftigt hatte, in ihrem geschichtlichen
Ursprung und Wachsthum wesentlich die Auflehnung des erstark-
ten germanischen Volksnaturells gegen die erdrückende Uebermacht
der romanischen Formenwelt war, so war es eine sehr wirksame
Ergänzung dieser Bestrebungen, wenn Herder auf die Wurzel
dieser romanischen Renaissancekunst selbst, d. h. auf die Frage
nach dem Recht und der Grenze der Nachahmung der Alten zu-
rückgriff.

Die ersten Anregungen dieser Richtung hatte Herder von
Young und Klopstock überkommen; es ist ganz im Ton der bar-
bischen Epoche Klopstock's, wenn Herder in seiner Abhandlung
über die Ode (Lebensbild, Bd. 1, 3, a. S. 69) die deutschen
Dichter von der Ceder Libanons, von dem Weinstock Griechenlands und dem Lorbeer Roms zu den Holzäpfeln ihrer eigenen
heiligen Wälder, oder, wie Herder ausdrücklich (S. 74) hinzusetzt, neben Shakespeare's Schriften zur nordischen Edda und zu

den Gesängen der Barden und Skalden ruft. Die „Fragmente
über die neuere deutsche Literatur" aber, mit welchen Herder 1766
zuerst als Schriftsteller auftrat, geben diesen Gedanken eine Aus=
führung und Anwendung, welche die Grundlegung und Er=
weckung einer völlig neuen Epoche wurde. Warum die alttestament=
lichen Dichtungen, die Griechen, die Römer so äußerlich und ein=
tönig nachahmen, da doch unsere Psalmisten, Epiker, Dithyram=
ben«, Oben= und Idyllendichter satisam beweisen, daß solche Nach=
ahmungen immer mißlingen und schlechterdings mißlingen müssen,
weil unsere landschaftliche Natur, unsere Geschichte, unsere My=
thologie, unsere ganze Religion, unsere Begabung, unsere Sprache
eine so durchaus andere ist als die Natur, Geschichte, Mythologie,
Religion, Begabung und Sprache der Urbilder? Warum nicht
statt der elenden Nachahmungen lieber Erklärungen und Ueber=
setzungen, damit wir, wie Herder noch immer von dieser Zeit
sagen konnte, die Griechen, bevor wir sie nachahmen, auch wirk=
lich kennen lernen? Die Summe dieser Betrachtungen gipfelt im
dritten Fragment, dessen Inhalt Herder in einem gleichzeitigen
Briefe (Lebensbild, Bd. 1, 2. S. 270) in den Satz zusammen=
faßt: „Wir sind schiefe Römer in Sprache, Philosophie, My=
thologie, Ode, philosophischem Lehrgedicht, Elegie, Satire, Be=
redtsamkeit, wenn wir nichts als Römer, nichts als Horaze, Lu=
creze, Tibulle, Cicerone sein wollen." Mit so unzweifelhaftem
Recht Herder am Schluß dieses Fragments (1767. S. 331. Zur
schönen Literatur und Kunst, Bd. 2. S. 332) sagen konnte, daß,
wer da meine, er wolle ihn von der Kenntniß der Alten abhal=
ten oder ihn im Studium derselben ermüden, sein Buch ins
Feuer werfen solle, so scharf und nachdrücklich betont er, daß es
unsere unerläßliche Aufgabe sei, den noch immer vorwaltenden
lateinischen Zuschnitt unserer Bildung und also auch unserer Dich=
tung endlich abzuwerfen und die Fäden unserer eigenen, natur=
wüchsigen, ächt volksthümlichen Bildung, welche die zweite Hälfte

des sechzehnten Jahrhunderts gewaltsam durchschnitten, wieder
aufzunehmen und mit aller Kraft fortzuführen. Statt, daß man
(ebend. S. 247) die Alten hätte erwecken sollen, um sich nach
ihnen zu bilden und sich von ihnen den Geist einhauchen zu las=
sen, den man brauche, um nach seiner Zeit und in seinem Lande
wahre Größe zu erreichen, sei man bei der äußeren Schale ge=
blieben; man habe nur gelernt, was die Alten gedacht, nicht aber,
wie sie denken; man habe die Sprache gesprochen, in der sie ge=
sprochen, nicht die Art, wie sie sprachen. In Deutschland habe
Luther auch in diesem Gesichtspunkt großes Verdienst. Er sei es
gewesen, der die deutsche Sprache, einen schlafenden Riesen, auf=
geweckt und losgebunden, der die scholastische Wortkrämerei wie
jene Wechslertische verschüttet; er habe durch seine Reformation
die ganze Nation zum Denken und Gefühl erhoben. Nachher aber
sei Alles wieder verdorben worden, und nicht bloß unsere naiv
körnigte Sprache, sondern unsere gesammte Bildung sei von La=
tium gefesselt. Sei es denn nicht gewiß, daß die Römer auf
einer andern Stufe der Kultur gestanden als wir, daß wir sie
in einigen Stücken hinter uns haben, und in anderem, wo sie
vor uns sind, nicht nachahmen können? Es sei nicht schlechter=
dings ein Ruhm, wenn es heiße, dieser Dichter singe wie Horaz,
jener Redner spreche wie Cicero, dieser philosophische Dichter sei
ein anderer Lucrez, dieser Geschichtschreiber ein zweiter Livius;
aber das sei ein großer, ein seltener, ein beneidenswerther Ruhm,
wenn es heißen könne, so hätte Horaz, Cicero, Lucrez, Livius
geschrieben, wenn sie über diesen Vorfall, auf dieser Stufe der
Kultur, zu dieser Zeit, zu diesen Zwecken, für die Denkart dieses
Volks, in dieser Sprache geschrieben hätten. „O, das verwünschte
Wort: Klassisch! Es hat (S. 197) uns Cicero zum klassischen
Schulredner, Horaz und Virgil zu klassischen Schulpoeten, Cäsar
zum Pedanten, Livius zum Wortkrämer gemacht; es hat den
Ausdruck vom Gedanken und den Gedanken von der ihn erzeu=

genden Gelegenheit gesondert. Dieses Wort war es, das alle wahre
Bildung nach den Alten als noch lebenden Mustern verdrängte,
das den leidigen Ruhm aufbrachte, ein Kenner der Alten, ein
Artist zu sein, ohne daß man damit höhere Zwecke erreichen dürfte;
dies Wort hat manches Genie unter einen Schutt von Worten
vergraben, seinen Kopf zu einem Chaos von fremden Ausdrücken
gemacht, es hat dem Vaterland blühende Fruchtbäume entzogen!«
Und es ist derselbe Drang nach dem Volksthümlichen und Volksmäßigen, wenn Herder in der zweiten Ausgabe der Fragmente
(Zur schönen Literatur und Kunst, Bd. 1, S. 132) von den
deutschen Schriften verlangte, sie müßten durchaus idiotistisch,
eigenthümlich, aus der Tiefe der Muttersprache, geschrieben sein,
gleich als ob keine andere Sprache in der Welt sei. »Lasset uns
idiotistische Schriftsteller, eigenthümlich für unser Volk und unsere Sprache, sein; ob wir klassisch sind, mag die Nachwelt ausmachen!« Und noch bestimmter und greifbarer hat Herder dieses
gewaltige Thema 1777 in der Abhandlung über die »Aehnlichkeit
der mittleren englischen und deutschen Dichtkunst« ausgesprochen.
Wehmuthsvoll ist sie durchklungen von der tiefen Klage, daß
wir nicht mehr auf unserer altdeutschen Dichtung fußen und daß
wir dadurch unseren volksthümlichen Geschmack verloren haben.
Herder sagt (Zur schönen Literatur und Kunst, Bd. 7, S. 57):
»Aus älteren Zeiten haben wir durchaus keine lebende Dichterei,
auf der unsere neuere Dichtkunst wie Sprosse auf dem Stamme
der Nation gewachsen wäre, dahingegen andere Nationen mit den
Jahrhunderten fortgegangen sind und sich auf eigenem Grunde,
aus Nationalproducten, auf dem Glauben und Geschmack des
Volks, aus Resten alter Zeit gebildet haben, dadurch ist ihre
Dichtkunst und Sprache national geworden; wir armen Deutschen
aber sind von jeher dazu bestimmt gewesen, nie unser zu bleiben,
unser Gesang ist ein Pangeschrei, ein Wiederhall vom Schilfe des
Jordan, der Tiber, der Themse und Seine, unser Geist ein Mieth

lingsgeist, der wiederkäut, was Anderer Fuß zertrat. Und jetzt,
da wir uns schon auf so hohem Gipfel der Verehrung anderer
Völker wähnen, jetzt, da uns die Franzosen, die wir so lange
nachgeahmt haben, Gott Lob und Dank! wieder nachahmen,
jetzt, da wir das Glück genießen, daß deutsche Höfe schon anfangen, deutsch zu buchstabiren und ein paar deutsche Namen zu
nennen, — Himmel, was sind wir nun für Leute! Wer sich
noch um's rohe Volk bekümmern wollte, um ihre Grundsuppe
von Märchen, Vorurtheilen, Liedern, rauher Sprache, welch ein
Barbar wäre er! Er käme, unsere klassische silbenzählende Literatur zu beschmutzen, wie eine Nachteule unter die schönen bunt-
gekleideten singenden Gefieder! Und doch bleibt es immer und
ewig, daß der Theil von Literatur, der sich auf das Volk bezieht, volksmäßig sein muß oder er ist klassische Luftblase; und
doch bleibt es immer und ewig, daß, wenn wir kein Volk haben,
wir kein Publicum, keine Nation, keine Sprache und Dichtkunst
haben, die unser sei, die in uns lebe und wirke. Da schreiben
wir denn nun ewig für Stubengelehrte, machen Oden, Helden-
gedichte, Kirchen- und Küchenlieder, wie sie Niemand versteht,
Niemand will, Niemand fühlt. Unsere klassische Literatur ist ein
Paradiesvogel, so bunt, so artig, ganz Flug, ganz Höhe, aber
ohne Fuß auf deutscher Erde.«

Daher, wie bei Lessing, so auch bei Herder die freudige Begeisterung für Gleim's Grenadierlieder, welche er sogar über die
Kriegsgesänge des Tyrtäus stellen zu dürfen meint. Es ist leicht,
über solche Begeisterung zu spotten; richtiger ist es, nach ihrem
Grund zu fragen. Und daher, wie bei Lessing, so auch bei Herder das feste Einstehen für die Größe und Herrlichkeit Shakespeare's. Es war nicht bloß die Tiefe der Poesie, welche sie zu
Shakespeare zog, es war ebenso sehr das sichere Gefühl, daß hier
germanische Art und Kunst sei. Wie freudig begrüßte Herder
den Dichter des Götz von Berlichingen! In späten Lebensjahren

4*

wurde der freilich längst vorbereitete Bruch mit Goethe durch
Herder's hartes Urtheil über Goethe's Natürliche Tochter herbeigeführt, deren antikisirende Haltung seiner gesammten Kunstanschauung vom Grunde aus widerstrebte.

Hier ist die Wiege jenes jungen Dichtergeschlechts, das sich
nicht blos in Shakespeare, sondern auch in Hanns Sachs und
in die alten deutschen Volksbücher vertiefte.

Und wie hätte sich der schätzereiche Schacht der alten Volkspoesie öffnen können, ohne alle bisher geltenden Kunsturtheile
und Werthbestimmungen durchweg zu verändern! Der vielstim-
mige Gesang der verschiedensten Zonen und Zeiten predigte nur
die eine große Lehre, welche Herder in der herrlichen Abhandlung
über Ossian und die Lieder der alten Völker (Zur schönen Literatur und Kunst, Bd. 8, S. 14) aussprach: »Je wilder, d. h.
je lebendiger, je freiwirkender ein Volk ist (mehr heißt das Wort
nicht!), desto wilder, d. h. desto lebendiger, freier, sinnlicher,
lyrisch handelnder müssen auch seine Lieder sein. Je entfernter
von künstlicher wissenschaftlicher Denkart, Sprache und Lettern-
art das Volk ist, desto weniger müssen auch seine Lieder für's
Papier gemacht und todte Letternverse sein; vom Lyrischen, vom
Lebendigen und gleichsam Tanzmäßigen des Gesanges, von lebendiger Gegenwart der Bilder, vom Zusammenhang und gleichsam Nothdrang des Inhalts und der Empfindungen, von Sym-
metrie der Worte und der Silben, vom Gange der Melodie und
von hundert andern Sachen, die zur lebendigen Welt, zum
Spruch- und Nationalliede gehören und mit diesem verschwin-
ben, — davon und davon allein hängt das Wesen, der Zweck,
die ganze wunderthätige Kraft ab, die diese Lieder haben, die
Entzückung, die Triebfeder, der ewige Erb- und Lustgesang des
Volks zu sein!« Die Schranken der Reflexionsdichtung sind gefallen. Selbst bis in die Betrachtung der Fabel und des Epi-

gramms überträgt Herder seine neuen Anschauungen. Poesie ist
nur, wo Natur, Naivetät, Gemüth und Phantasie ist.

Wer wird behaupten wollen, daß Herder allein jene tiefe
Erregung der Geister hervorgerufen habe, welche die siebziger
Jahre des achtzehnten Jahrhunderts in der Geschichte der deutschen Dichtung so äußerst denkwürdig macht? Wir brauchen nur
hinüber nach England zu schauen, auf Macpherson und Chatter-
ton, auf Cowper und Robert Burns, um zu gewahren, daß die
geschichtlichen Vorgänge und Bedingungen, welche Herder erzeug-
ten, überall wirkten und walteten. Aber gewiß ist, daß in Deutschland diesem dunklen Drängen und Ringen die richtigen Bahnen
und Ziele Keiner so kräftig wie Herder gezeigt hat. In Herder's
Wiedererweckung der Volkslieder wurde das alte Märchen vom
Verjüngungsbrunnen geschichtliche Wahrheit. Vor Allem Goethe's
und Bürger's Bildungsgeschichte muß man betrachten, um das
Vollgewicht dieser Thatsache lebendig nachzuempfinden. Am ersten
und greifbarsten bekundete sich die Macht dieser Einwirkung naturgemäß in der Lyrik. Erst jetzt hörte man wieder den frischen
und innigen Naturton ächter Empfindung; und diese unverfälsch-
ten Herzensklänge erschufen sich eine sinnlichere und bildlichere
Sprache und setzten den Reim wieder in seine alten Rechte ein.
Wo Lied und Gesang als untrennbar gedacht und empfunden
wurde, war die schleppende Odendichtung unrettbar verloren.
Und mit dem singbaren Liede erstand und erstarkte zugleich der
schlichte Volkston der Romanze und Ballade, welche durch Gleim's
verhängnißvolles Vorbild sich zum Niedrigkomischen verflacht und
entwürdigt hatte. Die neue deutsche Lyrik kam urplötzlich, wie
die Blume im Frühling plötzlich aus dem Boden sproßt.

Was Wunder, wenn wir Herder auch in der Musik, welche
er als die natürliche Schwester der Dichtung betrachtete, als
Freund und Verehrer schlichter Volksmelodien, als begeisterten
Bewunderer und Kenner des alten italienischen Kirchenstils, als

warmen Beförderer eines reinen evangelischen Kirchengesanges erblicken?

Besonders wichtig aber ist Herder auch für die bildende Kunst geworden. Auch hier hat Herder eine völlig neue Epoche eingeleitet; ein Verdienst, das meist übersehen wird, weil die Wirkungen nicht so schnell und so unmittelbar eintraten wie in der Dichtung.

Obgleich ihm, dem im fernen Norden Weilenden, alle eigenen Erfahrungen und Anschauungen fehlten, hatte ihn doch Winckelmann's Kunstgeschichte auf's mächtigste ergriffen und zu dem emsigsten Studium der kunstwissenschaftlichen Schriften Lessing's, Mengs', Hagedorn's, der Engländer und Franzosen geführt. Bei der neuen und tiefen Einsicht, welche Herder vom Wesen der Poesie hatte, wurden ihm die Befangenheiten und Einseitigkeiten seiner nächsten Vorgänger sogleich lebendig fühlbar. Es nöthigt zu immer steigender Bewunderung der seltenen Jugendkraft Herder's, wenn wir sehen, daß die fruchtbaren Gedanken, welche er 1778 in seiner »Plastik« aussprach, bereits in dem 1768—1770 theils in Riga, theils auf der Reise geschriebenen Vierten kritischen Wäldchen vollständig ausgebildet vorliegen. Wir wissen, wie es der Grundmangel der durch Winckelmann und Rafael Mengs emporgekommenen Kunstanschauung war, daß sie dem herrschenden Zopf des französischen Rococo gegenüber den Weg, groß, ja, wo möglich, unnachahmlich zu werden, einzig und allein in die ausschließliche Nachahmung der Antike stellte, so daß selbst die besten italienischen Meister des sechzehnten Jahrhunderts, daß selbst Rafael vor dieser schroffen Ausschließlichkeit zurücktreten mußten; die hoheitsvollen Formen der antiken Kunst wurden als für alle Zeiten bindend und undurchbrechbar betrachtet. Wir wissen, welche gefährliche Bedeutung diese Enge der Anschauung namentlich für die Malerei gewann; hatte bisher die gesammte neuere Plastik einseitig unter der Uebermacht der Ma-

lerei geſtanden, ſo übertrug man jetzt nicht minder einſeitig auf
die Malerei die Geſetze ſtatuariſcher Zeichnung. Auch Leſſing
hatte, wie die Nachträge zum Laokoon ſattſam bezeugen, an die=
ſer Einſeitigkeit keinen Anſtoß genommen. Wie aber hätte Her=
der mit ſeinem offenen Sinn für das individuell Geſchichtliche,
für das lebendig Gefühlte und Naturwüchſige, an dieſen gewalt=
ſamen Beſchränkungen ſein Genüge finden können? Sowohl die
ſtarre Unwandelbarkeit ſolcher vermeintlich zeit= und ortloſer Ideal=
form wie die unkünſtleriſche Stilvermiſchung des Bildneriſchen
und Maleriſchen hat Herder bekämpft.

Wer Einſicht in das unverbrüchliche Weſen der Plaſtik hat,
wird wahrlich nicht widerſprechen, wenn Herder (Zur ſchönen
Literatur und Kunſt, Bd. 19, S. 68) die Bildwerke der Grie=
chen als »Muſter der Wohlform«, als Darſtellung der »einfa=
chen reinen Menſchennatur« und darum als »Leuchtthürme« be=
zeichnet, die dem Schiffer, der nach ihnen ſteuert, ſichere Fahrt
bieten; zumal Herder ſogleich hinzuſetzt, daß die Griechen uns
nur Freunde, nicht aber Gebieter, nur Führer und Vorbilder,
nicht aber Unterjocher ſein ſollen. Von der Malerei dagegen for=
dert Herder den lebendigſten Wechſel der Geſtalten je nach dem
Wechſel der Geſchichte und Menſchenart. Herder ſtand in der
Anerkennung der alten deutſchen Malerſchulen noch ſehr vereinzelt,
als er auf ſeiner Reiſe nach Italien am 10. Auguſt 1788 aus
Nürnberg (Zur Philoſophie und Geſchichte, Bd. 21, S. 255) an
die Seinigen ſchrieb: »Unter allen Gemälden, die es hier giebt,
intereſſirt mich Dürer am meiſten; ſolch ein Maler möchte ich
auch geweſen ſein. Sein Paulus unter den Apoſteln, ſein eige=
nes Bild, ſein Adam und Eva, ſind Geſtalten, die in der Seele
bleiben; auch ſonſt habe ich von ihm ſchöne, ſchöne Sachen geſe=
hen; auch ein Gemälde von ihm in der Burg, da er in ſeiner
Krankheit ſich wie einem Halbtodten gemalt hat und den rechten
Aufſchluß ſeiner Geſichtszüge und des ganzen vornehmen kräf=

tigen reinlichen Wesens giebt, das in ihm gewohnt hat. Sonst auch viele andere schöne Sachen, die an eine Zeit deutscher Art und Kunst erinnern, die nicht mehr da ist und schwerlich je wiederkommen dürfte.« Und von demselben Standpunkt beurtheilte Herder auch das Wesen und die Geschichte der Baukunst. Zwar sehen wir zuerst auch ihn in die herrschende Verachtung der Gothik noch rückhaltslos einstimmen, wenn er sie in einem am 2. December 1769 zu Paris geschriebenen Tagebuchblatt (Lebensbild, Bd. 2, S. 428) nur künstlich im Kleinen nennt, ohne Sinn für das Große, ohne Simplicität, ohne menschlichen Ausdruck, ohne Freude; aber schon 1773 veröffentlichte er in den Blättern für deutsche Art und Kunst die jugendmuthige Verherrlichung Erwin von Steinbach's von Goethe, und seitdem ist Herder der geschichtlichen Würdigung der Gothik unwandelbar treu geblieben. Es ist eines der schönsten Kapitel in Herder's Ideen zur Geschichte der Menschheit, welches (Zur Philosophie und Geschichte, Bd. 7, S. 298) die großen Meisterwerke des Mittelalters preist und die gothische Baukunst aus der Verfassung der Städte und dem Geist der Zeiten erklärt; »wie die Menschen denken und leben,« heißt es dort, »so bauen und wohnen sie.« Der hohe Begriff der künstlerischen Monumentalität, seit Jahrhunderten aus dem Bewußtsein der Menschen geschwunden, war auch für die bildende Kunst in Herder wieder aufgelebt, wenn auch erst schwankend und dämmernd. Und damit war jener verderbliche Wahn von einem entwicklungslosen, ewig bindenden Formenideal, welcher die Kunst zu todter philologischer Nachahmung verdammt, in der Wurzel vernichtet. Die durch Zeit und Volksthümlichkeit bedingte Eigenart des schaffenden Künstlers, seine Ursprünglichkeit und Schöpferlust, war wieder in ihr Recht eingesetzt. »Die Wahrheit,« sagt Herder einmal (Zur schönen Literatur und Kunst, Bd. 20, S. 18), »war zu allen Zeiten dieselbe; daß jeder wahrnehmende Mensch aber seinen Gegenstand eigen schildern kann, als ob er

noch nie geschildert wäre, darüber, dünkt mich, sollte kein miß-
trauender Zweifel walten; er schafft sich neue Bilder, wenn die
Gegenstände auch tausendmal angeschaut und besungen wären,
denn er schaut sie mit seinem Auge an, und je treuer er sich
selbst bleibt, desto eigenthümlicher wird er zusammensetzen und
schildern; er haucht dem Werk seinen Genius ein, daß es seinen
Ton tönet.- Und in der Adrastea (Zur Philosophie und Geschichte, Bd. 11, S. 77) sagte Herder in gleichem Sinn: »Wer
sich an Eine Zeit, gehöre sie Frankreich oder Griechenland zu,
sclavisch anschließt, das Zweckmäßige ihrer Formen für ewig hält
und sich aus seiner eigenen lebendigen Natur in jene Scherben-
gestalt hineinwähnet, dem bleibt das Ideal, das über alle Völker und Zeiten reicht, fern und fremd.«

Die zweite Seite, der stilistische Gegensatz der Plastik und
Malerei, hebt sich noch schärfer heraus; in gleicher Anwendung
gegen die Franzosen, welche die Plastik malerisch, und gegen die
Anhänger Winckelmann's, welche die Malerei plastisch behandelten.
»Ich verfolgte beide Künste,« sagt Herder in der Plastik (Zur
schönen Literatur und Kunst, Bd. 19, S. 40), »und ich fand,
daß kein einziges Gesetz, keine Wirkung der einen ohne Unterschied und Einschränkung auf die andere passe; ich fand, daß
grade, je eigner etwas einer Kunst sei und gleichsam als ein-
heimisch in derselben in ihr große Wirkung thue, desto weniger
lasse es sich platt anwenden und übertragen; ich fand arge Beispiele davon in der Ausführung, aber noch ungleich ärgere in
der Theorie wie Philosophie dieser Künste, die beide Künste nicht
als Schwestern oder Halbschwestern, sondern meistens als ein
doppelt Eins betrachten und keinen Plunder an der einen gefunden haben, der nicht auch der anderen gebühre.« Es ist hier nicht
zu untersuchen, inwieweit es haltbar und erschöpfend ist, wenn
Herder die Malerei als die Kunst des Gesichts und die Plastik
als die Kunst des Gefühls oder des Tastsinns bezeichnet und die

tiefgreifenden Verschiedenheiten beider Künste aus der Verschie-
benheit dieser Sinne ableitet; Thatsache ist es, daß sich Herder
im Vierten kritischen Wäldchen (Lebensbild, Bd. 1, 3, b. S. 326)
mit Recht rühmen konnte, mit diesem Gegensatz eine neue
Logik für den Liebhaber, einen neuen Weg für den Künstler gefunden zu haben. Mit unbeirrbarer Sicherheit hat Herder sowohl
den Umfang des der Plastik und Malerei zugänglichen Inhalts
wie die unumstößlichen Stilbedingungen ihrer künstlerischen Form-
gebung festgestellt; und es ist kaum zu viel gesagt, wenn man
Herder's Plastik und dem Vierten kritischen Wäldchen für die
Lehre von der Stilverschiedenheit der Plastik und Malerei dieselbe
kanonische Geltung zuerkennt wie Lessing's Laokoon für die Lehre
von der Stilverschiedenheit der Dichtung und der bildenden
Künste. Wie mißachtend sprachen Winckelmann und Lessing von
der Landschaftsmalerei! Weil die Landschaft der Plastik fernstand,
meinten sie, sie ahme Schönheiten nach, die keines Ideals fähig
seien. Herder antwortet (Plastik, S. 42): »Schatten und Mor-
genroth, Blitz und Donner, Bach und Flamme kann die Bildnerei nicht bilden, so wenig dies die tastende Hand greifen kann;
aber warum soll es deshalb auch der Malerei versagt sein? Was
hat diese für ein anderes Gesetz, für andere Macht und Bestimmung, als die große Tafel der Natur mit allen ihren Erscheinungen in ihrer großen schönen Sichtbarkeit zu schildern? Und
mit welchem Zauber thut sie es! Diejenigen sind nicht klug, die
die Landschaftsmalerei, die Naturstudien des großen Zusammen-
hangs der Schöpfung verachten, heruntersetzen oder gar dem
Künstler untersagen. Ein Maler, und soll kein Maler sein? Ein
Schilderer, und soll nicht schildern? Bildsäulen drechseln soll er
mit seinem Pinsel und mit seinen Farben geigen, wie es ihrem
ächten antiken Geschmack behagt! Die Tafel der Schöpfung schildern ist ihnen unedel; als ob nicht Himmel und Erde besser wäre
und mehr auf sich hätte als ein Krüppel, der zwischen ihnen.

schleicht und dessen Conterfeiung mit Gewalt einzige würdige
Malerei sein soll.« Und wie scharfsinnig und tiefsinnig durch-
schaut Herder die Unterschiede der bildnerischen und malerischen
Formbedingungen! Es hieß der malerisch stillosen Plastik der
französischen Rococokunst, welche noch immer ringsum wucherte,
in's tiefste Fleisch schneiden, wenn Herder vor Allem darauf hin-
wies, daß selbst in der Gruppe und im Relief, die doch der Malerei verhältnißmäßig am nächsten verwandt sind, das bildnerische
Grundgesetz der fest auf sich beruhenden Selbständigkeit und Ab-
geschlossenheit der Einzelfigur nicht übersprungen und beeinträch-
tigt werden dürfe. Treffend sagt Herder bereits im Vierten kritischen Wäldchen (Lebensbild, Bd. 1, 3, b. S. 317): »In der
Malerei liegt das Wesen der Kunst in der Belebung einer Fläche,
und das Ganze ihres Ideals trifft also genau auf die Zusam-
mensetzung vieler Figuren, die wie auf einem Grunde bis auf
jeden Pinselstrich ihrer Haltung und Vertheilung und Lichter und
Farben unzertrennbar. Eine Flächenwelt von lebendigem Anschein
machen; man steht wie vor einer Tafel. Ganz verschieden ist
das Hauptgesetz der Sculptur. Die zahlreichste Gruppe von
Bildwerken ist nicht wie eine malerische Gruppe ein Ganzes;
jede Figur steht auf ihrem Boden, hat den fühlbaren Kreis ihrer
Wirkung lediglich in sich und ist also dem Hauptgesetz der Kunst
nach auch als ein Einzelnes zu behandeln.« In der Schrift über
die Plastik (S. 134) setzt Herder hinzu: »Ich weiß, daß ein
Franzose noch neulich gerühmt hat, seine Nation habe das Gruppiren der Bildsäulen nagelneu erfunden, sie habe zuerst Bildsäulen malerisch gruppirt, wie nie ein Alter gruppirt habe. Die
Bildsäulen malerisch gruppiren? Siehe, da schnurrt schon das
Pfeischen, denn eigentlich geredet, Bildsäulen malerisch gruppiren ist ein Widerspruch. Jede Bildsäule ist Eins und ein Ganzes; jede steht für sich allein da. Was der Gedachte also an den
Alten tadelt, war ihnen ausgemachte Weisheit, nämlich nicht

zu gruppiren und, wo Gruppe sein·mußte, sie selbst, so viel als
möglich, zu zerstören.· Und es hieß der eben durch Winckelmann
und Rafael Mengs aufblühenden statuarischen Richtung der Malerei einen harten Kampf ankündigen, wenn Herder unablässig
auseinandersetzte, daß die Malerei, weil sie nicht die volle Leibhaftigkeit der Form, sondern nur den Schein derselben darstelle,
nicht an die plastische Großheit gebunden sei, sondern individuel-
lere, ja sogar niedrige Formen zulasse. Herder (Plastik, S. 65)
schließt diese Auseinandersetzung mit folgenden Worten: »Malerei
ist eine Zaubertafel, so groß als die Welt und die Geschichte, in
der gewiß nicht jede Figur eine Bildsäule sein kann oder sein soll.
Im Gemälde ist keine einzelne Figur Alles; sind die Figuren nun
alle gleich schön, so ist keine mehr schön. Es wird ein mattes Einerlei langschenklicher, gradnäsiger, sogenannter griechischer Figuren,
die alle dastehen und paradiren, an der Handluug so wenig Antheil nehmen als möglich, und uns in wenigen Tagen und
Stunden so leer sind, daß man in Jahren keine Larven der Art
sehen mag. Und nun, wenn diese Lüge von Schönheit sogleich
der ganzen Vorstellung, der Geschichte, dem Charakter, der
Handlung Hohn spricht, da wird ein Mißton, ein Unleibliches
vom Ganzen im Gemälde, das zwar der Antikennarr nicht gewahr wird, das aber der Freund der Antike um so mehr fühlt.
Und endlich werden uns ja ganz unsere Zeit, die fruchtbarsten
Sujets der Geschichte, die lebendigsten Charaktere, alles Gefühl
von einzelner Wahrheit und Bestimmtheil hinwegantikisirt. Die
Nachwelt wird an solchen Schöngeistereien stehen und staunen,
und nicht wissen, wie uns war, zu welcher Zeit wir lebten, und
was uns denn auf den erbärmlichen Wahn brachte, zu einer anderen Zeit, unter einem anderen Volk und Himmelsstrich leben
zu wollen und dabei die ganze Tafel der Natur und der Geschichte
aufzugeben oder jämmerlich zu verderben.«

Denselben Anschauungen und Gedanken begegnen wir in

Herder's Forschungen über Sprache, Religion und Geschichte; nur anders gestaltet und durchgeführt je nach der Verschiedenheit der Stoffe.

Erstens die Sprache.

Noch heut lesen wir mit Vergnügen und Belehrung in Herder's Fragmenten die feinen Bemerkungen, welche von den Eigenheiten der deutschen Sprache handeln; sie wurden die Losung des jungen Geschlechts und haben wesentlich dazu beigetragen, der deutschen Schreibart Leben und Frische, Seele und Leidenschaft, individuell persönliche Haltung und Färbung einzuhauchen. Was aber mehr als dies ist, Herder ist der bedeutendste Anreger der neueren Sprachwissenschaft. Wer einen so tiefen Einblick in Wesen und Ursprung der Dichtung hatte wie Herder, konnte sich unmöglich mit der herrschenden, eben jetzt wieder von Hamann scharf betonten Annahme befreunden, daß die Sprache, welche doch Werkzeug und Inhalt und Form dieser Dichtung ist, aus unmittelbar göttlicher Eingebung flamme. »Die ganze Hypothese vom göttlichen Ursprung der Sprache,« (Zur schönen Literatur und Kunst, Bd. 1, S. 148), »ist wider die Analogie aller menschlichen Erfindungen, wider die Geschichte aller Weltbegebenheiten und wider alle Sprachphilosophie, sie setzt eine Sprache voraus, die durch Denken ausgebildet und zum Ideal der Vollkommenheit ausgedacht ist, und bekleidet dies Kind des Eigensinns, das augenscheinlich ein späteres Geschöpf und ein Werk ganzer Jahrhunderte gewesen, mit den Strahlen des Olymps, damit es seine Blöße und Schande bedecke.« Sowohl in den Fragmenten wie in der berühmten Preisschrift »Ueber den Ursprung der Sprache« sprach Herder die klare Erkenntniß aus, daß, wer den Knoten lösen, nicht plump durchhauen wolle, vielmehr die Aufgabe habe, die Sprache als eine »Entwicklung der Vernunft,« als eine »Production menschlicher Seelenkräfte« zu erklären; und Herder selbst entwarf sofort eine Lebensgeschichte

der Sprache, welcher er im Gefühl, daß bei dem gänzlichen
Mangel der erforderlichen Grundlagen ein solcher Entwurf noch
sehr unzulänglich sein müsse, den bescheidenen Titel eines Romans gab. Schon hier (S. 38, 39) bezeichnete Herder das letzte
Ziel aller Sprachwissenschaft, wenn er sie als eine Entzifferung
der menschlichen Seele aus ihrer Sprache betrachtete und sie eine
Semiotik nannte, die wir vorerst nur dem Namen nach in den
Registern der philosophischen Encyklopädien fänden; schon hier
verlangte er zur Erreichung dieses hohen Zieles einen Mann von
drei Köpfen, welcher Philosophie, Geschichte und Philologie ver-
binde. Im Laufe der Zeit aber vertiefte sich diese Erkenntniß zum
durchgebildeten Ideal vergleichender Sprachforschung. Herder's
Ideen zur Philosophie der Geschichte (Philosophie und Geschichte,
Bd. 5, S. 199) sprechen von einer allgemeinen Physiognomik
der Völker aus ihren Sprachen, ja sie weisen (Bd. 6, S. 42)
bereits auf das Sanskrit als auf eine Protogäa, welche die
Trümmer der alten Naturdenkmale zeige. »Der Kranz ist noch
aufgesteckt,« ruft Herder begeistert aus, »und ein anderer Leibniz wird ihn zu seiner Zeit finden.« Wenige Jahrzehnte nach
diesen Worten erstand Wilhelm von Humboldt.

Zweitens die Religion.

Gebannt von dem dichterischen Zauber der Bibel war Herder Geistlicher geworden; aber es fällt schwer in's Gewicht, daß
er schon in den ersten Jahren seines Predigerlebens diesem selbstgewählten Beruf sich innerlich fremd fühlte. Es klingt sehr un-
theologisch, wenn Herder (Lebensbild, Bd. 1, 2. S. 300) 1767
als junger Prediger an Kant schreibt, aus keiner anderen Ursache
habe er sein geistliches Amt angenommen, als weil er wisse und
es täglich aus der Erfahrung mehr lerne, daß sich nach unserer
Lage der bürgerlichen Verfassung von der Kanzel aus am besten
Kultur und Menschenverstand unter den ehrwürdigen Theil der
Menschen bringen lasse, den wir Volk nennen, und diese mensch-

liche Philosophie sei seine liebste Beschäftigung; und in einem
Briefe an Nicolai vom 10. Januar 1769 (ebend. S. 406) spricht
er sogar von den Falten und Runzeln, welche der geistliche Stand
schlage. Als er jugendmuthig den inneren Kämpfen seines Rigaer Amtes entflohen war, trug er, wie sein Reisetagebuch urkundlich bezeugt, sich weit mehr mit pädagogischen und staatsmänni-
schen als mit theologischen Plänen; in der beabsichtigten Erzie-
hungsanstalt, in deren Einrichtung sich jenes Tagebuch (Lebensbild, Bd. 2, S. 216) ausführlich ergeht, sollte der Religions-
unterricht voll Philologie eines Michaelis und Ernesti und voll
Philosophie eines Reimarus sein. Aber der tiefe Sinn Herder's
für das Individuelle und Dichterische spannt die alten biblischen
Vorstellungen nicht, wie der starre ungeschichtliche Sinn des
Rationalismus, auf das Prokrustesbett, um sie wohl oder übel
der zufälligen Tagesphilosophie anzupassen, sondern wahrt sie in
reinster Thatsächlichkeit; einzig bestrebt, das Geheimniß ihres psychologischen und geschichtlichen Ursprungs zu erforschen. Alle die
mannichfachen Entwürfe der arbeitsvollen Rigaer Jahre, welche
Herder unter dem Gesammtnamen einer Archäologie des Morgenlandes zusammenzufassen gedachte, sind wesentlich religionsge-
schichtlich. Indem sie die Bibel ebenso wie alle anderen Reli-
gionsurkunden lediglich unter dem Gesichtspunkt naturwüchsiger
Volksdichtung und Mythologie stellen und die einzelnen Bücher
derselben als »Localdichtungen« und, wie Herder sich nicht auszusprechen scheute, als »Nationalmärchen« bezeichnen, sind sie der
erste wirksame Anfang jener scharfschneidigen Betrachtung der
Religionsgeschichte als menschlicher Mythenbildung, welche für
unser Jahrhundert so wichtig geworden ist.

Daß Herder auf dem Rationalismus fußt, seine Thätigkeit
aber darin sucht, die Frage nach dem Ursprung der Glaubens-
sätze tiefer zu beantworten als der Rationalismus, welcher keine
andere Antwort kannte als die armselige Annahme bewußten

Priestertrugs, erhellt aus dem Entwurf »Ueber die verschiedenen Religionen« (Lebensbild, Bd. 1, 3, a. S. 376), welcher ausführt, daß es nicht genug sei, den Irrthum religiöser Meinungen bemerkt und kalt widerlegt zu haben, daß vielmehr die weitere Aufgabe entstehe, seine Möglichkeit und Entstehungsart zu erklären. Es fehle der sogenannten natürlichen Theologie noch eine Geschichte der Religionen, welche alle Religionen zuerst als Phänomene der Natur betrachte. Ein zweiter Entwurf (1766) »Von Entstehung und Fortpflanzung der ersten Religionsbegriffe« (ebend. S. 382) legt die ersten Grundlinien dieser Naturgeschichte oder Phänomenologie des menschlichen Gottesbewußtseins. Es werden zwei Stufen unterschieden. Nach Hume's Vorgang wird die erste Stufe als die Religion der Furcht und des Aberglaubens bezeichnet; die barbarischen und unwissenden Völker, mit der Natur der Gegenstände unbekannt und darum bei jedem neuen Auftritt ein Raub der Verwunderung, der Furcht und des Entsetzens, ersinnen sich eine Anzahl meist fürchterlicher oder die Furcht abwehrender Localgötter, ein Pantheon lebendiger Wesen, die für oder gegen die Menschen wirkten. Die zweite Stufe ist aus diesem Zeitalter der Wunder und Zeichen und Götterthaten und Götterbesänftigungen herausgetreten; sie richtet eine ruhigere Frage an den Ursprung der Dinge und will sich Rechenschaft geben, wie die Welt, wie die Menschen, wie einzelne Merkwürdigkeiten und Erfindungen, wie insonderheit die Nation, in welcher man lebt, mit ihrer Sprache und Sitte und Denkart entstanden sei. Die zweite Stufe der Religion ist wesentlich Kosmogonie, eine Art von historisch-physischer Philosophie; und die erste Quelle zur Beantwortung dieser Fragen war der Mund der Väter, die Lehre voriger Zeiten, die Tradition, die Mythe. Mit diesem Satz sind wir bei der Grundansicht Herder's vom Wesen der Religion angelangt. Herder sagt (S. 366): »Natürlich, daß diese theologischen Traditionen so national sein mußten als etwas in

der Welt; Jeder sprach aus dem Mund seiner Väter; er sah nach
Maßgabe der Welt, die um ihn war; er machte sich Aufschlüsse
von Dingen, die ihm als die merkwürdigsten vorlagen, und nach
der Art, wie sie seinem Klima, seiner Nation, seiner bisherigen
Leitung am besten konnten erklärt werden; er schloß nach seinem
Interesse und nach Denkart, Sprache und Sitten seines Volks.
Welt und Menschengeschlecht und Volk ward also nach Ideen
seiner Zeit, seiner Nation, seiner Kultur errichtet; im Kleinsten
und im Größten national und local. Der Skandinavier baute
sich seine Welt aus Riesen; der Irokese machte Schildkröten und
Fischotter, der Indianer Elephanten zu Maschinen dessen, was
er sich erklären wollte; hier sind alle Alterthümer und Reisebeschreibungen voll von Sagen und Traditionen, von Localdichtungen und Nationalmärchen. Und überall wurden diese uralten
theologisch-philosophisch-historischen Nationaltraditionen in eine
sinnliche bildervolle Sprache eingekleidet, die die Neugierde des
Volks auf sich ziehen, seine Einbildungskraft füllen, seine Neigungen lenken, sein Ohr vergnügen konnte. Ja, sie wurden
völlige Gedichte; denn zu einer Zeit, da kaum noch an eine
Buchstaben- und Schreibkunst zu denken war, sollte die Stimme
der Ueberlieferung sie aufbehalten.« Zuletzt aber macht Herder
die unmittelbare Anwendung dieser Anschauungsweise auf die älteste mosaische Urkunde. Die gewöhnliche Art, die mosaische
Schöpfungsgeschichte als eine göttliche Offenbarung über den
Hergang der Schöpfung zu betrachten, erscheint ihm nicht nur
unhaltbar, sondern von Grund aus verderblich, da sie (S. 524)
den menschlichen Geist mit hohlen Begriffen erfülle und dem
wirklichen Naturforscher, der da kommt, die Wunder der
Schöpfung Gottes zu entdecken, so oft Ketten und Dolche oder
wenigstens Verläumbung und Verfolgung schmiedet. Mit hin-
reißendem Feingefühl schildert Herder, wie der alte Dichter das
Aufgehen des Lichtes über der Finsterniß dem Aufgehen der Mor-

genröthe, daß uns in jeder Tagwerdung neu als Thatsache und als das große Wunder Gottes in der Natur erscheint, entlehnt hat, und wie dieser Schöpfungsgesang Gott darum als sechs Tage arbeitend und als am siebenten Tage ruhend darstellt, weil der Ausgang und Zweck des ganzen Stücks die Anordnung und Einweihung des Sabbaths war. Ganz in demselben Sinn faßte Herder die Geschichte der Sündfluth (S. 597) als ein Stück ge= schichtlicher Dichtung von einer Ueberschwemmung des Orients, und die Geschichte Mosis als Ansätze eines hebräischen National= epos. Am Schluß der Ode, welche Herder diesen Arbeiten vor= auszuschicken beabsichtigte, nennt er (Lebensbild, Bd. 1, S. 48) sich selbst einen Himmelsstürmer.

Als Herder diese Studien und Vorarbeiten 1773 unter dem Titel »Aelteste Urkunde des Menschengeschlechts« zusammenfügte und veröffentlichte, war er bereits wieder Prediger in Bückeburg; und in dieser Stellung unterwarf er seine freien und kühnen Ge= danken täuschenden Umhüllungen und Verdunkelungen, deren er sich sein Lebelang im quälenden Widerspruch zwischen Amt und Ueberzeugung vielfach schuldig gemacht hat. In demselben schwan= kenden Dämmerungston sind die Schriften Herder's gehalten, welche die gleichen Anschauungen auf die neutestamentlichen Vor= stellungen und Erzählungen übertrugen; die Erläuterungen zum Neuen Testamente aus der neu eröffneten Quelle der Zendavesta, die Briefe zweier Brüder Jesu, die Deutung der Offenbarung Johannis als einer sich ganz in alttestamentlichen Bildern bewe= genden Weissagung der Zerstörung Jerusalems. So kam es, daß Herder einige Zeit in ein Bündniß mit pietistischen Offenbarungs= gläubigen hineingezogen wurde, welches von seinem ursprüngli= chen Sinn weit ablag. Weil aus diesen Schriften Herder's eine so tiefe Innerlichkeit und ein so ergreifendes Gottesgefühl, eine so scharfe Entgegensetzung gegen die mattherzige und nervenlose Schulmeisterweisheit des beschränkten Rationalismus sprach, meinten die Lavater und Jung-Stilling, die Claudius, Hamann und Jacobi und deren Kreise, Herder für einen der Ihrigen halten zu dürfen; und Herder seinerseits fühlte sich, wie er ausdrücklich einmal von Lavater sagt, durch die strahlenheitere und thatlautere Religionsfreie dieser neuen Freunde angemuthet. Ja, Herder ist zu seinem unauslöschlichen Makel sogar nicht von der Schuld freizusprechen, daß er sich in den »Provinzialblättern an Prediger« in einer Weise auf den Standpunkt des rückhaltlosesten Offenbarungsglaubens stellte, welche, wie seine eigene Gattin in Herder's Lebenserinnerungen (Zur Philosophie und Geschichte, Bd. 20, S. 241) zugesteht, leider nur aus den damals schwebenden Verhandlungen über eine von Herder heiß ersehnte Göttinger Professur zu erklären ist. Gleichwohl kann kein Zweifel sein, daß Herder auch in dieser Zeit durchweg innerhalb der Religionsanschauung seiner ersten Jahre stand. In seiner Schrift über Philosophie der Geschichte aus dem Jahr 1775 nennt er (Zur Philosophie und Geschichte, Bd. 3, S. 84) das Christenthum die lauterste Philosophie der Sittenlehre, die reinste Theorie der Wahrheiten und Pflichten, den menschenliebendsten Deismus. Und man braucht nur Herder's Briefe an Lavater (Aus Herder's Nachlaß, Bd. 2, S. 1—209) zu lesen, um zu sehen, wie Herder niemals dessen Wähnen und Schwärmen getheilt hat und sich nach kurzer Frist verstimmt von ihm trennte. In einem Schreiben, welches Herder am 3. Februar 1776 bei seiner Berufung nach Weimar an die dortigen Behörden richtete, preist er (Herderalbum 1845. S. 55) vor Allem das Glück, einem Fürstenstamm dienen zu können, der sich so viel Verdienst um die aufgeklärte Religion Deutschlands und Europas erworben. Und auch die Briefe über das Studium der Theologie aus dem Jahr 1780 betonen wieder aufs schärfste den rein menschlichen Geist der Bibel. Die Bibel ist nicht System des Wissens, sondern des Seins. Die Theologie ist nicht Wort-, nicht Silben-

5*

und Bücherstudium, sondern Erkenntniß der Wahrheit zur Gottseligkeit, also Sache, Geschäft, Uebung. Die Sache der Religion
ist thätiges Werk des Lebens. Wer hört hier nicht die Grund-
töne jener Denkweise, welche mit Herder's Namen so innig ver-
knüpft ist, daß wir Herder vorzugsweise als den Apostel des
Evangeliums der Humanität zu bezeichnen pflegen?

Drittens die Geschichte.

Zeigt sich Herder überall von so regem geschichtlichen Sinn
getragen, wie hätte nicht vor Allem auch der Gang der Geschichte selbst von frühauf sein vorzüglichstes Anliegen sein müssen? Besonders auch in dieser Beziehung giebt sein Reisetagebuch die trefflichsten Aufschlüsse. Der Jüngling (Lebensbild, Bd. 2,
S. 167) faßte den kühnen Plan, ein Newton der Geschichte
zu werden uud die Kultur der Erde in allen Räumen, Zeiten,
Völkern, Kräften und Mischungen aufzusuchen; Montesquieu,
Hume, Voltaire, Winckelmann schwebten ihm (S. 209) als leuchtende Vorbilder vor. Dithyrambisch schließt (S. 348) das Tagebuch: »Geschichte des Fortgangs und der Kräfte des menschlichen Geistes in dem Zusammenfluß ganzer Zeiten und Nationen, — ein Geist, ein guter Dämon hat mich dazu aufgemuntert! Das sei mein Lebenslauf, Geschichte, Arbeit! Ein Traum
hat mir es gezeigt, daß ich mit meinem Orientalismen Michaelis, Gräcismen Lessing, Latinismen Klotz, Münzen und
Künsten den Kenner beleidigt habe; was bleibt übrig als das
große Werk; und das allein kann mich immer munter erhalten,
da ich immer in der Galerie der größten Männer wandele«.

Es lag im Zuschnitt der Zeit und in der innerlichen Natur
Herder's, daß es ihm und seiner Geschichtsbetrachtung weit mehr
auf allgemeine Gesichtspunkte als auf Fülle der Thatsachen,
weit mehr auf die innere geistige und sittliche Bildungsgeschichte,
als auf die staatlichen und gesellschaftlichen Zustände ankam; in
den Provinzialblättern (Zur Religion und Theologie, Bd. 15,

S. 167. 194) bezeichnet Herder sein beabsichtigtes Werk als Philosophie der Menschheit, als Geschichte der Haushaltung Gottes auf Erden. Die erste Ausführung dieses großen Gedankens war die kleine Schrift »Auch eine Philosophie der Geschichte zur Bildung der Menschheit« aus dem Jahr 1774; eine Schrift, deren volle Tragweite nur Derjenige ermessen kann, der auf die geschichtlichen Verhältnisse ihrer Entstehung merkt. Allerdings hatte grade in jüngster Zeit die Geschichtsbetrachtung durch Montesquieu und Voltaire, durch Hume und Robertson sich sehr bedeutender Fortschritte zu rühmen, und so eben hatte auch in Deutschland Isaak Iselin die Grundlagen einer tieferen philosophischen Auffassung gelegt; aber trotzalledem beurtheilte der ungeschichtliche Sinn des achtzehnten Jahrhunderts noch immer alle geschichtlichen Erscheinungen nach dem starren Maßstab der vermeintlichen Ueberlegenheit, wie wir's zuletzt so herrlich weit gebracht. Bei Iselin erschienen alle Völker und Zeitalter nur als willenlose Mittel und Werkzeuge bewußter Naturabsicht, als in sich unselbständige Uebergangsstufen eines von der Vorsehung vorher entworfenen Erziehungsplanes, dessen letzten Zweck zu erreichen dem letzten Zeitalter vollendeter Tugend und Glückseligkeit vorbehalten bleibe; und selbst Kant meint noch 1784 in seinen Ideen zu einer allgemeinen Geschichte in weltbürgerlicher Absicht (Werke, herausgegeben von Rosenkranz und Schubert, Bd. 7, S. 321), daß es zwar befremdend und räthselhaft, nichtsdestoweniger aber nothwendig sei, daß die älteren Generationen nur um der späteren willen ihr mühseliges Geschäft treiben, um diesen eine Stufe zu dem Bauwerk, welches die Natur zur Absicht hat, zu bringen. Herder's Schrift, ganz unmittelbar gegen Iselin gerichtet, hat das unermeßliche Verdienst, daß sie zuerst wieder das Wesen der geschichtlichen Entwicklung scharf und eindringlich hervorhob, sich lebendig in die Geschichte hineinfühlte, jedes Volk und Zeitalter nicht nach den Begriffen der Gegen-

wart, sondern nach der Eigenthümlichkeit und Individualität der
eigenen geschichtlichen Bedingungen verstand und beurtheilte.
»Unser Jahrhundert,« ruft Herder (Zur Philosophie und Ge=
schichte, Bd. 3, S. 43) aus, »hat sich den Namen Philosophie
mit Scheidewasser vor die Stirn gezeichnet, das tief in den
Kopf seine Kraft zu äußern scheint; ich habe den Seitenblick die=
ser philosophischen Kritik der ältesten Zeiten, von der jetzt alle
Philosophie der Geschichte und Geschichten der Philosophie voll
sind, mit einem Seitenblick des Unwillens und Ekels erwidern
müssen.« »Wie elend,« fährt Herder (S. 67) fort, »werden
manche Vorurtheile unsers Jahrhunderts über Vorzüge, Tugen=
den, Glückseligkeit so entfernter, so abwechselnder Nationen aus
bloß allgemeinen Begriffen der Schule! In gewissem Betracht
ist jede menschliche Vollkommenheit national, säcular, individuell;
man bildet nichts aus, als wozu Zeit, Klima, Bedürfniß, Welt,
Schicksal, Anlaß giebt.« »Selbst das Bild der Glückseligkeit
(S. 71) wandelt sich mit jedem Zustand und Himmelsstrich;
wer kann die verschiedene Befriedigung verschiedener Sinne, den
Hirten und Vater des Orients, den Ackermann und Künstler,
den Schiffer, Wettläufer, Ueberwinder der Welt vergleichen?
Jede Nation hat ihren Mittelpunkt der Glückseligkeit in sich, wie
jede Kugel ihren Schwerpunkt; kein Ding im ganzen Reich Got=
tes (S. 95) ist allein Mittel, Alles ist Mittel und Zweck zu=
gleich.« Wir erfassen den innersten Kern dieser Ansicht, wenn
Herder (S. 74) sagt, daß, wer es bisher unternommen, den
Fortgang der Jahrhunderte zu entwickeln, entweder in der Ge=
schichte den Fortgang zu mehrerer Tugend und Glückseligkeit ein=
zelner Menschen oder nur einen Wechsel von Laster und Tugen=
den, Entstehen und Vergehen ohne Plan und Fortgang, ewige
Revolution, Weben und Aufreißen wie im Gewebe der Penelope
erblicke; Jener mache dann von der allgemein fortgehenden Ver=
besserung der Welt Romane, au welche der wahre Schüler der

Geschichte und des menschlichen Herzens nicht glaube, Dieser aber verfalle in einen Strudel des Zweifels, in welchem Moralität und Philosophie den verderblichsten Schiffbruch erleiden. »Sollte es aber,« setzt Herder hinzu, »nicht offenbaren Fortgang und Entwicklung geben, nur in einem höheren Sinne? Siehst Du diesen Strom fortschwimmen, wie er aus einer kleinen Quelle entsprang, wächst, dort abreißt, hier ansetzt, sich immer schlängelt und weiter und tiefer bohrt, bis er in's Meer stürzt? Oder siehst Du jenen wachsenden Baum, jenen emporstrebenden Menschen? Er muß durch verschiedene Lebensalter hindurch; alle offenbar ein Fortgang, ein Streben aufeinander in Continuität! Zwischen jedem sind scheinbare Ruheplätze, Revolutionen, Veränderungen, und dennoch hat jedes den Mittelpunkt seiner Glückseligkeit in sich selbst. Niemand ist in seinem Alter allein, er baut auf das Vorige; dies wird Grundlage der Zukunft, will nichts als solche sein. So spricht die Analogie in der Natur, das rebende Vorbild Gottes in allen Werken. Offenbar so im Menschengeschlechte. Der Aegypter konnte nicht ohne den Orientalen sein, der Grieche baute auf jenen, der Römer erhob sich auf den Rücken der ganzen Welt; wahrhaftig Fortgang, fortgehende Entwicklung, wenn auch kein Einzelnes dabei gewänne. Es geht in's große Große, es wird Schauplatz einer leitenden Absicht auf Erden, wenn wir gleich nicht die letzte Absicht sehen sollten, Schauplatz der Gottheit, wenn gleich durch Oeffnungen und Trümmer einzelner Scenen.« Erst auf der Höhe dieses Standpunktes war wieder Unbefangenheit der Anschauung, Gerechtigkeit gegen die Vergangenheit möglich. Für die deutsche Geschichtschreibung, welche bisher noch so tief im Argen lag, ist Herder einer der eingreifendsten Förderer und Erwecker geworden. Der einschneidende Unterschied Herder's von seinen Vorgängern bekundet sich sogleich sehr bedeutsam in seiner Betrachtung der Geschichte des Mittelalters. Die kurze, aber tief innige und schwunghafte

Schilderung, welche diese kleine Schrift von Verfassung, Kirche,
Ritterthum, Bürgerthum, Wissenschaft und Kunst jenes Zeitalters brachte, hat neben Justus Möser's Osnabrück'scher Geschichte
am meisten dafür gewirkt, daß unter den Männern der Aufklärung einstimmige Verdammungsurtheil des Mittelalters endlich
zu verdrängen und das lang Verkannte wieder zu seinen gebüh-
renden Ehren zu bringen.

Dies sind die vielgestaltigen gewaltigen Jugendthaten Herder's. Wie vielseitig und allumfassend, und doch wie einheitlich
und in sich folgerichtig!

In der Geschichte der Wissenschaft giebt es nur sehr wenige
Beispiele ähnlich genialer Frühreife.

Alle späteren Leistungen Herder's sind nur Fortbildungen
und weitere Ausführungen des von Herder in seiner Jugend
großartig Gedachten und Erstrebten, wenn auch zum Theil
von veränderten Standpunkten aus; ja manche derselben sind
gegen diese glänzenden Jugendthaten ein entschiedener Rückschritt.

2.

Wir treten in die zweite Epoche Herder's. Ihre Anfänge
reichen bis in das Jahr 1776 zurück.

Nach wie vor blieb Herder der Betrachtung der Kunst und
Dichtung auf's lebendigste zugewendet. Einige der unvergänglichsten Werke Herder's, vor Allem das Buch über den Geist
der hebräischen Poesie, die Nachbildungen nach der griechischen
Anthologie, die Schriften zur römischen Literatur, die Erinnerungen an Balde und einige ältere deutsche Dichter, seine Legen-
den und Paramythien, gehören dieser Zeit an. Aber wir sehen
Herder nicht mehr wie in seiner stürmenden Jugend rathend und
fördernd in die unmittelbaren Wirren und Kämpfe des Tages

eingreifen. Es ist eine sehr bedeutsame Thatsache, daß Schiller am 8. August 1787 aus Weimar an seinen Freund Körner schreibt, Herder mache sich aus schriftstellerischen Menschen nichts, aus Dichtern und dramatischen vollends am allerwenigsten; Herder habe von ihm noch nichts gelesen.

Die Philosophie und deren Anwendung auf Wissenschaft und Leben war jetzt die tiefste Herzensangelegenheit Herder's geworden.

Ein neuer mächtiger Hebel, von welchem bisher merkwürdigerweise Herder unberührt geblieben, wirkte fortan in Herder's Bildungsgeschichte. Es war die Bekanntschaft mit Spinoza.

Leider ist die biographische Kunde von Herder zu karg und lückenhaft, als daß wir von den ersten Anlässen seiner Spinozistischen Studien hinlänglich unterrichtet wären. Doch kann kein Zweifel sein, daß hier die Einwirkung Goethe's, welchem Spinoza schon seit Jahren ein lieber Freund und Vertrauter war, bestimmend wurde. Die Briefe Goethe's an Frau von Stein und die Briefe Goethe's und Herder's an Jacobi bezeugen, in welchem regen und innigen Wechselverkehr grade in dieser Richtung damals Herder und Goethe standen. Und sicher ist es mehr als ein blos zufälliges Zusammentreffen, daß die ersten Schriften Herder's, in welchen Spinozistische Anklänge bemerkbar sind, und Goethe's herrlicher Aufsatz »Die Natur,- welcher ganz und gar auf Spinozistischer Grundlage ruht, in ihrer Entstehungszeit dicht aneinander grenzen. Herder selbst bekannte, wie Schiller an Körner (Briefwechsel Bd. 1, S. 105) berichtet, daß er viel in seiner Bildung Goethe verdanke.

Bereits die 1778 geschriebene Schrift »Vom Erkennen und Empfinden der menschlichen Seele« ist durchaus Spinozistisch.

Sie beginnt mit einer sehr entschiedenen Bekämpfung der Leibniz'schen Lehre von den angeborenen Ideen. »Es giebt,- sagt Herder (Zur Philosophie und Geschichte, Bd. 9, S. 22),

»keine Psychologie, die nicht in jedem Schritt bestimmte Physiologie sei.« »Wir empfinden nur (S. 36), was unsere Nerven
uns geben; darnach und daraus können wir auch nur denken.«
»Die Seele (S. 41) spinnt, weiß, erkennt nichts aus sich, sondern was ihr von innen und außen ihr Weltall zuströmt und
der Finger Gottes zuwinkt. Aus dem platonischen Reich der
Vorwelt kommt ihr nichts wieder; sie weiß selbst nicht, wie sie
auf den Platz gekommen, auf welchem sie steht; aber das weiß
sie oder sollte es wissen, daß sie nur das erkenne, was dieser
Platz ihr zeige, daß es mit dem aus sich selbst schöpfenden Spiegel des Universums, mit dem unendlichen Auffluge ihrer positi-
ven Kraft in allmächtiger Selbstheit nichts sei; sie muß die Reize,
die Sinne, die Kräfte und Gelegenheiten brauchen, die ihr durch
eine glückliche unverdiente Erbschaft zu Theil wurden, oder sie
zieht sich in eine Wüste zurück, wo ihre göttliche Kraft erlahmt
und erblindet.« »Unseren Weltweisen (S. 48) ist Alles angeboren, eingepflanzt, der Funke untrüglicher Vernunft ohne einen
Prometheus vom Himmel gestohlen; laß sie reden und ihre Bild-
wörter anbeten, sie wissen nicht, was sie thun. Je tiefer Jemand
in sich selbst, in den Bau und Ursprung seiner edelsten Gedanken hinabstieg, desto mehr wird er sagen: was ich bin, bin ich
geworden; wie ein Baum bin ich gewachsen; der Keim war da,
aber Luft, Erde und alle Elemente mußten beitragen, den Keim,
die Frucht, den Baum zu bilden.« Es ist ganz im Sinn Spinoza's, wenn Herder fortfährt (S. 48): »Auch Erkennen ohne
Wollen ist nichts als ein falsches unvollständiges Erkennen; wer
wird Wahrheit sehen, und nicht sehen, wer wird Güte erkennen,
und nicht wollen und lieben? Ist aber jede gründliche Erkenntniß nicht ohne Wollen, so kann auch kein Wollen ohne Erkennen sein; sie sind nur Eine Energie der Seele. Menschheit ist
das edle Maß, nach dem wir erkennen und handeln; Liebe ist
also das edelste Erkennen wie die edelste Empfindung. Das

wahre Erkennen ist Lieben, ist menschlich Fühlen; das moralische
Gefühl, das Gewissen ist, den großen Urheber in sich, sich in
Andre hineinzulieben und dann diesem sicheren Zuge zu folgen.
Und Herder weicht keiner der gewaltigen Folgerungen aus, welche
unausweichlich aus diesen Vorbersätzen fließen. »Wie kann man
also fragen,« sagt Herder (S. 52), »ob unser Wollen etwas
Angeerbtes oder Erworbenes, etwas Freies oder Abhängiges sei?
Sind wahres Erkennen und gutes Wollen nur Einerlei, nur Eine
Kraft und Wirksamkeit der Seele, und ist unser Erkennen nicht
durch sich, willkürlich und ungebunden, wahrlich, so wird es dem
Willen nicht anders sein können. Von Freiheit schwätzen ist sehr
leicht; man ist ein Knecht des Mechanismus und wähnet sich
frei, ein Sclave in Ketten und träumet sich diese als Blumen-
kränze. Da ist es wahrlich der erste Keim zur Freiheit, fühlen,
daß man nicht frei ist und an welchen Banden man haftet.
Die stärksten freisten Menschen fühlen dies am tiefsten, und streben weiter; wahnsinnige, zum Kerker geborene Sclaven höhnen
sie, und bleiben voll hohen Traums im Schlamme liegen. Luther mit seinem Buch de servo arbitrio ward und wird von den
Wenigsten verstanden; man widerstritt elend oder plärrt nach;
warum? weil man nicht wie Luther fühlt und hinaufringt. Wo
der Geist des Herrn ist, da ist Freiheit. Je tiefer, reiner und
göttlicher unser Erkennen ist, desto reiner, göttlicher und allgemeiner ist auch unser Wirken, mithin desto freier unsere Freiheit.
Leuchtet uns aus Allem nur Licht Gottes an, so werden wir,
im Bilde seiner, Könige aus Sclaven, und bekommen, was jener Philosoph suchte, in uns einen Punkt, die Welt um uns zu
überwinden, außer der Welt einen Punkt, sie mit Allem, was
sie hat, zu bewegen. Wir stehen auf höherem Grunde, und mit
jedem Dinge auf seinem Grunde, wandeln im großen Sensorium
der Schöpfung Gottes, der Flamme alles Denkens und Empfindens, der Liebe. Sie ist die höchste Vernunft, wie das reinste

göttlichste Wollen; wollen wir dieses nicht dem heiligen Johannes, so mögen wir es dem ohne Zweifel noch göttlicheren Spinoza glauben, dessen Philosophie und Moral sich ganz um diese
Achse bewegt.« Und ebenso sagt Herder (S. 93): »Ist Seele
das, was wir fühlen, wovon alle Völker und Menschen wissen,
das nämlich, was uns beseelt, Urgrund und Summe unserer
Gedanken, Empfindungen und Kräfte, so ist von ihrer Unsterblichkeit aus ihr selbst keine Demonstration möglich. Wir wickeln
in Worte ein, was wir herauswickeln wollen, setzen voraus, was
kein Mensch erweisen kann oder auch nur begreift oder versteht,
und können sodann, was man will, folgern. Der Uebergang
unseres Lebens in ein höheres Leben, das Bleiben und Warten
unseres innern Menschen auf das Gericht, die Auferstehung unseres Leibes zu einem neuen Himmel und einer neuen Erde läßt
sich nicht demonstriren aus unserer Monas. Es ist ein inneres
Kennzeichen von der Wahrheit der Religion, daß sie ganz und
gar menschlich ist, daß sie weder empfindet noch grübelt, sondern
denkt und handelt und zu denken und zu handeln Kraft und
Vorrath leiht. Ihre Erkenntniß ist lebendig, die Summe aller
Erkenntniß und Empfindung, ewiges Leben. Wenn es eine allgemeine Menschenvernunft und Empfindung giebt, so ist es in
ihr, und eben das ist ihre verkannteste Seite.«

Um dieselbe Zeit trug sich Herder mit einer Schrift »Spinoza, Shaftesbury, Leibniz,« in welcher er offenbar sich selbst
über den Grund seiner tiefgreifenden Bildungswandlung klare
Rechenschaft ablegen wollte. Und mit Sicherheit wissen wir aus
den Briefen Goethe's an Frau von Stein (Bd. 2, S. 129 u. 131),
daß die Betrachtungen über »Liebe und Selbstheit« (Zur Philosophie und Geschichte, Bd. 9, S. 297 ff.) und die Gespräche
»Ueber die Seelenwanderung« (ebend. Bd. 8, S. 184 ff.), obgleich erst später veröffentlicht, 1781 verfaßt sind.

Die Abhandlung über die Liebe und Selbstheit ist eine dichtertsch sinnige Verherrlichung der Liebe und Freundschaft als des inneren menschlichen Dranges, den Genuß des Einzeldaseins mit dem unendlichen Begriff, daß wir das All oder Gott sind, zu erfüllen und zu vertiefen. Die Abhandlung über die Seelenwanderung, an Lessing's Grille von der persönlichen Seelenwanderung anknüpfend, wiederholt eindringlich die Lehre, daß einzig die Reinigung des Herzens, die Veredlung der Seele mit allen ihren Trieben und Begierden, die wahre Wiedergeburt dieses Lebens sei. Und wie fest predigen dieselbe Lehre die beiden Gedichtfragmente »das Ich« und »Selbst« (Zur schönen Literatur und Kunst. Bd. 3. S. 57 u. 61); unzweifelhaft gehören auch sie in diese ersten Jahre des Herder'schen Spinozismus.

Ja, noch mehr; Herder, welcher bisher nicht nur ganz in der Weise des herrschenden Deïsmus sich den Glauben an die Außerweltlichkeit und Persönlichkeit Gottes gewahrt, sondern diesen Glauben sich sogar zu jenem innigen und begeisterten Gottesgefühl erwärmt und verklärt hatte, welches die religiösen Schwärmer so tief an ihm ergriff und entzückte, bekannte sich nunmehr ohne Rückhalt auch zum Grund und zur Spitze aller pantheïstischen Anschauung, zur Lehre von der Innenweltlichkeit und Unpersönlichkeit Gottes, zum unbedingten Einßsein von Gott und Natur, zum alten Satz vom Ein und All, vom Ἓν καὶ πᾶν.

Am unumwundensten zeigt sich Herder's Spinozismus in dem merkwürdigen Briefwechsel, welchen Herder mit Jacobi führte, als dieser ihm seine auf Lessing bezüglichen Streitschriften gegen Moses Mendelssohn mitgetheilt hatte. Dieser Briefwechsel ist im zweiten Bande »Aus Herder's Nachlaß. Herausgegeben von H. Düntzer und F. G. v. Herder, 1857,« veröffentlicht.

Der Wortlaut gestattet kein Deuteln und Zweifeln.

Herder (a. a. O. S. 261) schreibt am 6. Februar 1784 an Jacobi: »Ich ergreife endlich eine Stunde, Ihnen nichts als Ἓν καὶ πᾶν zu schreiben, das ich schon von Lessing's Hand in

Gleim's Gartenhause selbst las, aber noch nicht zu erklären wußte; In Lessing's Seele zu erklären nämlich, weil ich unmöglich denken konnte, daß Sie bei dem alten Anakreon so gräulich metaphysicirt hätten, denn seine gutherzige Jungfräulichkeit hat mir wahrscheinlich aus einer Art von Scham und Schonung von allen diesen Blasphemien nichts gesagt. Siebenmal würde ich sonst mein Ἕν καὶ πᾶν daruntergeschrieben haben, nachdem ich so unerwartet an Lessing einen Glaubensgenossen meines philosophischen Credo gefunden. Im Ernst, liebster Jacobi, seitdem ich in der Philosophie geräumt habe, bin ich immer und jedesmal neu der Wahrheit des Lessing'schen Satzes inne geworden, daß eigentlich nur die Spinozistische Philosophie mit sich selbst ganz eins sei. Nicht als ob ich ihr völlig beipflichtete, denn auch Spinoza hat in alle dem, wie mich dünkt, unentwickelte Begriffe, wo Descartes ihm zu nahe stand, nach welchem er sich ganz gebildet hatte. Ich würde also auch mein System nie Spinozismus nennen, denn die Samenkörner davon liegen in den ältesten aller aufgeklärten Nationen beinah reiner; nur ist Spinoza der Erste, der das Herz hatte, es nach unserer Weise in ein System zu combiniren, und dabei das Unglück hatte, grade die spitzesten Seiten und Winkel herauszukehren, wodurch er es bei Juden, Christen und Helden discreditirte. Mendelssohn hat Recht, daß Bayle Spinoza's System mißverstanden; wenigstens hat er ihm durch plumpe Gleichnisse viel Schaden gethan. Und so bin ich der Meinung, daß seit Spinoza's Tod Niemand dem System des Ἕν καὶ πᾶν Gerechtigkeit verschafft habe. O, daß es Lessing nicht gethan hat. Der böse Tod hat ihn übereilt!« Und in demselben Brief fährt Herder (S. 264) fort: »Der erste Irrthum, das πρῶτον ψεῦδος, lieber Jacobi, in Ihrem und in aller Antispinozisten System ist das, daß Gott, als das große Wesen aller Wesen ein O, ein abstracter Begriff sei; das ist er aber nach Spinoza nicht, sondern das allerwirklichste thätigste Eins, das allein zu sich spricht, Ich bin, der ich bin und werde in allen Veränderungen meiner Erscheinung sein, was Ich sein werde. Was Ihr, lieben Leute, mit dem »außer der Welt existiren-wollt, begreife ich nicht; existirt Gott nicht in der Welt, überall in der Welt, und zwar überall ungenießen, ganz und untheilbar, so existirt er nirgends. Außer der Welt ist kein Raum; der Raum wird nur, indem für uns eine Welt wird, als Abstraction einer Erscheinung. Eingeschränkte Personalität raßt auf das un-endliche Wesen ebensowenig, da Person bei uns nur durch Ein-schränkung wird. In Gott fällt dieser Wahn weg, er ist das höchste lebendigste thätigste Eins; nicht in allen Dingen, als ob diese etwas außer ihm wären, sondern durch alle Dinge, die nur als sinnliche Darstellungen für sinnliche Geschöpfe erscheinen.«

Sodann am 20. December 1784 (S. 263): »Gott ist frei-lich außer Dir und wirkt in und durch alle Geschöpfe (den extra-mundanen Gott kenne ich nicht), aber was soll Dir der Gott, wenn er nicht in Dir ist und Du sein Dasein auf unendlich in-nige Art fühlest und schmeckest und er sich selbst auch in Dir als in einem Organ seiner tausend Millionen Organe genießt. Du willst Gott in Menschengestalt, als einen Freund, der an Dich denkt. Bedenke, daß er dann auch menschlich d. h. eingeschränkt an Dich denken muß, und wenn er parteiisch für Dich ist, par-teiisch gegen Andere sein wird. Sage also, warum ist er Dir in einer Menschengestalt nöthig? Er spricht zu Dir, er wirkt auf Dich aus allen edlen Menschengestalten, die seine Organe waren, und am meisten durch das Organ der Organe, seinen Eingebo-renen. Aber auch durch ihn nur als Organ, insofern er wie ein sterblicher Mensch war; um auch in ihm die Gottheit zu genießen, mußt Du selbst Mensch Gottes d. h. es muß etwas in Dir sein, das seiner Natur theilhaftig werde. Du genießest also Gott nur immer nach Deinem innersten Selbst; und so ist er als Quelle und Wurzel des geistigsten ewigen Daseins unveränderlich und

unauslilgbar in Dir. Dieß ist die Lehre Christus' und Moses',
aller Apostel, Weisen und Propheten; nur nach verschiedenen Zei=
ten und nach dem Maß der Tiefe von der Erkenntniß und Ge=
nußkraft eines Jeden anders gesagt. Ist der Friede Gottes im
Herzen eines einzelnen Wesens, dem er sich mittheilt, höher als
alle Vernunft, wie unendlich höher muß er über alle Denkkraft
und den Bewegungen aller einzelnen Wesen in dem seyn, der
das Herz aller Herzen, der höchste Begriff aller einzelnen Vor=
stellungsarten und der innigste Genuß aller Genußarten ist, die
in ihm Quelle, Wurzel, Summe, Zweck und Mittelpunkt fanden.
Machst Du mir diesen innigsten höchsten, Alles in Eins fassenden
Begriff zum leeren Namen, so bist grade Du ein Atheus, nicht
Spinoza; nach ihm ist er das Wesen der Wesen, Jehovah.
Ich muß Dir gestehen, mich macht diese Philosophie sehr glück=
lich. Ich wünsche Dir ein Gleiches; denn sie ist die einzige, die
alle Vorstellungsarten und Systeme vereinigt. Goethe hat, seit=
dem Du von hier fort bist, den Spinoza gelesen; und es ist mir
ein großer Probierstein, daß er ihn ganz so verstanden, wie ich
ihn verstehe. Du mußt auch zu uns herüber.«
    Und nachdem das Buch Jacobi's erschienen war, schrieb
ihm Herder am 16. September 1785 (S. 278): »Dein Brief
und Buch hat mich sehr gefreut. Das Aergerniß des Spinozis=
mus ist jetzt gegeben; laß sehen, wie Mendelssohn ihm steuert.
Du bist bei dem allen ein wahrer orthodoxer Christ; denn Du
hast einen extramundanen Gott comme il faut, und Du hast
Deine Seele errettet. Auch hast Du mit Deinem Axiom »Spi=
nozismus ist Atheismus« einen Pfahl vorgeschlagen, den um=
rennen mag, wer will; ich mische mich vor der Hand nicht darein
und bleibe mit meinem »Spinoza, Shaftesbury und Leibniz«
zu Hause. Wir waren gestern Abend bei Goethe und haben
durch eine sehr glückliche Buchstabenschnitzerei aus Katechismus
Atheismus herausgebracht, wenn man ein paar schwere Buch=

flabierlla wegnimmt; vor der Hand scheint es mir nicht vergönnt, aus Atheismus Katechismus rückwärts zu machen.«

Zuletzt entschloß sich Herder doch, eine systematische Dar-stellung Spinoza's zu geben. Es geschah in der Schrift »Gott. Einige Gespräche über Spinoza's System,« welche 1787 erschien. Treu und urkundlich ist diese Darstellung Spinoza's nicht. Es heißt, Spinoza einen ihm völlig fremden Gedanken unter-schieben, wenn Herber (Zur Philosophie und Geschichte Bd. 9, S. 145) an die Stelle des Spinoza'schen Begriffs der Aus-dehnung ober der Materie unversehens den Begriff der organi-schen Kräfte setzt und demgemäß die Gottheit als »sich in un-endlichen Kräften auf unendliche Weisen, b. h. organisch offen-barend (S. 145),« als die »Urkraft und Allkraft, durch welche alle Kräfte bestehen und wirken (S. 147),« als »thätiges Dasein (S. 200)« bezeichnet. In dieser Beziehung waren Jacobi und Kant wohl berechtigt, Herder eine gewaltsame und ungehörige Verflechtung des Spinozismus mit dem Deismus vorzuwerfen. Allein die Hauptsache, der pantheistische Kern des Systems, bleibt durchaus unversehrt. Wie in seinen früheren Schriften und brieflichen Bekenntnissen, so ist auch hier Herder für Jeden, der zu lesen versteht, keinem der unerbittlichen Folgesätze dieser Anschauungsweise aus dem Wege gegangen. Hier wie dort Verneinung der Persönlichkeit und Außerweltlichkeit Gottes, Ver-neinung des freien Willens, Verneinung der persönlichen Fort-dauer nach dem Tode. Sehr schön ist namentlich auch, was Herder, ganz in Uebereinstimmung mit Spinoza, gegen die von der Popularphilosophie des achtzehnten Jahrhunderts so warm gepflegte Teleologie, d. h. gegen die Ableitung der Dinge und ihrer Einrichtungen aus bewußten und willkürlichen Zwecken und Endabsichten Gottes, sagt. »Sobald der Sterbliche,« heißt es S. 181, »von der inneren Nothwendigkeit, die durch sich selbst Güte ist, den Blick wegwendet und einzelne Absichten Gottes

nach Convenienz errathen will, sinkt er in ein Meer erdichteter
Endzwecke, die er bewundert oder vermuthet, bei welchen er aber
den Grund der ganzen Erscheinung, die innere Natur der Sache
nach unwandelbar ewigen Gesetzen zu erforschen leicht aufgiebt.«
Und weiter S. 186: »Der Naturweise, der von diesen Absichten
zuerst absah und eben das verdeckte Gesetz aufsuchte, durch welches
die Sterne in eigenen Kreisen gehen und nie ihr Lauf sich irrt,
that mehr als der größte Absichtendichter thun konnte; er dachte
den Gedanken Gottes nach und fand ihn, nicht in einem Traum
willkürlicher Convenienzen, sondern im Wesen der Dinge selbst,
deren Verhältnisse er maß, wog und zählte. Jetzt erkennen wir
das große Gesetz dieses Weltbaues, und unsere Bewunderung ist
vernünftig, da sie sonst ewig und immerbar ein zwar frommes,
aber leeres und trügliches Staunen gewesen wäre. Der be-
scheidene Naturforscher verkündigt uns zwar nicht particulare
Willensmeinungen aus der Kammer des göttlichen Raths, dafür
aber untersucht er die Beschaffenheit der Dinge selbst und merkt
auf die ihnen wesentlich eingepflanzten Gesetze. Er sucht und
findet, indem er die Absichten Gottes zu vergessen scheint, in
jedem Gegenstand und Punkt der Schöpfung den ganzen Gott,
d. h. in jedem Dinge eine ihm wesentliche Wahrheit, Harmonie
und Schönheit, ohne welche es nicht wäre und sein könnte, auf
welche also seine Existenz mit innerer, zwar einer vorübergehenden
und bedingten, dennoch aber in ihrer Art ebenso wesentlichen
Nothwendigkeit gegründet ist, als auf welcher unbedingt und ewig
das Dasein Gottes ruht. Wer mir die Naturgesetze zeigen
könnte, wie nach innerer Nothwendigkeit aus Verbindung wir-
kender Kräfte in solchen und keinen anderen Organen unsere Erscheinungen der sogenannt todten und lebendigen Schöpfung,
Salze, Pflanzen, Thiere und Menschen erscheinen, wirken, leben,
handeln, hätte die schönste Bewunderung, Liebe und Verehrung
Gottes weit mehr befördert, als der mir aus der Kammer des

göttlichen Raths predigt, daß wir die Füße zum Gehen, das Auge zum Sehen haben.«

Es wird nicht immer genügend beachtet, daß in dieser Schrift Herder's die Keime Schelling's liegen; und zwar grade in denjenigen Stellen am meisten, in welchen Herder, ohne daß er es wußte, selbstschöpferisch von dem urkundlichen Wortsinn Spinoza's abging.

Was Wunder, daß sich ob dieser kühnen That Herder's unter den Gläubigen viel lästerndes Geschrei erhob! Mit Jacobi, Lavater, Claudius und deren Kreisen hörte zunächst alle persönliche Verbindung auf, mit Hamann erkaltete sie. Herder war aber Mannes genug, sich durch diese und andere unliebsame Erfahrungen nicht beirren zu lassen. Wie Schiller am 8. August 1787 an Körner (Briefwechsel, Bd. 1, S. 127) schrieb, Herder habe zu ihm geäußert, daß diese Schrift seine vollständige überzeugende Idee von Gott enthalte, und wie Schiller in einem andern Briefe (ebend. S. 297) hinzufügt, Herder neige sich äußerst zum Materialismus, ja hänge von ganzem Herzen an diesem, so berichtet Jean Paul noch am 15. Mai 1799 an Jacobi (Briefe 1828, S. 16), daß Herder bei seiner Ansicht Spinoza's beharre. Die zweite Auflage im Jahr 1800 tilgte zwar alle persönlichen Seitenblicke gegen die Gegner, in ihrem eigensten Gehalt aber blieb sie durchweg unverändert.

Herder's nächstes Streben war, diese seine neue philosophische Denkweise in die Betrachtung der Geschichte, der Religion und der Sittenlehre einzuführen.

In den Jahren 1784—1791 erschienen Herder's Ideen zur Geschichte der Menschheit.

Sie sind die Fortbildung und Vertiefung seiner früheren Schrift über Philosophie der Geschichte, als deren zweite Auflage die Vorrede sie ausdrücklich ankündigt. Die Betrachtung der geschichtlichen Thatsachen ist daher im Wesentlichen dieselbe geblieben. Auch hier dasselbe feine und lebendige Nachempfinden der individuellen Eigenthümlichkeiten der verschiedenen Völker und Zeitalter, das der unvergängliche Reiz und die geschichtliche Bedeutung jener genialen Jugendschrift war; und zwar um so geistvoller und anschaulicher, je mehr inzwischen durch umfassende Studien die einzelnen Geschichtsbilder an sinnlicher Fülle gewonnen haben. Halten sich die Schilderungen des Orients wesentlich in den Grenzen, in welchen sich Herder's Schriften über die älteste Urkunde des Menschengeschlechts und über den Geist der hebräischen Poesie bewegten, und reichen die Schilderungen des griechischen und römischen Alterthums nicht wesentlich über die Anschauungen Winckelmann's und Montesquieu's hinaus, so ist auch hier wieder, ebenso wie in jenem ersten geschichtsphilo= sophischen Versuch Herder's, die Schilderung des Mittelalters in ihrer unbefangenen Mitte zwischen der im Aufklärungszeitalter üblichen einseitigen Verdammung und der durch die nachfolgenden Romantiker aufkommenden einseitigen Verherrlichung desselben, von sehr hervorragender Bedeutung, und Niemand wird den großen Einfluß verkennen können, den sie auf die gesammte Geschichtsauffassung geübt hat. Freilich liegen neben diesen hohen Vorzügen des bedeutenden Werks sehr bedenkliche Mängel, welche es erklären, warum dasselbe jetzt so sehr in seinem Ansehen ge= sunken ist. Es ist das Gebrechen und der innere Widerspruch aller sogenannten Geschichtsphilosophie wie aller sogenannten Naturphilosophie, daß sie in ihrem ungestümen Drängen nach den letzten und höchsten Gesetzen die Frucht pflücken will, ehe sie reif ist, und daher oft von oben herab aus ungerechtfertigten allgemeinen Begriffen willkürlich phantasirt und orakelt, wo der Ernst der Wissenschaft lediglich ein ruhiges Abwarten der That= sachen, ein bedächtiges Vorgehen von unten herauf Stufe um Stufe gestattet; Herder's dreist vordringende Geistesart aber war am allerwenigsten geeignet, diese unvermeidlichen Klippen scharf

ins Auge zu faffen und vorsichtig vor ihnen Halt zu machen.
Diese leidige Vorschnelligkeit hat namentlich den ersten Theil,
den naturwissenschaftlichen Unterbau, sehr verderblich beeinträch-
tigt. So deutlich auch die bekannte Recension Kant's die Spuren persönlicher Verstimmung und Gereiztheit an der Stirn
trägt, jedenfalls hatte sie Recht, wenn sie (Werke von Schubert
und Rosenkranz,· Bd. 7, S. 352) rügte, daß Herder sich oft
weit mehr durch gemuthmaßte als durch beobachtete Gesetze, mehr
durch seine beflügelte Einbildungskraft als durch die behutsame
Vernunft leiten lasse.

Vergleichen wir aber die philosophische Grundanschauung
der Philosophie der Geschichte aus dem Jahr 1774 und der
Ideen zur Geschichte der Menschheit aus dem Jahr 1784, so ist
der Gegensatz ein sehr augenfälliger und tief bedeutsamer. In
der Wurzel sowohl wie in der Krone. Warum stellen die Ideen
die astronomischen · und geographischen Bedingungen und Verhältnisse der Erde, die Beschaffenheit des menschlichen Körpers
und dessen Vorzüge vor der Thierwelt, die Abhängigkeit der
geistigen Entwicklung von Boden und Klima, in so breiter
Ausführlichkeit an die Spitze ihrer Betrachtung, und warum
betonen sie auf diese Weise die Naturseite des Menschen mit
einer Nachdrücklichkeit, die noch durchaus außerhalb des Gesichts-
kreises jener ersten Schrift lag? Es ist die inzwischen gewonnene
Einsicht in die Naturnothwendigkeit und innere Gesetzmäßigkeit
des menschlichen Handelns. »Der Gott, den ich in der Geschichte suche,« sagt Herder am Schluß des fünfzehnten Buches
(Zur Philosophie und Geschichte, Bd. 6, S. 325), »muß derselbe
sein, der er in der Natur ist, denn der Mensch ist nur ein kleiner
Theil des Ganzen, und seine Geschichte ist wie die Geschichte
eines Wurms mit dem Gewebe, das er bewohnt, innig verwebt;
auch in ihm müssen also Naturgesetze gelten, die im Wesen der
Sache liegen, und deren sich die Gottheit so wenig überheben

mag, daß sie eben in ihnen, die sie selbst gegründet, sich in
ihrer hohen Macht mit einer unwandelbaren, weisen und gütigen
Schönheit offenbart.« Und warum dieses scharfe Betonen der
Humanität als des letzten Endzwecks und der höchsten Blüthe
der Menschennatur, so daß das Christenthum (Bd. 7, S. 47)
nur darum als die beste Religion gepriesen wird, weil es nach
der Absicht des Stifters, der sich mit Vorliebe Menschensohn
nannte, die Religion der ächtesten Humanität ist? Herder antwortet (Bd. 6, S. 278): »Der Zweck einer Sache, die nicht
blos ein todtes Mittel ist, muß in ihr selbst liegen; wären wir
dazu geschaffen, um, wie der Magnet sich nach dem Norden kehrt,
einem Punkt der Vollkommenheit, der außer uns ist, und den
wir nie erreichen könnten, mit ewig vergeblicher Mühe nachzu-
streben, so würden wir als blinde Maschinen nicht nur uns,
sondern selbst das Wesen bedauern dürfen, das uns zu einem
Tantalischen Schicksal verdammte, indem es unser Geschlecht blos
zu seiner schadenfrohen ungöttlichen Augenweide schuf. Betrachten wir die Menschheit, wie wir sie kennen, nach den Gesetzen,
die in ihr liegen, so kennen wir nichts Höheres als Humanität
im Menschen; zu diesem offenbaren Zweck ist unsere Natur or-
ganisirt, zu ihm sind unsere feineren Sinne und Triebe, unsere
Vernunft, unsere Sprache, Kunst und Religion uns gegeben.
Ueberall finden wir die Menschheit im Besitz und Gebrauch des
Rechts, sich zu einer Art von Humanität zu bilden, je nachdem
sie solche erkannte. Irrten die Menschen oder blieben sie auf
halbem Wege stehen, so litten sie die Folgen ihres Irrthums
und büßten ihre eigene Schuld. Die Gottheit hatte ihnen in
nichts die Hände gebunden, als durch das, was sie waren, durch
Zeit, Ort und die ihnen innewohnenden Kräfte; sie kam ihnen
bei ihren Fehlern auch nirgends durch Wunder zu Hilfe, sondern
ließ diese Fehler wirken, damit die Menschen solche selbst bessern
lernten. So einfach dieses Naturgesetz ist, so würdig ist es

Gottes, so zusammenstimmend und fruchtbar an Folgen für das
Geschlecht der Menschen."

Herder, der Geistliche, bestrebte sich, das pantheistische Ge=
heimniß seiner Geschichtsbetrachtung zu verbergen. In der Vor=
rede mahnt er sorgsam, Niemand solle sich daran stoßen, daß er
zuweilen den Namen Natur personificirt gebraucht habe; er habe
den hochheiligen Namen Gottes, den kein erkenntliches Geschöpf
ohne die tieffste Ehrfurcht nennen sollte, durch einen öfteren Ge=
brauch nicht mißbrauchen wollen. Und oft ist auch nach dem
Vorgang von Lessing's Erziehung des Menschengeschlechts von
bewußten Plänen und Zwecken des göttlichen Schöpfers und
Leiters gesprochen, wo folgerichtig nur von den nothwendigen
Wirkungen und Ergebnissen des in sich thätigen Lebens und
Webens der Natur zu sprechen war. Nichtsdestoweniger war
die Stellung der verschiedenen Parteien zu diesem Buch in Haß
und Liebe sogleich klar und entschieden. Hamann (Werke, Bd. 7,
S. 149) rügte bitter, daß es nicht vom Himmel, sondern von
der Naturwissenschaft beginne; und der Jacobi'sche und Lavater=
sche Kreis überbot sich in den lästerlichsten Schmähungen.
Goethe aber, der Gesinnungsgenosse, nannte es in seinen Briefen
aus Italien (Bd. 24, S. 60, 125) ein Büchlein voll würdiger
Gottesgedanken, das liebenswertheste Evangelium, und in einem
anderen Briefe (S. 127) setzte er hinzu, daß es der Verfasser
nie hätte schreiben können, ohne jenen Begriff von Gott zu
haben, welcher in seinen Spinozistischen Gesprächen dargelegt
sei; denn eben das Rechte, Große, Innerliche, was es habe,
habe es in, aus und durch jenen Begriff von Gott und Welt.

In einer Reihe kleiner Abhandlungen, welche Herder in den
Jahren 1796—1799 unter dem Namen »Christliche Schriften«
herausgab, wendete er sich von seinem neuen Standpunkt aus
an die Betrachtung des Christenthums selbst.

Wie nah berühren sich Lessing und Herder immer und

überall! Obgleich Herder zunächst ganz unabhängig von Lessing zu seiner pantheistischen Denkweise gekommen war, und obgleich er sich in der Art seiner Taktik die vollste Selbständigkeit wahrte, sind Lessing und Herder doch auch hier wie im Ausgangspunkt, so im letzten Ziel durchaus übereinstimmend.

An Lessing konnten wir bemerken, daß er sich zum Befremden seiner Freunde eine Zeitlang zum Anwalt der alten Rechtgläubigkeit machte; wie Leibniz vor ihm und Hegel und die sogenannte speculative Theologie nach ihm, schmeichelte sich Lessing mit der Täuschung, er schlage nur Feuer aus dem Kiesel, d. h. er entbinde und entwickle nur die in der Kirchenlehre gebunden und unentwickelt liegenden Keime der Wahrheit zu ihrer naturgemäßen Blüthe, wenn er die altüberlieferten und überall gangbaren Lehrmeinungen seinen eigenen, auf ganz anderem Boden gewachsenen Ideen und Ueberzeugungen möglichst anpasse. Dieses Verfahren, das nicht ein Auslegen, sondern ein Unterlegen, und darum in den meisten Fällen nur eine bewußte und unerlaubte Kriegslist ist, hat Herder jederzeit entschieden von sich gewiesen. In seiner Schrift »Von Gottes Sohn, der Welt Heiland« (Zur Religion und Theologie, Bd. 17, S. 44) sagt Herder von der altchristlichen Gnostik, sie war die Weisheit einer fortgeschrittenen neuen Zeit, die bei ihren erweiterten Kenntnissen gleichwohl das Neue im Alten suchte und es als tiefere Wissenschaft, als einen geheimen Sinn daraus zog, indem sie es hineinlegte; der Genius der Zeit hatte sich verändert, und da man nicht bemerkte oder nicht sagen wollte und durfte, daß er verändert sei, so lehrte man Gnosis, eine an unwesentliche Dinge gekettete, in alten Formen aufgehaltene Wahrheit. Und noch unverkennbarer ist der strafende Hinblick auf Leibniz und Lessing, wenn Herder in einer andern Schrift »Von Religion, Lehrmeinungen und Gebräuchen« (ebend. Bd. 18, S. 277) denselben Gedanken in folgender Weise erweitert: »Als die Rabbinen nach

ihrer Art den heiligen Schriften ihren eigenen Sinn unterlegten
und durch die Kabbala ihren künftigen Messias, wie sie selbst
ihn wähnten, in Allem fanden, verloren sie nicht nur den ursprünglichen Sinn und die gesunde Ansicht ihrer Nationalschrift-
steller, sondern sie entblödeten sich auch nicht, in Jener Namen
das Albernste zu sagen, wie die rabbinische Religionsphilosophie,
die Kabbala, zeigt. Als in den Zeiten der Hierarchie die Kirche
sich anmaßte, den Stellen der Schrift einen Sinn unterzuschieben,
der ihrer Convenienz geziemte, wohin gerieth die Auslegung?
Welche ungeheure Barbarei, unwissend, geschmacklos, frech ver-
folgend, führte sie ein! Als die Mystik sich erkühnte, Alles mystisch
zu deuten, was fand sie nicht in den heiligen Schriften? Der
Cartesianismus, Wolffianismus u. s. f. haben in Stellen, die
für sie gehörten, dasselbe Spiel getrieben. Das Spiel ist so oft
gespielt; sollen wir es wiederholen? In Gerichten nennt man
dies Kunststück mit unhöflichem Namen Fälschung.«

Dagegen stand Herder überall Lessing auf's innigste zur
Seite, ja verstärkte und steigerte ihn, wo derselbe entschieden verneinend gegen die herrschende Kirchenlehre vorschritt und der begeisterte Verkündiger des neuen Evangeliums der Liebe und
Duldung, des neuen Evangeliums der Humanität war. Gleich
Lessing betonte auch Herder auf's schärfste den rein menschlichen
Ursprung der biblischen Evangelien. Indem Herder in diese Untersuchungen den Begriff der Volksdichtung einführt, durch dessen
folgerichtige Anwendung soeben F. A. Wolf der Betrachtung
Homer's einen so epochemachenden Umschwung gegeben hatte,
bezeichnet er in den Abhandlungen vom Erlöser der Menschen
und von Gottes Sohn als der Welt Heiland (Zur Religion und
Theologie, Bd. 16 und 17), die Evangelisten ohne Bedenken
als Rhapsoden der mündlichen Ueberlieferung und apostolischen
Sage, der heiligen Epopöe, welche, ehe noch eines unserer Evangelien geschrieben wurde, als lebendiger Glaube der neuen Ge-

meinde längſt vorhanden geweſen. Gleich Leſſing bekämpfte auch
Herder auf's ſchärfſte die kirchliche Forderung, die Wunder und
Weiſſagungen Chriſti als Kennzeichen und Beglaubigung der
Wahrheit ſeiner Lehre und ſeiner göttlichen Sendung zu be=
trachten; die Wahrheit, ſagt Herder (Bd. 16, S. 310), muß
ſich ſelbſt beweiſen, oder alles Zuſammentreffen alter Propheten,
alle ehemals geſchehenen Wunder ſind für uns ungeſagt und
ungeſchehen. Ja, ein anderes Mal (Bd. 16, S. 72) meint Her=
der ſogar, es ſei nichts als Schwäche des Kopfes, Mangel an
Unterricht, oder ein verborgener Hang zur Täuſchung und Be=
vorzugen der Dämmerung vor dem Licht, jene Wundergaben der
Kirche für ewig unentbehrlich halten zu wollen; was könne er
durch ein Wunder lernen, das er nicht durch Vernunft und
Schrift viel klarer lerne; vielmehr bitte ſeine Vernunft in der
ſechsten Bitte, bewahre mich Gott vor Wundern! Die mehr=
fachen Darſtellungen der Thaten und Schickſale Jeſu, welche
Herder von dieſem Standpunkte aus unternahm, haben weſentlich
das Beſtreben, das Wunderbare und Uebermenſchliche in den
natürlichen Gang und Zuſammenhang der Dinge hereinzuziehen,
ſei es, daß die Wunder in altrationaliſtiſcher Weiſe natürlich,
ſei es, daß ſie in tieferer Deutung ſymboliſch erklärt werden.
Es bleibe dahingeſtellt, ob es, wie man geſagt hat, blos Ober=
flächlichkeit und eine in ſeiner Geiſtesart liegende Schranke, oder
ob es nicht vielmehr abſichtliche, aus ſeiner äußeren Stellung
entſprungene Bedächtigkeit und Zurückhaltung war, wenn Herder
in dieſen Wundererklärungen den Begriff der religiöſen Mythen=
bildung, für welchen er doch ſchon in ſeinen Jugendſchriften
eine ſo ſinnige Einſicht bekundet hatte, noch nicht in dem vollen
Umfang wie ſeine kühneren Nachfolger einſetzte. Und gleich
Leſſing unterſchied auch Herder auf's ſchärfſte zwiſchen der chriſt=
lichen Religion, wie ſie ungewiß und vieldeutig die Kirchenlehre
ſei, und zwiſchen der Religion Chriſti, wie Chriſtus als Menſch

in höchster Vorbildlichkeit sie erkannte und übte und wie sie Jeder mit ihm gemein haben könne und solle. Der kirchliche Glaube (Bd. 16, S. 324) war ihm nur Hülfe, in der die Frucht erwuchs, nur Schale, die den Kern festhielt, war ihm, selbst mit dem feinsten Dogma übersponnen, bloß ein historischer Glaube; das Christenthum aber war ihm (S. 316) nicht Lehre allein, sondern ein lebendig wirkendes Institut, nicht Schule, sondern thätige Gemeinde. Das Christenthum, fortgehend durch alle Zeiten und Nationen, war ihm (Bd. 18, S. 218) eine über allen Nationalismus erhöhte Menschen- und Völkerreligion; nicht nur Religion also, sondern die einzige Religion der Mensch- heit, höchste Tendenz und Bestimmung der menschlichen Natur, Humanität. Aufgabe der fortschreitenden Arbeit der Bildung und Wissenschaft ist es, wie Herder (Bd. 18, S. 298) sich aus- drückt, die Dogmatik zur Dogmengeschichte herabzusetzen, oder, wie ein anderer Ausdruck (Bd. 16, S. 223) lautet, den bloß kirchlichen Glauben zur That selbst, zum reinen und wirklichen Evangelium emporzuheben. Herrlich sagt Herder (Bd. 16, S. 322): »Die Perle ist gefunden; einen anderen Grund kann Niemand legen, als den Christus gelegt hat. So wenig dieß Evangelium eines äußeren Beweises bedarf, indem es sich selbst der strengste Beweis ist, so wenig kann es durch kirchliche oder andere Zweifel über den Haufen geworfen werden. Möge die Geschichte Jesu geschehen sein wie sie wolle, der Plan Gottes über das Menschen- geschlecht geht unaufhaltbar fort und der Ruf dazu ist in aller Menschen Herz unauslöschlich geschrieben. Das Senfkorn ist gesät, und die Kraft liegt in ihm, ein Baum zu werden für alle Nationen; jede Witterung, gut oder böse, muß sein Wachs- thum befördern. In allen Weltbegebenheiten naht sein Reich, denn es ist das Geschäft der Vorsehung, es ist Zweck, Charakter, ja die Wurzel des Menschengeschlechts, dies Geschäft auszuführen. Trauet keiner Larve, das Reich Gottes ist inwendig in Euch.«

In der Abhandlung "Von Religion, Lehrmeinungen und Gebräuchen" heißt es (Bd. 18, S. 309): "Man hat die Frage aufgeworfen, ob ein Rechtschaffener ohne Religion sein könne? Ohne Lehrmeinungen wollte man sagen, sonst beantwortete sich die Frage von selbst. Rechte Religion kann ohne Rechtschaffenheit nicht sein, und innigste Rechtschaffenheit ist Religion, worin man sie auch erweise." Und am Schluß (S. 329): "Die reine Christusreligion heißt Gewissenhaftigkeit in allen menschlichen Pflichten, reine Menschengüte und Großmuth. Der Bosheit selbst unüberwindbar, der verachtenden Schmach unbezwinglich, ist sie auf Selbstverleugnung gebaut und wird in jeder Beziehung des Lebens nur durch diese befestigt. Die Gottseligkeit selbst ist zu ihr nur Mittel; aber das kräftigste Mittel, wie Christi Vorbild zeigt. Ob hierbei der Name Christi litaneimäßig genannt werde, ist dem Erhöhten gleichgiltig. Am Namen Christianer, der von den Griechen dem Christenvolk als einer Secte gegeben ward, liegt wenig; gehe dieser unter oder bleibe. Wie nannte sich Christus? den Menschensohn, d. h. einen einfachen reinen Menschen. Von Schlacken gereinigt, kann seine Religion nichts Anderes als die Religion reiner Menschengüte, Menschenreligion heißen."

Aehnlich sagt der einundzwanzigste Brief Spinoza's: Nach dem Fleisch Christus zu kennen, sei zum Seelenheil nicht durchaus nöthig; anders aber verhalte es sich mit jenem ewigen Sohn Gottes, welcher die ewige göttliche Weisheit sei, und welcher in allen Dingen, besonders im menschlichen Geist und Gemüth und am ausgezeichnetsten in Jesus Christus sich verwirklicht und offenbart habe; denn ohne diese Weisheit könne Niemand zum Zustand der Seligkeit kommen, da sie allein lehre, was wahr und falsch, gut und böse sei.

Es ist die Religion der thätigen Erkenntniß und Liebe, welche schon Johann Staupitz im Zeitalter der Reformation die Einwohnung des heiligen Geistes nannte.

Der größte Theil von Herber's »Zerstreuten Blättern« (1785 — 97) und vor Allem die »Briefe zur Beförderung der Humanität« (1793 — 97) stehen ganz und gar im Dienst dieser neuen Humanitätsreligion. Viele dieser Abhandlungen knüpfen unmittelbar an Lessing's Erziehung des Menschengeschlechts und an seine Freimaurergespräche an, viele greifen in die geschichtliche Betrachtung hervorragender Ereignisse und Persönlichkeiten; alle aber sind eins in der unwidersprechlichen Gewißheit, daß der Genius der Humanität die Lebensseele und der Antrieb alles menschlichen Denkens und Handelns, der Grund und das Ziel aller Geschichte sei, in allen wechselnden Gestalten und Geschlechtern, Völkern und Zeitaltern immer auf's neue sich verjüngend und immer reicher und kräftiger emporwachsend. Obwohl nicht frei von Breite und Weitschweifigkeit, an welcher fast alle späteren Schriften Herder's leiden, übten diese Abhandlungen mit ihrer reinen Gesinnung und überlegenen Einsicht, mit ihrem mildem Ernst und allgemeinfaßlichem Tiefsinn eine unermeßliche Wirkung.

Uebereinstimmend bezeugen alle Nachrichten, daß auch Herder's Predigten mit dieser Denkweise im innigsten Einklang waren. Schon am 21. März 1772 (Aus Herder's Nachlaß, Bd. 3, S. 204) schrieb Herder selbst an seine Braut, seine Predigten hätten so wenig Geistliches als seine Person; sie seien menschliche Empfindungen eines vollen Herzens, ohne allen Predigtrouß und Predigtzwang, und wie er selbst nichts Pastorales habe als vorn einen Kragen und hinten ein Mäntelchen, so diese hinten und vorn ein Vaterunser. So wenig liebte Herder die herkömmliche Anlehnung an biblische Textworte, daß ihm sogar Goethe (Aus Herder's Nachlaß, Bd. 1, S. 73) bei Gelegenheit seiner Predigt über die Geburt des Erbprinzen Karl Friedrich seine Verwunderung darüber ausspricht, daß er von den Motiven, die uns die christliche Religion biete, keinen Ge

brauch gemacht habe; und sei es auch nur wie mit der Melodie
eines bekannten Chorals, der unter anderer Musik den besten
Effect thue und durch allgemeine Reminiscenzen die ganze Gemeinde auf einen gemeinsamen Punkt führe. Die erhaltenen
Predigtentwürfe und Bußtagsankündigungen Herder's beweisen,
wie sich diese weltliche Art von Jahr zu Jahr steigerte. Ueber
eine während des ersten Jahres der Weimarer Amtsführung von
Herder in Pyrmont gehaltene Predigt schreibt Sturz (Schriften,
Bd. 2, S. 329), Herder's Predigt sei keine Andachtsübung, kein
in drei Treffen getheilter Angriff auf die verstockten Sünder,
auch keine kalte heidnische Sittenlehre, die Sokrates in der Bibel
aufsuche und also Christum und die Bibel entbehren könne,
sondern der vom Gott der Liebe verkündigte Glaube der Liebe.
Und am 12. August 1787 schreibt Schiller an Körner, Herder's
Predigt gleiche einem Discurs, den ein Mensch allein mit sich
führe, äußerst plan, volksmäßig, natürlich; ein Satz aus der
praktischen Philosophie auf gewisse Vorfälle des bürgerlichen
Lebens angewendet, Lehren, die man eben so gut in einer Mo-
schee als in einer christlichen Kirche erwarten könne, und einfach
wie sein Inhalt sei auch der Vortrag, keine Geberdensprache,
kein Spiel der Stimme, ein ernster und nüchterner Ausdruck.
Auch Herder's Gattin, obgleich sie in den von ihr verfaßten
Lebenserinnerungen, sei es geflissentlich täuschend oder selbst ge-
täuscht, die von den kirchlichen Lehrmeinungen abweichende Rich=
tung Herder's möglichst zu mildern und zu beschönigen sucht,
meint in einem Briefe vom 2. Mai 1804 (Von und an Herder,
1862, S. 334), der Inhalt aller seiner Predigten sei gewesen,
die verlebten alten Lumpen und mißverstandenen Worte, die die
göttlichste Religion umschleiern und ihr eben dadurch jetzt so sehr
schaden, zu beseitigen und dafür den Geist um so lebendiger zu
machen: nur durch die Wahrheit gewinne die Wahrheit, der

göttliche Kern müsse für uns in lebendig frischen Blättern Blüthen und Früchten aufgehen.

Leider aber wurde dieser klaffende Widerspruch zwischen seiner innersten Ueberzeugung und seiner äußeren amtlichen Stellung die Tragik seines Lebens.

Wie tief vergrämt und verbittert waren die letzten Lebensjahre dieses großen und edlen Menschen! Lesen wir die zahlreichen Briefwechsel der verschiedensten Persönlichkeiten jenes goldenen Zeitalters der deutschen Literatur, sehen wir die jähe Entfremdung Herder's von seinen ältesten Freunden, den steigenden Groll und Neid gegen Goethe und Schiller, gegen Kant und Fichte, gegen Jeden, der sich ihm nicht unbedingt fügt und unterordnet, so wird nur allzu unwiderleglich das Wort Goethe's (Bd. 27, S. 141) bestätigt, daß zuletzt immer mehr und mehr ein mißwollender Widerspruchsgeist in Herder überhand nahm und seine unschätzbare einzige Liebensfähigkeit und Liebenswürdigkeit verdüsterte. Selbst ein so schwärmerischer Verehrer Herder's wie Jean Paul schreibt am 27. Juli 1800 an Jacobi (Briefwechsel, S. 70): Herder ist trübe über die Zeit, über Weimar, über sich, über Alles.

Sicher ist die Qual eines anhaltenden Leber- und Unterleibsleidens, das von einer im Winter 1789 und 1790 überstandenen schweren Krankheit in ihm zurückgeblieben war, bei dieser unmuthsvollen Gemüthsstimmung in Anschlag zu bringen; er selbst nannte (vgl. Böttiger, Literar. Zustände und Zeitgenossen, Bd. 1, S. 116) dieses Leiden einen ehernen Reif, der um seine Lenden gelegt sei. Und gewiß ist, daß Herder, eine hochstrebende und selbst in seiner besten Zeit anspruchsvolle und herrschsüchtige Natur und überdies von Jugend auf durch frühen Ruhm und Beifall verwöhnt, bis in sein Mark getroffen wurde, als er seinen Namen durch Spätergekommene überstrahlt sah: ein zuletzt physisch kränklicher Ehrgeiz, schreibt Jean Paul unmittelbar nach

Herder's Tod an Jacobi (Briefwechsel, S. 110), war seine
Schwäche. Allein der tiefste Grund seines furchtbaren Mißgeschicks war dennoch, daß, wie Herder selbst oft wehmuthsvoll
ausrief, er in Wahrheit sein Leben verfehlt hatte.

Der ist beglückt, der sein darf, was er ist. Dieses Glück war
Herder nicht zu Theil geworden. Er, der offen mit dem alten
Kirchenglauben gebrochen hatte, war Geistlicher und Präsident
der obersten Kirchenbehörde! Er, der strengsittliche und wahrheit-
liebende Mann mit dieser steten Lüge auf der Seele: entsetzlich!

Es ist deutlich zu sehen, daß Herder's Umgebung ein klares
Bewußtsein von dem schneidenden Mißverhältniß zwischen seiner
Natur und seiner amtlichen Stellung hatte. Als Herder bei dem
Herzog um Urlaub zu einer italienischen Reise einkam, schrieb ihm
(Herderalbum, S. 23) der edle Fürst am 28. April 1788, diese Reise
werde gut sein, ihm die Atmosphäre zu erfrischen, welche hinter
dem hohen Schieferdache der Weimarer Stadtkirche zusammen-
gepreßt werde. Und am 6. März 1799 schreibt Jean Paul an
Jacobi (Briefwechsel, S. 12), man dürfe es mit dem vom Staat
gebogenen und wundgeriebenen Herder nicht genau nehmen, er
trage auf seinen zarten Zweigen die Consistorialwäsche: ach, welche
Zedergipfel würde er treiben außerhalb der Kanzeldecke und Ses-
sionsstube!

Am offensten aber hat Herder selbst die Tragik seines Herzens ausgesprochen. Es war ein Schmerzensschrei aus tiefster
Brust, wenn Herder in »Tithon und Aurora« (Zur Philosophie
und Geschichte, Bd. 3, S. 6) sagte: »Der feinste Selbstmord
findet nur bei den erlesensten Menschen statt. Menschen nämlich
von äußerst zartem Gefühl haben ein Höchstes, wonach sie streben, eine Idee, an welcher sie mit unaussprechlicher Sehnsucht
hangen, ein Ideal, auf welches sie mit unwiderstehlichem Triebe
wirken; wird ihnen diese Idee genommen, wird dies schöne Bild
vor ihren Augen zertrümmert, so ist das Herzblatt ihrer Pflanze

gebrochen, der Reſt ſteht mit unkräftigen welken Blättern da.
Vielleicht gehen mehr Erſtorbene dieſer Art in unſerer Geſellſchaft
umher, als man es anfangs glauben möchte, eben weil ſie am
meiſten ihren Kummer verbergen und das Gift ihres langſamen
Todes als ein trauriges Geheimniß ihres Herzens auch ihren
Freunden verhehlen.« Zuweilen ſuchte ſich Herder, wie aus Böttiger's Erzählung (a. a. O. Bd. 1, S. 131) erhellt, über ſeine
Gewiſſensbedenken mit der dem alten Rationalismus entnomme-
nen Ausflucht hinwegzubeuteln, daß, wenn man auch zweifle,
daß die jetzt giltige Art des chriſtlichen Lehrbegriffs für alle Zeitalter giltig und gleich brauchbar ſei, man doch als Diener des
Staats und der Kirche im Sinn und Namen des von Staat und
Kirche eingeführten Lehrbegriffs lehren und wirken müſſe. Doch
war Herder viel zu grab und feinfühlend, als daß er auf die
Dauer in dieſer groben Sophiſterei hätte Troſt und Beruhigung
finden können. Man höre folgende tief bedeutſame Aeußerung,
welche Herder am 8. Januar 1797 gegen Böttiger (a. a. O.,
Bd. 1, S. 201) that: »Jeder Menſch ſollte bei ſeinem Tod
geſchrieben hinterlaſſen, was er eigentlich immer für Poſſen oder
Puppenſpiel hielt, aber nie aus Furcht vor Verhältniſſen laut
dafür erklären durfte; wir Alle haben ſolche Lügen des Lebens um
und an uns, und es müßte uns wohlthun, ſie wenigſtens
dann auszuziehen, wenn wir den Todtenkittel anziehen.« In
welchem Sinn dieſe Aeußerung gemeint war, bezeugt die Antwort Böttiger's, daß der engliſche Biſchof Hunt ſich durch
ein hinterlaſſenes Werk als vollendeten Skeptiker bekannt
habe.

Scherzend hatten in froher Jugendzeit die Straßburger
Freunde Herder wegen ſeiner prälatenhaften Tracht und wegen
ſeiner Vorliebe für Swift den Dechanten genannt; jetzt hatte
dieſer ſcherzende Vergleich furchtbaren Ernſt gewonnen. Beide
große Schriftſteller, Swift und Herder, verzehrten ſich in Gram

über das Joch ihres geistlichen Standes, dem sie entwachsen waren und das sie doch nicht abzuschütteln vermochten.

Daher der Verfall, welcher in diesen letzten Lebensjahren Herder's auch in den meisten seiner schriftstellerischen Leistungen eintritt.

Herder's Hauptthätigkeit in diesen letzten Jahren war eine sehr gehässige Polemik gegen Kant und dessen Schule. Im Jahr 1799 erschien die »Metakritik,« eine Kritik von Kant's Kritik der reinen Vernunft; im Jahr 1800 erschien die »Kalligone,« eine Kritik von Kant's Kritik der ästhetischen Urtheilskraft.

Man wird zugeben müssen, daß Herder's Angriffe nicht völlig der thatsächlichen Unterlage entbehrten. Wenn Kant's Anatomie des menschlichen Erkennens vermeintlich von einander unterschiedene und scharf gesonderte Erkenntnißkräfte angenommen hatte, ohne dieselben auf ihre Einheit zurückzuführen, und wenn Kant neben der Erkenntnißquelle der menschlichen Sinnenerfahrung die Begriffe von Raum und Zeit und die sogenannten Kategorien noch als sogenannte reine, von aller Sinnenerfahrung unabhängige und dieselbe umbildende Anschauungsformen behauptete, so war es Herder nicht zu verargen, wenn er an den Gedanken, welche er bereits 1778 in seiner Abhandlung vom Erkennen und Empfinden der menschlichen Seele ausgesprochen, festhaltend, auf die Einsicht in die Untrennbarkeit und lebendige Zusammenwirkung der Erkenntnißkräfte drang und auch jene angeblich angeborenen reinen Anschauungsformen und Stammbegriffe als schlichte Erfahrungsbegriffe nachwies. Und wenn Fichte die große That Kant's, das menschliche Denken auf den festen Boden der Erfahrung zurückzurufen, sogleich in ihr Gegentheil verzerrte und, von aller sinnlichen Erfahrung absehend, alles menschliche Denken und Wissen rein und frei aus sich selbst herausspinnen, oder, wie der Schulausdruck lautet, a priori construiren wollte, so war es ferner Herder nicht zu verargen, wenn

er gegen diesen »puren puten Scholasticismus« die lebhafteste
Einsprache erhob, zumal ihm seine amtlichen Beziehungen zu
Jena sattsam Gelegenheit gaben, den gefährlichen Einfluß dieses
schwindelnden Ikarusfluges auf die Denk= und Studienweise der
studirenden Jugend in nächster Nähe zu beobachten und schwer zu
empfinden. Es erscheint hart, spricht Herder in der Kalligone (Zur
Philosophie und Geschichte, Bd. 18, S. 15) von Verderb junger Ge=
müther, von Verführung der jugendlichen Phantasie zu unnützen
Künsten des Wortkrams, von Disputirsucht und Rechthaberei,
von stolzblindem Enthusiasmus für fremde Wortlarven, von
ignoranter Verleibung alles reellen Wissens und Thuns, von un=
erträglicher Verachtung aller Guten und Großen, die vor uns
gelebt haben; aber haben nicht auch wir in jenen Tagen,
da man laut in die Welt schrie, seit Hegel habe die Philosophie
aufgehört, Philosophie zu sein, denn sie sei jetzt Pansophie gewor=
den, genau dieselben traurigen Erscheinungen der eltersten Selbst=
überhebung und der absprechendsten Verachtung aller ächten, an
den Thatsachen der Erfahrung langsam, aber sicher fortschreiten=
den Wissenschaftlichkeit erlebt? Trotzalledem wird Keiner, der
erfüllt ist von den geschichtlichen Großthaten Herder's, die Meta=
kritik und die Kalligone ohne heißes Bedauern lesen können.
Man muß es leider sagen, es war nichts als persönliche Rache
für die Unbill, welche sich Herder durch Kant's ungünstige Beur=
theilung seiner Ideen zur Philosophie der Geschichte angethan
wähnte, daß er die Uebertreibungen und Verirrungen der Schü=
ler dem Meister selbst in die Schuhe schob und sich sogar nicht
scheute, mit Bezug auf Kant's Schrift über den Streit der
Facultäten die Regierungen gegen denselben zu hetzen. Herder's
Gattin berichtet (Von und an Herder, S. 345), Goethe habe
bei dem Erscheinen der Metakritik gesagt, hätte er gewußt, daß
Herder dieses Buch schrieb, knieend würde er ihn gebeten ha=
ben, es zu unterdrücken; Rosenkranz nennt in seiner Geschichte

der Kant'schen Philosophie Herder einen helfernden Ther-
sites.

Und Spuren derselben unseligen Verbitterung trägt auch die
»Adrastea.« So sinnig und schön, so stoffreich und anregend
ein großer Theil dieser Schilderungen und Beurtheilungen über
Begebenheiten und Charaktere des achtzehnten Jahrhunderts ist,
so hat Schiller doch leider Recht, wenn er in einem Briefe,
welchen er am 20. März 1801 an Goethe schrieb, die Adrastea
ein bitterböses Werk nennt, das die alte abgelebte Literatur besonders darum so emsig aufsuche, um die Gegenwart zu verleumden
oder hämische Vergleichungen anzustellen. Der großartige Auf-
schwung, welchen die deutsche Bildung durch Kant und Goethe
und Schiller gewonnen hatte, ist für den Verfasser der Adrastea gar
nicht vorhanden.

Es ist begreiflich und entschuldbar, wenn durch diese verwir-
renden Eindrücke das hehre Bild Herder's in den Augen der nächsten Zeitgenossen verdunkelt wurde. Schiller meinte in jenem
Briefe an Goethe, man möchte zuweilen in allem Ernst fragen,
ob Einer, der sich jetzt so unendlich trivial, schwach und hohl zeige,
wirklich jemals außerordentlich gewesen sein könne. Allein die
geschichtliche Betrachtung steht auf einer höheren Warte. Wer
mag im harten Winter vergessen, wie schön der Frühling und
Sommer gewesen?

Glücklicherweise ist grade aus dieser trübsten Zeit Herder's
ein Werk vorhanden, das Herder's Namen auch Solchen unvergeßlich macht, die seiner hohen wissenschaftlichen Bedeutung nicht
zu folgen vermögen.

Im Jahr 1805 erschien aus Herder's dichterischem Nachlaß
der herrliche Romanzenkranz des Cid, welchen er kurz vor seinem Tode, im Winter 1802 bis zum Frühling 1803, geschrieben
hatte. Wir wissen jetzt (vgl. Herder's Cid von Reinhold Köhler.
1867. S. 6), daß dieses Gedicht zum allergrößten Theil, d. h.

mit Ausnahme von vierzehn Romanzen, nur die metrische Um=
dichtung einer französischen Prosabearbeitung ist, welche Herder
der Bibliothèque universelle des Romans (Juliband 1783)
entnahm. Aber nur um so bewunderungswürdiger ist es, wie
glänzend die wirksamste Eigenthümlichkeit Herder's, seine feine
Anempfindung, und das Finden und Festhalten des treuen Local=
tons in allen Einzelheiten der dichterischen Nachbildung, sich auch
hier wieder bethätigte. Keiner der anderen Dichter, welche sich um
jene Zeit in gleichem Sinn an die Schätze der spanischen Litera=
tur wendeten, hat etwas geschaffen, das so volksthümlich gewor=
den wäre wie Herder's Cid.

Am 21. December 1803 starb Herder. Auf seinem Grab=
mal in der Stadtkirche zu Weimar liest man die von ihm selbst
verfaßte Inschrift: »Licht, Liebe, Leben!«

Herder gehört nicht zu den klassischen Menschen im Stil
Winckelmann's, Lessing's, Kant's, Goethe's und Schiller's; er
ist immer nur anregend, fast nirgends abschließend und ausge=
staltend. Daher sind Herder's Schriften zum Theil veraltet.
Dennoch ist Herder einer unserer wichtigsten und eingreifendsten
Geistesheroen. So tief wirkte Herder auf seine Zeit nach allen
Richtungen, daß die große Dichtung Goethe's und Schiller's,
die sogenannte romantische Schule, die Philosophie Schelling's
und Hegel's, ohne das Vorangehen Herder's gar nicht gedacht
werden kann.

Zweites Kapitel.

Gerstenberg.

Gerstenberg ist an geschichtlicher Bedeutung mit Herder nicht entfernt vergleichbar. Nichtsdestoweniger ist er, wenn nicht ein Begründer, so doch ein Vorläufer der Sturm- und Drangperiode.

Auf Wesen und Gestaltung des Drama war Herder in den Fragmenten und in den Kritischen Wäldern nicht eingegangen; seine Abhandlungen über Shakespeare fallen erst einige Jahre später. Die erste dramaturgische Kundgebung der neuen, von Lessing abweichenden Richtung waren Gerstenberg's Briefe über Shakespeare, die erste dramatische That dieser neuen Richtung war Gerstenberg's Ugolino.

Heinrich Wilhelm von Gerstenberg war am 3. Januar 1737 zu Tondern in Schleswig geboren. Er war schon früh als Schriftsteller aufgetreten, bis dahin aber immer nur anempfindend und nachahmend. Als Jenaer Student dichtete er Idyllen in der Weise Geßner's, und anakreontische Tändeleien in der Weise Gleim's; als dänischer Offizier, 1763 am Feldzug der Dänen gegen die Russen theilnehmend, dichtete er, abermals nach dem Vorbilde von Gleim's Grenadierliedern, Kriegslieder eines dänischen Grenadiers. In Verbindung mit Jacob Friedrich Schmidt, der später Predi-

ger in Gotha wurde, gab er 1763 die »holsteinische Wochenschrift«,
»der Hypochondrist« heraus, die zwar sogar von Herder überschwenglich gepriesen wird, in Ton und Inhalt aber sich von den
meisten anderen moralischen Wochenschriften nicht wesentlich unterscheidet. »Ariadne auf Naxos«, 1765 von F. A. Scheibe com-
ponirt, war eine jener dramatischen Cantaten, die damals überall beliebt waren und in Rousseau's Pygmalion ihre höchste Entfaltung fanden; in der Bearbeitung von Brandes und mit der
Musik von Benda wanderte dies Monodrama über alle Bühnen.
Seine eigenen selbständigen Wege fand Gerstenberg erst in den
»Briefen über Merkwürdigkeiten der Literatur«, einer Zeitschrift,
die im Jahr 1766 von ihm eröffnet wurde, und in den Dichtungen, welche aus den hier niedergelegten Ansichten hervorgingen.

Vom Druckort (Schleswig und Leipzig) pflegte man diese
Zeitschrift meist die Schleswigschen Merkwürdigkeiten zu nennen.
Gleich Herder's Fragmenten war auch sie eine Bekämpfung und
zugleich eine Fortbildung der Literaturbriefe.

Es fehlte nicht an unmittelbaren einzelnen Ausfällen gegen dieselben (vgl. Sammlung 1. Bf. 12); aber das Wichtigste
und das im tiefsten Grund Unterscheidende ist, daß auch Gerstenberg ebenso wie Herder sich mit aller Kraft gegen die Schranken
der Reflexionsdichtung richtet und für die zwingende Macht und
Fülle des Ursprünglichen und ächt Dichterischen ein scharfes und
wachsames Auge hat. Besonders im zwanzigsten Brief, der den
»täglich weiter um sich greifenden Kitzel« Ramlers, »sich durch
die eigenmächtige Umarbeitung berühmter Poesieen einen Namen
zu erwerben« mit schärfstem Witz geißelt, ist diese Grundanschauung
innig und beredt ausgesprochen. Alles blos Witzige und Lehrhafte
wird von dem Wesen ächter Poesie ausgeschlossen. »Ich glaube,«
sagt Gerstenberg, »daß man den Scheideweg, wo sich das dichterische Genie von dem schönen Geiste oder Belesprit trennt, noch
nicht aufmerksam genug untersucht habe. Deutlicher, ich glaube, daß

nur das Poesie sei, was das Werk des poetischen Genius ist,
und alles Uebrige, so vortrefflich es auch in jeder Absicht sein
möge, sich diesen Namen mit Unrecht anmaße«. Freilich ist es
schwer, fährt Gerstenberg fort, die Frage, was ist denn Genie,
zu beantworten, zumal unsere Psychologie sich immer noch nur
mit der Oberfläche der Seele beschäftigt; aber wenigstens die Wirkung des Genies läßt sich beschreiben. »Der beständige Ton
der Inspiration, die Lebhaftigkeit der Bilder, Handlungen und
Fictionen, die sich uns darstellen als wären wir Zuschauer und die
wir mit bewundernbem Enthusiasmus dem gegenwärtigen Gotte
zuschreiben, diese Hitze, diese Stärke, diese anhaltende Kraft, dieser überwältigende Strom der Begeisterung, der uns wider unseren Willen zwingt, an Allem gleichen Antheil zu nehmen, das
ist die Wirkung des Genies! Die Kraft, die ich in Bezug auf
uns Trug (Täuschung) oder Illusion nenne, diese Kraft, die Natur wie gegenwärtig in der Seele abzubilden, ist die entschiedene
und hervorstechende Eigenschaft, die wir uns unter dem Namen
des poetischen Genies auch da denken, wo wir uns von unseren
Begriffen nicht immer Rechenschaft zu geben wissen. Sie kann
weder durch Kunst noch durch Fleiß erreicht werden; sie ist einigen und zwar den wenigsten Geistern eigenthümlich, kurz, sie ist
das Genie. Dies ist keine Definition, aber es ist Erfahrung, es
ist Gefühl.« Es ist bekannt, wie diese Anschauungsweise auch
auf die letzten Schriften Klopstock's, mit welchem Gerstenberg in
Kopenhagen aufs innigste verbunden war, befruchtend zurückwirkte.

Nach drei verschiedenen Richtungen suchten die Schleswiger
Merkwürdigkeiten den Fortgang der deutschen Literatur in diesem
Sinn zu leiten und zu beleben.

Die ersten Briefe (2. 4. 5) weisen bei Gelegenheit Spen-
ser's auf Ariost. Es geschah auf Grund der mächtigen Einwirkung Meinhard's, dessen »Versuche über den Charakter und die
Werke der besten italienischen Dichter« auch Lessing gebührend zu

ſchätzen mußte. Die in den Jahren 1771 und 1772 erſcheinenden »Briefe über den Werth einiger deutſcher Dichter« von Mau-
villon und Unzer ſtellten daſſelbe Ziel auf, und ſchon erklangen
in Wieland's kleineren Dichtungen die Töne, deren künſtleriſche
Zuſammenfaſſung und Vertiefung ſpäter der Oberon wurde. Ja,
in anderen Briefen (22. 23) wird bereits die Herrlichkeit Don
Quixote's geprieſen. Doch verhallten grade dieſe Worte Gerſtenberg's zunächſt faſt ſpurlos. Für ſolche ſpielende Heiterkeit war
das junge Geſchlecht zu unruhig und leidenſchaftlich. Nur Heinſe
wußte, welche Poeſie in Arioſt's muthwilliger Lebensfriſche liege.

Macpherſon's Oſſian, gegen deſſen Aechtheit Gerſtenberg von
Inbeginn mißtrauiſcher war als die meiſten ſeiner Zeitgenoſſen,
und die altengliſche Balladenſammlung Percy's führen auf das
Weſen und die Vorzüge volksthümlicher Dichtung. Mit wärm-
ſter Begeiſterung und mit ſachkundigem Eifer iſt eine Reihe von
Briefen (8. 11. 12) darauf gerichtet, die altdäniſchen Volkslieder
(Kämpe-Viſer), die Edda und die bis dahin nur wenig beachtete
nordiſche Götterſage hervorzuziehen und jenen engliſchen Dichtungen an die Seite zu ſtellen.

Aus dieſen Stimmungen entſprang Gerſtenberg's »Gedicht
eines Skalden«, das mit ergreifendem Schwung die Empfindungen eines aus dem Todesſchlaf erwachenden alten nordiſchen
Sängers ſchildert und dieſen Sänger in der Sprachweiſe und
in den Anſchauungen der alten nordiſchen Mythologie ſprechen
läßt. Es iſt ausdrücklich bezeugt (vergl. Jördens' Lexikon deutſcher Dichter und Proſaiſten Bd. 6. S. 174), daß es dieſes Gedicht war, welches die Bardendichtung Klopſtock's und das ge-
ſammte Bardenweſen hervorrief. Gerſtenberg aber iſt nie eingegangen auf die kindiſchen Uebertreibungen der Nachahmer.

Jedoch das weitaus Bedeutendſte und Wirkſamſte war der
in vier Briefen (14—18) enthaltene »Verſuch über Shakeſpeare's Werke und Genie«. Gerſtenberg hat dieſe Abhandlung auch

in seine »Vermischten Schriften« (1816. Bd. 3, S. 250 ff.) aufgenommen; leider sehr verändert.

Ausgehend von einer scharf tadelnden Beurtheilung der Wieland'schen Shakespeareübersetzung, brachte diese Abhandlung Betrachtungen über Shakespeare's Art und Kunst, wie sie, da Lessing's Dramaturgie damals noch nicht geschrieben war, in Deutschland bisher nicht gehört worden.

Es ist überaus fein und durchaus im Geist Lessing's, wenn Gerstenberg durch die Zusammenstellung von Shakespeare's Othello und von Young's Tragödie »die Rache (The Revenge),« die dem Othello nachgebildet ist, vor Allem die Kunst Shakespeare's, bis in die geheimsten Tiefen der Leidenschaft hinabzusteigen, lebendig vor Augen stellt und dann fortfährt: »Ich glaube aber zugleich, daß dies Talent weder sein größtes noch selbst sein hervorragendes sei. Und eben dies ist es, was ich, wenn ich einen Commentar über Shakespeare's Genie schreiben sollte, am meisten bewundern würde, daß nämlich jede einzelne Fähigkeit des menschlichen Geistes, die schon insbesondere Genie des Dichters heißen kann, bei ihm mit allen übrigen vermischt und in Ein großes Ganze zusammengewachsen sei. Er hat Alles, den bilderreichen Geist der Natur in Ruhe und der Natur in Bewegung, den lyrischen Geist der Oper, den Geist der komischen Situation, sogar den Geist der Groteske; und das Sonderbarste ist, daß Niemand sagen kann, diesen hat er mehr und jenen weniger.«

Und es ist überaus fein und durchaus im Geist Lessing's, wenn Gerstenberg den damals noch immer landläufigen Vorwurf, daß Shakespeare in seiner Sprache bald zu schwülstig übertrieben bald zu spielerisch spitzfindig sei, durch die einfache Bemerkung zurückweist, daß das Genie des Dichters eben kein höheres Lob gekannt habe, als »die Natur eines jeden Gegenstandes nach den kleinsten Unterscheidungszeichen zu treffen.« . Die Natürlichkeit Shakespeare's sei nicht blos Natur, sondern sogar schöne Natur,

vorausgesetzt nämlich, daß man unter dieser schönen Natur nicht
die sogenannte schöne Natur des geltenden französirten Geschmacks
verstehe, die aus Furcht, ausschweifend oder arm zu scheinen, in
golbenen Fesseln daherschreite, sondern vielmehr die zwangfreie
Natur, welcher auch die Griechen in ihren Kunstschöpfungen gerecht geworden, und von welcher Shakespeare selbst einmal sage,
über jener Kunst, die, wie es heiße, über die Natur hinaus er-
sinde, gebe es eine Kunst, die von der Natur selbst erfunden sei.

Trotzallebem liegt die folgenschwere Bedeutung dieser Abhandlung mehr noch in ihren Schiefheiten und Einseitigkeiten als in
ihren Vorzügen. Hier ist der Ausgang aller jener mannichfachen
Irrwege, welche wir im Drama der Sturm= und Drangperiode
zu beklagen haben.

Weil die Verkennung und die schulmeisterliche Bekrittelung der
Größe Shakespeare's hauptsächlich daher stammte, daß man für die
Beurtheilung Shakespeare's immer nur den Maßstab der alten Dramatik hatte, wie diese von den französischem Kunstlehrern betrachtet zu
werden pflegte, meinte Gerstenberg die Zulässigkeit dieses Vergleichs
überhaupt ablehnen zu müssen. Das Drama Shakespeare's und das
Drama der Alten seien nicht verschiedene Arten einer und derselben
Gattung, sondern seien in ihrem tiefsten und innersten Wesen ver-
schieben. Gerstenberg spricht diesen Grundgedanken seiner Abhandlung in folgenden Sätzen aus (Bf. 14, S. 219): »Eine der vornehmsten Ursachen, warum Shakespeare selten, vielleicht niemals, aus
dem rechten Gesichtspunkt beurtheilt worden, ist ohne Zweifel der
übel angewandte Begriff, den wir von dem Drama der Griechen
haben. Die wesentlichste Hauptabsicht einer griechischen Tragödie
war, Leidenschaften zu erregen, die Hauptabsicht einer griechischen
Komödie, menschliche Handlungen von einer Seite zu zeigen, von
der sie zum Lachen reizen. Ist dies wahr, so werden Sie mir
bald einräumen müssen, daß Shakespeare's Tragödien keine Tragödien, seine Komödien keine Komödien sind noch sein können.«

Wie aber nun? Shakespeare die Erregung der Leidenschaften, die erste und wichtigste Eigenschaft eines Theaterscribenten streitig machen? Was bleibt ihm übrig? Der Mensch! Die Welt! Alles! Aber merken Sie Sich, daß ich ihm die Erregung der Leidenschaf= ten nicht streitig mache, sondern sie nur einer höheren Absicht unterordne, welche ich durch die Zeichnung der Sitten, durch die sorgfältige und treue Nachahmung wahrer und erdichteter Cha= raktere, durch das kühne und leicht entworfene Bild des ideali= schen und animalischen Lebens andeute. Weg mit der Classifica= tion des Dramas! Nennen Sie diese plays mit Wieland oder mit der Gottsched'schen Schule Haupt= und Staatsaktionen, mit den brittischen Kunstrichtern history, tragedy, tragicomedy, comedy, wie Sie wollen; ich nenne sie lebendige Bilder der sitt= lichen Natur.« Gerstenberg stand nicht an, unerschrocken auszu= sprechen, was aus dieser Anschauung unumgänglich für die Be= trachtung der Shakespeare'schen Kompositionsweise folgte. Zwar sei es Unrecht, fährt Gerstenberg fort, immer nur von dem Gi= gantischen, von der Regellosigkeit und, wie er sich ausdrückt, von der bis zum Ekel verschrieenen Wildheit Shakespeare's zu sprechen, nicht bloß Lear, Macbeth, Hamlet, Richard III, Romeo und Julie, Othello, sondern auch Richard II, Julius Cäsar, und Antonius und Cleopatra, ja selbst die sogenannten englischen Hi= storien, die man durchaus nicht mit unseren plumpen Haupt= und Staatsaktionen auf gleiche Linie stellen dürfe, seien als ein »gewisses Ganzes« zu betrachten (Bf. 18, S. 300), »das An= fang, Mittel und Ende, Verhältniß, Absichten, contrastirte Cha= raktere und contrastirte Gruppen habe«; aber straffer dramati= scher Plan im Sinn und nach Maßgabe der Alten, feste Einheit der Handlung sei nur in den lustigen Weibern von Windsor und in der Komödie der Irrungen.

Kein Kundiger konnte sich über die Tragweite dieser Ansich= ten täuschen. Es handelte sich um eine Lebensfrage der höchsten

Art. Shakespeare als größten neueren Dramatiker preisen und seine Dramen doch auf den schwankenden und gestaltlosen Begriff ergreifender Seelengemälde herabbrücken, ohne feste einheitliche dramatische Handlung, das hieß, die unerschütterlichsten Grundfesten aller Dramatik erschüttern, das hieß, das Drama der Gegenwart in verderbliche Bahnen lenken.

Noch stand Lessing in voller Kraft. Und Lessing hätte schweigen sollen? Er, der es in den Literaturbriefen als die eigenste Größe Shakespeare's gerühmt hatte, daß Shakespeare, so sonderbare und ihm eigene Wege er wähle, den Zweck der Tragödie fast immer, Corneille ihn fast niemals erreiche, daß Shakespeare in allem Wesentlichen, Corneille aber nur im Mechanischen dem Drama der Alten gleiche?

Lessing, wie alle großen Menschen fremde Verdienste gern anerkennend, war Gerstenberg freundlich gesinnt. Er kleidete seine Entgegnung in die mildeste Form. Aber wie es sich auf Gerstenberg bezieht, wenn er im fünfzehnten Stück der Dramaturgie sagt, man hätte von Wieland's Uebersetzungsfehlern kein solches Aufheben machen sollen, so bezieht es sich ebenfalls auf diese Abhandlung Gerstenberg's und auf eine Abhandlung Herder's in der Allgemeinen Deutschen Bibliothek (Bd. 7, 2, S. 141 ff. vgl. Herder's Lebensbild. Bd. 1, 3, 2, S. 57 ff.), wenn er in der Schlußbetrachtung der Dramaturgie den jungen Dichtern aufs wärmste an's Herz legt, mit der Verwerfung der Gesetze der französischen Tragik nicht zugleich alle Gesetze der Tragik zu verwerfen. Geblendet von dem plötzlichen Strahle sei man jetzt gegen den Rand eines anderen Abgrundes geprallt. Man meine, daß sich auch ohne feste Gesetzmäßigkeit der Zweck der Tragödie erreichen lasse, ja daß diese Gesetzmäßigkeit wohl gar Schuld sei, wenn man diesen Zweck weniger erreiche; er seinerseits stehe nicht an, zu bekennen, — selbst auf die Gefahr hin, wie er ironisch hinzufetzt, in diesem erleuchteten Zeiten darüber ausgelacht zu werden —, daß er feſt überzeugt ſei und es unwiderſprechlich beweiſen zu können glaube, daß von der Richtſchnur der Ariſto= teliſchen Dichtlehre ſich die Tragödie keinen Schritt entfernen könne, ohne ſich ebenſoweit von ihrer Vollkommenheit zu ent= fernen.

Für die ausſchweifende Genialitätsſucht des jungen Geſchlechts, das jetzt in die Literatur trat, war die wuchtvolle Einrede Leſ= ſing's in den Wind geſprochen.

Unmittelbar nach jener Abhandlung, im Jahr 1767, dichtete Gerſtenberg ſeine Tragödie Ugolino. Sie wurzelte ganz und gar in denſelben Anſchauungen, und war ganz geeignet, für ſie Propa= ganda zu machen.

Es iſt die Geſchichte des entſetzlichen Hungertodes des Gra= fen Ugolino und ſeiner Söhne, nach der Erzählung Dante's im dreiunddreißigſten Geſang der Hölle. Auf Grund der Idee, die ſich Gerſtenberg von Shakeſpeare gebildet hatte, daß deſſen Art und Kunſt weſentlich dramatiſches Seelengemälde, lebendiges Ab= bild der ſinnlichen und geiſtigen Natur ſei, ſetzte er alle ſeine Kraft und Kunſt in die Aufgabe, das Kommen und Wachſen des Hungers und der brennenden Verzweiflung mit lebendigſter Anſchaulichkeit Schritt vor Schritt vor Augen zu ſtellen, ſcharf individualiſirt und verſchiedenartig abgeſtuft je nach der Empfin= dungs= und Altersverſchiedenheit des Vaters und der jüngeren Söhne. Die Laokoonsgruppe, zurücküberſetzt in den Stil der Tragödie!

Wenn Klopſtock am 19. December 1767 an Gleim ſchreibt (vgl. Klopſtock und ſeine Freunde. Von Klamer Schmidt. Bd. 2. S. 197), daß er nicht fürchte, daß Gerſtenberg's Ugolino die künſtleriſch zuläſſigen Grenzen des Schrecklichen überſchreite, ſo wird jetzt ſchwerlich Jemand dies Urtheil theilen. Bereits Leſ= ſing (Lachm. Bd. 12, S. 190) hat in einem Briefe an Gerſten= berg vom 25. Februar 1768 die ſchweren Mängel zur Sprache

gebracht, die in dieser Tragödie den künstlerischen Sinn beleidigen. Wir stehen durchaus im Gebiet des Gräßlichen; das Mitleid, das im Zuschauer erweckt werden soll, hört auf Mitleid zu
sein, es wird eine folternd schmerzhafte Empfindung. Um so
peinigender, da die Leidenden unschuldig leiden, nur der grausamen Rachsucht des überlegenen Feindes unterliegend. Dante durfte
diese Erzählung wagen, der Tragödiendichter durfte es nicht;
der Unterschied der Gattung macht hier Alles. Bei Dante hören
wir die Geschichte als geschehen, in der Tragödie sehen wir sie
als geschehend; es ist ganz etwas Anderes, ob ich das Schreckliche hinter mir oder vor mir erblicke, ob ich höre, dieses Elend
überstand der Held, oder ob ich sehe, dieses soll er überstehen.
Gleichwohl ist Gerstenberg's Ugolino ein Werk von höchst bedeutender schöpferischer Kraft, von ergreifender Plastik der Schilderung. Es ist wahrlich nicht blos besänftigende Schmeichelei, wenn
Lessing in jenem Briefe trotz aller scharfen Hervorhebung des
Grundgebrechens nur im Ton wärmster Bewunderung spricht.
Denselben Tadel und dieselbe Bewunderung finden wir auch bei
Herder, der diese Tragödie in der Allgemeinen Deutschen Biblio-
thek (Bd. 11, 1. S. 8. vgl. Herder's Lebensbild, Bd. 1.
Abth. 3, 2. S. 128 ff.) zur Anzeige brachte. Und noch am
13. März 1801 sagt Schiller auf der Höhe seiner reifsten künstleri-
schen Durchbildung in einem Briefe an Goethe, daß Gerstenberg's
Ugolino zwar kein Werk des guten Geschmacks sei, aber sehr
schöne Motive, viel wahres Pathos und wirklich Genialisches habe.

Jetzt wird Gerstenberg's Ugolino nicht mehr gelesen; und
doch ist der Name dieser Dichtung noch immer in Aller Ge-
dächtniß. Diese Thatsache ist überaus bedeutsam. Es wird damit ausgesprochen, daß diese Tragödie zwar künstlerisch nicht
haltbar, daß sie aber geschichtlich in dem Gang der deutschen Literatur ein unvergeßlicher Einschnitt ist.

Gerstenberg's Ugolino war die erste Dichtung jenes ungebundenen ungestümen dramatischen Stils, der fortan immer mehr und mehr in die Mode kam, und den die Stürmer und Dränger mit prahlerischer Selbstgefälligkeit Shakespearisiren nannten. Nicht in der Weise von Lessing's Emilia Galotti, die sich mit bewußter Gegensätzlichkeit dem neuen Stil Gerstenberg's scharf entgegenstellte, straffe gemessene Führung einer stetig fortschreitenden, folgerichtig einheitlichen dramatischen Handlung, sondern einzig und allein oft bis zur Roheit drastisch natürliche Ausmalung der fessellos hervorstürmenden menschlichen Leidenschaft.

Der Dichter war dreißig Jahre alt, als er mit dem Ugolino hervortrat. Seitdem verstummte er. Und dies in der bewegten gewaltigen Zeit, in welcher Lessing seine Emilia Galotti und seinen Nathan schrieb, und in welcher Goethe und die Stürmer und Dränger und Schiller mit ihren ersten Werken die gesammte deutsche Bildungswelt aufs tiefste erregten und erschütterten! Erst 1785 erschien wieder ein neues größeres Werk von Gerstenberg »Minona oder die Angelsachsen«; ein verunglücktes tragisches Melodrama, das höchst unerfreulich an Klopstock's Barbiete erinnert.

Es ist ein Räthsel, zu dessen Lösung uns der nöthige Einblick in die inneren Erlebnisse des Dichters fehlt, wie es kommen konnte, daß eine so bedeutende Schöpferkraft, von deren rüstiger Fortentwicklung selbst ein Herder das Außerordentlichste verheißen hatte, so früh ermattete.

Seit 1768 lebte Gerstenberg in ansehnlichen Verwaltungsämtern, zuerst in Kopenhagen, dann in Lübeck und Altona. An der Seite einer musikliebenden Gattin war er emsig der Musik ergeben; später beschäftigte er sich viel mit Forschungen über die Kantische Philosophie. Er starb zu Altona am 1. November 1823, hochbetagt und allverehrt.

Drittes Kapitel.

Goethe.

Bis zur italienischen Reise.

———

1.

Leipzig, Straßburg, Wetzlar.

Nicht ohne Behagen erzählt Goethe in Wahrheit und Dichtung, daß bei seiner Geburt der Stand der Gestirne günstig
gewesen. Schon in Straßburg hatte er sich, wie aus den von
A. Schöll herausgegebenen »Briefen und Aufsätzen« (S. 69)
zu ersehen ist, in eines seiner Stubenhefte angemerkt, daß ein
altes astronomisches Lehrgedicht den unter dem Zeichen der Venus
Geborenen eine glückliche Schriftstellerlaufbahn verheiße.

Es muß etwas wahrhaft Dämonisches in der strahlenden
Jugenderscheinung Goethe's gelegen haben. Von Anbeginn
macht er überall, wo er auftritt, sogleich den Eindruck eines
»ganz singularen Menschen«. Unter seinen Knabenspielen ist er
immer der Erste. Jetzt, da wir durch erhaltene Briefe in sein
Leipziger Leben einen genaueren Einblick haben als der eigene
Bericht Goethe's gestattet, wissen wir, daß schon damals alle
Freunde seine künftige Größe ahnten. Jung-Stilling hat aus
der Straßburger Zeit lebhaft geschildert, wie der lebensfrohe,
liebenswürdig gutmüthige Jüngling, mit seinen frischen großen
Augen und der prachtvollen Stirn und dem schönen Buchs,

Hettner, Litteraturgeschichte. III. 1.   8

einem Gott gleich den unwiderstehlichsten Zauber übte und in
seinem gesellschaftlichen Kreise unbestritten die Regierung führte,
obgleich er sie niemals suchte. Kestner, der Albert im Werther,
kann in seinem Wetzlarer Tagebuch aus der Zeit der ersten Bekanntschaft mit Goethe nicht müde werden, sich über die über-
raschenden Eigenthümlichkeiten des dreiundzwanzigjährigen jungen
Mannes Rechenschaft abzulegen; zuletzt bricht er mit den Worten
ab: »Ich wollte ihn schildern, aber es würde zu weitläufig
werden, denn es läßt sich gar viel von ihm sagen; er ist mit
einem Wort ein sehr merkwürdiger Mensch; ich würde nicht
fertig werden, wenn ich ihn ganz schildern wollte.« Und mit
jedem Jahr wächst die Bewunderung Aller, die das Glück haben,
in seine Nähe zu treten. Am 13. September 1774 schreibt
Wilhelm Heinse (Bd. 8, S. 118) an Gleim: »Goethe war bei
uns, ein schöner Junge von fünfundzwanzig Jahren, der vom
Wirbel bis zur Zehe Genie und Kraft und Stärke ist, ein Herz
voll Gefühl, ein Geist voll Feuer mit Adlerflügeln; ich kenne
keinen Menschen in der ganzen gelehrten Geschichte, der in
solcher Jugend so rund und voll von eigenem Genie gewesen
wäre wie er; da ist kein Widerstand, er reißt Alles mit sich
fort.« Und Jacobi (Auserles. Briefwechsel, Bd. 1, S. 179)
schreibt an Sophie La Roche: »Goethe ist nach Heinse's Ausdruck Genie vom Scheitel bis zur Fußsohle; ein Besessener füge
ich hinzu, dem fast in keinem Fall gestattet ist, willkürlich zu
handeln. Man braucht nur eine Stunde bei ihm zu sein, um
es im höchsten Grad lächerlich zu finden, von ihm zu begehren,
daß er anders denken und handeln solle als er wirklich denkt
und handelt. Hiermit will ich nicht andeuten, daß keine Veränderung zum Schöneren und Besseren in ihm möglich sei; aber
nicht anders ist sie ihm möglich als so wie die Blume sich entfaltet, wie die Saat reift, wie der Baum in die Höhe wächst
und sich krönt.« Auf Goethe geht es, wenn Klinger in seinem

Trauerspiel »Das leidende Weib« eine der handelnden Personen sagen läßt: »Ein wunderbarer Mensch, der Doctor! der Erste von den Menschen, die ich je gesehen, der alleinige, mit dem ich sein kann. Der trägt Sachen in seinem Busen! Die Nachkommen werden staunen, daß je so ein Mensch war!« Selbst Wieland, den der junge Dichter durch seine humoristische Satire »Götter, Helden und Wieland« in jugendlichem Uebermuth herausgefordert und tief verletzt hatte, war, wie sein eigener Ausdruck lautet, nach der ersten persönlichen Berührung mit Goethe so voll von ihm wie ein Thautropfen von der Morgensonne; er nennt ihn einen Zauberer, einen schönen Hexenmeister mit schwarzem Augenpaar und Götterblick; nie habe in Gottes Welt sich ein Menschensohn gezeigt, der alle Güte und alle Gewalt der Menschheit so in sich vereinige, so mächtig alle Natur umfasse, so tief sich in jedes Wesen grabe und doch so innig im Ganzen lebe.

Von Kindheit auf war der Grundzug seines Wesens unbeirrbar in ihm ausgesprochen. Wie Goethe in seinem Alter eine volle und in sich abgeschlossene Persönlichkeit vorzugsweise eine Natur zu nennen liebte, so geht auch bereits durch das vielthätige, oft scheinbar ziellos umherschweifende Lernen und Treiben des Knaben der dunkle, aber nichtsdestoweniger sich des rechten Weges bewußte Drang, den vollen und ganzen Menschen in sich herauszubilden und dieses freie Menschenthum unbedingt und rückhaltslos auf die ungestörte Gesundheit und Entfaltung der reinen Natur zu stellen. Und wie Goethe sein ganzes reiches Leben hindurch die Gewohnheit und das unabweisbare Bedürfniß hatte, Alles, was seine tiefe und leicht erregliche Seele erfreute, quälte und beschäftigte, zu eigener Selbstbefreiung in die verklärende Höhe dichterischer Gestaltung emporzuheben, so daß er eben dadurch der Dichter des tiefsten Seelenlebens reiner und gebildeter Menschlichkeit wurde wie kein anderer Dichter vor ihm

8*

und nach ihm, so wandelten sich auch bereits dem Knaben alle
Erlebnisse und Anlässe, ja selbst die alltäglichsten Schulübungen,
unwillkürlich in kleine Gedichte, Romane und Dramen, und kein
Glück erschien ihm lockender und wünschenswerther als der
Lorbeerkranz, der den Dichter zu zieren geflochten ist.

Schon die Dichtungen der Leipziger Studentenjahre sind
daher von entschiedener Bedeutung und Eigenthümlichkeit. Nur
in den Oden an Behrisch (Bd. 2, S. 35) und in der Ode an
Zachariä (Bd. 6, S. 55) hört man noch die alte Weise Klopstock's und Ramler's; dagegen sind die zwanzig Gedichte, welche
im October 1769 unter dem Titel -Neue Lieder, in Melodien
gesetzt von Bernhard Theodor Breitkopf- ohne den Namen des
jungen Dichters erschienen, bereits so durchaus im Geist ächtester
Goethe'scher Lyrik, so innig, so leicht und natürlich, daß sie später fast
alle, nur mit geringen Veränderungen, in die Gedichtsammlung
aufgenommen wurden; ja einige derselben, wie insbesondere die
Brautnacht (Bd. 1, S. 42), die Freude (Bd. 2, S. 207),
Wechsel (Bd. 1, S. 52), sind von den besten Gedichten der besten
Zeit ununterscheidbar. Und dasselbe hervorstechende Streben nach
lebendiger Naturwahrheit liegt auch in den beiden gleichzeitigen
kleinen Lustspielen, so gezirkelt und förmlich sie noch im zopfigen
Alexandrinerschritt einherschreiten. In der -Laune des Verliebten-
die bebänderten Buben und Mädchen des französischen Schäfer-
spiels, wie dieselben namentlich durch Gellert auch auf der
deutschen Bühne siegreichen Eingang gefunden; aber unvergleichlich anmuthsvoller und mit dem frischen herzgewinnenden
Hauch selbsterlebter Empfindung. In den -Mitschuldigen- noch
ein sehr dilettantisches Hinübergreifen in criminalistische Motive,
welche ganz und gar aus dem Kreise reiner Komik heraustreten;
aber ein scharf ausgesprochener Sinn für Raschheit der Handlung und für drastischen, oft sogar possenhaften Situationenwitz.
Zumal gilt dies von der ersten ursprünglichen Niederschrift,

welche bisher ungedruckt ist, sich aber von Goethe's eigener Hand
geschrieben durch glücklichen Zufall erhalten hat und sich jetzt im
Besitz des Regierungsrath Wenzel in Dresden, des Verfassers
des bibliographischen Handbuchs »Aus Weimars goldenen Tagen
(Dresden, 1859)«, befindet. Es ist ein einaktiges Lustspiel von
vierzehn Auftritten. Die jetzt bekannte Form der Mitschuldigen,
nach welcher das kleine Stück in den siebziger Jahren oft auf
dem Liebhabertheater in Weimar gespielt und welche zuerst 1787
im zweiten Band der bei Göschen erscheinenden Schriften Goethe's veröffentlicht wurde, ist, wie aus einer ebenfalls von
Goethe's eigener Hand geschriebenen Handschrift, die aus dem
Nachlaß Friederikens von Sesenheim stammt und jetzt zu den
unschätzbaren Schätzen der Goethebibliothek Salomon Hirzel's
in Leipzig gehört, unzweifelhaft hervorgeht, im Wesentlichen
jene zweite Bearbeitung, von welcher Goethe im achten Buch
von Wahrheit und Dichtung (Bd. 21, S. 166) berichtet, daß
sie ihn nach seiner Rückkehr aus Leipzig in Frankfurt beschäftigte. Diese zweite Bearbeitung unterscheidet sich von der ersten
durch klarere Auseinanderlegung und feinere Motivirung der
Exposition, durch angemessenere Gehobenheit der Sprache, durch
Ausmerzung manches Schlüpfrigen und Verfänglichen; aber jener
erste Entwurf ist schwankhafter und dramatischer.

Es eröffnet einen tiefen Blick in den ringenden Naturdrang,
welcher schon in diesen ersten Anfängen so bemerkbar hindurch-
brach, wenn Goethe (vgl. Briefe an Leipziger Freunde, herausgegeben von O. Jahn, 1849, S. 158) am 13. Februar 1769
an Friderike Oeser schreibt: »Wie möchte ich ein paar hübsche
Abende bei Ihrem lieben Vater sein; ich hätte ihm gar so viel
zu sagen! Meine gegenwärtige Lebensart ist der Philosophie ge-
widmet. Eingesperrt, allein, Zirkel, Papier, Feder und Dinte,
und zwei Bücher, mein ganzes Rüstzeug. Und auf diesem einfachen Wege komme ich in Erkenntniß der Wahrheit oft so weit

und weiter als Andere mit ihrer Bibliothekarwissenschaft. Ein
großer Gelehrter ist selten ein großer Philosoph, und wer mit
Mühe viel Bücher durchblättert hat, verachtet das leichte ein-
fältige Buch der Natur; und es ist doch nichts wahr als was
einfältig ist.- Jedoch die entscheidende Wendung in Goethe's
Leben und Dichten fällt erst in die gewaltigen Eindrücke und
Bildungskämpfe seines Straßburger Aufenthalts.

Am 2. April 1770 kam Goethe in Straßburg an, Ende
August 1771 verließ er es. Diese kurze Spanne Zeit war für
ihn die Zeit der tiefsten inneren Revolutionen. Alles, was das
stürmende junge Geschlecht diefes denkwürdigen Zeitalters durchwogte und durchzitterte, durchwogte und durchzitterte auch ihn;
nur tiefer und selbstschöpferischer. Seine drängende Werbelust
und sein dunkel gährendes Verlangen nach voller Entfaltung
reiner Menschennatur erhielt festen Halt und große Ziele.

Besonders Herder wurde hier für ihn vom bedeutendsten
Einfluß. Goethe würde zwar auch ohne dieses zufällige Zusammentreffen mit Herder seinen Weg gefunden haben, aber
schwerlich so schnell und so sicher.

Herder vollendete in Goethe den Bruch mit den Ueberlieferungen der alten Schule. Er befreite ihn von den letzten
Fesseln der französirenden Bildung. Er zerriß den Vorhang,
der dem vertrauenden Jüngling noch die Armuth der bisherigen
deutschen Literatur bedeckte. Und hatte der allzeit reimfertige
Jüngling gehofft und gewähnt, schon selbst etwas gelten zu
können, so lernte er jetzt höhere Forderungen an sich stellen und
mußte sich zu männlicherem Streben emporraffen. Zu gleicher
Zeit aber wies ihn Herder auf den herrlichen breiten Weg, den
er selbst zu durchwandern geneigt war, machte ihn aufmerksam
auf seine Lieblingsschriftsteller und richtete ihn kräftiger auf als
er ihn gebeugt hatte. Vor den Augen des staunenden Jünglings öffneten sich jene großen gewaltigen Anschauungen über

Wesen und Geschichte ächter Volkspoesie, welche Herder so eben
wieder neu entdeckt hatte und welche mit der Freude frischer
Entdeckerlust seine ganze Seele erfüllten und durchdrangen. Die
Bibel, in deren tiefer Poesie Goethe schon als Knabe mit stillem
Entzücken gelebt und gewebt hatte, erschloß sich ihm in neuer
Pracht und Eindringlichkeit. Die Ueberreste altnordischer Dichtung
erregten seine Phantasie. Die Uebersetzungen aus Ossian, welche
später dem Werther beigegeben wurden, gehören urkundlich dieser
Zeit an. Die Streifereien im Elsaß wurden, wie Goethe an
Herder (Aus Herder's Nachlaß, Bd. I, S. 29) schreibt, emsig
benützt, Volkslieder mit den alten Melodien, wie sie Gott erschaffen, aus den Kehlen der ältesten Mütterchen aufzuhaschen,
und er trug sie, wie er in jenem Briefe hinzusetzt, als einen
Schatz an seinem Herzen, so daß alle Mädchen, die Gnade vor
seinen Augen finden wollten, die liebliche Friderike von Sesenheim vor Allen, sie lernen und singen mußten. Um Homer
ganz genießen zu können, lernte er wieder auf's eifrigste Griechisch;
es ist ein unvergleichliches Zeugniß, wenn Herder 1772 an Merck
(Erste Sammlung, 1835, S. 44) schrieb: »Goethe fing Homer
in Straßburg zu lesen an und alle Helden wurden bei ihm
schön, groß und frei; er steht mir allemal vor Augen, wenn ich
an eine so recht ehrliche Stelle komme, da der Altvater über
seine Leyer sieht und in seinen ansehnlichen Bart lächelt.«
Shakespeare, den er schon in Leipzig durch Dodd's Beauties of
Shakespeare kennen gelernt hatte, wurde erst jetzt in ihm wahrhaft lebendig, in Wieland's Uebersetzung und in der Urschrift,
stückweise und im Ganzen, dergestalt, daß wie man bibelfeste
Männer hat, er und seine Gesellen sich nach und nach in Shakespeare befestigten, ihn in ihren Gesprächen nachbildeten, an seinen
Wortspielen die größte Freude hatten und in muthwilligen Er-
findungen derselben Art mit ihm wetteiferten. Und derselbe
Umschwung auch in Goethe's Ansichten über bildende Kunst.

So lange Goethe in Leipzig noch in den nachklingenden Einwirkungen des Gottschedianismus gefangen war, so lange stand
er auch unter der Macht der Geschmackslehre Oeser's, obgleich
diese so wenig seinem eigensten Wesen entsprach, daß er sich bei
seinem ersten Dresdener Galeriebesuch nichtsdestoweniger vornehmlich an die Niederländer und einige spätere naturalistisch
genrebildliche Italiener hielt; hier in Straßburg versenkte er sich
so innig und mit so feinfühlendem Verständniß in das Wunder-
werk des Straßburger Münster, daß, ohne je einen Plan desselben gesehen zu haben, er zur Ueberraschung der Kenner genau
anzugeben wußte, wo die Ausführung hinter der ursprünglichen
Absicht zurückgeblieben. Unter allen Menschen des achtzehnten
Jahrhunderts war Goethe wieder der Erste, welcher die lang
verachtete Herrlichkeit der gothischen Baukunst empfand und erfaßte.

Genaue Einsicht in die Kunstanschauungen Goethe's in
dieser Zeit giebt uns eine Rede über Shakespeare, welche er kurz
nach seiner Rückkehr in's Vaterhaus in Frankfurt am Main
verfaßte und (vgl. D. Jahn's Biograph. Zusätze, S. 374 ff.)
dort am 14. October 1771 bei einer von ihm veranstalteten
Shakespearefeier vortrug, und die Abhandlung von deutscher
Baukunst, deren Entwurf ebenfalls in diese Zeit fällt und welche
im November 1772 zunächst als fliegendes Blatt erschien.

Die Hauptsätze dieser Shakespearerede lauten: »Die erste
Seite, die ich in Shakespeare las, machte mich auf Zeitlebens
ihm eigen, und wie ich mit dem ersten Stücke fertig war, stand
ich wie ein Blindgeborener, dem eine Wunderhand das Gesicht
in einem Augenblick schenkt. Ich erkannte, ich fühlte auf's lebhafteste meine Existenz um eine Unendlichkeit erweitert, Alles
war mir neu, unbekannt, und das ungewohnte Licht machte mir
Augenschmerzen. Nach und nach lernt ich sehen, und Dank sei
meinem erkenntlichen Genius, ich fühle noch immer lebhaft, was

ich gewonnen habe. Ich zweifelte keinen Augenblick dem regelmäßigen Theater zu entsagen. Es schien mir die Einheit des
Orts so kerkermäßig ängstlich, die Einheiten der Handlung und
der Zeit lästige Fesseln unserer Einbildungskraft. Ich sprang in
die freie Luft und fühlte erst, daß ich Hände und Füße hatte.
Und jetzo, da ich sehe, wie viel Unrecht mir die Herren der
Regeln in ihrem Loch angethan haben, wie viel freie Seelen
noch drinnen sich krümmen, so wäre mir mein Herz geborsten,
wenn ich ihnen nicht Fehde angekündigt hätte und nicht täglich
suchte, ihre Thürme zusammenzuschlagen. Das griechische Theater,
das die Franzosen zum Muster nahmen, war nach innerer und
äußerer Beschaffenheit so, daß eher ein Marquis den Alcibiades
nachahmen könnte als es Corneille dem Sophokles zu folgen
möglich wäre. Französchen, was willst du mit der griechischen
Rüstung, sie ist dir zu groß und zu schwer! Drum sind auch
alle französischen Trauerspiele Parodien von sich selbst; wie das
so regelmäßig zugeht und daß sie einander ähnlich sind wie
Schuhe und auch langweilig mitunter, besonders im vierten Act,
das weiß man leider aus Erfahrung und ich sage nichts davon.
Shakespeare's Theater ist ein schöner Raritätenkasten, in dem die
Geschichte der Welt vor unseren Augen an den unsichtbaren
Fäden der Zeit vorbeiwallt. Seine Plane sind, nach dem ge-
meinen Stil zu reden, keine Plane; aber seine Stücke drehen sich
alle um den geheimen Punkt, den noch kein Philosoph gesehen
und bestimmt hat, in dem das Eigenthümliche unseres Ich, die
prätendirte Freiheit unseres Wollens mit dem nothwendigen
Gang des Ganzen zusammenstößt. Alle Franzosen und angefleckte
Deutsche, sogar Wieland, haben sich bei dieser Gelegenheit wenig
Ehre gemacht. Voltaire, der von jeher Profession machte, alle
Majestäten zu lästern, hat sich auch hier als ein ächter Thersit
bewiesen; wäre ich Ulysses, er sollte seinen Rücken unter meinem
Scepter verzerren. Die meisten von diesen Herren stoßen auch

besonders an seinen Charakteren an. Und ich rufe: Natur, Natur! nichts so Natur als Shakespeare's Menschen! Er wetteiferte mit dem Prometheus, bildete ihm Zug vor Zug seine Menschen nach, nur in colossalischer Größe; darin liegt's, daß wir unsere Brüder verkennen; und dann belebte er sie alle mit dem Hauch seines eigenen Geistes, er selbst redet aus Allen und man erkennt ihre Verwandtschaft. Und was will sich unser Jahrhundert unterstehen, von Natur zu urtheilen? Wo sollten wir sie her kennen, die wir von Jugend auf Alles geschnürt und geziert an uns fühlen und an Anderen sehen? Ich schäme mich oft vor Shakespeare, denn es kommt manchmal vor, daß ich beim ersten Blick denke: das hätte ich anders gemacht; hintendrein erkenne ich, daß ich ein armer Sünder bin, daß aus Shakespeare die Natur weissagt und daß meine Menschen Seifenblasen sind von Romangrillen aufgetrieben. Und nun zum Schluß, ob ich gleich noch nicht angefangen habe. Das, was edle Philosophen von der Welt gesagt haben, gilt auch von Shakespeare; das, was wir bös nennen, ist nur die andere Seite vom Guten, die so nothwendig zu seiner Existenz und zum Ganzen gehört, als die heiße Zone brennen und Lappland einfrieren muß, daß es einen gemäßigten Himmelsstrich gebe. Er führt uns durch die ganze Welt; aber wir verzärtelten unerfahrenen Menschen schreien bei jeder fremden Heuschrecke: Herr, er will uns fressen! Auf meine Herren! Trompeten Sie mir alle edlen Seelen aus dem Elysium des sogenannten guten Geschmacks, wo sie schlaftrunken in langweiliger Dämmerung halb sind halb nicht sind, Leidenschaften im Herzen und kein Mark in den Knochen haben; und weil sie nicht müde genug sind zu ruhen, und doch zu faul sind, um thätig zu sein, ihr Schattenleben zwischen Myrthen und Lorbeergebüschen verschlendern und vergähnen.«

Und was ist der Grundgedanke jener begeisterten kleinen

Denkschrift auf Erwin von Steinbach, welche Goethe selbst ein=
mal ein Blatt verhüllter Innigkeit nannte, welche sich aber lei=
der in unreifer Nachahmung in die dunkle und abspringende
Schreibweise Hamann's und der ersten Schriften Herder's hin=
einzwängte und darum meist viel weniger beachtet wird als ihr
tiefer, bis in die Erörterung der höchsten Kunstfragen genial vor=
dringender Inhalt verdient? Diese dithyrambischen Herzenser=
gießungen haben wesentlich dazu beigetragen, den verschwunde=
nen Sinn für die gothische Baukunst, welche bis dahin in der
ganzen gebildeten Welt als das Aeußerste barbarischen Unge=
schmacks galt, wieder zu wecken. »Alles«, sagt der begeisterte
Jüngling, »ist hier wie in den Werken der ewigen Natur bis
aufs geringste Fäserchen Gestalt, Alles ist zweckend zum Ganzen!
Wie das festgegründete ungeheure Gebäude sich leicht in die Luft
hebt, wie durchbrochen Alles und doch für die Ewigkeit!«
»Hüte Dich, den Namen des edelsten Künstlers zu entheiligen
und eile herbei, daß Du schauest sein herrliches Werk! Macht
er Dir einen widrigen Eindruck oder keinen, so gehab Dich wohl,
laß einspannen und so weiter nach Paris!« Und mit der Herr=
lichkeit der gothischen Baukunst wird zugleich auch wieder die
Herrlichkeit der alten deutschen Malerei in ihr Recht eingesetzt.
»Wie sehr unsere geschminkten Puppenmaler mir verhaßt sind,
mag ich nicht deklamiren; sie haben durch theatralische Stellun=
gen, erlogene Teints und bunte Kleider die Augen der Weiber
gefangen. Männlicher Albrecht Dürer, den die Neulinge an=
spötteln, Deine holzgeschnitzteste Gestalt ist mir willkommener!=
Weg also mit aller Kunstlehre, die für die Anerkennung solcher
Ursprünglichkeit keinen Raum hat! »Laß einen Mißverstand uns
nicht trennen, laß die weiche Lehre neuerer Schönheitelei Dich
für das bedeutende Rauhe nicht verzärteln, daß nicht zuletzt Deine
kränkelnde Empfindung nur eine unbedeutende Glätte ertragen
könne. Sie wollen Euch glauben machen, die schönen Künste

seien entstauben aus dem Hang, den wir haben sollen, die Dinge
rings um uns zu verschönern. Das ist nicht wahr. Die Kunst
ist lange bildend, ehe sie schön ist, und doch so wahre und große
Kunst, ja oft wahrer und größer als die schöne selbst. Denn
in dem Menschen ist eine bildende Natur, die gleich sich thätig
erweist, wenn seine Existenz gesichert ist. So modelt der Wilde
mit abenteuerlichen Zügen und hohen Farben seine Cocos, seine
Federn, seinen Körper. Und laßt die Bildnerei aus den willkür=
lichsten Formen bestehen, sie wird ohne Gestaltsverhältniß zusam=
menstimmen, denn Eine Empfindung schuf sie zum charakteristi=
schen Ganzen. Diese charakteristische Kunst ist nun die einzig
wahre. Wenn sie aus inniger, einiger, eigener, selbständiger
Empfindung um sich wirkt, unbekümmert, ja unwissend alles
Fremden, so ist sie ganz und lebendig. Je mehr sich die Seele
erhebt zu dem Gefühl der Verhältnisse, die allein schön und von
Ewigkeit sind, deren Hauptakkorde man beweisen, deren Geheim=
nisse man nur fühlen kann, in denen sich allein das Leben des
gottgleichen Genius in seligen Melodien herumwälzt, je mehr diese
Schönheit in das Wesen des Geistes eindringt, daß sie mit ihm
entstanden zu sein scheint, daß ihm nichts genugthut als sie, daß
er nichts aus sich wirkt als sie, desto glücklicher ist der Künstler,
desto herrlicher ist er, desto tiefgebeugter stehen wir da und beten
an den Gesalbten Gottes.« Und der geniale Jüngling weiß es,
in welch scharfen Gegensatz er zu den gefeiertsten Kunstlehrern
der Zeit, zu Winckelmann, Mengs, Ludwig von Hagedorn und
Lessing, welche insgesammt das Haften an der vermeintlichen
Unwandelbarkeit und Allgemeinverbindlichkeit des antiken Kunst=
ideals zur ausschließlichen Norm machten, mit diesen Anschauun=
gen getreten ist. »Ihr selbst, treffliche Menschen« ruft er aus,
»denen die höchste Schönheit zu genießen gegeben ward und nun=
mehr herabtretet, zu verkünden Eure Seligkeit, Ihr schadet dem
Genius; er will auf keinen fremden Flügeln, und wären's die

Flügel der Morgenröthe, emporgehoben und fortgerückt werden; seine eigenen Kräfte sind's, die sich im Kindertraum entfalten, im Jünglingsleben bearbeiten, bis er stark und behend wie der Löwe des Gebirgs ausgeht auf Raub.«

Es ist, als hörten wir überall das bedeutende Wort, welches Goethe im Götz sagt: »Was macht den Dichter? Ein warmes, ganz von Einer Empfindung volles Herz!« Und kurz nachher schrieb Goethe in seiner Abhandlung über Falconet (Bd. 31, S. 20): »Was der Künstler nicht geliebt hat, nicht liebt, soll er nicht schildern, kann er nicht schildern.« Jedes Kunstwerk muß aus seiner eigenen individuellen Keimkraft hervorgetrieben sein.

Aber so lebhaft und innig der aufstrebende junge Dichter insbesondere mit diesen nächsten künstlerischen Anliegen erfüllt und beschäftigt war, seine Natur war zu tief und zu allseitig, als daß er nicht schon damals gefühlt und erkannt hätte, was er in seinem Greisenalter aus reichster Erfahrung als ernste Mahnung aussprach, daß die Muse das Leben zwar gern begleite, aber es keinesweges zu leiten verstehe. Noch einbringlicher als die Andeutungen Goethe's in Wahrheit und Dichtung belegen dies von A. Schöll veröffentlichten Studienhefte der Straßburger Zeit (Briefe und Aufsätze 1857, S. 63 ff.), wie vielthätig und schrankenlos sein drängender Bildungseifer schon damals in den verschiedenartigsten Gebieten des menschlichen Wissens umherschweifte und mit wie weit umgreifendem Blick er Alles zu erfassen suchte, was dazu dienen konnte, ihn innerlich zu fördern und ihm über die bangen Räthsel des Lebens, welche sich seinem regen Denken und Empfinden überall und unablässig aufdrängen, Erleuchtung und Versöhnung zu bringen.

Schon jetzt wurden die Naturwissenschaften von ihm mit regster Wißbegierde ergriffen. Er hat sein Lebelang nicht mehr von ihnen gelassen. Und gelangt er auch erst nach langen Jah-

ren in ihnen zu selbstständiger Leistung, zunächst hatten diese Studien für ihn die bedeutende Folge, daß er sich entschieden von jener pietistischen Empfindelei abwendete, die noch aus dem Verkehr
mit Fräulein von Klettenberg in ihm nachwirkte und sein ganzes
Denken und Empfinden in den unleidlichsten Widerspruch mit sich
selbst setzte. Goethe hat sicher Recht, wenn er in Wahrheit und
Dichtung scharf betont, daß er sich zu den mächtigen Einwirkungen des einbringenden französischen Materialismus nicht bekennen
mochte; aber nicht minder gewiß ist, daß er sich immer mehr
und mehr einer Gottesanschauung hingab, welche vom entschiedenen Pantheismus nicht weit entfernt war, so sehr er sich auch
noch scheute, dies verfehmte Wort offen auszusprechen. Bayle's
Wörterbuch, das in die Bildungsgeschichte des achtzehnten Jahrhunderts so tief eingreifende, wurde auch ihm ein fleißig benütz-
tes Nachschlagebuch; und es ist höchst bedeutsam, aus jenen
Straßburger Studienheften (a. a. O. S. 101) zu ersehen, wie
warm er sich des pantheistischen Giordano Bruno gegen die Ein-
würfe Bayle's annimmt. Ja, schon steht Goethe (ebend. S. 103)
nicht an, die inhaltsschwere Aeußerung zu thun, daß es völlig
verkehrt sei, Denker, die Gott und Welt als von einander untrennbar bezeichnen, der Verkehrtheit zu zeihen; man könne Gott
und Natur ebensowenig von einander getrennt denken wie Leib
und Seele; Alles, was ist, müsse nothwendig zum Wesen Gottes gehören, weil Gott das einzig Wirkliche sei und Alles umfasse. Wie begreiflich also, daß Goethe, als er einige Jahre
nachher durch Jacobi in die Welt Spinoza's eingeführt wurde,
aus dieser sogleich die reichste Nahrung zog und derselben fortan
in allen Wandlungen seines Lebens unwandelbar treu und ergeben blieb!

Und es fehlt ein sehr erheblicher und wirksamer Zug in der
Fülle und Tiefe dieser Straßburger Eindrücke und Bestrebungen,
beachtet man nicht zugleich auch scharf und ausdrücklich die ge-

waltige Macht, mit welcher Rousseau, wie damals alle jungen
Gemüther, so auch das rastlose Bildungsstreben Goethe's be-
herrschte. Goethe hat in Wahrheit und Dichtung diesen Einfluß
nicht genügend hervorgehoben, wenn er (Bd. 22, S. 47) nur
ganz vorübergehend berichtet, Rousseau habe ihm wahrhaft zu-
gesagt. Nicht nur, daß jene Studienhefte zustimmende Auszüge
aus Rousseau bieten; es ist auch ganz unverkennbar, daß Goethe's Straßburger Doctordissertation, welche die Nothwendigkeit
einer einheitlichen allgemeinverbindlichen öffentlichen Staatsreli-
gion durchzuführen versuchte, unmittelbar auf die gleichlautenden
Schlußsätze des Contrat social gebaut ist. Ebenso enthält der
»Brief eines Landgeistlichen«, dessen Abfassung bereits in diese
Zeit fällt, deutlich Rousseau'sche Anklänge. Wir wissen, wie
Kestner, als er Goethe in Wetzlar kennen lernte, denselben ausdrücklich als einen, wenn auch nicht blinden, Anhänger Rousseau's bezeichnet. Und wie wäre es auch anders möglich gewesen, da ja Herder damals noch ganz und gar in seinem Rousseau lebte und webte und gewiß nicht versäumt hat ausführlich
darzulegen, wie seine Ansichten über das Wesen der Dichtung und
seine Untersuchungen über den Ursprung der Sprache, welche er seinem
jungen Freunde stückweise vortrug, mit den Anschauungen und Gesinnungen Rousseau's in innigster Uebereinstimmung seien! Schon
in Straßburg schrieb Goethe den ersten Entwurf des Götz von
Berlichingen und schon jetzt klang und summte in ihm gar viel-
tönig die bedeutende Puppenspielfabel des Doctor Faust, welcher
in allem Wissen sich heiß umhertreibt und zuletzt doch am Wissen
verzweifelt. Wenn Goethe in Wahrheit und Dichtung (Bd. 21,
S. 245) erzählt, daß es in Götz die Gestalt eines rohen wohlmei-
nenden Selbsthelfers in wilder anarchischer Zeit war, welche seinen
tiessten Antheil erregte, so ist klar, daß wir bei Götz nicht
blos an Shakespeare, sondern nicht minder an Rousseau zu denken haben. Und das stürmende zornmüthige Kämpfen Faust's

gegen alles todte Buchstabenwesen, sein ungestümes Drängen
nach der freien Entfaltung der vollen und ganzen Menschennatur, nach Entfesselung der Leidenschaft und Thatkraft von allen
hemmenden Schranken eitler Aeußerlichkeit, was ist es, wenn
nicht die schöpferische Umbildung und Fortbildung der fruchtbaren Keime, welche Rousseau in die Brust des jungen Dichters
gelegt, freilich die unendlich vertiefte und urkräftig eigenartige?

All sein Kämpfen und Ringen war noch zu unruhig und in
sich unfertig, als daß es schon jetzt zu bedeutender Kunstschöpfung hätte gelangen können. Das alte Kleid war abgeworfen,
und in das neue war der junge Dichter noch nicht hineingewachsen.

Wir haben aus dieser Zeit nur die Lieder an Friderike. Es
ist dem Dichter nicht immer gelungen, das bloß Persönliche und
Augenblickliche leidenschaftlicher Verstrickung zu allgemein menschlicher Bedeutung zu steigern; aber überall frisches und ursprüngliches Quellen aus dem tiefsten Innern und infolge der mächtigen Einwirkung des Volksliedes klar bewußtes Streben nach
ächter Liedmäßigkeit. Lieder wie das liebliche Lied »Kleine Blumen, kleine Blätter« und das tief innige »Mir schlug das Herz,
geschwind zu Pferde!« gehören zu den ächtesten Perlen Goethescher Lyrik.

Doch trug sich Goethe viel mit dramatischen Plänen.

Neben Götz und Faust lag ihm besonders, wie wir jetzt aus
seinen Straßburger Papieren (Schöll. a. a. O. S. 137 ff.) mit
Bestimmtheit wissen, eine Cäsartragödie am Herzen. Die Art
derselben ist überaus bezeichnend. Man ersieht aus den vorhandenen Aufzeichnungen deutlich, daß es auch hier, ebenso wie im
Götz, nach der unter all den jungen Dichtern dieses Zeitalters
herrschenden Auffassung der Kompositionsweise Shakespeare's,
nicht auf Einheit der Handlung, nicht auf festen tragischen Gegensatz, wie dieser in Shakespeare's Julius Cäsar in so vollendeter

Großartigkeit vorlag, abgesehen war, sondern nur auf Einheit
der Person, auf eine dramatisirte Lebensgeschichte Cäsar's von
seinem ersten herrlichen Aufgang bis zu seinem jähen tragischen
Untergang. Das Eigenthümlichste aber war die Auffassung des
Charakterbildes selbst. Cäsar war als Kraftgenie neusten Stils
gedacht; seine eigenste persönliche Erscheinung, seine geheimsten
Lebensansichten suchte der junge Dichter in die Gestalt seines
Helden zu legen. Sulla sagt von Cäsar: »Es ist was Berfluchtes,
wenn so ein Junge neben einem aufwächst, von dem man in
allen Gliedern spürt, daß er einem über den Kopf wachsen wird«.
Und ein anderes Mal: »Es ist ein Sakermentskerl! Er kann
so zur rechten Zeit respectuos und stillschweigend dastehen und
horchen und zur rechten Zeit die Augen niederschlagen und bedeutend mit dem Kopf nicken«. Dann folgende Scene: Cäsar:
»Du weißt, ich bin Alles gleich müde, und das Lob am ersten
und die Nachgiebigkeit. Ja, Servius, um ein braver Mann zu
werden und zu bleiben, wünsch ich mir bis ans Ende große ehren-
werthe Feinde«. Servius niest. Cäsar: »Glück zu, Augur! Ich
danke Dir«.

Und aus einem Briefe Goethe's an Herder aus den letzten
Monaten des Jahres 1771 (Aus Herder's Nachlaß, Bd. 1, S. 35)
erfahren wir, daß Goethe um diese Zeit auch den Vorsatz hatte,
das Leben des Sokrates zu dramatisiren. Wie Götz ein
Held der mannhaften That war, so sollte Sokrates dargestellt
werden als »der philosophische Heldengeist«, als der unerbittliche
Verfolger »aller Lügen und Laster, besonders derer, die keine
scheinen wollen«, als der Kämpfer gegen »das pharisäische Phi-
listerthum«. »Ich brauche Zeit«, setzt Goethe hinzu, »dies zum
Gefühl zu entwickeln. Ich weiß nicht, ob ich mich von dem
Dienst des Götzenbildes, das Plato bemalt und vergoldet und
dem Xenophon räuchert, zu der wahren Religion hinaufschwingen
kann, welcher statt des Heiligen ein großer Mensch erscheint, den

ich nur mit Liebesenthusiasmus an meine Brust drücke und rufe:
Mein Freund und mein Bruder! Und das mit Zuversicht zu
einem großen Menschen sagen zu dürfen! Wär ich einen Tag
und eine Nacht Alcibiades, und dann wollt ich sterben!«

Es ist ein wunderbares Gefühl in solche Größe zu schauen,
die sich mit den gewaltigsten Ahnungen trägt und sich und Anderen noch ein unauflösbares Räthsel ist!

Tiefrührend schreibt Goethe, kurz nach seiner Rückkehr in's
Vaterhaus, an seinen alten Straßburger Freund, Aktuar Salzmann, (vgl. A. Stöber: Der Aktuar Salzmann. 1885. S. 48):
»Was ich mache, ist nichts! Wie gewöhnlich mehr gedacht als
gethan; deswegen wird wohl auch nicht viel aus mir werden!«
In einem anderen Briefe aber vom 9. Februar 1772 (S. 52),
in welchem er demselben alten Freunde eine Bearbeitung des Götz
schickt, spricht er das beglückte Gefühl aus, daß, obgleich die Ju-
gendunreife sich nicht überspringen lasse, er doch freudig gewahre,
wie die Intentionen seiner Seele immer dauernder und bestimmter
würden und wie seine Ansichten sich täglich erweiterten. Und noch
heller spiegelt sich dies ringende zwiespältige Wesen Goethe's in
den Aeußerungen Herder's. Wie oft verspottet dieser den geist-
sprudelnden, übermüthig kecken, liebenswürdigen, offen zuthulichen
Gesellen, der sich allen augenblicklichsten Launen und Einfällen
rückhaltslos hingab, und den daher die Freunde des Straßburger Kreises (vgl. Aktuar Salzmann S. 79) wohl auch den »när-
rischen« Goethe zu nennen pflegten, ob seines »spechtischen«
und »spatzenmäßigen« Wesens, und wie fest glaubt er trotz aller
dieser Neckereien an die Zukunft Goethe's! In den Schlußworten
seiner Abhandlung über Shakespeare ruft Herder dem damals der
Welt noch völlig unbekannten Jüngling öffentlich zu, er, den er
vor Shakespeare's heiligem Bilde mehr als einmal umarmt habe,
möge von seinem edlen Streben nicht ablassen, bis der Kranz
erreicht sei.

Von Mitte Mai bis zum 11. September 1772 lebte der
dreiundzwanzigjährige Jüngling in Wetzlar. Kestner sagt treffend:
nach seines Vaters Absicht, um am Reichskammergericht sich in der
Praxis umzusehen, nach der seinigen, um Homer und Pindar zu
studieren und was sein Genie, seine Denkungsart und sein
Herz ihm weiter für Beschäftigungen eingeben würden.

Dieser Aufenthalt in Wetzlar nimmt in der Bildungsgeschichte Goethe's eine sehr bedeutende Stelle ein. Das Abspringende
und Zerfahrene, das so oft der Fehler grade der genialsten Jugend ist und das Herbe offenbar meinte, wenn er von dem
Specht- und Spatzenhaften Goethe's sprach, empfand sich in seiner Unzulänglichkeit und begann sich zu sammeln und zu vertiefen.

Michael Bernays hat in seinem trefflichen Buch über Goethe's Briefe an Friedrich August Wolf (1868. S. 122) eine aus
dieser Wetzlarer Zeit stammende Uebersetzung der fünften Olympi-
schen Ode mitgetheilt. Besonders denkwürdig aber ist ein Brief,
welchen Goethe im Anfang Juli von Wetzlar aus an Herder
schrieb. Er erzählt (Herder's Nachlaß Bd. I, S. 37) von dem
gährenden Durcheinander seines stürmenden Herzens, das zwischen Muth und Hoffnung und Furcht und Ruh rastlos auf und
ab wogt, und erzählt von seinem Lesen der Alten, das sich zuerst
auf Homer eingeschränkt habe, dann wegen der beabsichtigten
Sokratestragödie zu Xenophon und Plato übergegangen und zuletzt an Theokrit und Anakreon und an Pindar gerathen sei.
Darauf heißt es in diesem Brief weiter: »Auch hat mir endlich
der gute Geist den Grund meines spechtischen Wesens entdeckt.
Ueber den Worten Pindar's ἐπικρατεῖν δύνασθαι (erlangen
können) ist es mir aufgegangen. Wenn Du kühn im Wagen
stehst und vier neue Pferde wild unordentlich sich an Deinen
Zügeln bäumen, Du ihre Kraft lenkst, das austretende herbei-,
das aufbäumende hinabpeitschest, und jagst und lenkst, und wen-

9*

beft, peitfcheft, hältft, und wieder ausjagft, bis alle fechzehn Füße
in Einem Tact ans Ziel tragen — das ift Meifterfchaft, ἐπικρατεῖν, Birtuofität. Wenn ich nun aber überall herumfpaziert
bin, überall nur dreingeguckt habe, nirgends zugegriffen! Drein-
greifen, Packen ift das Wefen jeder Meifterfchaft! Es ift Alles fo
Blick bei Euch, fagtet Ihr mir oft! Jetzt verfteh ich's. Es muß
gehen oder brechen. Ich möchte beten wie Mofes im Koran:
Herr, mache mir Raum in meiner engen Bruft!«

Und zu diefer zunehmenden Geiftesreife trat das Läuterungs-
feuer einer tiefen unglücklichen Leidenfchaft. Noch nagte an dem
warmfühlenden Herzen des herrlichen Jünglings der Schmerz
um den tragifchen Ausgang der lieblichen Jdylle von Sefenheim,
und hier drohten noch leibvollere Gefahren und Verwicklungen.
Es war der erfte fchwere Kampf fittlicher Selbftüberwindung,
den Goethe mit fich kämpfte, und Goethe blieb Sieger. In das
maßlofe Ungeftüm unendlichen Lebensdranges kam die Einficht in
die Unerläßlichkeit fittlicher Maßbefchränkung.

Schon in Straßburg hatte fich Goethe im ahnenden Ver-
ftändniß feiner eigenften Natur in fein Tagebuch (Schöll a. a. O.
S. 84) den Spruch gezeichnet, daß der in der Mitte ftehende
Charakter, der die fröhliche Lebhaftigkeit eines fähigen Herzens
habe, diefe aber mit Klugheit zügle, vom höchften Werth fei; ein
Mufter zugleich der Weisheit und der Heiterkeit. Jetzt wurde
ihm das Streben nach diefem Gleichgewicht tief innerfte Gefin-
nung, fchmerzvoll erkämpfte Lebenserfahrung.

Zeuge find die Dichtungen Goethe's, welche aus diefer bewegten Wetzlarer Zeit ftammen. So durchaus verfchiedenartig fie
in ihrer äußeren Form find, durch fie alle geht einheitlich derfelbe
fittliche Grundgedanke.

Es kann kein Zweifel fein, daß »Wanderers Sturmlied« in
diefe Zeit fällt. Das beweift der ganze Ton, der mit jenem
Briefe an Herder oft bis auf die einzelnen Bilder und Gleich-

nisse übereinstimmt, das beweisen die ausdrücklichen Hinweisungen auf Pindar und Theokrit und Anakreon. Vgl. Briefwechsel mit Jacobi 1846. S. 3, 39. Wohl ist es eine unfreundliche sturmathmende Gottheit, die der Genius des Jahrhunderts ist; aber Der braucht nicht muthlos vor dem Ziel umzukehren, den die Musen und die Charitinnen, die reinen, begleiten, und den Alles erwartet, was die Musen und Charitinnen an umkränzender Seligkeit für das Leben haben. C. G. Carus hat in seiner Schrift »Goethe, dessen Bedeutung für unsere und die kommende Zeit« (1863. S. 91) fünfzehn biblische Parabeln veröffentlicht, welche aus dem Nachlaß von Sophie La Roche stammen. Es scheint außer Frage, daß dieselben ebenfalls der Weglarer Zeit angehören. Im Hause der Freundin weilte Goethe einige Tage auf seiner Flucht aus Weglar; und, was wohl zu beachten ist, bereits in Wanderers Sturmlied ist das Gleichniß von der grünenden Kraft der Ceder, das in den mannichfachsten Variationen das immer wiederkehrende Grundmotiv dieser Parabeln ist. Und was ist der Grundgedanke dieser herrlichen kleinen Dichtungen? Stolzes Selbstgefühl des Genius, aber unerbittliche Nemesis für jede Ueberhebung.

Und derselbe Ton wehmüthiger Entsagung geht durch das sinnige Gedicht »Adler und Taube«, das wahrscheinlich ebenfalls aus dieser-Zeit stammt, da es bereits im Göttinger Musenalmanach von 1774 enthalten ist. Der kühne Adlerjüngling, dem des Jägers Pfeil der Schwinge Sehnkraft abschnitt, stimmt in das Trostwort der Taube ein, die die Genügsamkeit als das einzig wahre Glück preist. »O Weisheit, Du redst wie eine Taube.«

Weitaus am schönsten aber, weil in sich befriedigt und versöhnt, ist das Glück stiller Bescheidung in dem unvergleichlichen Gedicht »der Wanderer« ausgesprochen. Es ist, wie Goethe an Kestner (S. 151, 162) schreibt, in Weglar an einem der schön-

ften Tage entſtanden; »Lotten ganz im Herzen und in einer ru-
higen Genüglichkeit all die künftige Glückſeligkeit des jungen
Paares vor der Seele.« Auf dem plaſtiſch ſchönheitsvollen Hintergrund antiker Trümmerwelt, in welche ſich unbefangen das
blühende Leben neuer Geſchlechter hineingebaut hat, das plaſtiſch
ſchönheitsvolle Idyllon einfach reinen häuslichen Glücks. Froh
erſtaunt, neidlos, aber Gleiches erſehnend, ſchaut der Wanderer
dieſe ideal verklärte Wirklichkeit. »O leite meinen Gang, Natur!,
den Fremdlingsreiſetritt, den über Gräber heiliger Vergangenheit
ich wandle; und kehr ich dann am Abend heim zur Hütte, vergoldet vom letzten Sonnenſtrahl, laß mich empfangen, ſolch ein
Weib, den Knaben auf dem Arm!« Unwillkürlich muß man
daran denken, daß mit einem ähnlichen Bilde ideal verklärter
Häuslichkeit auch eines der letzten Werke Goethe's, die Geſchichte
von Wilhelm Meiſters Wanderjahren, beginnt.

    Einzig in dieſem tiefen Zug ſeiner reinen und maßvollen
Natur, in der frühen Erkenntniß von der unbedingten Nothwendigkeit harmoniſcher Selbſtbeherrſchung, liegt die treibende Kraft
all ſeines Lebens und Dichtens, liegt insbeſondere der Urſprung
und das Weſen der gewaltigen Jugenddichtungen Goethe's.

    Jene tiefe innere Herzenstragödie zwiſchen der leidenſchaft-
lichen Ueberſchwenglichkeit und den undurchbrechbaren Schranken
der feſten Weltordnung, an welcher Rouſſeau zu Grunde ging
und welche Goethe ſelbſt mit ſo unwiderſtehlich großartiger Gluth
und Kraft in ſeinem Werther ſchilderte, jene tiefe innere Herzens-
tragödie, welche der Tod und das Verderben ſo vieler reichbegabter Menſchen dieſes Zeitalters wurde, ſie wurde von Goethe
ſchon in ſeinen erſten Jünglingsjahren, wenn auch noch nicht
voll und ganz ausgekämpft, ſo doch in ihrer Gefährlichkeit und
in der Nothwendigkeit ihrer Löſung erkannt.

    Tiefer und ungeſtümer als in allen den Anderen gährte und
arbeitete auch in dieſes gottbegnadeten Jünglings ſtürmenden Her-

yen all das grüblerische Brüten und Wühlen, das sich von den
bestehenden Zuständen unmuthsvoll abwendete und sich die erhe=
bende Aufgabe stellte, nicht zu ruhen und zu rasten, diese qual=
vollen Schranken zu durchbrechen und das Verbildete und Ver=
künstelte wieder zu Natur und Ursprünglichkeit zurückzuführen.
Das große Grundthema jener ringenden Zeit, der schmerzreiche
Widerspruch zwischen Herz und Welt, Ideal und Wirklichkeit,
wo erklingt es mächtiger und ergreifender als im Götz und Wer=
ther und in der dämonisch erhabenen Faustdichtung? Was aber
Goethe über alle seine Jugend= und Strebensgenossen von Anbe=
ginn himmelhoch hinaushob und ihn zu diesen in entscheidenden
Gegensatz stellte, was bereits seine ersten Werke, mit denen er
in die Oeffentlichkeit trat, zu unsterblich klassischen Meisterwerken
adelte, das war nicht blos seine unvergleichlich überragende dich=
terische Gestaltungskraft, sondern vor Allem auch die hohe sitt=
liche Reinheit, mit welcher er sogleich die wilden Dämonen seines
tiefbewegten Innern zu bändigen und zu sittlicher Schönheit und
Harmonie zu klären wußte.

Die Anderen waren widerstandslos und rathlos der toben=
den See preisgegeben; ihm war die unbeirrbare Sicherheit ächter
und höchster Genialität fester Leitstern.

2.

Frankfurt.

Angeborene Großheit giebt herrliche Thatkraft. So lautet
ein Spruch Pindar's, welchen Goethe ausdrücklich in seinem Wetz=
larer Briefe an Herder anführt. Diese Zeit herrlicher Thatkraft
war jetzt vollauf für ihn gekommen.

Von Wetzlar war Goethe im Herbst 1772 wieder nach Frank=
furt zurückgekehrt. Auf den Wunsch des Vaters hatte er die Er=
laubniß advocatorischer Praxis genommen, um sich den Weg zu
städtischen Aemtern zu bahnen; aber sein eigenstes Wesen gehörte
einzig und allein seinem inneren Bildungsleben und seinem immer
mächtiger hervortretenden Dichterberuf.

Es war die knospende blüthenprangende Frühlingszeit
Goethe's.

Nie wieder ist Goethe von so überquellender Ideenkraft, von
so wahrhaft unbegreiflicher Fruchtbarkeit und Leichtigkeit des dich=
terischen Schaffens gewesen als in diesen Frankfurter Jünglings=
jahren. In die drei Jahre vom Herbst 1772 bis zum Herbst
1775 fallen Götz und Werther, Clavigo und Stella, die An=
fänge des Egmont, die satirischen Possen und Fastnachtsspiele,
einige Singspiele, die Entwürfe Mahomet's und des ewigen Ju=
den, Prometheus, eine Reihe der innigsten Lieder und Balladen,
und, was so oft in der Schätzung dieser Frankfurter Jahre über=
sehen wird, die gewaltige Faustdichtung, fast schon ganz und gar in
der Gestalt, wie sie zuerst 1790 erschien. »Das productive Talent«,
erzählt Goethe im fünfzehnten Buch von Wahrheit und Dichtung,
»verließ mich keinen Augenblick; was ich wachend am Tage ge=
wahr wurde, bildete sich öfters Nachts in regelmäßigen Träumen,
und wie ich die Augen aufthat, erschien mir entweder ein wun=
derliches neues Ganzes oder der Theil eines schon vorhandenen.«
Und im sechzehnten Buch setzt Goethe hinzu: »Beim nächtlichen
Erwachen trat derselbe Fall ein; ich hatte oft Lust, wie einer
meiner Vorgänger, mir ein ledernes Wamms machen zu lassen
und mich zu gewöhnen, im Finstern durch das Gefühl das, was
unvermuthet hervorbrach, zu fixiren. Ich war so gewohnt, mir
ein Liedchen vorzusagen, ohne es wieder zusammenfinden zu kön=
nen, daß ich einigemale an den Pult rannte und mir nicht die
Zeit nahm, einen querliegenden Bogen zurechtzurücken, sondern

das Gedicht von Anfang bis zu Ende, ohne mich von der Stelle zu rühren, in der Diagonale herunterschrieb.«

Sogleich Götz von Berlichingen lenkte Aller Augen auf ihn. Werther trug seinen Namen über die ganze Welt. Das gesammte aufstrebende junge Geschlecht ahmte dem jungen Dichter nach und sah in ihm seinen Führer. Von allen Enden kamen bedeutende Fremde, den Wunderjüngling, der so überraschend und so kühn aufgetreten war, aufzusuchen. Aber dieser frühe Ruhm, Eitlen und Schwachherzigen meist so verderblich, ließ sein unbefangenes, einfach natürliches Wesen durchaus unverändert und spornte ihn nur zu immer neuen Zielen. Einzig in sich selbst lebend, strebend und arbeitend, und, wie er in einem herrlichen Briefe an die Gräfin Auguste von Stolberg (S. 29) sagt, die unschuldigen Gefühle seiner Jugend in kleinen Gedichten, das kräftige Gewürz des Lebens in mancherlei Drama's ausdrückend, fragt er weder rechts noch links, was von dem gehalten wird, was er macht, sondern sucht mit jeder neuen Arbeit immer gleich eine Stufe höher zu steigen, und kämpfend und spielend seine Gefühle zu klarer und schönheitsvoller künstlerischer Gestaltung zu entwickeln.

Viel Tollheit und Ausgelassenheit im fröhlichen Verkehr mit munteren Jugendgesellen, viel Wanderungen und Ausflüge in der lockenden Gegend, unersättliche Lust an der Eisbahn in den Wintertagen vom frühen Morgen bis tief in die Nacht hinein, himmelaufjauchzendes Glück und zum Tode betrübte Pein in der leidenschaftlichen Verstrickung mit Lili. Und dabei unzweifelhaft auch viel leichtfertiger Muthwille und Uebermuth, viel sinnliche Derbheit, viel rücksichtsloses Ueberspringen unüberspringbarer Sitte. Es giebt nichts Bezeichnenderes als der Brief, welchen Goethe am 17. September 1775 an Auguste von Stolberg schreibt: »Ist der Tag leiblich und stumpf herumgegangen. Da ich aufstund, war mir's gut. Ich machte eine Scene an meinem Faust.

Vergängelte ein paar Stunden. Verliebelte ein paar mit meinem
Mädchen, davon Dir die Brüder erzählen mögen, daß ein seltsa-
mes Geschöpf ist. Aß in einer Gesellschaft von ein Dutzend guter Jungen, so grab wie sie Gott erschaffen hat. Fuhr auf dem
Wasser auf und nieder; ich hab die Grille, selbst fahren zu lernen. Spielte ein Paar Stunden Pharao, und verträumte ein
paar mit guten Menschen. Und nun sitze ich, Dir gute Nacht zu
sagen. Mir war's in alle dem, wie einer Ratte, die Gift gefres-
sen hat; sie läuft in alle Löcher, schlürft alle Feuchtigkeit, verschlingt alles Eßbare, das ihr in den Weg kommt, und ihr Inneres glüht von unauslöschlich verderblichem Feuer." Die ehr-
samen Reichsstädter entsetzten sich ob solcher unerhörten Ungebundenheit. Goethe selbst berichtet, daß man ihn den Bären, den
Huronen, den Westindier zu nennen liebte; Merck (Briefe. Dritte
Sammlung S. 132) meldet an Nicolai, ein ganzes Buch lasse
sich füllen von all dem Thörichten und Bösen, was die Leute in
Frankfurt und drei Meilen in der Umgegend sich von Goethe er-
zählten. Aber dieser leichtlebige, fessellose, verwegen übermüthige
Jüngling ist derselbe Goethe, dessen Ideale täglich an Schönheit
und Größe wachsen, der sich der überlegenen Reife und Verstän-
digkeit Merck's willig unterordnet und ihn um so eifriger auf-
sucht, je schonungsloser ihn dieser in die Schule nimmt, ist
derselbe Goethe, der sich mit Jacobi in wärmster Hingebung und
Begeisterung in die läuternde und befreiende Welt Spinoza's ein-
lebt, ist derselbe unverdorbene, schlicht kindliche, grundgutmüthige
Goethe, dessen Erscheinen den Kindern Merck's immer das höchste Ergötzen war, wie es vormals in Wetzlar das Ergötzen der kleinen
Geschwister Lotten's gewesen. Durch die Briefe Goethe's an Kestner und Lotte, an die Gräfin Stolberg, an Lavater und Jacobi
kennen wir jetzt das damalige Sein und Wesen Goethe's bis in
seine geheimsten Regungen. Und mit jedem neu auftauchenden
Zuge werden wir immer auf's neue entzückt und ergriffen von

diesem knospenden, treibenden, ringenden Frühlingsleben, von dieser sicheren Gemüthseinnigkeit, von dieser selbst im leidenschaftlichsten Strudel unwandelbar gleichen Seelenreinheit.

»Wer diesen Burschen im Schlafrock und Nachtwamms seiner Bonhommie sieht«, schreibt Merck in jenem Briefe an Nico=
lai, »muß gewiß Gefallen an ihm finden.« Und es ist ein präch-
tiges Wort, wenn Betty Jacobi (vgl. Briefwechsel zwischen
Goethe und F. H. Jacobi. S. 10) ihn scherzend den bösen Menschen mit dem guten Herzen nennt.

An Lavater tadelte Goethe (Bd. 27, S. 477) schon jetzt,
daß ihm sein schweifender Geist die innere Sammlung und Vertiefung entzogen und so der schönsten Freude, des Wohnens in
sich selbst, beraubt habe; man spreche ihm von Räthseln und My-
sterien, wenn man aus dem in sich und durch sich selbst lebenden
und wirkenden Herzen rede. Goethe's Genius hatte dieses hehre
Glück des festen Wohnens in sich selbst, des in sich und durch
sich selbst lebenden und wirkenden Herzens, in unaussprechlichster
Fülle und Tiefe.

Dieser feste sittliche Halt vornehmlich ist es, der den ersten
Jugendschöpfungen Goethe's sogleich die Weihe unvergänglicher
Größe sichert. In ihren Stoffen und Motiven sind diese Jugenddichtungen Goethe's durchaus ächte Kinder der Sturm- und
Drangperiode. Und zwar um so mehr, je mehr jener innige
und unverbrüchliche Zusammenhang zwischen Leben und Dichten,
welcher der Grundzug seiner Natur ist, ihm schon jetzt mit klarster Bewußtheit tiefste Lebensnothwendigkeit und höchstes Kunstgesetz war. »Was doch alles Schreibens Anfang und Ende ist«,
schreibt Goethe am 21. August 1774 an Jacobi, »das ist die
Reproduction der Welt um mich durch die innere Welt, die
Alles packt, verbindet, umschafft, knetet und in eigener Form
und Manier wiederhinstellt; ein Geheimniß, das ich freilich nicht
offenbaren will den Gaffern und Schwätzern.« All das schwan-

kenlos Emporstrebende, Grollende, Wühlende, was diese gährende Zeitstimmung gegen die Enge und Starrheit der herrschenden Meinungen und Zustände auf dem Herzen hatte, strebt, grollt,
wühlt, schafft und arbeitet auch in Goethe. Aber wo alle die
Anderen nur an der Oberfläche haften, nur lallen und stammeln
oder sich lügnerisch aufschminken und sich in sinnlosen Schwulst
verlieren, da erfaßt der durchdringende Tiefsinn und die sittliche Sicherheit und Klarheit Goethe's sogleich den innersten Kern,
spricht das letzte entscheidende Wort aus, und schafft gestaltungs-
kräftig rein und allgemein menschliche und darum ewig giltige
Typen und Ideale.

Im Werther, im Prometheus und vor Allem im Faust vertieft sich die Grundstimmung der Sturm- und Drangperiode,
der himmelstürmende Titanismus und die überschwengliche Gefühlsinnerlichkeit, zur erschütternden Tragik des unlösbaren Widerspruchs zwischen dem angeborenen Unendlichkeitsstreben und der
angeborenen Endlichkeit und Begrenzung. Es ist ein Ringen
und Kämpfen um die letzten und höchsten Ziele des Daseins.

All die Dichtungen der anderen Stürmer und Dränger sind
zerstoben wie Spreu; Goethe's Jugenddichtungen dagegen sind die
wesentlichsten Grundlagen unseres tiefsten Bildungslebens. Unser
ganzes Denken und Empfinden wäre ein anderes, wären Werther
und Faust nicht.

Und ganz besonders beachtenswerth ist auch die dichterische
Form dieser Goethe'schen Jugenddichtungen.

Es ist hergebracht, diese erste Epoche Goethe's die Epoche
des genialen Naturalismus zu nennen. Von dieser schwankenden
Bezeichnung, die nur Sinn im Gegensatz gegen die späteren Goethe'schen Dichtungen des ideal hohen Stils hat, sollte man endlich
abkommen. Angesichts einer künstlerisch so geschlossenen Komposi-

tion, wie Goethe's Werther ist, will man von Naturalismus sprechen?

Das Eigenthümliche und Bedeutende ist vielmehr das Finden und Suchen eines volksthümlich deutschen Stils, wie er seit dem Sturz des Gottschedianismus von Allen erstrebt, in dieser Frische und naiven Herzlichkeit aber noch von Keinem erreicht war. Goethe erfüllte und vollendete, was Lessing und Herder so siegreich vorbereitet und angebahnt hatten.

Im deutschen Volkslied war Goethe großgeworden; und in Goethe's Liedern und Balladen findet das Volkslied seine fröhliche Auferstehung und seine künstlerische Läuterung. Shakespeare, der stammverwandte englische Dichter, ist, freilich in seiner unreifsten Kunstform, im dramatisirten Chronikenstil der englischen Historien, das leuchtende Vorbild, welchem Götz von Berlichingen rückhaltlos nachstrebt; und so durchaus hatte die Nachahmung die unbezwingliche Gewalt des Ursprünglichen und ächt Volksthümlichen, daß es grade seine unbedingte Deutschheit war, durch welche dies gewaltige Werk blitzartig in alle Gemüther schlug. Und überaus bedeutsam ist es, daß Goethe zu dieser Zeit auch auf Hanns Sachs zurückgreift. Goethe erklärt im achtzehnten Buch von Wahrheit und Dichtung diese Vorliebe für Hanns Sachs aus der leichten Handhabung seines Reimes und Versbaues; der tiefere Grund ist, daß in Hanns Sachs ihn der bürgerlich schlichte und derbe Naturton anzog, der in dieser Frische und Naivität sogar in Shakespeare nicht mehr zu finden war. Es nimmt nicht Wunder, wenn Goethe die Weise des alten Nürnberger Meisters für seine satirischen Possen und Puppenspiele verwendet, denn diese Art der Humoristik, so geistvoll und übersprudelnd sie ist, war doch wesentlich Hanns Sachs selbst entlehnt. Aber ein ewig staunenswerthes Wunder höchster Genialität ist es, daß Goethe diese schlichte und schmucklose Kunstform, welche viele der überraschten Zeitgenossen Goethe's als Bänkelsängerton schmähten,

sogar für die erhabenste aller Dichtungen, für die Fausttragödie
festhielt und sie hier zu einer Schönheit und stilvollen Idealität
zu klären wußte, daß wir uns jetzt die Faustdichtung in einer
anderen Form gar nicht mehr denken können.

> Was die Sprache besitzt, verkünden hundert Talente,
> Aber der Genius bringt ahnend hervor, was ihr fehlt.

Göß von Berlichingen.

Stöber hat in seiner trefflichen Schrift über den Aktuar
Salzmann (1855, S. 51) einen Brief Goethe's mitgetheilt, in
welchem dieser von Straßburg aus an einen Lieutenant Demars
in Neu-Breisach ein Drama übersendet, das er ausdrücklich als
seine eigene Arbeit bezeichnet und von dem er meint, daß es
sein Glück unter Soldaten machen müsse, wenn auch vielleicht
nicht unter Franzosen. Stöber spricht dabei die naheliegende
Vermuthung aus, daß dieses Drama nichts anderes als Göß sei.
Allein dieser Annahme scheint nicht nur der Bericht entgegenzuste-
hen, welchen Goethe im dreizehnten Buch von Wahrheit und Dichtung von der Entstehungsgeschichte des Göß gegeben hat, sondern auch der höchst unwahrscheinliche Umstand, daß, wie aus
einem Brief Goethe's an Salzmann vom 28. November 1771
(ebend. S. 49) unzweideutig hervorgeht, diese Straßburger Niederschrift ohne Wissen Salzmann's, des vertrautesten väterlichen
Freundes und Rathgebers, geschehen sein müßte. Sollte nicht
vielmehr an die beabsichtigte Julius-Cäsartragödie zu denken sein?
Auch hier ein soldatischer Stoff, und eine so durchaus shakespea-
risirende Haltung, daß die Befürchtung, vor französischen Augen
nicht Gnade zu finden, völlig am Ort war. Aber ist jemals
dieser Plan über die ersten Vorstudien hinausgekommen? Hier
ist eine noch ungelöste Frage.

Thatsache ist, daß dem jungen Dichter sogleich nach seiner Rückkehr aus Straßburg ins Vaterhaus die Bearbeitung des Götz erste Sorge war, und daß, selbst wenn bereits eine erste Niederschrift vorhanden gewesen sein sollte, diese neue Bearbeitung sie nur sehr wenig benützte. Der Brief Goethe's an Salzmann vom 28. November 1771 führt uns mitten in den frischesten Schöpfungs- drang. »Sie kennen mich so gut«, schreibt Goethe, »und doch wette ich, Sie rathen nicht, warum ich nicht schreibe. Es ist eine Leidenschaft, eine ganz unerwartete Leidenschaft. Sie wis- sen, wie mich dergleichen in ein Cirkelchen werfen kann, daß ich Sonne, Mond und die lieben Sterne darüber vergesse. Mein ganzer Genius liegt auf einem Unternehmen; ich dramatisire die Geschichte eines der edelsten Deutschen. Wenn's fertig ist, sollen Sie's haben, und ich hoff', Sie nicht wenig zu ver- gnügen.«

Es bezieht sich unzweifelhaft auf diese Bearbeitung, wenn Goethe in Wahrheit und Dichtung erzählt, daß unter dem spor- nenden Antrieb seiner Schwester das Werk in der unglaublich kurzen Frist von etwa sechs Wochen vollendet worden. Ein Brief Goethe's an Salzmann (S. 51) vom 3. Februar 1772 dankt demselben bereits für die Zurücksendung der Handschrift und den gespendeten Beifall.

Um dieselbe Zeit sendete Goethe die Handschrift an Herder. Das Begleitschreiben (Aus Herder's Nachlaß. Bd. 1. S. 34) sagt mit rührender Bescheidenheit, daß er zwar mit rechter Zu- versicht und mit der besten Kraft seiner Seele an diesem Werk gearbeitet habe, daß er es aber nur als Skizze betrachte; des kundigen Freundes Urtheil werde ihm nicht nur jetzt, sondern auch für all sein ferneres Schaffen eine zielzeigende Meilensäule sein; bevor er seine Stimme gehört, mache er keine Aenderung, denn er wisse doch, daß alsdann radicale Wiedergeburt geschehen müsse, wenn seine Dichtung zum Leben eingehen solle. Goethe

erzählt in seiner Lebensbeschreibung, die Aufnahme von Seiten Herder's sei unfreundlich und hart gewesen. Dies ist ein Gedächtniß-
fehler. Im Gegentheil. In den Briefen an seine Braut spricht Herder (Nachlaß Bd. 3, S. 205, 302) mehrfach mit wärmster Theilnahme vom Göz als einer wirklich schönen Dichtung von unge-
mein viel deutscher Stärke, Tiefe und Wahrheit; nur rügt er,
daß Manches mehr nur gedacht als vollkräftig geleistet sei. Und
in ähnlichem Sinn hat er offenbar auch an Goethe selbst geschrieben; freilich erst nach der langen, für einen jungen Dichter sehr
empfindlichen Säumniß von fast einem halben Jahr. Die Antwort Goethe's aus Wezlar vom Anfang Juli 1772 (Nachlaß. Bd. 1,
S. 42) nennt Herder's Brief, der leider verloren ist, ein Trost-
schreiben; dereinst werde das Stück eingeschmolzen, von Schlacken
gereinigt, mit neuem edleren Stoff versetzt und umgegossen wieder vor ihm erscheinen, und alles blos Gedachte werde sich dann
hoffentlich in Größe und Schönheit entfalten. Ja, wenige Monate darauf erschien Herder's Abhandlung über Shakespeare, die
den jungen Dichter öffentlich ansprach, von dem süßen und seiner
würdigen Traum, um Shakespeare's Kranz zu ringen, nicht vorzeitig abzulassen.

Offenbar war es auf Anregung Herder's, daß Goethe seitdem einem veränderten Plan nachging. Er scheint in Wezlar
viel von demselben gesprochen zu haben. In jener heiteren Tisch-
gesellschaft zu Wezlar, welche ihr Beisammensein durch die pa-
rodistischen Mummereien eines Ritterordens würzte, führte Goethe den Namen »Göz von Berlichingen, der Redliche.« Und
in dem wunderlichen Drama »Masuren« in welchem Goué, die
Seele dieses scherzhaften Treibens, seine Erinnerungen aus Wezlar niedergelegt hat, wird Göz von dem Ritter Fayel gefragt:
»Wie weit seid Ihr mit dem Denkmal, das Ihr Eurem Ahn-
herrn stiften wollt?« Göz antwortet: »Man rückt so allgemach
fort. Denk', es soll ein Stück werden, das Meistern und Ge-

feßen aufs Haupt schlägt«. Aber erst in Frankfurt, wohin Goethe aus Wetzlar zurückkehrte, wurde die Umformung ernstlich in Angriff genommen. Sie war, wie aus einem Brief Goethe's an Kestner (S. 137) erhellt, im Februar 1773 beendet. Die Herausgabe erfolgte noch im Lauf des Sommers.

Wir sind jetzt in den Stand gesetzt, die erste und zweite Bearbeitung zu vergleichen, da auf Goethe's Anordnung auch die erste Bearbeitung nach seinem Tod veröffentlicht wurde. Die künstlerische Ueberlegenheit der zweiten Bearbeitung ist unbestreitbar. Alle üppigen Auswüchse, welche der einheitlichen Wirkung Eintrag thaten und namentlich in den letzten Akten die Theilnahme allzusehr auf Adelheid und Weislingen lenkten, sind beschnitten und ausgemerzt. Das lüstern Anstößige, was in dem breit ausgeführten Liebesverhältniß zwischen Adelheid und Sidingen und zwischen Adelheid und Weislingen's Diener Franz lag, ist gemildert. Die Motivirung der einzelnen Handlungen und Ereignisse ist strenger und eingehender. Manche derbe Roheit der Sprache ist beseitigt. Gleichwohl darf man von jener ersten Bearbeitung nicht gring denken. In ihr vornehmlich fühlt man, was Goethe meinte, wenn er sagt, daß er und seine Gesellen shakespearefeß gewesen. Jene nächtliche Zigeunerscene, auf welche, wie Goethe in Wahrheit und Dichtung erzählt, er sich so viel zugntgethan, und die furchtbare Scene zwischen dem Bauernanführer Metzler und der Gemahlin des gefangenen Ritter Otto von Helfenstein sind von so packender Kraft und Lebendigkeit, daß man gar nicht genug die Selbstverleugnung des Dichters bewundern kann, welcher bereits in so jungen Jahren es über sich gewann, auch das Ergreifendste, sobald es seine künstlerische Ueberzeugung verlangte, als tadelhaften Ueberfluß unnachsichtlich über Bord zu werfen.

Der erste Anstoß und die Grundstimmung des Götz ist auf die Abhandlung Justus Möser's »Von dem Faustrecht« zurück-

zuführen, welche 1770 in den Osnabrücker Intelligenzblättern erschien; in den »Patriotischen Phantasien« hat sie die Aufschrift
»Der hohe Stil der Kunst unter den Deutschen«. Wir wissen
ja durch Goethe selbst (Bd. 22, S. 181), daß ihm die Flugblät-
ter Möser's schon in Straßburg durch Herder bekannt wurden; und
wenn Goethe (Bd. 27, S. 480) am 28. December 1774 an Möser's
Tochter schreibt, daß erst jetzt ihm in den Frankfurter Gegenden die
Patriotischen Phantasien erschienen seien, so ist klar, daß sich dieser
Ausdruck nur auf die eben veröffentlichte Gesammtausgabe bezieht.

In dieser Abhandlung hatte Möser die Zeiten des Faust-
rechts als die herrlichsten Zeiten deutscher Ehrlichkeit, Männlich-
keit und Ritterlichkeit gepriesen. Und ganz in demselben Sinn
sah der junge Dichter, in dessen Brust die Ideale Rousseau's
von der Nothwendigkeit der Rückkehr zu Natur und Ursprünglichkeit glühten, im Zeitalter Maximilian's nicht den heftigen Zusammenstoß des scheidenden Mittelalters und der mächtig sich
emporringenden neuen Geschichte, sondern nur das Absterben
poesievoller Lebensfrische und Freiheit, das Verblühen der alten
Kaiser- und Reichsherrlichkeit, das Versinken des tapferen und
stolz unabhängigen Ritterthums in die feige Knechtschaft liebedie-
nerischen Hofadels, das Hereinbrechen schaaler Niedrigkeit. Die
erste Bearbeitung hatte die Worte aus Haller's Usong zum Wahl-
spruch: »Das Unglück ist geschehn, das Herz des Volks ist in
den Koth getreten und keiner edlen Begierde mehr fähig.«

Mitten in trüber verfallender Zeit steht Götz, ein letzter
edler Ritter; ganz auf sich selbst ruhend, nur den Eingebungen
seiner biederen treuen und freien Seele folgend, mit starkem Arm
und unbezwinglichem Geist sich allen Lügen und Schurkereien unerschrocken entgegenstellend. »Ein deutsches Ritterherz empfand
mit Pein, In diesem Wust den Trieb, gerecht zu sein.« Und
der Dichter hat dafür gesorgt, daß sich dieses Bild edler Ritterlichkeit und gesunder Manneskraft zu dem bedeutsamen Gegen-

faß der Gesundheit einfachen Naturlebens und der sittlichen Fäulniß verzwickter Bildung erweitere. Hier Göß, Selbiß, Sickin-
gen, von den Fürsten gehaßt, aber die Retter und Helfer aller
Bedrängten; dort der Bischof von Bamberg, der Abt, Weislingen, den neuen Zuständen zugethan, und überall nur die Träger
der nichtswürdigsten Selbstsucht. Hier Elisabeth, die schlichte treue
deutsche Hausfrau, hier Marie, die fromme sittsame deutsche
Jungfrau; dort Adelheid, die höfische Weltdame, von der Ko-
ketterie zur Intrigue, von der Intrigue zum Verbrechen stür-
zend. Hier der ritterliche Reiterknabe Georg und der brave
tapfere Lerse; dort der sinnliche treulose Franz, der ebenso ein
Spiegel Weislingen's ist wie Georg und Lerse ein Spiegel Berlichingen's. Dem Ritter Göß klagt der Klosterbruder Martin,
daß das Beschwerlichste auf der Welt sei, nicht Mensch sein zu
dürfen; am Hofe des Bischof von Bamberg schaltet der gelehrte
Jurist Olearius, der dem naturwüchsigen Recht volksthümlicher
Sitte und Ueberlieferung das fremde römische Recht aufzwängt.

»Freiheit, Freiheit!« ruft Göß sterbend. »Wehe der Nach-
kommenschaft, die Dich verkennt!« antwortet Lerse. Das ganze
Gedicht ist ein Aufschrei der unterdrückten Natur gegen die herrschende Unnatur, eine dringende Mahnung zur Rückkehr aus dem
Verlebten und Verkünstelten zu einfach kernhafter Kraft und
Tüchtigkeit. Das heiße Sehnen der Zeit nach Natur und Ursprünglichkeit hatte hier den ergreifenden dichterischen Ausdruck
gefunden. Dazu die packende Gewalt des vaterländischen Stoffes
und die ächt deutsche Gesinnung. Bereits die allererste Besprechung welche erschien, die Besprechung in den Frankfurter Gelehrten Anzeigen (1773. S. 553), hob als das Bezeichnendste hervor, bisher habe man die deutschen Sitten immer nur in den
Hermannswäldern gesucht, hier aber seien wir auf ächt deutschem
Grund und Boden. Und eine Fülle und Lebendigkeit der dichterischen Gestaltung, ein Glanz und eine Wahrheit der Charak-

10*

tere, eine Frische und Treue des Localtons, eine Wärme und
Herzlichkeit und individualisirende Kraft der Sprache, und jener
unaussprechliche Hauch ächter Poesie, wie solche Herrlichkeit seit
langen Jahrhunderten, seit der goldenen Zeit Shakespeare's nicht
mehr gesehen worden!

Man fühlte überall, daß ein neuer Tag der deutschen Dichtung gekommen sei.

Und doch leidet dieses Drama an schweren Gebrechen. Nur
ein Dichter, der den Stoff zum klassischen Dichter in sich trug,
konnte Götz schaffen; aber Götz selbst ist nichts weniger als ein
klassisches Kunstwerk.

Wir wissen jetzt Alle, daß die Auffassung ungeschichtlich, die
Komposition durchaus undramatisch ist. Weil der Dichter in
dem Verfall des mittelalterlichen Feudalwesens nicht den Sieg
einer neuen wohlberechtigten Ordnung, sondern nur den Verfall
frischer und gesunder Naturkraft erblickt, fehlt der Quellpunkt
alles dramatischen Lebens, die treibende Seele einheitlicher und in
sich folgerichtiger Handlung, der Kampf naturnothwendiger Gegensätze, in dessen Durchführung und Ausgang sich die siegende
Kraft der sittlichen Vernunft bethätigt. Der Schluß ist traurig,
nicht tragisch, ist peinigend, nicht erhebend und versöhnend. Der
Untergang des Helden erscheint als der Untergang alles Reinen
und Guten; es wird, heißt es, eine Zeit kommen, in welcher die
Nichtswürdigen mit List regieren und die Edlen in ihre Netze
fallen werden. Der Dichter hat diesen Fehler gefühlt. Um ihn
zu mildern und zu verstecken, ist der Schluß so zart und elegisch.
Aber dies ist eine Zartheit und elegische Weichheit, in welcher man
den alten streitbaren Recken von früher kaum wieder erkennt.
Und statt der Einheit der Handlung nur Einheit der Person,
nur lauter einzelne zufällige, in sich zusammenhangslose Erlebnisse und Begebenheiten. Götz ist kein Drama, sondern nur
eine dramatisirte Biographie. Götz hat daher auch niemals die

Probe dramatischer Aufführung glücklich bestanden, so oft und so verschiedenartig in den verschiedensten Perioden seines Lebens der Dichter selbst diese Probe gemacht hat.

Je gewaltiger die Herrlichkeit dieser Dichtung in den Gemüthern zündete, um so verhängnißvoller wirkten die Mängel. Jene verderbliche Irrlehre, welche sich die gesammte junge Dichterschule der Sturm- und Drangperiode aus dem verlockenden Vorbild der englischen Historien Shakespeare's gezogen, daß, wie die Einheit des Orts und der Zeit, so auch die Einheit der Handlung nur eine ganz willkürliche und darum eine in gleicher Weise zu beseitigende Beschränkung des Genius sei, wäre sicher nicht so allgemein und so nachhaltig zur Geltung gekommen, hätte ihr nicht Goethe mit seinem Götz so wirksamen Nachdruck gegeben. Lessing war völlig im Recht, wenn er diese tumultuarische Ueberstürzung nur als anmaßliche Unreife, nur als schnöden und gefährlichen Abfall von den unvergänglichsten Errungenschaften seiner großen dramatischen und dramaturgischen Befreiungskämpfe betrachtete. Treibt doch selbst heut noch der dilettantische Wahn, als sei das historische Drama dem unumstößlichsten dramatischen Grundgesetz, der Forderung fest in sich geschlossener Einheit der Handlung enthoben, noch immer sein klägliches Wesen!

Clavigo.

Es war ein sehr überraschender Abstand, als unmittelbar auf Götz, im Frühjahr 1774, Clavigo folgte. Dort Alles so neu, so wild und tumultuarisch; hier Alles in den bescheidenen Grenzen des bürgerlichen Trauerspiels, für welche Lessing so eben in Emilia Galotti ein glänzendes Vorbild gegeben. Nicht blos die Gegner jubelten, Goethe sei noch lange nicht der Wundermann, für den man ihn fälschlich gehalten, sondern selbst Goethe's treuer und fürsorglicher Freund Merck hatte für Clavigo nur Härte, höchstens Entschuldigung.

Gleichwohl steht künstlerisch Clavigo weit höher als Götz. Ja Clavigo ist in der Geschichte des deutschen Dramas epochemachend. Der Stoff ist den Denkwürdigkeiten von Beaumarchais entlehnt; aber das Grundmotiv, in welchem die entscheidende Bedeutung dieser Tragödie liegt, ist einzig und allein Goethe angehörig. Beaumarchais erzählt in dem Tagebuch seiner spanischen Reise die Geschichte Clavigo's lediglich in der Absicht, um sich gegen die gehässige Anklage zu vertheidigen, als sei sein gewaltsamer Ueberfall nur die Erzwingung eines Heirathsversprechens oder gar nur eine gemeine Gelderpressung gewesen. Nicht auf die Herzensgeschichte zwischen Clavigo und Marie, sondern auf den Ehrenhandel zwischen Clavigo und Beaumarchais, auf Clavigo's feige Zweizüngigkeit und hinterhaltige Ränkesucht, und auf die Genugthuung, welche Beaumarchais endlich von der spanischen Regierung erhält, wird das Gewicht gelegt. Clavigo erscheint als verächtlicher Schurke; über das Mädchen und dessen letztes Schicksal bleiben wir ohne Kunde; der Hauptheld ist Beaumarchais, der aus all den Schlingen, mit welchen man ihn umstrickt, siegreich hervorgeht. Goethe dagegen, mit dem nagenden Wurm im Herzen, den seine schuldvolle Untreue gegen Friderike von Sesenheim in ihm zurückgelassen, erhob Clavigo zum Helden und stellte in diesem den tiefen Kampf dar, welcher im lebendigen Angedenken an die unglückliche Jugendgeliebte noch immer stürmisch in ihm auf- und abwogte.

»Mein Held«, schreibt Goethe (Bd. 27, S. 475) am 1. Juni 1774 an Schönborn, einen Literaturfreund aus den Klopstock'schen Kreisen, der damals als dänischer Consulatssekretär in Algier lebte, »ist ein unbestimmter, halb großer halb kleiner Mensch, der Pendant zum Weißlingen im Götz, vielmehr Weißlingen selbst in der ganzen Rundheit einer Hauptperson; auch finden sich hier Scenen, die ich im Götz, um das Hauptinteresse nicht zu schwächen, nur andeuten konnte.«

Clavigo durchkämpft den schweren Kampf zwischen der Forderung der Selbsterhaltung, der inneren Befriedigung und unverkümmerten Entwicklung, und zwischen der Pflicht der angelob-
ten Treue, deren Verletzung der armen Verlassenen das Herz
bricht. Mit großer Kunst hat der Dichter diese innere Zwiespältigkeit des Helden an zwei selbständige gesonderte Persönlichkeiten vertheilt; nur so konnte sich der lyrische Monolog zum
dramatischen Dialog, das schwankende Hin und Her der Gründe
und Gegengründe zu greifbarem plastischem Leben gestalten. Clavigo spricht die Sprache des Herzens, sein Freund Carlos die
Sprache des weltklugen Verstandes. Carlos, zu welchem offenbar Merck die hervorstechendsten Züge geliehen, ist einer der mei-
sterhaftesten Charaktere, die Goethe geschaffen. Wohl erinnert er
an Marinelli; aber der Unterschied ist, daß er nicht ein feiler
Intriguant ist wie dieser, sondern berechtigte Zwecke verfolgt,
wenn auch herzlos und gewissenlos in der Wahl der Mittel.
Clavigo verläßt die Geliebte. Marie siecht dahin in Liebesgram.
Beaumarchais, ihr Bruder, übernimmt die Rache des verletzten
Familiengeistes. Neues Schwanken Clavigo's, dessen Herz aufs
tiefste ergriffen wird, da er die schrecklichen Folgen seiner Unthat
gewahrt. Erneutes Aufstacheln von Seiten des Freundes Carlos, der den Freund vor der Wiederaufnahme des alten Verhältnisses zu behüten sucht, in welchem er von seinem Standpunkt
aus nur einen »dummen Streich« erblickt. Rückkehr Clavigo's
zu Marie. In der Seele Clavigo's vertieftes Gefühl der Entfremdung und auf Grund dieses Gefühls erneuerter Abfall. Die
Folgen der Schuld treten verderblich zu Tage. Um Beaumarchais unschädlich zu machen, muß Clavigo abscheulichen Verrath
spinnen; Marie stirbt an gebrochenem Herzen. Zweikampf zwischen Clavigo und Beaumarchais. Tod Clavigo's.

Wenn man gesagt hat, daß ein Zurückgehen auf Lessing ein
Fortschreiten sei, so gilt dies von Goethe's Clavigo im wörtlich-

ßen Sinn. An die Stelle der völlig undramatischen Kompositionsweise des Götz, der, weil er nur die Einheit der Person,
nicht die für jedes Drama unerläßliche Einheit der Handlung
hat, nicht sowohl ein Drama als vielmehr nur eine dramatisirte
Biographie ist, setzt die Clavigotragödie wieder die ächt dramatische Einheit der Handlung, den fest und straff gegeneinanderge-
spannten dramatischen Kampf und Gegensatz. Zugleich aber ist
die Clavigotragödie ein sehr bedeutsames und tief eingreifendes
Hinausgehen über die Schranken der ·Lessing'schen Tragik. Unter allen deutschen Dramen wird in der Clavigotragödie zuerst
wieder das eigenste Lebensgeheimniß Shakespeare'scher Tragik,
der Begriff der tragischen Schuld und deren nothwendige Ableitung aus dem Charakter des Helden, wiederentdeckt und künstlerisch verwirklicht. Emilia Galotti ist Intriguentragödie, Clavigo ist in ächt Shakespeare'scher Art Charaktertragödie. In
Emilia Galotti wird die Verwicklung rein äußerlich und zufällig
durch das Anstiften oder wenigstens durch die dienstfertige Mit-
hilfe eines böswilligen Intriguanten herbeigeführt; die Katastrophe ist daher peinigend, die Tugend unterliegt und das Laster
triumphirt oder geht doch sehr leichten Kaufes aus. In Clavigo
entspringt die Verwicklung aus der tragischen Schuld des Helden selbst; die Katastrophe ist daher in ächt tragischem Sinn erhebend und reinigend, der Untergang des Helden ist die Bestätigung und die Sühne der gestörten sittlichen Weltordnung.

Und mit sicherem Kunstgefühl hatte der junge Dichter
nicht blos erkannt, daß die moderne Tragödie ihrem innersten
Wesen nach Charaktertragödie sein müsse, sondern auch, daß sie
um so tiefer und reiner sei, je mehr die tragische Schuld des
Helden in sich selbst Berechtigung habe und nur erst dadurch
zur Schuld werde, daß sich ein an und für sich Berechtigtes
einseitig auf Kosten und mit Verletzung anderer berechtigter sittlicher Mächte und Forderungen geltend machen und durchsetzen

will. Das Aristotelische Gesetz, daß keine der dargestellten Hauptpersonen niedrig schlecht sein dürfe, hat lediglich den Grund, daß die Tragödie nicht ein Kampf der Tugend mit dem Laster, sondern der Kampf zweier berechtigter, ja möglichst gleichberechtigter Gegensätze ist. Goethe spricht dieses tiefe Kunstgefühl fast allzu bescheiden aus, wenn er in Wahrheit und Dichtung (Bd. 22, S. 264) sagt, der Bösewichter müde, die aus Rache, Haß oder kleinlichen Absichten sich einer edlen Natur entgegensetzen und sie zu Grunde richten, habe er in Carlos den reinen Weltverstand gegen Leidenschaft, Neigung und äußere Bedrängniß wirken lassen, um auch einmal auf diese Weise eine Tragödie zu motiviren. Der Mangel der Clavigotragödie ist nur, daß der Begriff der tragischen Schuld und des tragischen Gegensatzes in ihr zwar richtig erfaßt ist, daß aber das gewählte Grundmotiv diesen Begriff nicht völlig deckt. Jeder ächt tragische Fall ist von Hause aus unversöhnbar. Treffend schreibt Schiller einmal an Körner (Bd. 1, S. 237): »Wenn eine Tragödie nicht ganz unausbleiblich geschehen sein muß, sobald ihre Voraussetzungen Realität erhalten, so ist sie ein Unding.« So tief aber ist hier die Spannung der Gegensätze nicht, daß der tragische Ausgang unabwendbar gewesen wäre. Goethe hat seine Schuld gegen Friderike von Sesenheim überlebt; der Spanier Clavigo, das Urbild, kam zu hohen Ehren, und lächelte, als er hörte, wie oft er auf der deutschen Bühne ermordet werde. Die Herbeiführung der Katastrophe ist daher loser und äußerlicher als die ächte Kunst gestattet; sie entspringt aus der Schuld nicht mit unbedingter Nothwendigkeit. Es ist lediglich Zufall, daß Clavigo der Leiche Mariens begegnet; und ebenso ist es lediglich Zufall, daß, als es zum Zweikampf kommt zwischen Clavigo und Beaumarchais, Clavigo der Unterliegende ist. Es ist immer ein schlechtes Zeugniß für die tragische Tauglichkeit des Grundmotivs, wenn es dem Dichter Mühe macht, den Helden schließlich von der Bühne zu bringen.

In Wahrheit und Dichtung erzählt Goethe, der Schluß sei einer englischen Ballade entlehnt. Dies ist ein Irrthum. Goethe's Vorbild war zum Theil ein altes Volkslied, »das Lied vom Herren und der Magd« (Wunderhorn, Bd. 1, S. 50), das unter den auf Herder's Anregung von Goethe im Elsaß gesammelten Volksliedern sich findet (vgl. aus Herder's Nachlaß Bd. 1, S. 157), zum Theil die Scene zwischen Hamlet und Laertes am Grabe Ophelia's.

Werther.

Merck schreibt in einem Briefe vom 14. Februar 1774 an seine Gattin (Dritte Sammlung. 1847. S. 88.): »Der große Erfolg, den Goethe mit seinem Götz gehabt, habe ihm ein wenig den Kopf bethört«; er sondere sich von allen seinen Freunden ab und lebe nur in seinen Dichtungen. Merck setzt hinzu: »Es muß ihm Alles gelingen, was er unternimmt; und ich sehe voraus, daß ein Roman, der von ihm zu Ostern erscheint, ebenso gute Aufnahme finden wird wie sein Drama.«

Die Erwartung Merck's erfüllte sich glänzend. Der Roman, welcher hier gemeint ist, war Werther.

Viel tiefer als Götz und selbst als Clavigo ist Werther aus dem innersten Gemüthsleben Goethe's genommen. Noch in seinem hohen Alter, in den Gesprächen mit Eckermann, nennt Goethe diese Dichtung ein Geschöpf, das er gleich dem Pelican mit dem Blut seines eigenen Herzens gefüttert.

Bis in das Einzelnste ist jetzt bekannt, inwie weit die unglückliche Liebe Goethe's für Charlotte Buff, die verlobte Braut seines Freundes Kestner, und das tragische Schicksal des jungen Jerusalem, der eine gleiche Herzensirrung mit seinem Untergang büßte, als äußerer Anlaß und stoffliche Unterlage diente. Aber nur um so mehr müssen wir die unvergleichliche Kraft und Kunst des Dichters bewundern, mit welcher er diese Ereignisse

zum tief ergreifenden, ächt dichterischen, im höchsten Sinn monu-
mentalen Ausdruck jener grübelnden wühlenden Stimmung zu
machen wußte, die damals in dem gesammten jungen Geschlecht
unheilvoll umging und an deſſen innerſtem Lebensmark zehrte.

Weltſchmerz! Es iſt ein ſo ſchmählich entheiligtes Wort;
aber für die unruhig leidenſchaftliche Wertherſtimmung iſt es die
einzig richtige Bezeichnung. Unter den Einwirkungen Klopſtod's
und Gellert's war viel Empfindelei und Schönſeligkeit empor-
gewuchert; Young und Oſſian nährten den gegenſtandsloſen Trüb-
ſinn; Shakeſpeare's gewaltige Dichtung entrollte eine Welt voll
That und Leidenſchaft, die alle Gemüther entflammte. Was
Wunder, daß ein ſolches Geſchlecht dem poeſievollen Idealismus
Rouſſeau's, der dem verbildeten Menſchenwerk den Spiegel der
reinen und unverfälſchten Natur vorhielt, von ganzer Seele gehörte und ſich prüfungslos ſogar an deſſen Phantaſtereien be-
rauſchte? Draußen das ſchleppende geiſtloſe bürgerliche Daſein;
tief innen das ununterbrückbare Unendlichkeitsſtreben des ſeine
Rechte fühlenden Herzens, das, weil es nirgends Genüge findet,
ſich nun für dieſe ſchaale Welt zu gut dünkt und, ſtatt ernſt und
ſtetig an deren allmälicher Fortbildung zu arbeiten, in unmu-
thigem Uebermuth eitel und eigenwillig ſich in ſich zurückzieht.
»Daß das Leben nur ein Traum ſei, iſt Manchem ſchon ſo vorgekommen, und auch mit mir zieht dieſes Gefühl immer herum.
Wenn ich die Einſchränkung anſehe, in welcher die thätigen und
forſchenden Kräfte des Menſchen eingeſperrt ſind, wenn ich ſehe,
wie alle Wirkſamkeit da hinausläuft, ſich die Befriedigung von
Bedürfniſſen zu ſchaffen, die wieder keinen Zweck haben als unſere arme Exiſtenz zu verlängern, und dann, daß alle Beruhigung über gewiſſe Punkte des Nachforſchens nur eine träumende
Reſignation iſt, da man ſich die Wände, zwiſchen denen man gefangen ſitzt, mit bunten Geſtalten und lichten Ausſichten bemalt, —
das Alles macht mich ſtumm! Ich kehre in mich ſelbſt zurück

und finde eine Welt! Wieder mehr nur in Ahnung und dunkler
Begier als in Darstellung und lebendiger Kraft! Und da
schwimmt Alles vor meinen Sinnen und ich lächle dann
so träumend weiter!»

Goethe selbst hat dieses Grundmotiv seiner Dichtung scharf
und bestimmt ausgesprochen. Wenige Monate nach Vollendung
derselben, am 1. Juni 1774, schreibt er (Bd. 27, S. 474) an
Schönborn in Algier, er habe in den Leiden des jungen Werther einen jungen Menschen dargestellt, «der mit einer tiefen reinen Empfindung und wahrer Penetration begabt, sich in schwär-
mende Träume verliert, sich durch Speculation untergräbt, bis
er zuletzt durch hinzutretende unglückliche Leidenschaften, besonders
eine endlose Liebe zerrüttet, sich eine Kugel vor den Kopf
schießt.»

Die Leidensgeschichte Werther's ist die Tragödie eines un-
gebändigten empfindsamen Herzens, das lieber der harten und
kalten Welt verachtend den Rücken kehrt als daß es das Recht
und die Unendlichkeit seines Gefühlslebens kleinmüthig verleugnen
möchte.

Nie wieder hat Goethe etwas geschaffen, das eine so hinreißende Gluth mit einer so unbeirrbaren Sicherheit der künstlerischen Genialität verbindet. Wie der Dichter selbst aus jenem
tiefen Herzenserlebniß, das der Erfindung des Romans zum
Grunde liegt, zwar schmerzvoll, aber unversehrt hervorging, so
ist auch hier in der Dichtung das Recht der sittlichen Vernunft
durch den tragischen Untergang des Helden gewahrt und hervorgehoben; und doch glüht und zittert in jeder Zeile die fieberhafte
Erregtheit des tiefsten Seelenschmerzes, die unwiderstehliche Allgewalt der Leidenschaft, der drängende Kampf überschwellenden
Gefühls gegen die Dürre und Prosa der herrschenden Sitte.

Sogleich die ersten Briefe führen uns in Werther's inner-
stes Wesen. Eine wehmüthig bewegte Stimmung erfüllt ihn;

die Erinnerung an ein geliebtes, aber aufgegebenes Mädchen klingt leise in ihm nach. Ein um so köstlicherer Balsam ist ihm die paradiesische Gegend, in welche er sich einsam zurückgezogen, und die erquickende Frühlingspracht. Oft möchte er erliegen unter der unaussprechlichen Herrlichkeit dieser Erscheinungen; und am liebsten verkehrt er mit Kindern und mit Menschen aus dem niederen Volk, denn in diesen schaut und genießt er das rein und einfach Menschliche am hellsten und unmittelbarsten. Doch ist schon jetzt klar ersichtlich, daß an Werther's Jugendblüthe ein tödtlicher Wurm nagt. »Wie oft lull ich mein empörtes Blut zur Ruhe«, schreibt er an seinen Freund Wilhelm, »denn so ungleich, so unstät hast Du nichts gesehen als dieses Herz! Lieber! brauch ich Dir das zu sagen, der Du so oft die Last getragen hast, mich vom Kummer zur Ausschweifung und von süßer Melancholie zur verderblichen Leidenschaft übergehen zu sehen! Auch halte ich mein Herzchen wie ein krankes Kind, jeder Wille wird ihm gestattet. Sage das nicht weiter; es giebt Leute, die es mir verübeln würden.« Nur in der schweifenden Ungebundenheit, das Brausen und Stürmen des eigenwilligen und empfindungsseligen Herzens voll und ganz auszuleben, sieht er die lebenswerthe unveräußerliche Menschenbestimmung.

Und immer tiefer bohrt sich Werther in das verzehrende Grübeln über die Gebrochenheit und Bedingtheit des Lebens. Was Arbeit, was selbst Hingebung an eine bestimmte einzelne Freude? »Es ist ein einförmiges Ding um das Menschengeschlecht. Die Meisten verarbeiten den größten Theil, um zu leben; und das Bißchen, das ihnen von Freiheit übrig bleibt, ängstigt sie so, daß sie alle Mittel aufsuchen, es los zu werden!« — — »Wenn ich mich manchmal vergesse und manchmal mit den Menschen die Freuden genieße, die den Menschen noch gewährt sind, an einem artig besetzten Tisch mit aller Offenherzigkeit und Treuherzigkeit sich herumzuspaßen, eine Spazierfahrt,

einen Tanz zur rechten Zeit anzuordnen, und dergleichen, das
thut eine ganze Wirkung auf mich, nur muß mir nicht einfallen,
daß noch so viele andere Kräfte in mir ruhen, die alle unge-
nutzt vermodern und die ich sorgfältig verbergen muß. Ach, das
engt das Herz so ein!« Was bleibt in dieser peinvollen Ver-
düsterung? »Ich sage Dir, mein Schatz, wenn meine Sinnen gar
nicht mehr halten wollen, so lindert all den Tumult der Anblick
eines Geschöpfs, das in glücklicher Gelassenheit den engen Kreis
seines Daseins hingeht, von einem Tage zum andern sich durch-
hilft, die Blätter abfallen sieht und nichts dabei denkt als daß
der Winter kommt.« Ja, schon drängt sich das verhängnißvolle
Wort hervor, des Menschen höchstes Glück sei, daß er bei aller Ein-
schränkung doch immer im Herzen das süße Gefühl der Freiheit behalte, diesen Kerker verlassen zu können, wann er wolle.

Von einem so übervollen empfindungswarmen Herzen sind
die Stürme des Lebens unabwendbar. Und wie kann es ihnen
gewachsen sein? Werther lernt Lotte kennen. Welch' köstliche
Perle ächtester Poesie ist dieser Brief, in welchem Werther sein
erstes Begegnen mit ihr schildert.

Wir blicken in ihr stilles idyllisches Hauswesen; die Sorge
und Pflege für den Vater und die verwaisten jüngeren Geschwister
hat sie früh über ihr Alter hinaus selbständig und erfahren gemacht. In ihrer reinen Begeisterung für den Vicar of Wake-
field und für die gemüthvollen Oden Klopstock's zeigt sich ihre
rege Empfänglichkeit für alles Gute und Schöne; in Tanz und
Spiel ist sie das unbefangene Mädchen voll frischer Munterkeit.
»So viel Einfalt bei so viel Verstand, so viel Güte bei so viel
Festigkeit, und die Ruhe der Seele bei dem wahren Leben und
dieser Thätigkeit!« Es ist das reizvolle Gegenbild, in welchem
Werther anschaut und liebt, was ihm selbst mangelt. Werther
ist durch diese aufkeimende Leidenschaft in seiner ganzen Stimmung verändert. Früher hatte er so gern in der Einsamkeit der

Natur geschwelgt; jeder Baum, jede Hecke war ihm ein Strauß
von Blüthen; man möchte zum Maikäfer werden, hatte er aus-
gerufen, um in dem Meer von Wohlgerüchen herumzuschwe-
ben und alle seine Nahrung darin finden zu können. Jetzt ist
ihm dies Alles gleichgültig; jetzt können Sonne, Mond und
Sterne geruhig ihre Wirthschaft treiben, er weiß weder daß Tag
noch daß Nacht ist, die ganze Welt verliert sich um ihn her.
Und bis dahin war es sein Höchstes gewesen, im Gleise der
Gewohnheit so herzufahren und sich weder um Rechts noch um
Links zu bekümmern, sein ganzes Wesen wollte er an die Fülle
der Unendlichkeit hingeben. Jetzt lechzt er nach entschlüpftem
Labsal und er gewahrt staunend, daß sich der unruhigste Vaga-
bund zuletzt wieder nach seinem Vaterland sehnt und einzig in
seiner Hütte, an der Brust seiner Gattin, im Kreise seiner Kinder, in den Geschäften zu ihrer Erhaltung, die Wonne findet,
die er in der weiten Welt vergebens suchte. Aber eine unerläßliche schwere Pflicht ist ihm zugefallen. Die Geliebte ist die
Verlobte eines Andern. Entweder muß er trotz aller Hindernisse seine Wünsche gewaltthätig durchzusetzen streben oder seine
Liebe mit aller Kraft in sich niederkämpfen. Weder zu dem
einen noch zu dem andern Schritt hat seine brütende Leidenschaftlichkeit den frisch aufspringenden abschüttelnden Muth. Der
unausbleibliche harte Zusammenstoß bleibt nicht aus. Albert, der
Bräutigam, kommt. Er ist der beste Mensch unter dem Himmel, ganz ohne Eifersucht, auch seinerseits dem neuen Freund
bald aufs aufrichtigste zugethan. Werther aber fühlt doch täglich mehr das Unhaltbare seiner Stellung und bekennt dieses Gefühl in den leidenschaftlichsten Ausdrücken. Werther wäre nicht
Werther, hätte er die Thatkraft, den Versuch zu machen, Albert
aus dem Herzen der Geliebten zu drängen. Wie aber kann er
von seiner Liebe lassen? Nur Strohmänner, sagt er, können
meinen, er solle sich resigniren, weil es nun einmal nicht anders

sein könne. Eine tiefe Tragik umstrickt ihn. Immer häufiger werden in ihm die Gedanken an Selbstmord, immer ausschließlicher und selbstquälerischer die Betrachtungen über die Nachtseiten des Lebens. Selbst sein volles warmes Gefühl an der lebendigen Natur wird ihm jetzt nur eine Quelle des Elends; was ist die Natur als der Abgrund des ewig offenen Grabes, ein ewig verschlingendes, ewig wiederkäuendes Ungeheuer? In wilden und unwegsamen Fußwanderungen sucht er das tobende Herz zu beschwichtigen. Vergebens. Endlich ermannt er sich. Er flieht.

In geregelter Thätigkeit sucht er sich zu vergessen. Er ist bei einer Gesandtschaft eingetreten. Der Anfang ist leidlich. Das Beste ist, daß es genug zu thun giebt; und die vielerlei Menschen, die allerlei neuen Gestalten machen ihm ein buntes Schauspiel vor seiner Seele. Aber für immer? Es umbrängt ihn die Geschäftspedanterei, die Kleinlichkeit und Enge der Etikette, der Schwall der elendesten und erbärmlichsten Leidenschaften; zuletzt trifft ihn sogar eine empörende Zurücksetzung von Seiten des sinnlosesten adlichen Kastengeistes.

Diese Hinweisung auf die Unbill und Jämmerlichkeit der maßgebenden gesellschaftlichen Zustände und Anschauungen ist nicht, wie Napoleon in seiner Unterhaltung mit Goethe rügte und wie Goethe unbegreiflicherweise zugestand, eine Durchschneidung der Einheitlichkeit des Grundmotivs, sondern eine sehr wesentliche Verstärkung und Vertiefung desselben. Der Groll Werther's gegen die Welt gewinnt dadurch nur um so mehr Berechtigung und größere Allgemeinheit. Der geniale Jüngling soll verkümmern in diesen Philistereien und Unwürdigkeiten, gleich dem Pferde in der Fabel, das, seiner Freiheit ungeduldig, sich Sattel und Zeug auflegen läßt und endlich zu Schanden geritten wird?

Aufs neue beginnt Werther die gefährliche Irrfahrt. »Ja wohl bin ich nur ein Wanderer, ein Waller auf der Erde, seid

Ihr denn mehr?« Er will in den Krieg; es ist nur eine flüch=
tige Grille. Gleich dem Schmetterling, der immer wieder zu
der tödtenden Lichtflamme, der er entflohen, blindlings zurückflat=
tert, kehrt Werther wieder zurück in die Nähe der Geliebten. Er
phantasirt sich in den Wahn, sie sei mit Albert nicht glücklich. Es
wird in ihm immer düsterer und finsterer. An die Stelle Homer's
tritt Ossian. Was noch an thätiger Kraft in ihm ist, verlischt.
»Wehe mir! ich fühle zu wahr, daß an mir allein alle Schuld
liegt. Nicht Schuld! Genug, daß in mir die Quelle alles Elends
verborgen ist, wie vormals die Quelle aller Seligkeit. Bin ich
nicht noch eben derselbe, der ehemals in aller Fülle der Empfin=
dung herumschwebte, dem auf jedem Tritt ein Paradies folgte,
der ein Herz hatte, die ganze Welt liebevoll zu umfassen? Und
dies Herz ist jetzt todt, aus ihm fließen keine Entzückungen mehr,
meine Augen sind trocken, und meine Sinne, die nicht mehr von
erquickenden Thränen gelabt werden, ziehen ängstlich meine Stirn
zusammen. Ich leide viel, denn ich habe verloren, was meines
Lebens einzige Wonne war; die heilige belebende Kraft, mit der
ich Welten um mich schuf, sie ist dahin! Ich habe mich oft auf
den Boden geworfen und Gott um Thränen gebeten wie ein
Ackersmann um Regen, wenn der Himmel ehern über ihm ist und
um ihn die Erde verdürstet; aber ach! ich fühle es, Gott giebt
Regen und Sonnenschein nicht unserm ungestümen Bitten, und
jene Zeiten, deren Andenken mich quält, warum waren sie so
selig, als weil ich mit Geduld seinen Geist erwartete, und die
Wonne, die er über mich ausgoß, mit ganzem innig dankbarem
Herzen aufnahm!«

Für den Müden und Gebrochenen ist kein rettender Aus=
weg. Die Kämpfe, die er noch mit sich kämpft, sind nur halbe
Kämpfe, ohne das Wollen des Sieges, und darum nur unauf=
hörliche Niederlagen. Der Entschluß, die Welt zu verlassen,
reift. »Den Vorhang aufzuheben und dahinterzutreten, das ist

Alles! Und warum das Zaudern und Zagen? Weil man nicht weiß, wie es dahinter aussieht? Und man nicht wiederkehrt? Und daß das nun die Eigenschaft unseres Geistes ist, da Ver- wirrung und Finsterniß zu ahnen, wovon wir nichts Bestimm- tes wissen!« — »Ja, Lotte, warum sollte ich es verschwei- gen? Eines von uns Dreien muß hinweg, und das will ich sein! O meine Beste! in diesem zerrissenen Herzen ist es wüthend herumgeschlichen, oft — deinen Mann zu ermorden! Dich! mich! so sei es!« Wie mit Schwertern trifft es in unser Herz, wenn unter solcher Stimmung Werther der Geliebten aus Ossian liest: »Die Zeit meines Welkens ist nahe, nahe der Sturm, der meine Blätter herabstört! Morgen wird der Wanderer kom- men, der mich sah in meiner Schönheit, ringsum wird sein Auge im Felde mich suchen und wird mich nicht finden.« Nun ge- schieht das Unabwendbare. Werther tödtet sich.

»Handwerker trugen ihn, kein Geistlicher hat ihn begleitet.« Schneidender als diese letzten Worte des Romans, welche dem Briefe entlehnt sind, in welchem Kestner an Goethe den Tod des jungen Jerusalem meldete, hätte der Schluß gar nicht er- funden werden können. Gegenüber der Tragödie des überschweng- lichen leidenschaftlichen Herzens die pharisäische Herzlosigkeit der Weltsitte.

Die Wertherdichtung ist nicht die tiefste, aber die bewun- derungswürdigste Dichtung Goethe's. Das Grundmotiv ist krank- haft, und doch von unzerstörbarer Wirkung; veraltet, und doch unveraltbar. Die Zwiespältigkeit dieses Eindrucks besteht darin, daß der unverbrüchliche Idealismus des Herzens hier nur in der unreifen und unklaren Form eigensüchtiger Phantastik auftritt, und daß diese unreife und unklare Phantastik in der dichterischen Darstellung doch mit aller Hoheit und Unbezwinglichkeit des wahren und ächten Idealismus erfüllt und durchglüht ist.

Werther ist Phantast. Die Erbärmlichkeit des Weltlaufs,

meint Werther und wir sollen es mit ihm meinen, hat keinen
Raum für solche Tiefe und Innerlichkeit. Einem gesunden that-
kräftigen Herzen wäre die Tragik Werther's nicht unlösbar gewesen. Mehr Selbstbeherrschung und Manneskraft, und Werther
war gerettet, wie der Dichter aus gleicher Verwicklung siegreich
hervorgegangen. Die aus der Bearbeitung von 1786 stammende
Einschiebung der höchst wirksamen Parallelgeschichten der beiden
Bauernburschen, von denen der eine aus Liebe seinen Verstand
verliert, der andere aus Eifersucht seinen Mitbewerber todtschlägt,
zeigt, daß später die gereiftere Kunsteinsicht Goethe's diesen Mangel erkannte und ihn durch die Hinweisung auf die dämonische
Urgewalt elementarer Leidenschaft möglichst zu verdecken suchte.
Trotzdem wird Werther zum Untergang geführt; und zwar so, daß
er nicht als ein Fehlender dargestellt wird, sondern als ein tief beklagenswerth Unglücklicher, als ein der unentrinnbaren Welttragik
schuldlos Erliegender. Die Dichtung wäre nicht zu ertragen und
fiele in die Reihe der peinlichsten Empfindsamkeitsromane, wäre
mit dieser krankhaften Phantastik das Grundmotiv erschöpft. Aber
das grade ist die eigenste Größe und der mit Nichts vergleichbare
Reiz dieser Dichtung, daß sie nichtsdestoweniger zugleich voll des
gesundesten kraftstrotzendsten Lebensgefühls ist. Freilich ist jener
stürmende unglückliche Jüngling Phantast; aber er ist nicht blos
Phantast. Untrennbar neben und in seiner Ueberspannung und
Krankhaftigkeit, durch die er sich untergräbt und vernichtet, liegt so
viel ächter und kräftiger Idealismus, so viel rein und allgemein
Menschliches, so viel gesunder revolutionärer Zorn gegen Unnatur
und Unvernunft, so viel spornendes Verlangen nach Poesie und
Ursprünglichkeit, daß wir immer wieder in die tiefste Mitleiden-
schaft des Helden gezogen werden, daß wir trotz aller seiner trüben
Leidenschaftlichkeit ihn immer wieder als einen Theil unserer selbst,
und zwar nicht als den schlechtesten, empfinden, ja daß, wie
Goethe in den Gesprächen mit Eckermann (Bd. 3, S. 40) sich

ausdrückt, Jeder einmal im Leben eine Epoche hat, in welcher ihm der Werther kommt, als sei er eigens für ihn geschrieben.

Und dazu die unvergleichliche Kunst der Komposition und der dichterischen Darstellung. Was Rousseau in der Neuen Heloise ahnungsvoll, aber unzulänglich erstrebte, hier ist es überwältigende That. Ein so umstrickender Zauber festgeschlossener künstlerischer Einheit, eine so zwingende unentrinnbare Grundstimmung, ein so ergreifendes Schauen und Offenbaren der geheimsten und schreckhaftesten Abgründe und Herzenstiefen, eine so warme und lebensvolle Empfindung für die Poesie des menschlichen Kleinlebens sowohl wie der gewaltigsten Leidenschaften, ein so offenes und plastisches Auge für die Fülle landschaftlicher Schönheit und für das machtvolle Einwirken der Naturumgebung auf die wechselnden Seelenstimmungen, eine solche Gluth und Macht der Sprache war noch nicht gehört worden und ist selbst von Goethe in solcher Tiefe und Energie nur im Faust wiedererreicht. Ueberall die packende Kraft und die volle und innige Gegenwart des innerlichst Selbsterlebten.

Es ist bekannt, wie tief die Gewalt dieser Dichtung das innerste Mark der Zeit traf.

Die Männer der Aufklärungsbildung, nicht blos Nicolai, sondern auch die Größten und Besten wie Lessing und Kant, sahen in ihrer scharfen Verstandesklarheit in Werther nur den krankhaften, eitlen, abenteuerlichen Phantasten, dessen kleingroßes, verächtlich schätzbares Wesen um so gefährlicher sei, je näher es liege, die poetische Schönheit mit der moralischen zu verwechseln. Mit den Schlacken verwarfen sie auch den Kern. Die Jugend dagegen, befangen in demselben gefühlsdunklen weltfeindlichen Groll und Ungestüm, sah in Werther nur den heldenmüthigen Kämpfer für die Poesie des Idealismus, den tragischen Blutzeugen für die unaufgebbaren Rechte des Herzens. »Es war jetzt erlaubt«, sagt Rehberg, einer dieser jüngeren Zeitgenossen (vgl. Tied's Kritische

Schriften, Bb. 2, S. 301), »Gedanken laut werden zu laſſen, die man einſt kaum gewagt hatte, ſich ſelbſt zu geſtehen, Geſin= nungen zu äußern, die man ſich ſelbſt nicht hatte geſtehen dürfen; bald ward es etwas Schönes, dieſes Alles zur Schau zu tragen. Ich war ſiebzehn Jahre alt, als Werther erſchien. Vier Wochen lang habe ich mich in Thränen gebadet; nicht über die Liebe und das Schickſal des armen Werther, ſondern in der Zer= knirſchung des Herzens und im bemüthigenden Bewußtſein, daß ich nicht ſo dächte, nicht ſo fein könne, als dieſer da. Ich war von der Idee befallen, wer fähig ſei, die Welt zu erkennen, wie ſie wirklich iſt, müſſe ſo denken, müſſe ſo ſein«.

Und dieſe unterwühlende Wirkung erſtreckte ſich nicht blos auf Deutſchland, ſondern über ganz Europa, über die ganze gebildete Welt.

Während der Dichter ſich durch ſeine Dichtung von ſeinen Leiden und Verſtimmungen befreit hatte, mußte er es erleben, daß ſeine Dichtung die kranke ſiechende Zeitſtimmung beförderte, ja erſt zum vollen Ausbruch brachte. Man kleidete ſich nicht blos in die Tracht Werther's, man wallfahrtete nicht blos zu ſeinem Grabe; es fehlte auch nicht an Solchen, die gleich ihm in eitler Weltverachtung den Tod ſuchten. Werther hat mehr Selbſtmorde verurſacht als die ſchönſte Frau, ſagt ſpottend Madame Stael.

Niemand erſchrak über dieſe furchtbare Erregung der Geiſter mehr als der Dichter ſelbſt. Es hat ſich das Bruchſtück einer Vorrede erhalten, (vgl. Schöll. Briefe und Aufſätze, S. 146). welche wahrſcheinlich für die im Uebrigen unveränderte zweite Auf= lage aus dem Jahr 1775 beſtimmt war. Dieſes Bruchſtück legt dem Leſer ans Herz, er ſolle aus dem Büchlein nicht den Hang zu unthätigem Mißmuth in ſich vermehren, ſondern es vielmehr als einem tröſtenden warnenden Freund betrachten, wenn er aus Geſchick oder eigener Schuld keinen näheren finden könne. Der richtige dichteriſche Sinn hat Goethe vor der Aufnahme dieſer

moralifirenden Vorrede bewahrt. Goethe begnügte fich, auf das
Titelblatt des zweiten Theils den Vers zu fetzen: »Sieh, Dir
winkt fein Geift aus feiner Höhle; fei ein Mann und folge mir
nicht nach!« Aber auch diefer Zufatz wurde fpäter wieder befeitigt.

Es galt das Phantaftifche abzuwerfen, und den wahren,
nicht mit der Welt grollenden, fondern verföhnten Idealismus zu
finden. Hier liegen die Keime des Taffo und des Wilhelm Meifter.

Erwin und Elmire. Claudine von Villabella.
Stella.

Im Sommer 1773 meldet Goethe an Keftner (S. 185), daß
bald ein Luftfpiel mit Gefängen fertig fei, ohne großen Aufwand von
Geift und Gefühl auf den Horizont der Acteurs und der Bühne
gearbeitet. Es ift das Singfpiel »Erwin und Elmire« gemeint.
Und im Mai 1775, als Erwin und Elmire bereits in der Iris
erfchienen und Claudine von Villabella in der Handfchrift voll=
endet war, fchrieb Goethe an Herder (Aus Herder's Nachlaß
Bd. 1, S. 54), er werde fich ärgern, in diefen Frescomalereien
gutgefühlte Natur neben fcheußlichen Gemeinplätzen zu fehen.

Es find Nachahmungen der franzöfifchen Operetten und der
beliebten kleinen deutfchen Singfpiele; flüchtig ffizzirte Einfälle,
anfprechend durch zarten lyrifchen Hauch, aber ohne tiefere Be=
deutung. Und felbft als Goethe während feines Aufenthalts in
Rom behufs der neuen Gefammtausgabe feiner Werke diefe
Singfpiele durch Verfeinerung der Motive und durch Umbildung
der Profa in Verfe zu höherem künftlerifchen Werth zu erheben
und, wie er (Bd. 24, S. 147) fich ausdrückt, aus ihnen die alte
Spreu hinauszufchwingen verfuchte, blieben feine Bemühungen
ohne durchgreifenden Erfolg; zumal Kayfer, dem er die Kompo=
fition anvertraute, nur ein fehr untergeordneter Mufiker war.

Stella dagegen, im Februar und März 1775 gedichtet, wurzelt wieder ganz und gar in der Wertherstimmung.

Freilich in der unerfreulichsten Weise. Die erste ursprüngliche Gestalt der Stella, die den seltsamen Titel »Ein Schauspiel für Liebende« führte, ist mit vollem Recht ein verzerrter Werther genannt worden. Während Werther ein tragisches Ende nimmt, weil in der gegebenen Situation keine andere Wahl blieb als daß entweder Werther oder Albert weichen mußte, wird hier versucht, dieselbe Situation heiter und versöhnend zu lösen. Zwei Frauen gewinnen es über sich, dem gemeinsam Geliebten gemeinsam Gattin zu sein.

Sollte Goethe in jener schmerzvollen Zeit, in welcher er seinen Freund Kestner um den Besitz Lottens beneidete, sich zuweilen mit dem phantastischen Gedanken an die Möglichkeit ähnlicher Lösung getragen haben? Der Name »Stella« deutet unverkennbar auf Swift's Verhältniß zu Stella und Vanessa. Wie sich der Dichter die Stimmung dachte, welche er hervorbringen wollte, spricht der schöne Vers aus, mit welchem er 1776 das Stück an Lili schickte: »Empfinde hier, wie mit allmächt'gem Triebe, ein Herz das andere zieht, und daß vergebens Liebe vor Liebe flieht.« Nichtsbestoweniger ist Stella das Krankhafteste, was Goethe geschaffen hat. Der Abschluß, daß Fernando als ein moderner Graf von Gleichen mit beiden Frauen lebt, ist und bleibt eine Vertheidigung der Doppelehe, eine Vertheidigung der ungezügelten sophistischen Selbstsucht des Herzens- und Sinnentaumels.

Es wäre unbegreiflich, wie Goethe dieses Stück schreiben und wie dieses Stück selbst bei einigen der Besten unter den Zeitgenossen Bewunderung finden könnte, wenn die Sturm- und Drangperiode mit ihrem rücksichtslosen Pochen auf die unveräußerlichen Rechte des Herzens nicht allgemein die leichtfertigsten Ansichten über Wesen und Ausschließlichkeit der Ehe gehegt hätte. Was Stella als Dichtung schildert, in Bürger's Liebe zu Molly war es geschichtliche Thatsache. Schlimmer als Stella ist das Lustspiel von Reinhold Lenz: »Die Freunde machen den Philosophen«. Man denke an Schiller's Freigeisterei der Leidenschaft! Man denke selbst an Jacobi's Woldemar! Die Liederlichkeiten der sogenannten Romantiker zeigen sich auch hier nur als Fortsetzungen der Sturm- und Drangperiode.

Goethe's Stella ist ein schlagender Beweis, daß das Unsitt-liche auch immer unkünstlerisch ist. Das Stück wirkt von An-fang bis zu Ende verletzend und peinigend. Wie können wir Theilnahme gewinnen für eine Handlung, in welcher der Held ein verbrecherischer Lump und die liebenden Frauen liebekranke Thörinnen sind? Wo ist Wahrheit, wo Ueberzeugungskraft?

Noch 1786 wurde von Goethe das Stück unverändert in die Gesammtausgabe seiner Werke aufgenommen. Auch Schiller, welcher nach Goethe's Bericht (Bd. 35, S. 356) eine Bühnen-bearbeitung unternahm, scheint an der bedenklichen Moral keinen Anstoß genommen zu haben. Erst nach den wiederholten Auffüh-rungen, welche im Anfang des Jahres 1806 in Weimar erfolgten, drängte sich dem Dichter die unabweisliche Einsicht auf, daß vor unseren Sitten, die recht eigentlich auf Monogamie gegründet seien, eine Beschönigung der Doppelehe nicht bestehen könne. Er suchte dem Uebel abzuhelfen, indem er der Verwicklung einen tra-gischen Ausgang gab. In der Ausgabe von 1807 erschien das »Schauspiel für Liebende« zum ersten Mal als Tragödie.

Kann eine veränderte Dachkrönung einem von Grund aus verfehlten Bau aufhelfen? Nur Wenige werden einstimmen, wenn Goethe in einem 1815 geschriebenen Aufsatz (Bd. 35, S. 357) sich rühmt, das Stück habe durch diese tragische Wen-dung eine Gestalt gewonnen, die das Gefühl befriedige und die Rührung erhöhe.

Die satirischen Possen und Fastnachtspiele.

Im Götz hatte Goethe das Faustrecht verherrlicht; in den satirischen Possen und Fastnachtspielen übte er selbst das Faust= recht.

Sie sind meist aus zufälligen und ganz persönlichen An= lässen entstanden, muntere Nachklänge genial leidenschaftlicher Gespräche mit gleichgesinnten Genossen; in jedem Wort liegt die tolle Lust und Verwegenheit des Improvisirten. »Durch ein geistreiches Zusammenseyn an den heitersten Tagen aufgeregt«, sagt Goethe im dreizehnten Buch von Wahrheit und Dichtung (Bd. 22, S. 179), »gewöhnte man sich, in augenblicklichen kurzen Darstellungen Dasjenige zu zersplittern, was man sonst zu= sammengehalten hatte, um größere Kompositionen daraus zu erbauen; ein einzelner einfacher Vorfall, ein glücklich naives, ja ein albernes Wort, ein Mißverstand, eine Paradoxie, eine geist= reiche Bemerkung, persönliche Eigenheiten oder Angewohnheiten, ja eine bedeutende Miene, und was nur immer in einem bunten rauschenden Leben vorkommen mag, Alles ward in Form des Dialogs, der Katechisation, einer bewegten Handlung, eines Schauspiels dargestellt, manchmal in Prosa, öfter in Versen. Man könnte diese Productionen belebte Sinngedichte nennen, die ohne Schärfe und Spitzen mit treffenden und entscheidenden Zügen reichlich ausgestattet waren; unter allen auftretenden Masken sind wirkliche, in jener Societät lebende Glieder oder ihr wenigstens verbundene und einigermaßen bekannte Per= sonen gemeint; aber der Sinn des Räthsels blieb den Meisten verborgen. Alle lachten, und Wenige wußten, daß ihnen ihre eigensten Eigenheiten zum Scherze dienten.« Dennoch ragt die Bedeutung dieser satirischen Possen und Neckereien über das blos Zufällige und Persönliche weit hinaus. Mochten immer=

bin viel Porträtzüge mit unterlaufen, mag namentlich Pater
Brey ganz und gar nach dem Modell Leuchsenring's zugeschnitten
sein, diese lustigen Schwänke sind satirische Spiegelungen herr-
schender Richtungen und Stimmungen, die um so gefährlicher
wirkten, je mehr sie zum Theil nur krankhafte Auswüchse grade
des Besten und Schönsten der Zeit waren. Mit vollem Recht
konnte Goethe an einer anderen Stelle von Wahrheit und Dichtung (Bd. 22, S. 332) sagen: »Tiefer Eindringende werden
doch geneigt bemerken, daß allen solchen Excentricitäten ein red-
liches Bestreben zu Grunde lag. Aufrichtiges Wollen streitet
mit Anmaßung, Natur gegen Herkömmlichkeiten, Talent gegen
Formen, Genie mit sich selbst, Kraft gegen Weichlichkeit, unentwickelt Tüchtiges gegen entfaltete Mittelmäßigkeit, so daß man
jenes ganze Betragen als ein Vorpostengefecht ansehen kann,
das auf eine Kriegserklärung folgt und eine gewaltsame Fehde
verkündigt; denn genau besehen, ist der Kampf noch nicht ausgekämpft, er setzt sich noch immer fort, nur in einer höheren
Region.«

Es fehlt etwas sehr Wesentliches im Jugendbild Goethe's,
wenn wir diese derben und, wie sie Goethe einmal selbst nennt,
muthwillig händelsüchtigen Humoresken nicht nach Gehalt und
Gestalt genügend beachten.

Fast insgesammt fallen sie in den Winter 1773 — 1774.
Um so überraschender ist die Mannichfaltigkeit ihres Inhalts;
mit Ausnahme des Politischen, das dem jungen Dichter fernlag,
werden alle tiefsten Fragen der Zeit berührt. Die Farce »Götter,
Helden und Wieland«, welche der übermüthig geniale Jüngling
eines Sonntagnachmittags bei einer Flasche guten Burgunders
in einer einzigen Sitzung niederschrieb, und in welcher er im
Aerger über Wieland's Noten zu Shakespeare und über die
Jämmerlichkeit seines Singspiels Alceste, diesen, wie Goethe's
Ausdruck lautet, auf eine garstige Weise turlupinirte, ist un-

ſtreitig eines der köſtlichſten Stücke von Literaturkomödie, die irgendeine Literatur aufzuweiſen hat. An die Satire gegen abgeſtandene Richtungen der Dichtung reiht ſich mit gleicher Keckheit die Satire gegen abgeſtaubene Richtungen der Theologie und Religion. Der »Prolog zu Bahrdt's neuſten Offenbarungen« iſt ein Schlag gegen den herabgekommenen Rationalismus, wie ihn nur ein Dichter führen konnte, der kurze Zeit darauf in ſeiner Fauſtdichtung das herrliche Geſpräch zwiſchen Mephiſtopheles und dem Schüler dichtete. Und ebenſo war das »Jahrmarktsfeſt zu Plundersweilen«, ſo bunt und vielgeſtaltig die Masken deſſelben ſind, in ſeiner urſprünglichen Faſſung vorzugsweiſe auf das religiöſe Leben gerichtet; in den älteren Ausgaben ſind die eingeſchobenen Geſpräche zwiſchen Haman und Kaiſer Ahasverus und zwiſchen der Königin Eſther und Mardochai, nicht wie jetzt nur eine froſtige Verſpottung der alten franzöſiſchen Alexandrinertragödie, ſondern eine (vgl. Bd. 34, S. 307 ff.) derb cyniſche Verſpottung der Rationaliſten und Pietiſten. Auch die Sturm- und Drangperiode ſelbſt entgeht der ſatiriſchen Geißel nicht. »Pater Brey« und »Satyros oder der vergötterte Waldteufel«, welche Goethe in Wahrheit und Dichtung (Bd. 22, S. 140) mit Recht als zueinandergehörige Gegenſtücke bezeichnet, ſchildern, das eine die weichliche Empfindſamkeit, das andere die rohe ·Kraftgenialität, wie ſie von niedrigen Menſchen als modiſche Maskirung niedrigſter Selbſtſucht ausgebeutet wurden. Satyros iſt nicht, wie man gemeint hat, rein perſönlich auf Baſedow zu beziehen, ſondern auf die Uebertreibungen Rouſſeau's und ſeiner Schule überhaupt. Was Kleider? Sie ſind »Gewohnheitspoſſen nur, die Euch von Wahrheit und Natur entfernen.« »Habt Eures Urſprungs vergeſſen, Euch in Häuſer gemauert, Euch in Sitten vertrauert, kennt die goldnen Zeiten nur als Märchen von weiten.« »Und nun ledig des Drucks gehäufter Kleinigkeiten, frei

wie Wolken, fühlt, was Leben sei! der Baum wird zum Zelte,
zum Teppich das Gras, und rohe Kastanien ein herrlicher Fraß!-
Rohe Kastanien, unser die Welt!- Ja, vergleichen wir die
Bruchstücke von »Hannswurst's Hochzeit oder der Lauf der Welt-
(Bd. 34, S. 311) mit den Andeutungen, welche in Wahrheit
und Dichtung (Bd. 22, S. 333) und in Eckermann's Gesprächen
(Bd. 2, S. 300) über die beabsichtigte Verwendung derselben
enthalten sind, so ist leicht zu erkennen, daß dieses Stück besonders deßhalb »ein mikrokosmisches Drama« genannt werden
sollte, weil es in ihm auf eine allgemeine Parodirung der sittlichen und gesellschaftlichen Weltverhältnisse abgesehen war. Hannswurst schließt: »Euer fahles Wesen, schwankende Positur, Euer
Trippeln, Krabbeln und Schneidernatur, Euer ewig lauschend
Ohr, Euer Wunsch hinten und vorn zu glänzen, lernt freilich
wie ein armes Rohr von jedem Winde Reverenzen; aber seht an
meine Figur, wie harmonirt sie mit meiner Natur, meine Kleider
mit meinen Sitten; ich bin aus dem Ganzen zugeschnitten.«

Kinder augenblicklicher Einfälle und Launen lehnen diese
kleinen Scherze und Schwänke jede strengere Kunstforderung
von sich ab. Es sind keck hingeworfene dialogisirte Einzelscenen
ohne eigentlich dramatische Handlung. Oft verliert sich wohl
auch der Ausdruck allzu geflissentlich in's Rohe und Cynische;
besonders Hannswurst's Hochzeit scheint sich nach Allem, was
davon gemeldet wird, mehr als nöthig in knotigen und zotigen
Hannswurstiaden gefallen zu haben. Aber wie derb und possen-
haft ungezogen oft dieser Humor ist, immer ruht er auf dem
kerngesunden und grundehrlichen Sinn für das Rechte und Große.
Im ausgelassensten Muthwillen die unbefleckliche Sicherheit fester
und klarer Ziele.

Und nicht minder beachtenswerth als der Inhalt ist die
Formeneigenthümlichkeit dieser kleinen Dichtungen.

Sie ist durchaus neu und eigenartig in ihrem Zurückgreifen

auf die alte Form der Faßnachtsspiele und auf die komische Hannswurstfigur der Volksbühne.

Man hört die Nachklänge Lessing's und Justus Möser's, wenn Goethe am 6. März 1773 an den Actuar Salzmann (vgl. Stöber: Der Actuar Salzmann, S. 55) schreibt: »Unser Theater hat sich, seit Hannswurst verbannt ist, aus dem Gottschedianismus noch nicht losreißen können. Wir haben Sittlichkeit und lange Weile; denn an jeux d'esprit, die bei den Franzosen Zoten und Possen ersetzen, haben wir keinen Sinn, unsere Societät und unser Charakter bieten auch keine Modelle dazu, also enuyiren wir uns regelmäßig; und willkommen wird Jeder sein, der eine Munterkeit, eine Bewegung auf's Theater bringt.«

Wie Goethe damals in seinem entschlossenen Streben nach urwüchsiger Volksthümlichkeit es wagte, selbst in die erschütternd erhabene Tragik seiner Faustdichtung den Hanns-Sachsischen Ton einzuführen, so suchte er in diesen Faßnachtsspielen und Hannswurstiaden auch nach einer gleich volksthümlichen Wieder-geburt und Fortbildung des deutschen Lustspiels. Aus den Briefen Goethe's an Salzmann ist zu ersehen, wie warme Theil-nahme Goethe zu derselben Zeit auch dem Versuch zuwendete, welchen Lenz machte, die Plautinischen Lustspiele für die deutsche Bühne wiederzugewinnen; in den alten Verlagskatalogen von Weygand werden diese verdeutschten Umbildungen immer als das gemeinsame Werk beider Freunde angekündigt.

Goethe ist auch noch in den ersten Weimarer Jahren einer solchen Wiedergeburt derber deutscher Volkskomik vielfach nach-gegangen. Um so unbegreiflicher und bedauerlicher ist es, daß er sich niemals an denjenigen Dichter gewendet hat, der ihm für das Komische hätte werden können, was ihm Shakespeare für das Tragische war. Die künstlerische Fortbildung und Ver-edlung der deutschen komischen Volksbühne lag in Holberg.

Mahomet. Der ewige Jude. Prometheus.

Die religiösen Fragen, welche sich schon in den kleinen Fastnachtsspielen aufdrängten, rangen nach tieferer dichterischer Gestaltung. Zumal grade damals in Goethe sich die mächtigsten religiösen Wandlungen und Umbildungen vollzogen.

Freilich war Goethe der Anempfindung schönseligen Frömmlerwesens, in welche sich seine klare und reine Natur durch die Macht äußerer Einwirkungen eine Zeitlang hatte verstricken lassen, mit erstarkter Bildung für immer entwachsen. Aber es bedurfte doch noch gar mancher Entwicklungen und Uebergänge, ehe er in seiner religiösen Richtung einen festen und bleibenden Abschluß fand. In Goethe's Dichtung sind diese Uebergänge scharf ausgeprägt. Die unausgeführten Entwürfe Mahomet's und des ewigen Juden einerseits und das Prometheusdrama andererseits, obgleich in ihrer Entstehungszeit wenig auseinander-liegend, ruhen doch auf durchaus verschiedener Anschauungsweise. Dort spricht der Rationalist des achtzehnten Jahrhunderts, der, wie sich Goethe in Wahrheit und Dichtung ausdrückt, von der Kirche abgetrennt, sich ein Christenthum zu seinem Privatgebrauch gebildet hat, hier der begeisterte und rückhaltslose Anhänger Spinoza's.

Nur wenn wir uns auf den Standpunkt des Rationalismus des achtzehnten Jahrhunderts stellen, verstehen wir die Stimmungen und Gedanken, aus welchen Mahomet und der ewige Jude hervorgingen. Je ausschließlicher der Rationalismus das Wesen der Religion nur in der sogenannten Vernunft- und Naturreligion suchte und daher auch im Christenthum nur Das als christlich anerkennen wollte, was mit dieser sogenannten Vernunft- und Naturreligion übereinstimmte, um so unablässiger mußten ihn die Fragen beschäftigen, wie die kirchlichen Lehren und Einrichtungen entstanden seien, und wie es möglich gewesen, daß die vermeintliche Reinheit des Urchristenthums so schimpflich von sich abgefallen. Mahomet ist die dichterische Gestaltung der einen Frage, der ewige Jude die dichterische Gestaltung der anderen.

Goethe erzählt im vierzehnten Buch von Wahrheit und Dichtung, daß die Idee des Mahomet in ihm aufgetaucht sei, als er auf der gemeinsamen Rheinfahrt mit Lavater und Basedow bemerkte, wie arglos und unbefangen von diesen geistige, ja geistliche Mittel zur Erreichung irdischer Zwecke gemißbraucht wurden. Er habe, fährt Goethe fort, bei dieser Gelegenheit die Bemerkung gemacht, daß, indem der vorzügliche Mensch das Göttliche, was in ihm sei, auch außer sich verbreiten wolle, er dasselbe im Zusammenstoß mit der rohen Welt unvermeidlich zugleich veräußerliche und dem Schicksal der Vergänglichkeit preisgebe. »Dem Herrlichsten, was auch der Geist empfangen, drängt immer fremd und fremder Stoff sich an.« Doch ist diese Erzählung irrthümlich. Der Entwurf des Mahomet stammt unzweifelhaft aus dem Jahr 1773, denn das hierhergehörige Gedicht, welches jetzt in der Gedichtsammlung »Mahomet's Gesang« genannt ist, ist schon in Boie's Musenalmanach von 1774 enthalten; die Rheinfahrt mit Lavater und Basedow fällt aber erst in den Sommer von 1774. Die Idee des Mahomet ist vielmehr der dichterische Nachklang jener Ansicht, welche Goethe bereits in seiner Straßburger Doctordissertation dargelegt, daß alle öffentlichen Religionen durch Heerführer, Könige und mächtige Männer eingeführt worden, und daß dieser Satz auch von dem Christenthum gelte.

Laut Goethe's Bericht in Wahrheit und Dichtung war der Gang des beabsichtigten Dramas folgender: Erster Act: Erhebung Mahomet's aus dem Sternendienst zum reinen Monotheismus. Ausbreitung dieser Gefühle und Gesinnungen unter

den Seinigen. Zweiter Act: Ausbreitung im Stamm. Bei-
stimmung und Widersetzlichkeit. Der Streit wird gewaltsam,
Mahomet muß entfliehn. Dritter Act: Bezwingung der Gegner. Die Religion wird öffentlich, die Kaaba wird von Götzen-
bildern gereinigt. Weil aber nicht Alles durch Kraft zu thun
ist, Zuflucht zur List. Trübung des Göttlichen durch irdischen
Zusatz. Vierter Act: Eroberungen. Die Lehre wird mehr Vorwand als Zweck. Grausamkeiten. Eine Frau, deren Mann
Mahomet hat hinrichten lassen, vergiftet ihn. Fünfter Act:
Im Sterben Wiederkehr zu sich selbst, Reinigung der Lehre,
Befestigung des Reichs.

Um sich die orientalische Färbung eigen zu machen, hatte
Goethe aus einer lateinischen Uebersetzung einzelne Stücke des
Koran übersetzt.

Es war auf ein Drama hohen Stils abgesehen, obgleich
die Prosa noch nicht völlig verbannt war. Zwei Bruchstücke sind
erhalten, voll des erhabensten lyrischen Schwunges. Das eine,
»Mahomet's Gesang,« ursprünglich als Wechselgesang zwischen
Ali und Fatima gedacht. Es ist ein Preislied auf Mahomet.
Unter dem Bilde eines zum mächtigen Strom anwachsenden Felsen-
quells verherrlicht es den gotterfüllten Genius, der zum Licht und
Leitstern ganzer Völker wird. Das andere Bruchstück ist der das
Drama eröffnende Monolog Mahomet's, welchen Goethe, als er
Wahrheit und Dichtung schrieb, verloren meinte, welcher sich aber
nachher in Goethe's eigener Handschrift wieder auffand und von
A. Schöll (Briefe und Aufsätze, S. 151) herausgegeben wurde.
Er lautet:

> Mahomet; allein.
> Feld. Gestirnter Himmel.
>
> Theilen kann ich euch nicht dieser Seele Gefühl.
> Fühlen kann ich euch nicht allen ganzes Gefühl.
> Wer, wer wendet dem Flehn sein Ohr?
> Dem bittenden Auge den Blick?

Sieh, er blinket herauf, Gad, der freundliche Stern:
Sei mein Herr Du, mein Gott! Gnädig winkt er mir zu!
Bleib! Bleib! Wendest du dein Auge weg?
Wie? Liebt ich ihn, der sich verbirgt?

Sei gesegnet, o Mond! Führer Du des Gestirns,
Sei mein Herr Du, mein Gott! Du beleuchtest den Weg.
Laß, laß nicht in der Finsterniß
Mich irren mit irrendem Volk.

Sonn, Dir glühenden, weiht sich das glühende Herz.
Sei mein Herr Du, mein Gott! Leit allsehende mich.
Steigst auch Du hinab, herrliche?
Tief hüllet mich Finsterniß ein.

Hebe, liebendes Herz, dem Erschaffenden Dich!
Sei mein Herr Du, mein Gott! Du Allliebender, Du,
Der die Sonne, den Mond und die Stern
Schuf, Erde und Himmel und mich!

Auch die Absicht, die Geschichte des ewigen Juden episch
zu behandeln, fällt in das Jahr 1773 oder Anfang 1774. Lavater's Biograph Geßner berichtet, daß Goethe diesem bei dem
ersten Zusammensein eine von ihm verfaßte Epopöe vorgelesen.

So weit sich aus den erhaltenen Bruchstücken (Bd. 2,
S. 138 ff.) urtheilen läßt, war der erste Entwurf schwerlich
mehr als eine geistreiche satirische Improvisation über die Verderbniß und Aeußerlichkeit der bestehenden Kirchen und Sekten,
in der Tonart Hanns Sachsens und im Sinn und Humor der
gleichzeitigen Fastnachtsspiele. Es ist aus diesen Bruchstücken
nicht recht zu ersehen, welche Stellung dem ewigen Juden selbst
zugedacht war; er wird als in verborbener Kirchenzeit fromm
geschildert, halb Essener, halb Methobist, Herrnhuter, mehr
Separatist; unzweifelhaft hätten Goethe's Erfahrungen unter den
Stillen im Lande und sein Studium von Arnold's Ketzergeschichte in dieser humoristischen Gestalt Ausdruck gefunden. Der
Schwerpunkt lag in der Wiederkehr Christi, der zum zweiten

Mal auf die Erde kommt, um zu ernten, was er dereinst gesät hatte, und der nun sehen muß, daß das Wehen seines Geistes überall spurlos verklungen. Christus sollte durch die Länder des Katholicismus schreiten, »wo man so viele Kreuze hat, daß man vor lauter Kreuz und Christ ihn eben und sein Kreuz vergißt-; und ebenso sollte Christus die Länder des Protestantismus durch= schreiten, wo man freilich betheuert, aller Sauerteig sei hier ausgescheuert, wo man aber doch sehr bald gewahrt, daß die Reformation den Pfaffen nur Haus und Hof nahm, um wieder Pfaffen hineinzupflanzen, »die nur in allem Grund der Sachen mehr schwätzen, weniger Grimassen machen.«

Es war eine kecke geschichtliche Humoreske. Aber man muß sich hüten, schon diesem ersten ursprünglichen Entwurf jene ernsten und tiefsinnigen Ideen und Motive unterzuschieben, welche ihm Goethe aus schwankender Erinnerung im fünfzehnten Buch von Wahrheit und Dichtung beilegt. Jene Vertiefung des Plans erfolgte offenbar erst, als der Dichter, wie er in seiner Italieni= schen Reise in einem Briefe vom 27. October 1786 (Bd. 23, S. 145) berichtet, bei seinem Eintritt in Italien die Geschichte des ewigen Juden wieder aufnahm. Im Mittelpunkt des Ka= tholicismus mit Schauder bemerkend, was für ein unförmliches, ja barockes Heidenthum die gemüthreichen Anfänge des Christen= thums verdunkle und belaste, trat ihm der Sinn jener alten Legende: »Ich komme, um wieder gekreuzigt zu werden«, auf's lebhafteste vor die Seele; und es ist klar, daß jene beabsichtigte Scene, in welcher der ewige Jude bei Spinoza einen Besuch macht, das Wesen des Christenthums als im Innersten mit den Grundlehren Spinoza's übereinstimmend darstellen sollte.

Mahomet und der ewige Jude blieben unausgeführt. Goethe selbst erzählt in seiner Lebensgeschichte, daß er diese Entwürfe fallen ließ, weil sich inzwischen in ihm bereits eine neue Epoche zu entwickeln begann. An die Stelle des Rationalismus trat

um diese Zeit in Goethe der Spinozismus. Was hatte die
Mahomettragödie gemein mit dieser durchgreifenden neuen Anschauungsweise? Und kehrte auch später auf der Höhe erweiterten
Umblicks einmal die Lust an der alten Ahasverussage wieder,
diese Lust konnte nur eine flüchtig vorübergehende sein. Goethe
war jetzt dem Kampf gegen das Kirchenthum entwachsen; man
kämpft nur gegen Das, wovon man sich selbst noch nicht völlig
frei weiß.

Längst war Goethe auf Spinoza innerlich vorbereitet. Finden sich schon in seinen Straßburger Tagebüchern Aufzeichnungen
von unverkennbar pantheistischer Grundlage, so nimmt es nicht
Wunder, daß, wie Goethe am Anfang des vierten Theils von
Wahrheit und Dichtung erzählt, eine gehässige Gegenschrift gegen Spinoza, welche er in seines Vaters Bibliothek fand, ihn
nur um so mehr zum eingehenden Selbststudium der Spinoza'-
schen Ethik reizte. Da kam im Juli 1774 das innige Freundschaftsbündniß mit Jacobi; jene selige Fülle des Hin- und
Wiedergebens in Köln, Pempelfort und Bensberg, dessen sich
Beide noch als Greise, nachdem sie in ihren Richtungen weit
auseinandergegangen, mit seligstem Entzücken erinnerten. Spinoza
war der hauptsächlichste Gegenstand ihrer Unterhaltungen. Jacobi war kein Anhänger Spinoza's, aber in der Kenntniß desselben war er Goethe überlegen. Goethe kehrte, wenn nicht als
Spinozist, so doch als entschiedener Pantheist zurück.

In Wahrheit und Dichtung hebt Goethe fast ausschließlich
die sittlichen Wirkungen hervor, welche die Lehre Spinoza's auf
ihn ausübte. Zunächst aber war diese Umwandlung doch eine
vorwiegend dogmatische.

Das Prometheusdrama (Bd. 7, S. 229 ff.) ist der erste
dichterische Erguß dieser neuen Denk- und Empfindungsweise.

Aus dem Briefwechsel Goethe's und Jacobi's (S. 144)

erhellt, daß es im Herbst 1774 entstand, also unmittelbar nach Goethe's Rückkehr von seinem Besuch bei Jacobi.

Goethe verkennt den Sinn seiner Jugenddichtung völlig, wenn er sie (Bd. 22, S. 235) nur auf das Glücksgefühl des einsam abgesonderten künstlerischen Schaffens beziehen will. Sie ist in ihrem innersten Kern ganz und gar der feste selbstbewußte Trotz himmelstürmenden Titanenthums, die zornmüthige Empörung gegen den Glauben an das Ueberweltliche.

Besonders der erste Akt ist von ergreifender Kühnheit. Bisher hatte auch Prometheus in selbstgewählter Knechtschaft die Bürde getragen, die in feierlichem Ernst die Götter auf seine Schulter legten. »Habe ich die Arbeit nicht vollendet, jedes Tagewerk auf ihr Geheiß, weil ich glaubte, sie sähen das Vergangene, das Zukünftige im Gegenwärtigen, und ihre Leitung, ihr Gebot sei uranfängliche uneigennützige Weisheit?« Jetzt aber ist für ihn diese Zeit gläubiger Ergebung für immer vorüber. Prometheus weiß, daß der Mensch ganz allein auf sich selbst gestellt ist und daß einzig in seiner Thätigkeit sein Glück und sein Ziel liegt.

> Ich will nicht, sag' es ihnen!
> Und kurz und gut, ich will nicht!
> Ihr Wille gegen meinen!
> Eins gegen Eins,
> Mich dünkt, es hebt sich!
>
> — — — — —
>
> Ihr Burggraf sein
> Und ihren Himmel schützen?
> Mein Vorschlag ist viel billiger.
> Sie wollen mit mir theilen, und ich meine,
> Daß ich mit ihnen nichts zu theilen habe.
> Das, was ich habe, können sie nicht rauben,
> Und was sie haben, mögen sie beschützen.
> Hier Mein und Dein,
> Und so sind wir geschieden.
>
>   Epimetheus.
> Wie vieles ist denn Dein?

Prometheus.

Der Seele, den meine Wirksamkeit erfüllt,
Nichts trunter aus nichts drüber!

— — — —

Hier meine Welt, mein All!
Hier fühl ich mich;
Hier alle meine Wünsche
In körperlichen Gestalten.
Meinen Geist so tausendfach
Vertheilt und ganz in meinen theuern Kindern!

Ist der erste Akt die Verneinung der überweltlichen Götter, so ist der zweite Akt die Darstellung des reinen, lediglich auf sich selbst ruhenden Menschenthums, wie es aus eigener Kraft sich entfaltet und sich ewig läutert und fortbildet. »Sieh nieder, Zeus, auf meine Welt, sie lebt! Ich habe sie geformt nach meinem Bilde, ein Geschlecht, das mir gleich sei, zu leiden, weinen, zu genießen und zu freuen sich und Dein nicht zu achten wie ich!« Doch ist dieser Akt entschieden schwächer und unreifer. Statt der tiefsinnig dichterischen Vorführung des geschichtlichen Lebens, wie es die Idee des Gedichts, freilich weit über das Vermögen und die Grenzen dichterischer Darstellbarkeit hinaus, unabweislich erforderte, nur flüchtig zusammengeraffte Gedanken über die ersten Bildungsanfänge aus Rousseau's Abhandlung über den Ursprung und die Grundlagen der Ungleichheit unter den Menschen. Und zuletzt sogar eine fast an Lessing's Grille von der Seelenwanderung erinnernde Hinweisung auf persönliche Unsterblichkeit, die doch mit einer streng pantheistischen Anschauungsweise schlechterdings unvereinbar ist.

Es ist offenbar, daß Goethe, der unablässig Fortschreitende, das Unzulängliche dieses zweiten Aktes bald durchschaute. Das Drama als Drama wurde aufgegeben. Aber der eigenste Kern und Gehalt desselben, der gottleugnende Titanentrotz, wurde in jenen lyrischen Prometheusmonolog zusammengefaßt, der eine

der bekanntesten und gewaltigsten Dichtungen Goethe's ist und
der zum Erhabensten gehört, was jemals das menschliche Dich-
tungsvermögen geschaffen.

Nur auf diese Weise erklärt sich die wörtliche Uebereinstimmung einzelner Stellen des Gedichts und des Dramas. Es
ist sehr zu bedauern, daß der Brief Goethe's an Merck (1835.
Erste Sammlung, S. 55), in welchem er diesem das Prome-
theusgedicht überschickte, ohne Datum ist; es kann aber kein
Zweifel sein, daß es Ende 1774 oder Anfang 1775 fällt. In
seinem Alter hatte Goethe diesen Ursprung seines Gedichts vergessen und hielt es in unbegreiflicher Selbsttäuschung für das
Bruchstück einer einst beabsichtigten Fortsetzung des Dramas
selbst. Das Drama aber ist völlig abgeschlossen. Es lag gar
keine Möglichkeit vor, die Handlung weiter fortzuführen.

Gleichzeitig dichtete Goethe am Faust. Und wer sieht nicht
den tiefen inneren Zusammenhang beider Dichtungen? Prometheus weiß nur die verneinende Seite des Pantheismus auszusprechen; Faust in jenem herrlichen Glaubensbekenntniß, das er
Gretchen ablegt, spricht in unvergleichlicher Erhabenheit die beja-
hende gotterfüllte Seite aus. »Nenn's Glück, Herz, Liebe, Gott!
Ich habe keinen Namen dafür! Gefühl ist Alles! Name ist Schall
und Rauch, umnebelnd Himmelsgluth! Es sagen's aller Orten
alle Herzen unter dem himmlischen Tage, jedes in seiner Sprache,
warum nicht ich in der meinen?« Das Prometheusdrama wagte
den kühnen Versuch, das ganze große Leben der Menschheit dichterisch zu umspannen, und mußte sich folgerichtig zu einer dichterischen Philosophie der Geschichte vertiefen; die Faustdichtung
eröffnet dieselbe unendliche Perspective, nur mit dem tiefgreifenden
Unterschied, daß sie dem Thema eine tragische Wendung giebt,
und daß sie in tieferer Erkenntniß der naturbestimmten Grenzen
plastischer Gestaltung an die Stelle der ganzen Menschheit einen
titanischen Einzelhelden setzt, der entschlossen ist, der ganzen

Menſchheit Wohl und Weh in ſeiner Bruſt zu tragen, und ſo
ſein eigen Selbſt zu ihrem Selbſt erweitert.

Fauſt.

Schon ſeit Straßburg war die Idee der Fauſtdichtung in
Goethe lebendig. Und offenbar war Fauſt auch in Wetzlar oft
der Gegenſtand ſeiner Unterhaltungen mit vertrauten Freunden
geweſen; das bekannte Gedicht, welches Gotter nach Empfang
des Götz von Berlichingen an Goethe (Bd. 6, S. 70) richtete,
ſchließt mit den Worten: »Schick' mir dafür den Doctor Fauſt,
ſobald Dein Kopf ihn ausgebrauſt.« Doch iſt es ein Irrthum,
wenn Goethe im zwölften Buch von Wahrheit und Dichtung
Fauſt unter denjenigen Dichtungen nennt, welche bei ſeiner Rückkehr von Straßburg bereits weit vorgerückt geweſen. Die Ausführung fällt vielmehr erſt in den Sommer und Herbſt 1774.

Im Frühjahr 1775 ſcheint, bis auf wenige Scenen, bereits
Alles vollendet geweſen zu ſein, was 1790 als Fauſtfragment in
die Oeffentlichkeit trat. Bole, der am 14. und 15. October 1774
Goethe in Frankfurt beſuchte, nennt in ſeinen Reiſebriefen (vgl.
Bole. Von K. Weinhold 1868, S. 70) Fauſt das Größte und
Eigenthümlichſte, was Goethe gemacht habe, und ſetzt ausdrücklich
hinzu, daß dies Gedicht bald fertig ſei. Und ganz damit überein-
ſtimmend ſagt Goethe in den Geſprächen mit Eckermann (Bd. 2,
S. 62): »Fauſt entſtand mit meinem Werther; ich brachte ihn
im Jahr 1775 mit nach Weimar.« In einem Scherzgedicht des
Grafen Einſiedel vom 6. Januar 1776 heißt es von Goethe:

> „Mit ſeinen Schriften unſinnsvoll
> Macht er die halbe Welt izt toll,
> Schreibt n' Buch von ein'm albern Tropf
> Der heiter Haut ſich ſchießt vor'n Kopf.
> Parodirt ſich drauf als Doctor Fauſt,
> Daß 'm Teufel ſelber vor ihm grauſt.“

Auf dieſe frühe Entſtehungszeit gehörig zu achten, iſt für das Verſtändniß und die Beurtheilung der Faußtragödie von höchſter Bedeutung. Einzig aus ihr iſt der innerſte Kern und die Grundſtimmung des Gedichts erklärbar. Die Faußtragödie iſt der tiefſte und umfaſſendſte dichteriſche Ausdruck der dunklen dämoniſchen Tiefen der Sturm= und Drangperiode. Und wenn gleichwohl die Faußtragödie das tiefſte und eigenthümlichſte Gedicht nicht nur der deutſchen Literatur, ſondern der geſammten neueren Bildung iſt, ſo liegt hierin nur der Beweis, welche eingreifende und hoch wichtige Stellung dieſe oft geſcholtene Epoche in der Geſchichte des modernen Geiſteslebens einnimmt.

Es iſt das alte Thema von dem tragiſchen Kampf und Widerſpruch zwiſchen dem angeborenen Unendlichkeitsgefühl und den angeborenen Schranken der menſchlichen Endlichkeit; in neuer vertiefter Spiegelung. Werther's ſich ſelbſt verzehrende Empfindungsinnerlichkeit und Prometheus' kühner Titanentroß zeigt ſich in Fauſt als der leidenſchaftliche Proteſt gegen das todte Buchſtabenweſen, als der Ruf nach lebendiger Erkenntniß im Geiſt und in der Wahrheit, als der unſtillbare und doch ununterdrückbare Drang nach ungebrochener Allheit und Ganzheit des Empfindens und Denkens. Wäre es möglich, die Stimmung, aus welcher die Fauſtdichtung hervorgegangen, mit einem einzigen Wort zu bezeichnen, ſo wäre es jenes Wort, auf welches Goethe (Bd. 22, S. 81) die Denkweiſe Hamann's zurückführt. »Alles, was der Menſch zu leiſten unternimmt, es werde nun durch That oder Wort oder ſonſt hervorgebracht, muß aus ſämmtlichen vereinigten Kräften entſpringen; alles Vereinzelte iſt verwerflich!«

Die Sage vom Doctor Fauſt, ein Kind des Reformations= zeitalters, war noch von ausſchließlich theologiſirender Haltung. Fauſt iſt zwar auch in ihr ſchon ein gelehrter Mann mit einem »unſinnigen und hoffärtigen« Kopf, der alle Gründe von Him

mel und Erde erforſchen wollte, deſſentwegen man ihn allezeit
den Speculirer genannt hat; aber das Motiv des Wiſſenshoch»
muths wird veräußerlicht und verflacht. Fauſt ſchließt ſeinen
Vertrag mit dem Teufel nur, um vor der Menge mittelſt ſeiner
Zauberkünſte durch allerlei Schwank und Kurzweil zu glänzen,
und das erbauliche Ende iſt, daß der Frevler zuletzt für ſeine
arge Vermeſſenheit ganz erſchrecklich in die ewige Höllenpein
fährt. Und auch das Puppenſpiel der Volksbühne, das zunächſt
auf Goethe's Phantaſie wirkte, hatte im Weſentlichen dieſe Auf»
faſſung nicht überſchritten. Die Umbildung und Vertiefung zur
Tragik des menſchlichen Erkenntnißlebens gehört einzig Goethe's
genialer Erfindung. Aber der Anſchluß an die Sage bot dem
Dichter nicht nur die feſte Unterlage gegebener und zum Theil
ſchon plaſtiſch ausgeprägter Geſtalten und Situationen, ſondern
vor Allem auch den unerſetzlichen Vortheil jenes dämmernden,
halb myſtiſchen Hintergrundes, auf dem allein das urelementare
Walten dämoniſcher Leidenſchaft Möglichkeit der Entfaltung und
zwingende Glaubhaftigkeit gewinnen konnte.

Vom erſten Anfang an ſtehen wir mitten im Grundmotiv.
Das Fragment von 1790 beginnt ſogleich mit dem erſten ergrei»
fenden Monolog Fauſt's. Die Zueignung, das Vorſpiel auf dem
Theater, der Prolog im Himmel, welche jetzt die Dichtung er»
öffnen, ſind erſt Zuſätze der weiter ausgeführten neuen Ausgabe
von 1808.

Tief lyriſch, der innerſte Erguß der gewaltigſten Seelen»
kämpfe, iſt dieſes leidenſchaftliche Selbſtgeſpräch zugleich voll des
lebendigſten dramatiſchen Fortſchritts. Es iſt der Kern, aus deſſen
Triebkraft alle weiteren Handlungen und Verwicklungen folge»
richtig und unabweislich herauswachſen. Unzweifelhaft iſt dieſer
Monolog auch der Zeit nach das Erſte, was Goethe von der
Fauſtdichtung niederſchrieb.

Nacht. Trüber Lampenſchein. Fauſt in ſeinem hochgewölb»

ten engen gothischen Zimmer auf dem Sessel am Pulte, unruhig, gramvoll leidenschaftlich. Lang zurückgehalten und darum nur um so leidvoller ringt sich der Aufschrei der Verzweiflung über die Trüglichkeit und das Stückwerk menschlichen Wissens aus seinem bewegten Innern. Alle Facultäten hat er durchaus studirt mit heißem Bemühn, und nun ist er so klug als zuvor, und sieht nur, daß wir nichts wissen können. In ungestilltem brennendem Erkenntnißverlangen greift er zu den Wundern der Magie, ob nicht durch Geistes Kraft und Mund ihm das Geheimniß der wirkenden Natur kund werde. »Wo faß ich dich, unendliche Natur? Euch Brüste, wo? Ihr Quellen alles Lebens, an denen Himmel und Erde hängt, dahin die welke Brust sich drängt, Ihr quellt, Ihr tränkt, und schmacht ich so vergebens?« Schon meint Faust den Geist des Natur-Alls lebendig vor sich zu sehen. Er erschrickt vor der erdrückenden Uebergewalt der Erscheinung. Aber den Geist der Erde meint er fassen zu können; er vermißt sich der Kraft, der Erde Weh, der Erde Glück zu tragen. Wagenden Muthes beschwört er den Erdgeist. Er wird nur um so herber in das Gefühl seiner Nichtigkeit zurückgeworfen. Der Erdgeist antwortet: »Du gleichst dem Geist, den Du begreifst, nicht mir!« Faust zusammenstürzend: »Nicht Dir! Wem denn? Ich Ebenbild der Gottheit! Und nicht einmal Dir!«

Mit wunderbarster Kunst der Komposition folgt jetzt das Gespräch mit Wagner, dem Famulus. Es ist der Gegensatz zwischen dem unbefriedigten brennenden Verlangen nach lebendiger geistvoller, in die Tiefe dringender Erkenntniß, und der mechanischen, todten, an allerlei äußerlichen Kenntnissen haftenden und darum stets mit sich selbst zufriedenen dünkelhaften Buchstabengelehrsamkeit. »Wie nur dem Kopf nicht alle Hoffnung schwindet, der immerfort am schaalen Zeuge lebt; mit gier'ger Hand nach Schätzen gräbt, und froh ist, wenn er Regenwürmer findet!«

Es ist leicht zu sehen, welche Zeiteinflüsse sich in diese Conception zusammendrängten. Einerseits in dem mythischen Bilde
der magischen Geisterbeschwörungen das ungeduldige, sich über-
stürzende, unmittelbare Erfassenwollen des Vollen und Ganzen
durch die Erleuchtung und Offenbarung genialen inneren Schauens
und Ahnens, das eben jetzt unter dem Banner der neuen Genia-
litätsucht als Verjüngungsruf durch alle Gemüther ging und
das wenige Jahrzehnte nachher von Schelling in den Begriff der
sogenannten intellectuellen Anschauung formulirt wurde. Und
andererseits in der vernichtenden Antwort des Erdgeistes die
Einwirkung der Lehre Kant's von der Unerkennbarkeit des Wesens
der Dinge, des Dinges an sich, wie sie derselbe, noch vor dem
Erscheinen der Kritik der reinen Vernunft, bereits in sich ausgebildet, und wie sie offenbar durch die Unterhaltungen mit Herder dem jungen Dichter sich tief in die Seele geprägt hatte.
Aber alles blos Zufällige und Zeitliche ist abgestreift. Es ist die
tiefe Tragik des ins Unbedingte strebenden und doch immer wieder
unerbittlich in seine undurchbrechbaren Grenzen zurückgewiesenen
menschlichen Denkvermögens.

So weit die Exposition. Mit ihr bricht zunächst das Fragment von 1790 ab, um den Faden erst wieder aufzunehmen, nachdem der Vertrag zwischen Faust und Mephistopheles bereits geschlossen ist.

Die gewaltigen Motive und Ausführungen, welche jetzt
diese Lücke des ersten Fragments ausfüllen (in der Ausgabe von
vierzig Bänden S. 28—72), traten insgesammt erst in der Ausgabe von 1808 hinzu, und sind zum größten Theil in der letzten Hälfte der neunziger Jahre entstanden.

Allein sie sind durchaus innerhalb derselben Grundstimmung
gehalten und erweitern und steigern die Handlung mit einer Folgerichtigkeit, die um so bewunderungswürdiger ist, da der Dichter
den Stimmungen und Bildungszuständen der ursprünglichen

Conception inzwischen doch so ganz und gar entwachsen war.
Ihr Ziel ist, Schritt vor Schritt mit unausweichlicher innerer
Nothwendigkeit Faust zu jenem verzweifelten Bündniß mit Me=
phistopheles zu führen.

Was bleibt dem vermessenen Himmelsstürmer nach dem nie-
derschmetternden Donnerwort des Erdgeistes? »Den Göttern
gleich ich nicht! Zu tief ist es gefühlt, dem Wurme gleich ich,
der den Staub durchwühlt, den, wie er sich im Staube nährend
labt, des Wandrers Tritt vernichtet und begräbt!« Der Gedanke
des Selbstmords drängt sich in seine Seele. Und zwar nicht
blos im Sinn feiger Selbstvernichtung, sondern weit mehr noch
in jenem tiefen metaphysischen Sinn, die elende Grenze der Kör-
perlichkeit, die ihn von dem Empfinden und Erkennen des All
scheidet, kühnen Muths zu vernichten. Varnhagen erzählt in der
Lebensbeschreibung der Königin Sophie Charlotte (1837, S. 232),
daß diese auf ihrem Sterbebett die Umstehenden ermahnte, sie nicht
zu beklagen; sie gehe jetzt ihre Wißbegierde zu befriedigen über
die Urgründe der Dinge, die ihr Leibniz niemals habe erklären
können; der Tod erschien ihr als der Löser aller Räthsel.

> „Zu neuen Ufern lockt ein neuer Tag.
>   Ich fühle mich bereit
> Auf neuer Bahn den Aether zu durchdringen,
> Zu neuen Sphären reiner Thätigkeit.
> Dies hohe Leben, diese Götterwonne!
> Du erst noch Wurm, und die verdienest Du?
> Ja kehre nur der holden Erdensonne
> Entschlossen Deinen Rücken zu!
> Vermesse Dich, die Pforten aufzureißen,
> Vor denen Jeder gern vorüberschleicht.“

Es ist ein tief ergreifendes und überaus fruchtbares Motiv,
daß es das Herüberklingen des frommen Glockentons und der
heiligen Ostergesänge ist, welches die Ausführung dieses letzten
ernsten Schrittes hindert. Wie feierlich tröstlich preiset der Chor

den Auferstandenen, den Meister, der allen Thätigen und Liebe=
beweisenden nah ist! Und wie mächtig regt sich in dem Verzwei=
felnden die holde Erinnerung, wie einst in glücklich unschuldsvol=
ler Jugendzeit diese süßen Himmelslieder ihn zu Sabbathstille
und brünstigem Gebet und zugleich zu den munteren Spielen
heiterer Frühlingsfeier riefen. »Die Thräne quillt, die Erde hat
mich wieder.«

Die nächstfolgenden Scenen, der Spaziergang vor dem
Thor, und der tiefe Monolog, in welchem Faust den Grundtext
des Neuen Testaments in sein geliebtes Deutsch zu übertragen
sucht, stehen mit diesem Motiv im engsten Zusammenhang.

Jene fröhlichen Spaziergänger am Ostersonntagnachmittag,
unvergleichliche genrebildliche Typen der verschiedenen Stände,
Geschlechter und Lebensalter, haben in diesem Gedicht die Stel=
lung, daß sie lebendig vor Augen führen, wie die Menge es an=
fängt, mit den Forderungen, welche Faust so hart bedrücken, sich
sorglos abzufinden oder vielmehr sie von Hause aus in sich gar
nicht aufkommen zu lassen. Und es ist nur die ergötzliche Kehr=
seite derselben glücklich beschränkten Oberflächlichkeit, wenn wir
auf diesem Spaziergang an Faust's Seite zugleich Wagner er=
blicken, der sich aus diesem verhaßten Fiedeln und Schreien und
Kegelschieben zurücksehnt zu seinen Büchern und Pergament=
rollen. O wie gern möchte Faust Mensch sein mit den Menschen!
Aber wie kann sein hochstrebendes Unendlichkeitsgefühl sich ein=
engen in dieses gewöhnliche Erdendasein! Es ist bedeutsam, daß
hier zuerst die unheimliche Gestalt des Mephistopheles herein=
ragt!

Und wie gern möchte Faust wieder zurückkehren zur from=
men Kindereinfalt schlichter Gläubigkeit! Aber wie kann er es,
nachdem bereits alle Zweifel in seiner Seele gerungen? »Im
Anfang war das Wort! hier stock ich schon, ich kann das Wort
so hoch unmöglich schätzen!« — Im Anfang war der Sinn.

»Ist es der Sinn, der Alles wirkt und schafft?« Im Anfang
war die Kraft! Was ist Kraft ohne Bethätigung und Erfüllung?
Das ist nicht mehr die Demuth und die innere Versöhnung kind-
licher Unterwerfung, das ist das stolze Selbstbewußtsein der unveräußerlichen freien Forschung, das ist das Denken und Wissen
des Pantheismus, welches den Menschen und die Natur rein und
frei auf sich selbst stellt.

Zurück ist unmöglich; vorwärts!

Faust tritt aus dem Marterort der Studierstube in die
weite Welt, aus der einsamen, in sich versunkenen Beschaulichkeit, oder wie sich Mephistopheles ausdrückt, aus dem Kribs-
krabs der Imagination in das bewegte thätige Leben. »Grau,
theurer Freund, ist alle Theorie; grün allein des Lebens goldner
Baum.« »Ein Kerl, der speculirt, ist wie ein Thier auf dürrer
Haide, von einem bösen Geist herumgeführt, und rings umher
liegt schöne grüne Weide.« Es ist der Uebergang aus der Speculation zur Erfahrung. Losgebunden, frei, will Faust erfahren,
was das Leben sei.

Mephistopheles enthüllt sich. Der realistische Gegenschlag
gegen den phantastischen Idealismus! Der Kampf mit dem Leben
ist um so schwerer und gefahrvoller, je verwegener und ins Unbedingte strebender derselbe unternommen wird.

Es war eine schwierige, aber unerläßliche Aufgabe des Dichters, diesen gewaltigen Umschwung in Faust's Sinnesweise nach
Ursprung und Ziel mit zwingender Ueberzeugungskraft klar vor
Augen zu stellen. Und lange Zeit scheint Goethe über die beste
Art der Behandlung geschwankt zu haben. Wir irren schwerlich,
wenn wir grade hier eines Entwurfs gedenken, welcher sich in
den hinterlassenen, zum Faust gehörigen Papieren findet (Bd. 34,
S. 318 ff.). Es ist eine akademische Disputation; Mephistopheles,
als fahrender Scholasticus, begründet gegen Faust, der noch auf
Seiten der Speculation steht, das Lob des Vagirens und

der aus diesem entspringende Fülle und Macht der Erfahrung. In einem Briefe an Schiller vom 6. März 1800 bezeichnet Goethe ausdrücklich diesen Disputationsactus als eine noch aus-zufüllende Lücke und verhehlt dabei nicht, daß die künstlerische Gestaltung eines so bedeutenden Motivs freilich nicht aus dem Stegreif entstehen könne. In der jetzt vorliegenden Fassung der Faustdichtung fehlt diese Scene; wahrscheinlich weil sich der Dich-ter bei dem Versuch der Ausführung überzeugte, daß diese rein und ausschließlich wissenschaftliche Frage über das Verhältniß von Speculation und Empirie sich unüberwindbar den Grenzen dich-terischer Darstellbarkeit entziehe. Aber indem Goethe von diesem Motiv abstand, mußte er nur um so mehr bedacht sein, den Um-schwung Faust's mit möglichster Eindringlichkeit als die unaus-weichliche Folge seiner inneren Gemüthsrevolution zu schildern. Der Gram der Enttäuschung frißt, gleich dem Geier des Prome-theus, an Faust's Leben. Von einer Ueberstürzung stürzt Faust in die andere; dies ist der Grund und der Sinn jenes berühmten Fluchmonologs, in welchem Faust nicht blos den phantastischen Truggebilden, nicht blos Allem, was die Seele mit Lock- und Gaukelwerk umspannt, sondern auch allen wesenhaftesten und un-aufgebbarsten idealen Gütern des Lebens, dem Ruhm, dem Macht-gefühl des Besitzes, der Treue zu Weib und Kind, der Liebe, der Hoffnung, dem Glauben, der Geduld in blinder Bethörung Hohn spricht. Zuletzt als die Summe dieser unverwindbaren Enttäuschung das inhaltschwere Wort zu Mephistopheles:

„Ich habe mich zu hoch gebläht,
In Deinen Rang gehör ich nur.
Der große Geist hat mich verschmäht,
Und mir verschließt sich die Natur.
Des Denkens Faden ist zerrissen,
Mir ekelt lange vor allem Wissen.
Laß in den Tiefen der Sinnlichkeit
Uns glühende Leidenschaften stillen.

Stürzen wir uns in das Rauschen der Zeit
Ins Rollen der Begebenheit!
Da mag denn Schmerz und Genuß,
Gelingen und Verdruß,
Miteinander wechseln wie es kann,
Nur rastlos bethätigt sich der Mann."

Man kann das Bedenken nicht unterdrücken, daß der Dichter, indem er dem verzweifelten Entschluß Faust's, sich dem Teufel
zu übergeben, die Ueberzeugungskraft innerer psychologischer Folgerichtigkeit und Nothwendigkeit sichern wollte, hier in der dramatischen Steigerung sogar zu weit gegangen ist. Faust giebt
den Idealismus nicht auf, sondern verbleibt in seinem innersten
Wesen nach wie vor derselbe vermessene ungestüme Idealist, der
er bisher gewesen; er überträgt seine idealistische Schrankenlosig-
keit nur auf andere Bethätigungskreise.

An der Spitze dieser neuen Entwicklungsstufe steht der Vertrag, welchen Faust mit Mephistopheles abschließt.

Goethe hat diesen aus der Sage entlehnten Zug von Grund
aus vertieft. Jene zwei Seelen, welche in Faust's Brust wohnen, die sinnlich realistische, die in derber Liebeslust sich an die
Welt haltende, und die idealistische, die aus dem Duft der gemeinen Wirklichkeit emporstrebende, entfalten sich jetzt, da Faust aus
der Abgezogenheit der Speculation in das werkthätige handelnde
Leben tritt, in lebendigem Zusammenwirken und zugleich in tief
bedeutsamem Gegensatz. Wie Clavigo und Carlos im Grund
ihres Wesens nur eine und dieselbe Person sind und nur der
dramatischen Greifbarkeit und Anschaulichkeit halber in verschie-
bene Gestalten auseinandertreten, so ist es auch mit Faust und
Mephistopheles. Jener ist der einseitige Idealist, dieser der einseitige Realist; erst Faust und Mephistopheles zusammen bilden
den vollen und ganzen Faust, den vollen und ganzen Menschen.
Faust verbindet sich mit Mephistopheles, d. h. entfesselt die Leidenschaft, nicht um in schaalem Lebensgenuß unterzugehen und sich

ſelbﬅ zu verlieren, ſondern als der ernﬅe raﬅloſe Denker, der, nachdem er der Oede und Unzulänglichkeit der Schulweisheit ent= wachſen iﬅ, ſich mit der Macht und Fülle ſeines friſchen Em= pﬁndens und Erlebens erfüllen und durchbringen will. Für Fauﬅ iﬅ die Gluth der Sinnlichkeit, der Herzſchlag der Leiben= ſchaft, nicht Zweck, ſondern nur Mittel lebensvoller allumfaſſender Erkenntniß. Fauﬅ kann dem Mephiﬅopheles nur verfallen, wenn er von ſich ſelbﬅ abfällt.

Fauﬅ.

„Werd ich beruhigt ſe mich auf ein Faulbett legen,
So ſei es gleich um mich gethan!
Kannﬅ du mich ſchmeichelnd je belügen,
Daß ich mir ſelbﬅ gefallen mag,
Kannﬅ du mich mit Genuß betrügen,
Das ſei für mich der letzte Tag!
Die Wette biet ich!

Mephiﬅopheles.

Topp.

Fauﬅ.

Und Schlag auf Schlag!
Werd ich zum Augenblicke ſagen,
Verweile doch, Du biﬅ ſo ſchön!
Dann magﬅ Du mich in Feſſeln ſchlagen,
Dann will ich gern zu Grunde gehn!
Dann mag die Todtenglocke ſchallen,
Dann biﬅ Du Deines Dienﬅes frei,
Die Uhr mag ﬅehn, der Zeiger fallen,
Es ſei für mich vorbei!

Mephiﬅopheles.

Bedenk es wohl, wir werden's nicht vergeſſen.

Fauﬅ.

Dazu haﬅ Du ein volles Recht,
Ich habe mich nicht freventlich vermeſſen."

Und hier münden wir wieder in das Fragment von 1790. Es beginnt unmittelbar nach dem Vertragsabſchluß, mit den Worten:

»Und was der ganzen Menſchheit zugetheilt iſt, will ich in meinem innern Selbſt genießen, mit meinem Geiſt das Höchſt' und
Tieffſte greifen, ihr Wohl und Weh auf meinen Buſen häufen,
und ſo mein eigen Selbſt zu ihrem Selbſt erweitern, und, wie
ſie ſelbſt, am End auch ich zerſcheitern.«

Die Erkenntnißtragödie wird Lebenstragödie.

Jetzt beſonders zeigt es ſich, daß Fauſt der Zwillingsbruder
Werther's iſt, freilich der männlichere und thatkräftigere. Auch in
Fauſt lebt und wirkt jenes dunkle Verlangen, welches Werther ſo
herrlich ausſpricht: »Ach, wie oft habe ich mich mit Fittigen eines
Kranichs, der über mich hinflog, zu den Ufern des ungemeſſenen
Meeres geſehnt, aus dem ſchäumenden Becher des Unendlichen
jene ſchwellende Lebenswonne zu trinken und nur einen Augenblick in der eingeſchränkten Kraft meines Buſens einen Tropfen
der Seligkeit des Weſens zu fühlen, das Alles in ſich und durch
ſich hervorbringt.«

Nur ſämmtliche Menſchen leben das Menſchliche. Es iſt
die überwältigende Größe und zugleich die tragiſche Schuld Fauſt's,
daß er, der Einzelne, in titaniſchem Unendlichkeitsgefühl die ganze
Menſchheit ſein will.

Mit einbringlichſter Kunſt hat der Dichter dafür geſorgt,
auch hier von Anfang an dieſe tragiſche Schuld ſeines Helden
klar und feſt hervorzuheben. Unmuthsvoll fragt Fauſt: »Was
bin ich denn, wenn es nicht möglich iſt, der Menſchheit Krone
zu erringen, nach der ſich alle Sinne bringen?« Mephiſtopheles
antwortet: »Du biſt am Ende, was Du biſt. Setz Dir Perücken
auf von Millionen Locken, ſetz Deinen Fuß auf ellenhohe Socken,
Du bleibſt doch immer was Du biſt. Glaub unſereinem, dieſes
Ganze iſt nur für einen Gott gemacht.« Und jene unvergleichliche Schülerſcene, in welcher Mephiſtopheles mit ſo beißender
Epigrammatik die Schwächen und Gebrechen der Wiſſenſchaft gei-

felt, zuletzt predigt doch auch fie Maß und Selbstbeschränkung.
»Dir wird gewiß einmal bei Deiner Gottähnlichkeit bange.«

Mephistopheles sagt:

„Verachte nur Vernunft und Wissenschaft,
Des Menschen allerhöchste Kraft,
Laß nur in Blend- und Zauberwerken
Dich von dem Lügengeist bestärken,
So hab ich dich schon unbedingt! —
Ihm hat das Schicksal einen Geist gegeben,
Der ungebändigt immer vorwärts dringt,
Und dessen übereiltes Streben
Der Erde Freuden überspringt.
Den schlepp ich durch das wilde Leben,
Durch flache Unbedeutenheit,
Er soll mir zappeln, starren, kleben,
Und seiner Unersättlichkeit
Soll Speis' und Trank vor gier'gen Lippen schweben,
Er wird Erquickung sich umsonst erflehn;
Und hätt er sich auch nicht dem Teufel übergeben,
Er müßte doch zu Grunde gehn!"

Es ist folgerichtig die Aufgabe dieses wunderbaren Gedichts, die gesammte bunte vielgestaltige Welt des handelnden Lebens vorzuführen. Weil Faust in seinem schrankenlosen Unendlichkeitsdrang der Universalmensch sein will, kann er in keiner einzigen einzelnen Lebensbethätigung seine volle Befriedigung finden; ruhelos, immer wieder aufs neue enttäuscht, muß er ohne Unterschied alle bedeutendsten Lebenskreise durchwandern.

So zerfällt das Gedicht fortan in eine unendliche Reihe von Einzelbildern oder, besser gesagt, von Einzeltragödien.

Faust's neue Laufbahn beginnt mit der Scene in Auerbach's Keller. Es ist eine der frühsten Scenen, welche Goethe gedichtet hat. So lebendig und keck humoristisch sie ist, in der Gesammtcomposition ist sie nur ein aufhaltendes störendes Einschiebsel. Sie hatte nur Sinn, so lange das Genrebild der Osterspaziergänger fehlte. Jetzt sagt sie nur dasselbe, was jene Scene viel anmuthiger und poesievoller gesagt hat, wie leicht und sorglos

die Menge mit wenig Witz und viel Behagen ihr Leben da-
hinlebt.

Die Reihe der von der Idee des Gedichts geforderten Einzeltragödien wird durch die erschütternde Liebestragödie Faust's
und Gretchen's eröffnet.

Was das Denken nicht gewährte, soll die Orgie glühenden
Sinnenlebens gewähren. »Des Denkens Faden ist zerrissen, mir
ekelt lange vor allem Wissen; laß in den Tiefen der Sinnlichkeit
uns glühende Leidenschaften stillen.«

Nun trat aber der seltsame Fall ein, daß der Held des zweiten Aktes, wenn der hergebrachte Bühnenausdruck hier erlaubt ist,
ein sinnenkräftiger Lebemann sein mußte, während derselbe Held
im ersten Akt ein gramdurchfurchter, vorzeitig gealterter, einsamer
Denker gewesen. Daher die Einschiebung des tollen Wesens der
Hexenküche; eine Scene, die bekanntlich von Goethe erst in Rom
verfaßt wurde. Die Sudelköcherei soll Faust dreißig Jahre vom
Leibe schaffen. Das Phantastische konnte nur phantastisch gelöst
werden.

Urkundlich ist die Gretchentragödie einer der ältesten Bestandtheile der Dichtung. Doch führt das Fragment von 1790
die Handlung nur bis zu jener erschütternden Scene im Dome,
in welcher die arme Schuldbeladene unter der Qual des bösen
Gewissens ohnmächtig zusammenbricht. Die Ermordung Valen-
tin's, die Walpurgisnacht, der tief tragische und doch so mild
versöhnende Schluß, gehören erst der späteren Ausgestaltung.

An bezaubernder Anmuth und an tief tragischer Gewalt gehört diese Gretchentragödie zum Höchsten aller Poesie.

Leichtfertig und frech beginnt Faust das Abenteuer. Bald
aber gewinnt er sein besseres Selbst wieder. Es ist von ergreifender Poesie und Naturwahrheit, wie er innig gerührt vor seinem
Frevel zurückbebt, als er hineinschaut in die stille Seligkeit, in
welcher das Mädchen lebt und waltet. »Umgiebt mich hier ein

Zauberduft? Mich drang's so grade zu genießen, und fühle mich
in Liebestraum zerfließen!« Und Gretchen, das holde unbefan=
gene Kind, hat den Fremden, der es wagte, Arm und Geleit
ihr anzutragen, zwar schnippisch und kurz angebunden von sich
gewiesen; innerlich aber ist sie doch mit ihm beschäftigt, wir hören
das unbewußte Anklingen erwachender Liebe in ihrem träumeri=
schen Singen von der Treue des Königs von Thule. Nun der
Spaziergang im Garten, das Sichöffnen und Sichfinden der lie=
beschwellenden Herzen; eine Welt des naivsten und reinsten Lie=
besglücks, die durch den bedeutsamen Gegensatz der Unterhaltun=
gen zwischen Mephistopheles und Martha nur in um so hellerem
Licht strahlt. Wir belauschen das Steigen und Wachsen der Lei=
denschaft Faust's in jenem ernsten Selbstgespräch, das er mit
sich in Wald und Höhle führt. Wie schaudert er, den Frieden des
geliebten Mädchens zu untergraben, und wie sehnt er sich, den
wüsten Gefährten wieder loszuwerden, der, je mehr die Faust=
dichtung in das sinnliche Leben tritt, immer mehr und mehr sich
als der kalte und freche Schürer niedrigster Sinnlichkeit zeigt;
und wie stellt sich doch immer wieder die unbezähmbare Begier
vor seine halb verrückten Sinne! Und wir belauschen das Stei=
gen und Wachsen der Leidenschaft nicht minder in Gretchen, wie
es dem gepreßten Herzen Luft macht in jenem schönsten Liebes=
lied: »Meine Ruh ist hin, mein Herz ist schwer, ich finde sie
nimmer und nimmer mehr; wo ich ihn nicht hab, ist mir das
Grab, die ganze Welt ist mir vergällt.« Darauf die wunderbar
große Scene, in welcher die bekümmerte Geliebte in holdem Lie=
besgeplauder Faust um seine Religion fragt, und dieser jenes
großartig erhabene pantheistische Glaubensbekenntniß ausspricht,
das sich einem Jeden unvergeßlich ins Herz prägt, der überhaupt
die Tiefe und die Tragweite desselben zu fühlen und zu ermessen
vermag. Und es ist von einer Kühnheit und von einer Poesie,
die nur der Wurf des höchsten Genius sein konnte, daß grade

hier, unmittelbar nach dem innigſten Seelenaustauſch, die Ver-
ſtrickung in ſittliche Schuld eintritt. Fauſt: »Ich kann ich nie
ein Stündchen ruhig Dir am Buſen hängen und Bruſt an Bruſt
und Seel' in Seele drängen?« Margarethe: »Seh ich Dich,
beſter Mann nur an, weiß nicht, was mich nach Deinem Willen
treibt; ich habe ſchon ſo viel für Dich gethan, daß mir zu thun
faſt nichts mehr übrig bleibt.« Dies iſt der entſcheidende Um-
ſchwung. Die Gretchentragödie wird ſociale Tragödie. Wohl
hat die Leidenſchaft ein Recht; aber einſeitig und rückſichtslos
durchgeführt wird dieſes Recht zum Unrecht gegen die unverrückbare ſittliche Weltordnung der Geſellſchaft. Es folgt der unausbleibliche Gegenſchlag. Furchtbar unerbittlich rächt ſich der verletzte Familiengeiſt. Nie wieder hat ſich Goethe an Energie der
Erfindung und Geſtaltung ſo unmittelbar an die Seite Shakeſpeare's geſtellt! Zuerſt die verzehrende Gewiſſenspein im Herzen
Gretchen's. Welch erſchütternde Steigerung in der raſchen Auf-
einanderfolge des Geſprächs am Brunnen, des Gebets am Ma-
donnenbilde: »Ich neige, Du Schmerzenreiche Dein Antlitz gnädig meiner Noth!« und der angſtvollen Vorahnung der Schrecken
des Weltgerichts im Dome: »Ihr Antlitz wenden Verklärte von
Dir ab, die Hände Dir zu reichen, ſchauert's den Reinen! Weh!«
Dann der verſchuldete Tod der Mutter und des Bruders. Zuletzt in wahnſinniger Verzweiflung die Ertränkung des Kindes.
Die in das innerſte Mark greifende Scene im Kerker. Wer ver-
argt es der Armen, daß ſie Fauſt nicht folgen will, als er kommt,
ſie vor dem letzten Urtheilsſpruch zu retten? Mephiſtopheles:
»Sie iſt gerichtet!« Stimme von oben: »Iſt gerettet.« Mephi-
ſtopheles zu Fauſt: »Her zu mir!« (Verſchwindet mit Fauſt.)
Stimme von innen, verhallend, mild warnend: »Heinrich,
Heinrich!«

Hier ſtehen wir am Schluß dieſer Dichtung, die man unter
dem Geſammtnamen des erſten Theils des Fauſt zuſammenfaßt.

Nur wenige Worte über die Zuſätze der Ausgabe von
1808. Die einleitenden Dichtungen, die Zueignung, das Vorſpiel auf dem Theater, und der Prolog im Himmel, ſind
aus dem Kern ächteſter Poeſie geſchnitten. Namentlich der
Prolog im Himmel, der zum Theil dem Buch Hiob nachgebildet iſt. Es gehört zum Staunenerregendſten, wie es der
Dichter vermochte, über die Grundidee ſeiner Jugendbichtung,
die ihm bereits ſelbſt gegenſtänblich geworden, mit ſo bewußter
Klarheit zu philoſophiren und dieſes Philoſophiren über die
tiefſten Fragen der Menſchheit in ſo ſcharf abgemeſſene voll-
kräftige Geſtalten zu legen. Anders ſtellt ſich das Urtheil über
die Wanderung Fauſt's und Mephiſtopheles' auf den Brocken
in der Walpurgisnacht. Freilich iſt der Sinn dieſer Scene
klar. In abgeſchmackten Zerſtreuungen ſollte das mahnende
Gewiſſen Fauſt's übertäubt werden. Aber weshalb dieſe frazzen-
hafte Phantaſtik in ſolcher Ausdehnung? Und noch dazu über-
laden mit ſatiriſchen Anſpielungen auf die vorübergehenbſten
Tagesvorfälle? Weshalb gar das Zwiſchenſpiel von Oberon's
und Titania's golbener Hochzeit, das urſprünglich als Fort-
ſetzung des Xenienkampfes für Schiller's Muſenalmanach beſtimmt war? Mit vollem Recht hat man von Willkür
und unkünſtleriſchem Uebermuth geſprochen. Dieſe ungehörigen
Zwiſchenſpiele wirken um ſo ſtörender, je ungebulbiger grabe
am Schluß der Gretchentragbdie die geſpannte Theilnahme dem
verhängnißvollen Ausgang entgegenharrt.

Das Gewaltige und burchaus Unvergleichliche der Fauſt-
tragbdie iſt, daß ſie nicht dieſe oder jene vereinzelte tragiſche Verwiclung des Menſchenlebens aufgreift, ſonbern
den innerſten beſtimmenden Nerv aller Menſchentragik, den
unlösbaren Widerſpruch der bämoniſchen Ikarusnatur, die
nach der Sonne ſtrebt und doch feſt an die Erdenſchranken
gebannt iſt. Und die unvergleichliche Tiefe und Weite der

Grundidee kommt zu unvergleichlich vollendetem Ausdruck
durch eine Macht und Tiefe der gestaltenden Phantasie und
Sprachgewalt, deren Fülle und Zauber sich kein fühlendes Herz
entziehen kann.

Je bedeutender und umfassender der Gehalt der Faustdichtung war, um so natürlicher war es, daß der Dichter selbst sich
unentfliehbar in ihren Kreis gebannt fühlte und in den verschiedensten Zeiten seines Lebens immer wieder zu ihrer Fortbildung
und Ergänzung zurückkehrte. Schon als die jetzige Gestalt des
sogenannten ersten Theils erschien, waren vielfache Anfänge und
Verzahnungen dieser beabsichtigten Fortbildung und Ergänzung
vorhanden. Wenigstens einige Motive der von der Idee des
Gedichts geforderten Reihe von Einzeltragödien sollten angedeutet
und künstlerisch ausgestaltet werden. Es galt, wie sich der Dichter selbst einmal ausdrückt, den Helden aus seiner bisherigen
kümmerlichen Sphäre herauszuheben und ihn in höhere Regionen
und würdigere Verhältnisse zu führen. Aber gewiß ist, daß
Goethe, so lange er noch in der vollen Frische seiner Dichterkraft
stand, die klarste Einsicht hatte, daß die Unermeßlichkeit der Idee
der Fausttragödie im Sinn einer symbolischen allgemeinen Mensch-
heitstragödie sich dem festen Abschluß eines in sich geschlossenen
Kunstwerkes für immer entgegenstelle.

Als Goethe am 22. Juni 1797 an Schiller die Absicht meldete, die Faustdichtung wieder aufzunehmen, schrieb Schiller an
ihn: »Mir schwindelt ordentlich vor der Auflösung; was mich
daran ängstigt, ist, daß mir der Faust seiner Anlage nach eine
Totalität der Materie zu erfordern scheint, wenn am Ende die
Idee ausgeführt erscheinen soll; und für eine so hoch anquellende
Masse finde ich keinen poetischen Reif, der sie zusammenhält.«
Goethe antwortete: »Ihre Bemerkungen zu Faust waren mir
sehr erfreulich; sie treffen mit meinen Vorsätzen und Planen recht
gut zusammen, nur daß ich mir's bei dieser barbarischen Kompo-

fition bequemer mache und die höchsten Forderungen mehr nur zu berühren als zu erfüllen denke. Das Ganze wird immer ein Fragment bleiben.«

Die Lösung und der Abschluß der Faustdichtung ist unmöglich, weil niemals der Augenblick eintreten kann, in welchem das aufstrebende Unendlichkeitsgefühl und die thatsächliche Endlichkeit bruchlos ineinander aufgehen.

In seinem Greisenalter wurde Goethe dieser Einsicht untreu. Der sogenannte zweite Theil des Faust bietet sich nicht blos als Fortsetzung, sondern als Abschluß. Doch ist dieser vermeintliche Abschluß nicht eine organische Krönung des hochragenden Baues, sondern nur ein dürftiges Nothdach.

Egmont.

Noch in den letzten Monaten seines Frankfurter Lebens tauchte in Goethe der Plan einer neuen Tragödie auf, die Geschichte Egmont's. Die Ausführung rückte rasch vor und wurde, wie Goethe in Wahrheit und Dichtung (Bd. 22, S. 406) berichtet, noch in Frankfurt selbst beinah zu Stande gebracht. Unstreitig ist Egmont gemeint, wenn in Reichard's Theaterkalender auf das Jahr 1777 (S. 146. 256) unter den ungedruckten Dramen Goethe's ein »Bogelschießen von Brüssel« genannt wird. Doch erfolgte in Weimar eine erneute Bearbeitung, die nach vielfachen Pausen und Unterbrechungen erst im April 1782 vollendet wurde. Die Aenderungen scheinen sich, wie aus einem Briefe Goethe's an Frau von Stein (Bd. 2, S. 170) hervorgeht, nur darauf beschränkt zu haben, das allzu Aufgeknöpfte und Stubenhafte der früheren Manier zu mildern und zu tilgen. Zuletzt die gründlichere Umbildung und der endgiltige Abschluß in der Zeit des zweiten Aufenthalts Goethe's in Rom, im Juli und August 1787. Besonders die

letzten Akte wurden zum Theil neu geschaffen. Allein auch jetzt
blieb die erste Grundanlage, wie sie der glücklichen Frankfurter
Zeit entflammte, im Wesentlichen unangetastet. »Es sind ganze
Scenen im Stücke, an die ich nicht zu rühren brauche,« schreibt
Goethe (Bd. 24, S. 59) am 5. Juli 1787 an Herder. Und
am 3. November desselben Jahres setzt er hinzu: »Man denke,
was das sagen will, ein Werk vornehmen, das zwölf Jahre früher geschrieben ist, und es vollenden, ohne es umzuschreiben.«

Goethe's Egmont gehört daher in die Reihe der Goethe-
schen Jugenddichtungen. Ja, Egmont ist eine der wichtigsten
derselben.

Es hat auf den ersten Anblick etwas durchaus Befremdendes
und, fast möchte man sagen, etwas Räthselhaftes, daß unmittelbar
neben den tief tragischen Gestalten des Werther, des Prometheus
und Faust, in welchen die dämonische Qual versöhnungslosen
Weltschmerzes den ergreifendsten und erhabensten Ausdruck gefunden, Egmont steht, die glänzende dichterische Verherrlichung
unbefangener Gemüthsfrische und genialer Leichtlebigkeit. Doch
zeigt sich bald, daß Egmont trotz aller Verschiedenheit jenen ernsten Charakteren aufs tiefste verwandt ist. Dieselbe Maßlosigkeit
und Ungebundenheit, derselbe ungestüme Drang sich voll und
ganz auszuleben; nur in anderer Aeußerung und Richtung; nicht
der Nachtseite, sondern der freundlichen Lichtseite des Lebens zugewendet.

In Goethe's Egmont liegt Goethe's Frohnatur, wie im
Werther und Faust sein philosophisches Wühlen und Grübeln.
Es ist das Lebensideal des übersprudelnden Jugendmuthes. Heiß-
blütiges Sinnenleben im untrennbaren Bunde mit edelster That-
kraft; ungezügelte Lebenslust, aber auch im ernsten Kampf mit
Gut und Blut einstehend.

Nichts ist irriger, als wenn Goethe in einer Stelle von
Wahrheit und Dichtung (Bd. 22, S. 392) die Entstehung des

Egmont mit den in seinem Innern fortklingenden Nachwirkungen des Götz in Zusammenhang zu bringen sucht. Nicht um
die Darstellung des niederländischen Freiheitskampfes war es
dem Dichter ursprünglich zu thun, sondern lediglich um die
Darstellung von Egmont's Charaktereigenthümlichkeit, wie sie
ihm in der Geschichtserzählung Strada's, die er zufällig in seines
Vaters Bibliothek fand, herzgewinnend entgegentrat. Weit zu-
treffender sagt Goethe selbst in einer anderen Stelle seiner Lebensgeschichte (Bd. 22, S. 400), daß ihm an Egmont am meisten dessen menschlich ritterliche Größe behagt habe, und daß besonders dies der Grund gewesen, warum er, im Gegensatz zu
den gegebenen geschichtlichen Thatsachen, ihn in einen Charakter
verwandelte, der solche Eigenschaften besaß, die einem Jüngling
besser ziemen als einem Mann von Jahren, einem Unbeweibten
besser als einem Hausvater, einem Unabhängigen mehr als einem,
der, noch so frei gesinnt, durch mancherlei Verhältnisse begrenzt ist. »Als ich ihn«, fährt Goethe fort, »nun so in meinen Gedanken verjüngt und von allen Bedingungen losgebunden
hatte, gab ich ihm die ungemessene Lebenslust, das grenzenlose
Zutrauen zu sich selbst, die Gabe alle Menschen an sich zu ziehen
und so die Gunst des Volks, die stille Neigung einer Fürstin,
die ausgesprochene Liebe eines Naturmädchens, die Theilnahme
eines Staatsklugen zu gewinnen, ja selbst den Sohn seines größten Widersachers für sich einzunehmen.«
    Ein Bild schönster und liebenswürdigster Menschlichkeit,
wie es nur ein Dichter erfinden und gestalten konnte, der in
allen diesen Zügen warmer und stolzer Jugendlust sein eigenstes
Selbst gab! Es ist der große tapfere Egmont, auf den alle
Augen gerichtet sind und für den alle Herzen des Volks schlagen. Hochherzig, ritterlich, von Ruhm und Glück umstrahlt, ist
er ein heiteres Weltkind, das rasch und fröhlich im frischen
Genuß des Augenblicks lebt, ohne nach dem Morgen und Gestern

zu fragen. »Sind uns die kurzen bunten Lappen zu mißgönnen, die ein jugendlicher Muth um unseres Lebens arme Blöße hängen mag? Wenn Ihr das Leben gar zu ernsthaft nehmt, was ist denn dran?« Feinsinnig erinnert Körner in einem Briefe an Schiller (Bd. 1, S. 375) an Fielding's Tom Jones; Egmont ist Tom Jones in den großen geschichtlichen Stil übersetzt. Er geht seinen freien Schritt, als wenn die ganze Welt ihm gehöre; es ist keine falsche Ader an ihm und jede Anwandlung von Sorglichkeit dünkt ihm ein fremder Tropfen in seinem Blut. Und an dieser leichtlebigen Unbekümmertheit hält er auch dann noch fest, da sich bereits ringsum immer dichter und dichter die drohenden Wolken über ihn zusammenziehen. »Egmont«, sagt der Spanier Silva zum Herzog von Alba, »ist der Einzige, der, seit Du hier bist, sein Betragen nicht geändert hat. Den ganzen Tag von einem Pferd aufs andere, ladet Gäste, ist immer lustig und unterhaltend bei Tafel, würfelt, schließt und schleicht Nachts zum Liebchen. Die Anderen haben dagegen eine merkliche Pause in ihrer Lebensart gemacht, sie bleiben bei sich, vor ihrer Thür sieht's aus als wenn ein Kranker im Hause wäre«.

Die Zeitgenossen nannten Heinse's Ardinghello den Werther der Genußsucht. Auch auf Egmont ist dieser Ausdruck anzuwenden. Egmont wird ein Opfer seiner ungezügelten Lebenslust wie Werther ein Opfer seiner ungezügelten Empfindungsseligkeit.

Neben Egmont steht Clärchen; in ihrer holden Naturfrische und Herzenseinheit einzig Gretchen im Faust vergleichbar. Glücklich allein ist die Seele, die liebt. Es ist ein meisterhafter Zug des Dichters, daß er an Clärchens Seite den schlicht tüchtigen, ehrbar bürgerlichen Brakenburg gestellt hat, der nicht von ihr läßt, auch nachdem er längst gesehen, daß sie ihm für immer verloren ist. Das Bild Clärchens, das durch ihr Verhältniß

zu Egmont leicht Einbuße erleiden könnte, erhält dadurch erst
die richtige Beleuchtung.

Welche unendliche Fülle von Anmuth und Lieblichkeit in
diesem heiteren Liebesidyllion!

Und die Schönheit dieser poesievollen Sinnenwelt wirkt um
so mächtiger, je bedeutender der dunkle Hintergrund der großen
politischen Stimmungen und Ereignisse ist.

Einerseits der bunte Trubel der derbkräftigen Volksscenen,
deren packend individuelle Lebendigkeit und Naturtreue selbst an
Schiller, der für die Schwächen des Stücks ein so scharfes
und unbeflechliches Auge hatte, den begeistertsten Bewunderer
fand. Und andererseits die kalte Strenge und Rücksichtslosigkeit
der berechnenden Kabinetspolitik; der finstere starre gewaltthätige
Alba, die feinverständige Herzogin von Parma, der ernste staats-
kluge Oranien, ganz und gar der wirksame Gegensatz der leicht-
fertigen Sorglosigkeit Egmont's, die öffentlichen Dinge warm im
Herzen tragend und jeden scheinbar noch so unbedeutenden Zug
der Gegner fest beobachtend, weil er es als den unverbrüchlichen
Beruf seiner fürstlichen Stellung erachtet, die Gesinnungen und
die Rathschläge aller Parteien zu kennen.

Offenbar stammt die Liebesidylle Egmont's und Clärchen's
und das tumultuarische Leben der Volksscenen bereits aus der
ersten Bearbeitung; dagegen gehört wohl die volle Ausgestaltung
der männlich ernsten Charaktere, so wie die in den letzten Akten
hervortretende Umbeugung Egmont's und Clärchen's in das Pa-
thetische und Heroische, erst der letzten römischen Bearbeitung an.

In der Kunst der dramatischen Charakterzeichnung ist Egmont sicher eines der unvergleichlichsten Meisterwerke. In keinem anderen seiner Dramen hat Goethe wieder so schauspiele-
risch dankbare Rollen geschrieben. Was nach dem maßgebenden
Vorgang Lessing's das offene und klar ausgesprochene, freilich
bei unzulänglichen Dichterkräften oft seltsam verzerrte Streben

der gesammten jungen Dichterschule der Sturm= und Drang=
periode war, im regen Wetteifer mit Shakespeare einen neuen,
eigenartig und volksthümlich deutschen dramatischen Stil zu
schaffen, der sich durch seine schärfere Naturwahrheit und Indi=
vidualisirung von der hergebrachten Schablone der französischen
Art und Kunst auf's bestimmteste unterscheide, kam im Egmont
noch mehr als im Götz und Clavigo zu glänzendster künstleri=
scher Erfüllung und Vollendung.

Zu derselben Zeit, als Goethe in der antikisirenden Hoheit
der Iphigenie einen Weg einschlug, der von dem durch Shake=
speare vorgezeichneten Weg weit ablag, schuf er im Egmont,
durch die Norm des ersten, aus früherer Zeit stammenden Ent=
wurfs gebunden, eine der herrlichsten Schöpfungen jener Stil=
richtung, die man im Gegensatz zu der idealen Typenhaftigkeit
der Antike und der romanischen Renaissance mit Recht den
realistisch germanischen Stil genannt hat.

Leider entspricht der Kunst der dramatischen Charakterzeich=
nung nicht die Kunst der dramatischen Komposition. Dies ist
der unwiderlegliche Kern aller jener herben Vorwürfe, welche
Schiller in seiner berühmten Recension gegen dieses Stück richtet.

Es rächt sich, daß Egmont kein wirklich tragischer Charak=
ter, daß seine Schuld nur eine Unterlassungssünde, nicht eine
kühn eingreifende That ist.

Daher das Lockere und Lose der Handlung. Selbst in
Shakespeare's Hamlet kann man es sehen, wie sehr der zwin=
genden Einheit und dem raschen Fortschritt Abbruch geschieht,
wenn dem Helden die den Gang der Ereignisse bestimmende
Thatkraft fehlt; auch in der letzten, jetzt vorliegenden Fassung Ham=
let's sind noch gar manche Scenen und Motive zurückgeblieben,
die noch höchst störend an den Ursprung aus dem alten episiren=
den Historienstil erinnern. Wie also erst hier, wo der Held sich
nicht wie Hamlet zuletzt doch zu entschlossener That aufrafft,

sondern bis ans Ende seine ganze Natur darin sucht und findet, mit offenen Augen nicht sehen zu wollen? Wie also erst hier, wo der Dichter noch unter den Nachwirkungen der in der Sturm- und Drangperiode allgemeingeltenden und von ihm selbst im Göz bethätigten Anschauung steht, daß das Drama nicht Einheit der Handlung, sondern nur Einheit der Person verlange? Schiller spricht dieses Gebrechen scharf, aber treffend aus, wenn er sagt, daß im Egmont keine Verwicklung und kein eigentlich dramatischer Plan sei, sondern nur eine äußerliche Nebeneinanderstellung mehrerer einzelner Handlungen und Gemälde, die beinah durch nichts zusammengehalten würden, als durch die Person des Helden; die Einheit des Stücks liege weder in den Situationen, noch in irgend einer Leidenschaft, sondern lediglich im Menschen. In dieser Hinsicht ist Egmont gegen Clavigo ein ganz entschiedener Rückschritt.

Und daher vor Allem auch das Untragische der Katastrophe. Egmont geht lediglich durch seine Sorglosigkeit zu Grunde. In argloser Unbefangenheit, voll übertriebenen Vertrauens zur gerechten Sache des Volks, wandelt er, wie Schiller sich ausdrückt, gefährlich wie ein Nachtwandler auf jäher Dachspitze. Der Gegner stört und überrascht ihn. Wehrlos fällt er in dessen Schlingen. Das ist traurig, nicht tragisch. Der Dichter hat im Gefühl dieser Schwäche seines Grundmotivs Alles gethan, um am Schluß den Helden noch möglichst zu heben und seinem Untergang jene tiefere und allgemeinere Bedeutung zu sichern, die die unverbrüchliche Bedingung ächter Tragik ist. Es ist nicht gelungen. Ferdinand, der Sohn Alba's, kommt in Egmont's Gefängniß, getrieben von der begeisterten Bewunderung des Helden, der seinen Jugendidealen wie ein Stern des Himmels vorgeleuchtet. Die ganze Scene ist unwahr und phrasenhaft. Und zuletzt die Traumerscheinung Clärchen's als Göttin der Freiheit. »Ich sterbe für die Freiheit, für die ich

lebte und focht und der ich mich jetzt leidend opfere«, ruft Eg=
mont bei dem Nahen der Trommeln aus, die ihm seine Abfüh=
rung zum Schaffot verkünden. Schiller nennt dies allegorische
Schlußtransparent einen jähen Saltomortale in die Wunderwelt
der Oper. Ueberläßt doch der Dichter einer am Schluß einfal=
lenden Siegessymphonie zu sagen, was doch recht eigentlich die
treibende Idee des Stück's hätte sein sollen!

Den eigensten Gehalt des gewählten Stoffes, das große po=
litische Pathos der niederländischen Freiheitskämpfe, hatte der
Dichter von sich gewiesen, weil dieses Pathos seinem Denken
und Empfinden fremd war; er modelte seinen Helden einzig
nach seinem Ebenbild. Die Folge war, daß er nicht eine große
historische Tragödie schuf, sondern nur ein historisches Charakter=
gemälde.

Gewiß ist, daß uns nicht blos eine trotz aller ihrer
Schwächen ewig bewunderungswürdige Dichtung, sondern auch
ein sehr wesentlicher Zug im Jugendbild Goethe's fehlen würde,
fehlte uns die hochherzige, leichtlebige, liebenswürdige Heldenge=
stalt Egmont's.

3.

Die ersten zehn Jahre in Weimar.

Dem jungen Titanen wurde das enge Leben in Frankfurt
auf die Dauer unerträglich. Goethe ließ es geschehen, daß sein
Vater ihn täglich mehr in Rechtsgeschäfte und einflußreiche Ver=

binbungen einzuspinnen suchte; er fühlte, wie er an Keßner schreibt, Kraft genug in sich, jeden Augenblick mit einem gewaltsamen Riß alle diese siebenfachen Baßfesse durchreißen zu können. Noch nach Jahren bekannte Goethe, an dem Mißverhältniß des engen und langsam bewegten bürgerlichen Kreises zu der Weite und Geschwindigkeit seines Wesens wäre er sicher zu Grunde gegangen.

Um so lockender war die Einladung des Herzogs von Weimar. Obgleich Goethe zunächst nur als Gast ging, ohne sich irgend zu binden, so war doch bereits von beiden Seiten die Möglichkeit und Wahrscheinlichkeit festen Zusammenbleibens in Aussicht genommen. Schon bei den erften flüchtigen Begegnungen in Frankfurt und Mainz hatte die unwiderstehliche Liebenswürdigkeit Goethe's ganz und gar die Seele des jungen Fürsten erobert. Ueberdies war durch einen glücklichen Zufall die eben erschienene Sammlung der patriotischen Phantasieen von Justus Möfer der hauptfächlichfte Gegenstand ihrer erften Unterhaltungen gewesen; es hatte sich gezeigt, daß der gefeierte Dichter des Götz und des Werther nicht bloß Schauspielen und Romanen, sondern auch solchen Schriftftellern feine Aufmerksamkeit zuwende, deren Talent vom thätigen Leben ausgeht und in dasselbe unmittelbar nützlich wieder zurückkehrt. Welcher vielversprechende Gewinn für einen fürstlichen Jüngling, der erstrebte und wagte, auch als Fürst vor Allem ein voller und ganzer, reiner und natürlicher Mensch zu sein, und der den beften Willen und den festen Vorsatz hatte, an feiner Stelle entschieden Gutes zu wirken!

Am 7. November 1775, früh um fünf Uhr, traf Goethe in Weimar ein. Es ist einer der denkwürdigsten und bedeutungsvollsten Tage der deutschen Geschichte.

Wie mit Friedrich dem Großen der Geist des Aufklärungszeitalters, so war mit Karl August der Geist der deutschen

Sturm- und Drangperiode auf den Thron gestiegen. Vom
ersten Tage waren daher Goethe und sein junger fürstlicher
Herr auf's innigste miteinander verbunden. Ein neuer Stern
war über Weimar aufgegangen. Bald wurde Goethe die belebende Seele nicht blos des Hofes, sondern auch der Landes-
verwaltung. Ueber die Art, wie Goethe die unerwartete wichtige Aufgabe ergriff, hat Wieland das treffliche Wort: »Goethe
lebt und regiert und wüthet und giebt Regenwetter und Sonnenschein und macht uns Alle glücklich, er mache, was er wolle.«

Ein fröhlicheres und unbefangen menschlicheres Hofleben
ist niemals geführt worden als in diesen ersten Regierungs-
jahren Karl August's. Alle in der blühendsten Jugend. Der
Herzog und die Herzogin achtzehn Jahre alt; Goethe sechsund-
zwanzig, Einsiedel fünfundzwanzig, Knebel einunddreißig; die
Herzogin Amalia, Karl August's Mutter, eine Frau von sechs-
unddreißig Jahren, von der zwanglosesten Heiterkeit und ausgesprochensten Lebenslust. Nach Goethe's eigenem Ausdruck,
eine tolle Compagnie, wie sie sich auf so einem kleinen Fleck nicht
wieder zusammenfindet. Daher allerdings zuerst noch viel geniale Ungebundenheit und Leichtfertigkeit, viel Ausgelassenheit,
Derbheit und Thorheit, viel halsbrechende Jagden und Wettritte,
lustige Wanderungen, unermüdliche Schlittschuhfahrten, gesellschaftliche Schwänke und Neckereien, heitere poesieverklärte Fest-
lichkeiten in den Gärten von Tiefurt und Ettersburg, viel Re-
douten und Maskeraden. Es war gehässige Uebertreibung, wenn
Wieland einmal ärgerlich sagte, man wolle die bestialische Natur
brutalisiren; aber geschichtliche Wahrheit war es, wenn er Goethe,
der, um Goethe's eigene Worte zu gebrauchen, meist der Anstif-
ter all dieses Teufelszeugs war, mit einem Füllen verglich, das
vorn und hinten ausschlage. Der rücksichtslose Naturdrang der
Sturm- und Drangperiode entfesselte sich um so übermüthiger
und tumultuarischer, in je bewußterem Gegensatz er sich gegen

das läftige abgezirkelte Hofceremoniell fühlte. Aber es war die
jugendfrische Heiterkeit großer und reiner Menschen. Die wohl zu
beachtende ausschlaggebende andere Seite dieser vielverschrieenen
Genialitäten ift eine Einfachheit und Gesundheit des Denkens
und Empfindens, des Lebens und der Zustände, die wir jetzt
kaum noch zu begreifen vermögen und die zumal in der Geschichte der Fürften und Höfe völlig unerhört ift. Man denke
an jenen unvergleichlichen Brief, welchen Karl Auguft als re-
gierender Herr am 17. Juli 1780 an Knebel (vgl. Knebel's
Liter. Nachlaß. Bd. 1, S. 118) schrieb. Er lautet: »Guten
Abend, lieber Knebel! Es hat neun Uhr geschlagen und ich
fitze hier in meinem Kloster mit einem Lichte am Fenster und
schreibe Dir. Der Tag war ganz außerordentlich schön und der
erfte Abend der Freiheit — denn heut früh verließen uns die Go-
thaer — ließ fich mir sehr genießen. Ich war so ganz in der
Schöpfung und so weit von dem Erdentreiben. Der Mensch ift
doch nicht zu der elenden Philifterei des Geschäftslebens beftimmt;
es ift einem ja nicht größer zu Muth als wenn man die Sonne
so untergehen, die Sterne aufgehen, es kühl werden fieht, und
fühlt, daß das Alles so für sich, so wenig der Menschen halber;
und doch genießen fie's und so hoch, daß fie glauben, es sei für
fie. Ich will mich baden mit dem Abendftern und neu Leben
schöpfen. Der erfte Augenblick darauf sei Dein. Leb wohl so
lange. — — Ich komme daher. Das Wasser war kalt, denn
Nacht lag in seinem Schooße. Es war als tauchte man in die
kühle Nacht. Als ich den erften Schritt hineinthat, war's so
rein, so nächtlich dunkel; über dem Berg hinter Oberweimar
kam der volle rothe Mond. Es war so ganz ftille. Weber's
Waldhörner hörte man nur von Weitem, und die ftille Ferne
machte mich reinere Töne hören als vielleicht die Luft erreichten.« Ganze Sommer verbringt der junge Herzog draußen in
der grünen Einsamkeit des Parks im sogenannten Borkenhaus-

14*

chen, deſſen einziger Raum ſein Wohn-, Arbeits- und Empfangs-
zimmer und Schlafgemach zugleich war. Und auch Goethe iſt es
am wohlſten in ſeinem engen unſcheinbaren Gartenhäuschen an den
ſchönen Wieſen der Ilm, das er ſechs Jahre lang Sommer und
Winter bewohnte. Was iſt es für ein entzückendes Bild rein-
ſter einfachſter Menſchlichkeit und ureigenſter deutſcher Gemüthstiefe, wenn er kurz nach ſeinem Einzug in dieſes Häuschen im
Mai 1776 an Auguſte von Stolberg ſchreibt: »Den ganzen Nach-
mittag war die Herzogin Mutter da und der Prinz und waren
guten lieben Humors, und ich habe denn ſo herumgehausvatert,
wie Alles weg war, ein Stück kalten Braten gegeſſen, und mit
meinem Diener Philipp von ſeiner und meiner Welt geſchwätzt,
war ruhig und bin's und hoffe gut zu ſchlafen zu holdem Erwachen.« Aehnlich ein Lied aus dem Sommer 1777 an Frau
von Stein: »Und ich geh meinen alten Gang, meine liebe
Wieſe lang, tauche mich in die Sonne früh, bad ab im Monde
des Tages Müh, leb' in Liebes-Klarheit und Kraft, thut mir
wohl des Herren Nachbarſchaft, der in Liebes-Dumpfheit und
Kraft hinlebt, und ſich durch ſeltenes Weſen webt.«

Seit dem 11. Juni 1776 ſtand Goethe unter der Ernennung
zum Geheimenrath auch an der Spitze der Geſchäfte. Der Herzog
erließ bei dieſem Anlaß gegen den Neid und Groll des Adels und
der Beamten, der, wie Wieland an Merck (Erſte Sammlung,
S. 179) ſchreibt, nahe an ſtille Wuth grenzte, folgende hochherzige Erklärung (vgl. Schöll's Karl-Auguſt-Büchlein. 1857.
S. 95): »Einſichtsvolle wünſchen mir Glück, dieſen Mann zu
beſitzen. Sein Kopf, ſein Genie iſt bekannt. Einen Mann von
Genie an anderem Orte gebrauchen als wo er ſelbſt ſeine außerordentlichen Gaben gebrauchen kann, heißt ihn mißbrauchen.
Was aber den Einwand betrifft, daß durch den Eintritt viele
verdiente Leute ſich für zurückgeſetzt erachten würden, ſo kenne
ich erſtens Niemand in meiner Dienerſchaft, der meines Wiſſens

auf dasselbe hoffte, und zweitens werde ich nie einen Platz, welcher in so genauer Verbindung mit mir, mit dem Wohl und
Weh meiner gesammten Unterthanen steht, nach Anciennität, ich
werde ihn immer nur nach Vertrauen vergeben. Das Urtheil
der Welt, welches vielleicht mißbilligt, daß ich den Doctor Goethe
in mein wichtigstes Collegium setze, ohne daß er zuvor Amt-
mann, Professor, Kammerrath oder Regierungsrath war, ändert
gar nichts. Die Welt urtheilt nach Vorurtheilen; ich aber
sorge und arbeite wie jeder Andere, der seine Pflicht thun will,
nicht um des Ruhmes, nicht um des Beifalls der Welt willen,
sondern um mich vor Gott und meinem eigenen Gewissen rechtfertigen zu können.«

Goethe war sich der schweren Verantwortlichkeit, die er
übernahm, voll bewußt. Man sieht sein inneres Zagen, wenn er
um diese Zeit an Lavater schreibt, daß er nun ganz auf der
Woge der Welt schiffe; treu entschlossen, zu entdecken, zu gewinnen, zu streiten, zu scheitern oder auch mit aller Ladung sich in
die Luft zu sprengen. Aber war es dem großen Menschen, der
mit Recht von sich sagen konnte, daß er auch im gringsten
Dorf und auf einer wüsten Insel von der unverbrüchlichsten
Betriebsamkeit sein würde, weil ihn das Bedürfniß seiner Natur
zu vermannichfaltigter Thätigkeit zwinge, zu verargen, wenn er
seine reinen und hohen Menschheitsideale auch werkthätig in Leben
und Wirklichkeit zu übertragen strebte? Volle zehn Jahre hat
Goethe die Regierungsgeschäfte mit der gewissenhaftesten Pflicht-
treue und hingebendsten Liebe geführt. »Mir möchten manchmal die Kniee zusammenbrechen«, schreibt er am 30. Juni 1780
an Frau von Stein, »so schwer wird das Kreuz, das man
fast ganz allein trägt, wenn ich nicht wieder den Leichtsinn
hätte und die Ueberzeugung, daß Glauben und Harren Alles
überwindet.« Goethe war weit entfernt, in unzeitiger Großmannssucht als kleinstaatlicher Minister großstaatliche Politik

treiben zu wollen; ja aus seinen Briefen an Frau von Stein
und an Knebel geht deutlich hervor, daß, als Karl August in
den Jahren 1783—86 der Sache des unter Preußens Führung
zu errichtenden Fürstenbundes die wärmste Theilnahme und den
eingreifendsten Eifer zuwendete, Goethe diese Politik seines jungen
fürstlichen Herrn mit entschieden ungünstigem Auge betrachtete.
Er wollte nicht, daß sich der Herzog zersplittere und den Schwerpunkt seines Daseins anderswo suche als in seinem eigenen
Lande. Goethe's Augenmerk ging hauptsächlich auf die Ordnung
und Hebung der wirthschaftlichen Verhältnisse, zumal er 1781
auch die Leitung des Finanzwesens übernommen hatte. Die
Wege- und Wasserbauten, die Domänenverwaltung, das Ilmenauer Bergwerk, waren seine unablässige Sorge; überall suchte
er mit eigenen Augen zu sehen, weil er die Ueberzeugung hatte,
daß die Dinge unter der hergebrachten büreaukratischen Schablone
meist falsch beurtheilt würden und daß man, wie er in einem
Brief an Knebel (Briefwechsel. Bd. I, S. 13) schreibt, um
etwas zu nützen, sich gar nicht genug im menschlichen Gesichts-
kreis halten könne. Im Bild Lothario's im Wilhelm Meister
finden wir viele jener Ueberzeugungen und Gesinnungen wieder,
welche Goethe als Kammerpräsident gewann und zur Ausführung zu bringen strebte; Mißbilligung aller Privilegien, die dem
Lande den Segen entziehen, Hinüberführung der alten seudalen
Ueberlieferungen und Zustände in naturgemäße Freiheit und
Gleichberechtigung, Erleichterung der Bauern und der gedrückten
Volksklasse, die, wie er einmal so schön sagt, man die niederen
nennt, die aber gewiß vor Gott die höchsten sind. Und angesichts so großartiger Thatsachen wagt man noch den albernen
Satz zu wiederholen, Goethe sei ein herzloser Höfling gewesen?
Grade in dieser Zeit sind Goethe's vertraute Briefe voll der
erbittertsten Ausfälle gegen das gewöhnliche Fürsten- und Hof-
treiben. Am 17. April 1782 schreibt Goethe an Knebel:

»So steige ich durch alle Stände aufwärts, sehe den Bauers=
mann der Erde das Nothdürftige absorbern, das doch auch ein
behaglich Auskommen wäre, wenn er nur für sich schwitzte; Du
weißt aber, wenn die Blattläuse auf den Rosenzweigen sitzen
und sich hübsch dick und grün gesogen haben, dann kommen die
Ameisen und saugen ihnen den filtrirten Saft aus den Leibern,
und so geht's weiter, und wir haben's so weit gebracht, daß
oben immer in einem Tage mehr verzehrt wird als unten in
einem beigebracht werden kann.« Und ähnlich am 20. Juni
1784 an Herder (Aus Herder's Nachlaß. Bd. 1, S. 79): »Uebri=
gens ist in den Geschäften keine Freude zu pflücken; das arme
Volk muß immer den Sack tragen, und es ist ziemlich einerlei,
ob er ihm auf der rechten oder linken Seite zu schwer wird.«
Es war nur der Wiederklang des allgemeinen öffentlichen Ur=
theils, wenn Schiller kurz nach seinem ersten Eintritt in Wei=
mar am 12. August 1787 an Körner (Bd. 1, S. 136) berich=
tete, Goethe werde in Weimar von sehr vielen Menschen mit
einer Art von Anbetung genannt und mehr noch als Mensch
denn als Schriftsteller geliebt und bewundert; Schiller fügt
hinzu, namentlich auch Herder wolle ihn eben so sehr und noch
mehr als Geschäftsmann denn als Dichter bewundert wissen; er
sei, was er sei, ganz, und er könne, wie Julius Cäsar, vieles
zugleich sein.

Aber Goethe mußte erleben, daß ihm hier Hindernisse ent=
gegentraten, von einer Seite, von welcher er sie am wenigsten
erwartete. So edel und groß angelegt des Herzogs Natur war
und so herzlich und sorglich Goethe über ihn wachte, er war
doch zu leidenschaftlich unruhig und zu selbstherrlich eigenwillig,
als daß er Goethe's Absichten und Pläne, die nur bei zähster
Ausdauer und Folgerichtigkeit gedeihen konnten, nicht oft durch=
kreuzt und vereitelt hätte. Es ist ein sehr verständlicher Stoß=
seufzer, wenn Goethe am 21. November 1781 an Knebel schreibt,

der Wahn, daß die schönen Körner, die in seinem und seiner
Freunde Dasein reifen, auf diesen Boden gesät und jene himmlischen Juwelen in die irdischen Kronen der Fürsten gefaßt werden könnten, habe ihn ganz verlassen. Und am 1. September
1781 schreibt Goethe an Knebel in gleichem Sinn: »Hier ist
Alles beim Alten; schade für das schöne Gebäude, das stehen
könnte, erhöht und erweitert werden könnte, und leider keinen
Grund hat!« Als nun vollends den Herzog seine drängende
Soldatenlust trieb, als General in preußische Dienste zu treten,
meinte Goethe das Werk, das er einst mit so stolzen Hoffnungen
begonnen, als Danaidenarbeit betrachten zu müssen. Goethe be-
wahrte nach wie vor dem Herzog die innigste Zuneigung und
Anhänglichkeit, denn das ist das glückliche Vorrecht alter Ju-
gendfreundschaften, daß sie selbst harte Wechselfälle überdauern;
aber sicher ist es kein Zufall, daß jener keimende Entschluß des
Herzogs, seiner unüberwindlichen Soldatenlust nachzugehen, und
der keimende Entschluß Goethe's, durch eine längere Entfernung
sich seiner Verwaltungsthätigkeit allmälig ganz zu entziehen, so
durchaus gleichzeitig sind. Es war nur die höfliche Sprache
schonender Zurückhaltung, wenn Goethe bei seiner Rückkehr aus
Italien den Wiedereintritt in dieses Amt mit den Worten ab-
lehnte, er wolle nichts wieder unternehmen, was außer dem
Kreise seiner Fähigkeiten sei; seine wahre Gesinnung liegt in
dem Zusatz, er wolle sich nicht abarbeiten, wo die Frucht der auf-
gewendeten Mühe nicht entspreche.

Von dichterischen Leistungen Goethe's trat in diesen Jahren
wenig in die Oeffentlichkeit; und was erschien, war gegen die
zündende Gewalt des Götz und Werther geringfügig und unbedeutend. So hat es allerdings etwas Scheinbares, wenn man
noch immer zuweilen sagen hört, die Uebersiedelung Goethe's
nach Weimar sei für ihn ein Unglück, sei eine sehr beklagens-
werthe Schädigung seines inneren Dichterberufes gewesen. Auch

die nächsten Zeitgenossen sprachen spöttisch von Simson, dem Delila die Locken geraubt.

Dennoch ist diese Ansicht eine ganz und gar oberflächliche. Goethe selbst hat das beste Wort über diese neue Lebens= epoche gesagt. Mitten unter ihren ersten Wirren, am 8. No= vember 1777, schrieb er an Frau von Stein: »Gestern (am zweiten Jahrestage des Eintritts in Weimar) fand ich, daß das Schicksal, da es mich hieher pflanzte, vollkommen gemacht hat, wie man's den Linden thut; man schneidet ihnen den Gipfel weg und alle schönen Aeste, daß sie neuen Trieb kriegen, sonst sterben sie von oben herein; freilich stehen sie die ersten Jahre wie die Stangen da.«

Nicht ein Rückschritt oder eine Schädigung Goethe's waren diese vielgeschmähten ersten Weimarer Jahre, sondern sie waren für ihn recht eigentlich die entscheidende ernste Schule des Lebens, seine sittliche Zügelung und Läuterung, die Erfüllung und Er= weiterung seines Denkens und Wissens, die Klärung und Ver= tiefung seiner gesammten Lebens= und Weltanschauung.

> „Er steht männlich an dem Steuer;
> Mit dem Schiffe spielen Wind und Welle,
> Wind und Welle nicht mit seinem Herzen,
> Herrschend blickt er in die grimme Tiefe
> Und vertrauet, scheiternd oder landend,
> Seinen Göttern.“

Ueberall noch der warme leidenschaftliche Hauch jenes Fau= stischen Dranges, die ganze Wirklichkeit der Natur= und Men= schenwelt in sich selbst durchleben zu wollen. Aber die folgen= reiche Bedeutung dieser trubvollen Jahre in der Bildungs= geschichte des Dichters ist, daß, was unreif und phantastisch in diesem Faustischen Drang war, auf dem festen Boden der That= sächlichkeit allmälich verfliegt und zerstiebt. Der stürmende Jüngling wird zum ernsten besonnenen Mann. Nicht mehr un=

gestümes Ueberspringenwollen der unüberspringbaren Menschen-
grenzen, sondern Streben nach möglichst tiefer und allseitiger
Entfaltung innerhalb dieser Begrenzung. »Willst Du in's Unendliche schreiten, geh im Endlichen nach allen Seiten.«

Eine tief innerliche sittliche Wandlung und Umbildung voll-
zog sich. Unwillkürlich muß man an die Worte des greisen
Sängers im Westöstlichen Divan denken: »Du hast getollt zu
Deiner Zeit mit wilden, dämonisch genialen jungen Schaaren,
dann sachte schlossest Du von Jahr zu Jahren Dich näher an
die Weisen, göttlich milden.«

Bereits am 24. Juli 1776 schrieb Wieland an Merck
(Zweite Sammlung, S. 73): »Goethe hat freilich in den ersten
Monaten die Meisten oft durch seine damalige Art zu sein skan-
dalisirt und dem Diabolus Prise über sich gegeben; aber schon
lange und von dem Augenblick an, da er decidirt war, sich dem
Herzog und seinen Geschäften zu widmen, hat er sich mit un-
tadlicher Sophrosyne und aller geziemenden Weltklugheit aufgeführt.« Und diese strenge Ueberwachung seiner selbst stieg
täglich und stündlich. Die offene Unbefangenheit seines Wesens
wird in sich zurückgeworfen durch das böswillige Murren des
verletzten Hofadels über die Allmacht des beneideten Empor-
kömmlings. Die tiefe und doch unglückliche Liebe zu Frau von
Stein kocht und gährt in seinem Herzen, und so beklagenswerth
und innerlich krankhaft im Grunde diese Leidenschaft für eine
um sieben Jahre ältere verheirathete Frau ist, die bereits
Mutter von sieben Kindern war, es quillt aus der tiefsten Seele
Goethe's, wenn er Frau von Stein gern und oft als seine
geliebte Seelenführerin und als die Sicherheit seines Lebens bezeichnet; hier liegt die Wurzel der tiefen Anschauung von der
erziehenden Macht edler und reiner Weiblichkeit, welche in Iphigenie, in Tasso und Wilhelm Meister so hohen Ausdruck gefunden. Die wesentlich wirthschaftlichen Zwecke seiner vielver-

zweigten Amtsthätigkeit führten ihn in den ununterbrochenem unmittelbarsten Verkehr mit werkthätig handelnden Menschen, deren
feste und bestimmte Ziele, wie er an Frau von Stein (Bd. 1,
S. 135) schreibt, auf seinen phantastischen Sinn wie ein kaltes
kräftigendes Bad wirkten; immer offener erschloß sich seinem regen und eifrigen Aufmerken der Blick für die überall vorhandene,
wenn auch oft getrübte und schwer zu entziffernde Vernunft und
Idealität des geordneten Weltlaufs. Die Geschäfte bilden mich,
indem ich sie bilde, sagt ein Brief vom 30. December 1785 an
Knebel. Das nahende Mannesalter mahnte ihn an die Pflege
seines Dichterruhms und, wie ein Brief an Lavater (Briefwechsel,
S. 101) sich ausdrückt, an die Begierde, die Pyramide seines
Daseins so hoch als möglich in die Luft zu spitzen. Fortan
Sammlung und stille Entsagung; unablässige und unnachsichtliche
Abwehr und Verneinung aller in ihm noch fortklingenden jugendlichen Ueberschwenglichkeit und Maßlosigkeit. Lediglich in diesem
Sinn ist es zu erklären, daß Goethe, der durch seinen Werther die
Empfindsamkeit des Zeitalters am meisten genährt und gesteigert
hatte, jetzt der erbittertste Feind jener empfindelnden Schönseligkeit wird, der er so gründlich entwachsen ist und die sich doch
aufdringlich an seine Fersen heftet. Er geißelt sie unerbittlich in
den dramatischen Scherzen der Hoffesslichkeiten; ja bei einem
ländlichen Hoffeste in Ettersburg im August 1779 treibt ihn
die tolle Laune oder, wie er selbst sagt, leichtsinnig trunkener
Grimm und muthwillige Herbigkeit, den Woldemar seines
Freundes Jacobi an eine Buche zu nageln und ihm aus den
Zweigen des Baumes zur Feier dieser »Kreuzerhöhung« eine
ergötzliche Standrede zu halten. Und lediglich aus demselben
Sinn ging auch jene berühmte Schweizerreise von 1779 hervor;
der Herzog sollte durch diese Unterbrechung seinen früheren Neigungen und Gewohnheiten entrissen und durch das Anschauen
neuer Menschen und Dinge zu neuem Leben gewonnen werden.

Sowohl Wieland wie der treffliche Karl August können sich in ihren Briefen aus den Jahren 1779 und 1780 gar nicht genug verwundern, wie Goethe, so wenig ihn sein Genius und seine Laune verlassen habe, doch inzwischen so sanft, so gelassen und schweigsam geworden. Es war nicht die Ruhe steifer Förmlichkeit und selbstsüchtiger Kälte, denn grade aus dieser Zeit kennen wir die rührendsten Züge aufopfernder Theilnahme und Wohlthätigkeit; es war die Ruhe der sittlichen Klärung und Reife.

Es ist der volle und offene Bruch mit der Vergangenheit, wenn Goethe am Schluß des Jahres 1782, alle seine seit zehn Jahren aufgehäuften Briefe und Papiere ordnend, in die Worte ausbricht, daß es eines gar gewaltigen Hammers bedurft habe, um ihn von den vielen Schlacken zu befreien und sein Herz gediegen zu machen. Er dankt der Natur, »daß sie in die Existenz eines jeden lebendigen Wesens so viel Heilkraft gelegt, daß es, wenn es an dem einen oder dem anderen Ende zerrissen werde, sich wiederzusammenflicken könne.«

Wir sehen die Bestätigung dieser leidvoll erkämpften Selbstbefreiung in dem Gedicht »Ilmenau am 3. September 1783«. Dem Dichter ist der Sturm seiner Jugend eine längst hinter ihm liegende Zeit; mit sorgendem Freimuth, der gleich ehrenvoll für den Dichter wie für den Fürsten ist, ruft er dem erlauchten Freund mahnend zu, daß auch er, bei tiefer Neigung für das Wahre doch noch immer der Irrthum eine Leidenschaft sei, die freie Seele einschränken möge, denn »wer Andere wohl zu leiten strebt, muß fähig sein, viel zu entbehren.«

Und mit dieser tiefen inneren sittlichen Umbildung stand bedeutendes wissenschaftliches Fortschreiten im engsten Zusammenhang.

Hatten den sinnenfrischen Jüngling schon in Straßburg die Naturwissenschaften aufs mächtigste angezogen, so gewann jetzt diese Neigung durch sein frisches Jagd- und Gartenleben und vor Allem durch die lebendige und durchweg persönliche Art, wie Goethe die Obliegenheiten seines Amtes behandelte, erneute Anregung und glücklichste Förderung. Die Sorge für Hebung der Forst- und Feldkultur führte zur Botanik, der Ilmenauer Bergbau zu Mineralogie und Geologie. Und die Pflege der ihm anvertrauten Sammlungen der Universität Jena und der dadurch veranlaßte genauere Verkehr mit Loder, dem berühmten Jenaer Anatomen, führte ihn zur Anatomie, die ihn um so lebhafter fesselte, je mehr er sich schon in seinen früheren physiognomischen Studien daran gewöhnt hatte, das Knochensystem als die Grund- lage der Physiognomik zu betrachten; »es ist nichts in der Haut, was nicht im Knochen ist.« Besonders im Sommer 1781 war er unter Loder's Anleitung und Belehrung mit der Osteologie beschäftigt; im Winter 1781—1782 hielt er auf der Weimarer Zeichnenschule Vorlesungen über sie, um, wie er sich ausdrückt, sowohl den Schülern als sich selbst zu nützen.

Eine unvollendete Abhandlung Goethe's über den Granit (vgl. Katalog der Goethe-Ausstellung. Berlin 1861, S. 23), welche, wie aus einem Briefe an Frau von Stein (Bd. 3, S. 16) hervorgeht, in den Januar 1784 fällt, enthält die denk- würdigen Worte: »Wer den Reiz kennt, den natürliche Geheim- nisse für den Menschen haben, wird sich nicht wundern, daß ich den Kreis der Beobachtungen, den ich sonst betrete, verlassen und mich mit einer recht leidenschaftlichen Neigung zu diesen gewandt habe. Ich fürchte den Vorwurf nicht, daß es ein Geist des Widerspruchs sein müsse, der mich von Betrachtung und Schilderung des menschlichen Herzens, des innigsten, mannich- fachsten, beweglichsten, veränderlichsten, erschütterlichsten Theils der Schöpfung, zu der Beobachtung des ältesten, festesten, tief- sten, unerschütterlichsten Sohnes der Natur geführt hat. Denn man wird mir gern zugeben, daß alle natürlichen Dinge in einem genauen Zusammenhang stehen, daß der forschende Geist sich nicht gern von etwas Erreichbarem ausschließen läßt. Ja, man gönne mir, der ich durch die Abwechselungen der menschlichen Gesinnungen, durch die schnellen Bewegungen derselben in mir selbst und in Anderen manches gelitten habe und leide, die erhabene Ruhe, die jene einsame stumme Nähe der großen leisesprechenden Natur gewährt; und wer davon eine Ahnung hat, folge mir.«

Auch dieser neuen Fächer bemächtigte sich Goethe's Genialität sogleich mit schöpferischer Selbständigkeit. Kraft seines angeborenen plastischen Sinns und kraft seiner früheren Spinozistischen Studien trug er, um seinen eigenen Ausdruck beizubehalten, die Ueberzeugung in sich, daß, so sehr auch die Natur in jedem ihrer Werke ein eigenes Wesen und den isolirtesten Begriff habe, sie doch am Ende durchaus in sich selbst eins und übereinstimmend sei. Und in strenger Verfolgung dieses Grundgedankens machte er bereits im März 1784 (vgl. Briefe an Frau von Stein. Bd. 3, S. 31. Aus Herder's Nachlaß, Bd. 1, S. 75) die folgenreiche Entdeckung von dem Vorhandensein des bisher nur in den Thieren beobachteten Zwischenkiefers (os intermaxillare) auch im Menschen; eine Entdeckung, die damals die vielfachste Anfechtung erlitt, seither aber zu unzweifelhafter Geltung gekommen ist und auf die wissenschaftliche Behandlung der vergleichenden Anatomie den förderndsten Einfluß geübt hat. Und ebenso gewann er, mit der künstlich gewaltsamen Systematik Linné's frühzeitig zerfallen, schon 1786 (vgl. Briefe an Frau von Stein. Bd. 3, S. 275) jene Anschauung über das Wesen der Pflanzenbildung, deren Ergebnisse er später in der Lehre von der sogenannten Metamorphose der Pflanzen, sowohl dichterisch wie wissenschaftlich, dargelegt hat; in der zum Theil noch phantastischen Fassung Goethe's allerdings unhaltbar, nichts-

bestoweniger aber in ihrem eigensten Wesen eine der Grund-
säulen aller Botanik.

Von welch unermeßlicher Wichtigkeit sind diese von Jahr
zu Jahr gesteigerten naturwissenschaftlichen Bestrebungen Goethe's
für seine gesammte Bildungsgeschichte geworden!

Ueberaus merkwürdig aber ist es, zu sehen, daß die nächste
und unmittelbarste Folge derselben die erneute und vertiefte
Rückkehr Goethe's zu Spinoza war.

Wie Goethe in einem Briefe an Knebel (Bd. 1, S. 55)
sagt, daß der geheime Sinn seiner kleinen Schrift über den
Zwischenknochen der Grundsatz sei, jede Creatur nur als Ton
und Schattirung einer großen Harmonie zu betrachten, die man
im Großen und Ganzen studiren müsse, widrigenfalls das Einzelne nur ein todter Buchstabe bleibe, so sagt er in einer anderen,
aber durchaus übereinstimmenden Wendung in einem Briefe an
Jacobi (S. 86), daß er sich zur näheren und tieferen Betrachtung der Einzeldinge durch Niemand mehr aufgemuntert fühle
als durch Spinoza, obgleich vor dessen Blick alle Einzeldinge
zu verschwinden schienen. Am 4. September 1784 schrieb Goethe
auf einer Harzreise in das Brockenbuch: »Quis coelum posset
nisi coeli munera nosse, et reperire Deum nisi qui pars
ipse Deorum est?« Ein Gedanke, den Goethe später trefflich
in den Vers faßte: »Wär nicht das Auge sonnenhaft, wie
könnten wir das Licht erblicken? Lebt nicht in uns des Gottes
eigene Kraft, wie könnt' uns Göttliches entzücken?«

Zeuge dieser erneuten Rückkehr zu Spinoza ist vor Allem
jene tiefsinnig aphoristische Abhandlung über »Die Natur«
(Bd. 40. S. 385), deren Entstehung um das Jahr 1780 gesetzt wird. Und in urkundlich bezeugter Abhängigkeit von Goethe
regen sich um dieselbe Zeit auch in Herder die ersten Spuren
spinozistischer Einwirkung.

Besonders aber sprach sich die Spinozabegeisterung Goethe's

laut und rückhaltslos aus, als der Streit Jacobi's und Mendelssohn's über den Spinozismus Lessing's entbrannte. Sowohl in
seinen Briefen an Frau von Stein und Knebel wie in den
Briefen an Jacobi selbst wird er nicht müde, Spinoza zu predigen,
den er gern seinen Heiligen nennt und von dem er sagt, daß er
sich ihm sehr nahe fühle, obgleich Spinoza's Geist viel tiefer
und reiner sei als der seinige. »Spinoza«, schreibt Goethe am
9. Juni 1785 an Jacobi (S. 85), »beweist nicht das Dasein
Gottes, sondern das Dasein ist Gott; und wenn ihn Andere
deßhalb Atheum schelten, so möchte ich ihn theissimum und
christianissimum nennen und preisen.«

Diese unbedingte Hingebung an Spinoza ist ein sehr bedeutender Einschnitt in Goethe's Leben. Goethe, der Jüngling,
hatte seinen Pantheismus mit dem harmlosesten Zusammengehen
mit seinen christlich gläubigen Jugendfreunden zu vereinen gewußt; Goethe, der Mann, konnte sich über die Unvereinbarkeit
dieses Gegensatzes nicht täuschen. Zumal grade jetzt die alten
Freunde sich mehr als je mit ihrer scharf ausgesprochenen Christlichkeit spreizten. Man lese den Brief, welchen Goethe im
October 1787 (Italienische Reise. Bd. 24, S. 126) aus Castel
Gandolfo schrieb: »Wenn Lavater seine ganze Kraft anwendet,
um ein Märchen wahr zu machen, wenn Jacobi sich abarbeitet,
eine hohle Kindergehirnempfindung zu vergöttern, wenn Glau-
bius aus einem Fußboten ein Evangelist werden möchte, so
ist offenbar, daß sie Alles, was die Tiefen der Natur näher
aufschließt, verabscheuen müssen. Würde der Eine ungestraft
sagen, Alles, was lebt, lebt durch etwas außer sich, würde
der Andere sich der Verwirrung der Begriffe, der Verwechselung von Wissen und Glauben, von Ueberlieferung und
Erfahrung nicht schämen, würde der Dritte nicht um ein paar
Bänke tiefer hinunter müssen, wenn sie nicht mit aller Gewalt
die Stühle um den Thron des Lammes aufzustellen bemüht

wären, wenn sie nicht sich sorgfältig hüteten, den festen Boden der Natur zu betreten, wo Jeder nur ist, was er ist, wo wir Alle gleiche Ansprüche haben? Halte man dagegen ein Buch wie den dritten Theil von Herder's Ideen, sehe erst, was es ist, und frage sodann, ob der Autor es hätte schreiben können, ohne jenen (pantheistischen) Begriff von Gott zu haben? Nimmermehr denn eben das Rechte, Große, Innerliche, was es hat, hat es in, aus und durch jenen Begriff von Gott und der Welt. Ich habe immer mit stillem Lächeln zugesehen, wenn sie mich in metaphysischen Gesprächen nicht für voll ansahen; da ich aber ein Künstler bin, so kann mir's gleich sein. Mir könnte vielmehr daran gelegen sein, daß das Principium verborgen bliebe, aus dem und durch das ich arbeite. Ich lasse einem Jeden seinen Hebel, und bediene mich der Schraube ohne Ende schon lange, und nun mit noch mehr Freude und Bequemlichkeit.«

Sein ganzes reiches Leben hindurch ist Goethe dieser spinozistischen Grundstimmung unwandelbar treu geblieben. Noch als Greis führte er (vgl. Sulpiz Boisserée 1862. Bd. 1, S. 255) die Ethik Spinoza's immer bei sich. Man denke an die letzten Briefe Goethe's an Jacobi. Man denke an Gedichte wie »Die Weisen und die Leute« (Bd. 2, S. 305), »Sag es Niemand, nur dem Weisen (Bd. 4, S. 16)«, »Kein Wesen kann in Nichts zerfallen«, die insgesammt aus später Zeit stammen. Scheint Goethe in einzelnen Aeußerungen gegen Fall, Zeller und Eckermann mehr in die Gleise der herrschenden Vorstellungsweise einzulenken, so haben wir uns zu erinnern, daß auch Lessing es für gut hielt, in Schrift und gesellschaftlichem Verkehr zwischen esoterischer und exoterischer Lehre zu unterscheiden.

Mitten aber in all diesem drängenden Gewühl der verschiedenartigsten Ansprüche und Verhältnisse, Neigungen und Thätigkeiten meldete sich doch immer wieder als seine eigenste und tiefste Lebensbestimmung die holde Muse der Dichtung.

»In meinem Kopf«, schreibt Goethe am 14. September 1780 an Frau von Stein, »ist's wie in einer Mühle mit vielen Gängen, wo zugleich geschroten, gemalen, gewalkt und Oel gefloßen wird. O thou sweet poetry rufe ich manchmal und preise den Marc Antonin glücklich, wie er auch selbst den Göttern dafür dankt, daß er sich in die Dichtkunst und Beredtsamkeit nicht eingelassen. Ich entziehe diesen Springwerken und Kaskaden so viel als möglich die Wasser und schlage sie auf Mühlen und in die Wässerungen, aber ehe ich mich's versehe, zieht ein böser Genius den Zapfen und Alles springt und sprudelt. Und wenn ich denke, ich sitze auf meinem Klepper und reite meine pflichtmäßige Station ab, auf einmal kriegt die Mähre unter mir eine herrliche Gestalt, unbezwingliche Luft und Flügel, und geht mit mir davon.« Und am 10. August 1782: »Eigentlich bin ich zum Schriftsteller geboren; es gewährt mir eine reinere Freude als jemals, wenn ich etwas nach meinen Gedanken gut geschrieben habe.« Ja, in einem Briefe vom 17. September desselben Jahres tritt dieses Gefühl sogar mit der denkwürdigen Wendung auf, daß er recht zu einem Privatmenschen erschaffen sei, und daß er kaum begreife, wie ihn das Schicksal in eine Staatsverwaltung und eine fürstliche Familie habe einflicken mögen.

„Welcher Unsterblichen
Soll der höchste Preis sein?
Mit Keinem streit ich,
Aber ich geb ihn
Der ewig beweglichen
Immer neuen
Seltsamsten Tochter Jovis,
Seinem Schoßkinde,
Der Phantasie.

Und daß die alte
Schwiegermutter Weisheit
Das zarte Seelchen
Ja nicht beleid'ge.“

Viele der köstlichsten Perlen Goethe'scher Dichtung, besonders
der Lyrik, sind in dieser Zeit entstanden. Vieles und Wichtiges,
was erst in späteren Jahren herrlich erblühte, keimte und wuchs
bereits in stillem Gedeihen. Und Inhalt und Form zeigt in glei=
cher Weise, daß er, wie Goethe sich selbst einmal ausdrückt, vom
Grundstock seines Vermögens nicht nur nichts zugesetzt, sondern
es reichlich vermehrt hatte. An die Stelle des wühlenden unge=
bändigten Geistes der Sturm= und Drangperiode ist mehr und
mehr eine durchaus veränderte Sinnesart, eine neue, sittlich und
künstlerisch durchgebildetere Lebensepoche getreten.

Es sondern sich in der Dichtung dieser Zeit sehr bestimmt
zwei Gruppen.

Die erste Gruppe besteht aus den Gelegenheitsgedichten,
welche veranlaßt wurden durch die Neigung und Obliegenheit,
die gesellschaftlichen Vergnügungen des Hofes dichterisch zu bele=
ben und zu erhöhen.

Ueber diese Hofdichtungen hat Goethe selbst das treffendste
Wort, wenn er am 19. Februar 1781 an Lavater schreibt, er
tractire diese Sachen als Künstler; wie Lavater die Feste der
Gottseligkeit ausschmücke, so schmücke er die Aufzüge der Thor=
heit. Sie treten anspruchslos auf; und es ist albern, in diesen
flüchtigen Kindern des Augenblicks höchste Kunstwerke erblicken
zu wollen. Es wird sich schwerlich leugnen lassen, daß »der
Triumph der Empfindsamkeit= losgelöst von den nächsten Anspie=
lungen und Tagesbeziehungen, entschieden langweilig ist; und
ebenso ist »Scherz, List und Rache= nur ein verunglückter Ver=
such, die Charakterformen des italienischen sogenannten Kunstlust=
spiels nachzuahmen. Aber wer erfreut sich nicht an dem ergötzli=
chen Humor der Vögel, an der naturfrischen frühlingsduftigen
Lieblichkeit Lila's, Jery's und Bätely's und der Fischerin, an
der epigrammatischen Sinnigkeit der Textworte zu den Masken=
zügen? Auch das jubelnd lustige Epiphaniaslied war ursprüng=

15*

lich ein solcher Maskenzug, welcher am 6. Januar 1781 aufgeführt wurde.

Anders die zweite Gruppe. Sie ist die künstlerisch schöne
d. h. die zu rein und allgemein menschlicher Bedeutung geläuterte
und vertiefte Gestaltung der innersten Gemüths- und Lebens-
zustände.

Tiefrührende Klänge der Entsagung, freies trostreiches Auf-
schauen zu dem neugewonnenen Menschheitsideal.

Namentlich in der Goethe'schen Lyrik dieser Zeit ist diese
fortschreitende Entwicklung in unsagbarer Innigkeit und Schönheit
ausgeprägt.

Wann sind jemals so innige und gemüthszarte Lieder gedichtet worden als diese wehmuthsvollen und doch mild beruhigten lyrischen Stoßseufzer, in denen der Dichter sein heißes Sehnen nach
innerem Frieden ausspricht?

> „Der Du von dem Himmel bist,
> Alles Leid und Schmerzen stillest,
> Den, der doppelt elend ist,
> Doppelt mit Erquickung füllest,
> Ach, ich bin des Treibens müde!
> Was soll all der Schmerz und Lust?
> Süßer Friede,
> Komm, ach komm in meine Brust!"

Und jenes andere, am 6. September 1780 auf dem Gickelhahn
bei Ilmenau gedichtete Abendlied:

> „Ueber allen Gipfeln
> Ist Ruh,
> In allen Wipfeln spürest Du
> Kaum einen Hauch;
> Die Böglein schweigen im Walde.
> Warte nur, balde
> Ruhest Du auch!"

Auch die tief sehnsuchtsvollen Lieder Mignon's und des Harf-
ners im Wilhelm Meister gehören bereits dieser Zeit an. „Nur

wer die Sehnsucht kennt, weiß, was ich leide!« Und das Er=
greifende: »Wer nie sein Brot mit Thränen aß, Wer nie die
kummervollen Nächte Auf seinem Bette weinend saß, Der kennt
Euch nicht, Ihr himmlischen Mächte!«

Die sieghafte Erfüllung und Versöhnung dieser langen leid=
vollen Kämpfe aber liegt in den herrlichen Oden »Grenzen der
Menschheit« und »Das Göttliche«. »Denn mit Göttern soll sich
nicht messen irgend ein Mensch; hebt er sich aufwärts und be=
rührt mit dem Scheitel die Sterne, nirgends haften dann die
unsichern Sohlen und mit ihm spielen Wolken und Winde.« —
»Edel sei der Mensch, hilfreich und gut! Denn das allein unter=
scheidet ihn von allen Wesen, die wir kennen.«

Begeistert preist Goethe das Lob der Poesie im »Sänger«.
Aber das im Sommer 1784 entstandene Gedicht, welches jetzt
als »Zueignung« der Eingang der Goethe'schen Gedichtsammlung
ist, feiert als glücklichsten Gewinn, daß die trüben Nebel nun=
mehr geschwunden sind; »aus Morgenduft gewebt und Sonnen=
klarheit, der Dichtung Schleier aus der Hand der Wahrheit.«

Goethe's größere Werke aus dieser Zeit stehen daher durch=
aus unter denselben Stimmungen und Wandlungen.

In den »Geschwistern«, welche im September 1776 aus
der Liebe zu Frau von Stein entsprangen, und in dem unvollen=
deten Bruchstück des »Elpenor«, welches dem Sommer 1781
angehört, sind, trotz aller Schönheit im Einzelnen, die Nachklänge
trüber Gefühlsphantastik noch deutlich hörbar. Aber es ist eine
sehr gewichtige Thatsache, daß schon jetzt Tasso und Wilhelm
Meister den Dichter aufs lebhafteste beschäftigen, zum Theil sogar
schon sich ihrer Vollendung nahen; jene gewaltigen Dichtungen,
deren Grundgedanke die Nothwendigkeit des entschlossenen Her=
austretens aus der phantastischen Ueberschwenglichkeit in die
Bedingungen und Schranken des wirklichen Lebens ist, Ein=

fügung in die feste Weltordnung ohne Einbuße der inneren
Idealität.

Besonders in zwei Dichtungen kommt das Tiefste dieser
Lebensepoche Goethe's zum dichterischen Ausdruck; in »Iphige-
nie auf Tauris« und in dem unvollendeten Lehrgedicht »Die
Geheimnisse«.

Aus dem Briefwechsel mit Frau von Stein wissen wir,
daß Iphigenie im Anfang des Jahres 1779 begonnen und unter
dem störenden Trubel der lästigsten Geschäfte und Amtsreisen
ausgeführt wurde; am 6. April wurde sie zum ersten Mal am
Hofe dargestellt, Goethe selbst spielte den Orest. »Nie werde ich
den Eindruck vergessen«, berichtet Huseland, »den Goethe als
Orest im griechischen Costüm in der Darstellung seiner Iphigenie
machte, man glaubte einen Apollo zu sehen; noch nie erblickte
man eine solche Vereinigung körperlicher und geistiger Vollkommenheit und Schönheit als damals in Goethe.«

Diese wunderbare Dichtung erfuhr noch gar vielfache Umbildungen, bevor sie in Italien ihre letzte klassische Vollendung
erhielt; aber dies waren nur Umbildungen der Form. Der innerste Gedankengehalt ist bereits in der ersten Gestalt vollkräftig
ausgesprochen. Nicht mehr düster trotziges Titanenthum, sondern
heitere Entfaltung reiner idealer Menschennatur, seelenvolle Darstellung sittlicher Harmonie und Hoheit. Am 28. März 1779,
an dem Tage, da er das Gedicht vollendet hatte, schrieb Goethe
in sein Tagebuch: »Ich war diese Zeit her wie das Wasser klar,
rein, fröhlich.« Auf Iphigenie vor Allem ist anzuwenden, wenn
im Wilhelm Meister einmal Aurelie sagt, aus ächter Dichtung
sehe der reine Geist des Dichters wie aus hellen offenen Augen
hervor.

Und das großartig angelegte Lehrgedicht »Die Geheimnisse«,
dessen Ausführung in den Sommer 1784 fällt, ist die gleiche
Feier des reinen und vollen Menschenthums, der lauteren, in

Kampf und Entsagung thätigen Sittlichkeit. Nur daß hier, unter dem mächtigen Eindruck der erneuten Spinozastudien, das
Dogmatische, das heißt in Goethe's Sinn, die Prüfung und
Verneinung der sogenannten Offenbarung bestimmter und ausdrücklicher hervorgehoben wird. Es ist der Versuch, das einfach
und schlicht Menschliche, die Idee der Humanität, als die innere
Triebkraft und Wesenheit aller Religion darzustellen; die verschiedenen Religionen sind nur durch Volksthümlichkeit und Klima
verschiedenartig bedingte, bald mehr bald weniger verschleierte
Spiegelungen dieser ursprünglichen reinen Menschheitsidee. Doch
zeigte sich bald, daß der Gedanke in dieser Allgemeinheit dichterisch unburchführbar war. Statt lebendiger Menschengestaltung
dunkle Symbolik. Die »Geheimnisse« blieben Bruchstück.

Es liegt in der Natur der innigen Wechselwirkung zwischen
Inhalt und Form, daß mit dieser gewaltigen inneren Umbildung
des Denkens und Empfindens zugleich in Goethe eine nicht minder durchgreifende Umbildung des dichterischen Formgefühls auftritt.

Zwar behielt Goethe auch jetzt noch die alte Weise, die, an
Shakespeare und am Volkslied erwachsen, es überall auf ächt
volksthümliche, eigenartig deutsche Dichtung abgesehen hatte.
Grade dieser Zeit entstammt ein guter Theil seiner herrlichsten
Lieder, deren eigenstes Wesen die Wiedergeburt und die künstlerische Verklärung des deutschen Volksliedes ist; grade dieser Zeit
entstammen die ächt volksmäßigen Balladen, der Erlkönig, der
Fischer, der Sänger. Ja nicht blos das Gedicht, Hanns Sachsens
poetische Sendung, sondern auch das Gedicht auf Miebing's Tod,
bewegt sich noch durchaus in den Bahnen, in denen er einst
Hanns Sachs nachgestrebt. Selbst Tasso und Iphigenie waren
in ihrem ersten Entwurf in Prosa geschrieben, wie dieselbe durch
das bürgerliche Trauerspiel Lessing's für das deutsche Drama
üblich geworden. Allein je mehr Goethe der Höhe einer Bildung

nahte, die an Innerlichkeit und Poesie über die Bildung des
Aufklärungszeitalters weit hinausragte, und doch alle trübe Leidenschaftlichkeit der Uebergangsepoche, in welcher er anfangs befangen gewesen, zu milder Besonnenheit, zu glücklichem Gleichgewicht, zu einer in sich festen und versöhnten Plastik des Lebens
und Denkens klärte, um so unwillkürlicher und naturnothwendiger
machte sich in ihm das Gefühl geltend, daß diese nordische Art
der dichterischen Formengebung zwar durchaus berechtigt, aber
in dieser strengen Ausschließlichkeit für den vollen Umfang seines
tiefsten inneren Lebens nicht ausreichend sei. Die plastische Hoheit und Harmonie der Empfindung erfordert plastische Hoheit
und Harmonie der Gestaltung. Es erwacht in ihm das Bedürfniß hohen Stils. Die Muster der Alten, die er, wie wir aus den
Pindarischen Oden der Wetzlarer und Frankfurter Zeit sehen, selbst
in seiner deutschesten Zeit niemals aus den Augen verloren, werden ihm wieder lebendiger und innerlich wahlverwandter. Neben
die Lieder und Balladen mit ihrer unvergleichlichen Musik des
Reims und der Sprache treten Epigramme im plastisch bewegten
Distichenversmaß, die Goethe oft sogar, ganz in antiker Weise,
als still beredte Zeugen glücklich und beschaulich verlebter Stunden, in Felswände oder in Denksteine, die in Gärten und
Parks aufgestellt werden, eingraben ließ, treten Hymnen und
Oden, die man mit dem eigenen Ausdruck des Dichters treffend als »antiker Form sich nähernd« bezeichnen kann, weil sie
zwar nicht nach irgendeinem bestimmten antiken Schema gebildet sind, aber durchweg in dem festen gemessenen Schritt antiker Rhythmen einherschreiten. Und es ist nur eine andere Wendung derselben Empfindung und desselben Bedürfnisses, wenn
Goethe jetzt auch in den »Geheimnissen« und in der »Zueignung«,
welche ursprünglich als Prolog der Geheimnisse gedacht ist, zu
den italienischen Ottaverimen greift, nach jener kunstvoll geglie-
derten Form, in welcher die Dichtung der italienischen Renaiss-

sance die Musik der modernen Innerlichkeit mit antik plastischer
Ruhe und Gebundenheit zu verschmelzen suchte. Besonders lebhaft aber trat dieses Bedürfniß plastisch hohen Stils im Drama
hervor. Es ist von hohem psychologischen Reiz und für die Einsicht in die Natur künstlerischer Formengebung überaus fördernd,
die Urgestalt der Goethe'schen Iphigenie grade nach dieser Seite
eingehend zu betrachten. Ganz von selbst, lediglich durch die
Nothwendigkeit der Sache, klingt hier bereits überall durch die
Mischart der sogenannten dichterischen Prosa der unabweisbare
rhythmische Vers durch; so daß Goethe schon in den nächsten
Monaten eine Uebertragung in Verse begann, die freilich erst viele
Jahre nachher unter der Sonne Italiens ihre Vollendung und
letzte Durchbildung erhielt.

Eine große epochemachende Wendung war geschehen. Die
Sturm- und Drangperiode war in Goethe abgethan.

Viertes Kapitel

Die Goethianer.

Lenz. Klinger. L. Wagner.

Wie mächtig und überwältigend vom ersten Anbeginn die Erscheinung Goethe's auf die Zeitgenossen wirkte, erhellt besonders aus der Thatsache, daß Goethe, ohne es zu suchen und zu wollen, sogleich das Haupt einer neuen Dichterschule wurde, welcher Freund und Feind den Namen der Goethe'schen Schule beilegte. Im Briefwechsel Lessing's mit seinem Bruder wird mehrfach von den neuen »Goethianern« gesprochen. Das deutsche Museum von 1776 (S. 1048 ff.) enthält eine Abhandlung, die die Ueberschrift führt: »Etwas über das Nachahmen im Allgemeinen und über das Goethisiren insbesondere.«

Vornehmlich drei junge Dichter, Lenz, Klinger, Leopold Wagner, wurden von den Zeitgenossen als »Goethianer« bezeichnet. Sie stammen alle Drei aus Goethe's nächstem persönlichem Freundeskreise. »Ein freudiges Bekennen, daß etwas Höheres über mir schwebe, war ansteckend für meine Freunde«, sagt Goethe im elften Buch von Wahrheit und Dichtung.

Dieselben Anschauungen und dieselben Ziele; aber ohne Tiefe des Gehalts, ohne die entsprechende dichterische Gestaltungskraft, ohne die Wünschelruthe sicheren Schönheitsgefühls. Man

meinte den Kern zu haben, indem man die tumultarische Manier
Goethe's veräußerlichte und verrohte. Schon Karl Lessing, der
die Abneigung seines großen Bruders gegen die jungen Stürmer
und Dränger theilte, hat in einem Briefe vom 1. Juni 1776
(Lachm. Bd. 13, S. 555) das Wort: »Goethe selbst ärgert
mich nicht, aber seine Nachahmer.«

Auch diese Goethianer verdienen die sorgfamste Beachtung.
Wie man erst die volle Größe Shakespeare's zu würdigen weiß,
wenn man zugleich die Dichter kennt, die rings um ihn wirkten
und strebten, so erkennt man auch Goethe und Schiller erst in
ihrem eigensten Wesen, wenn man an diesen verzerrten und lär-
menden Jugendgenossen sieht, welche bedenklichen Krankheitsstoffe
in dieser denkwürdigen Zeit lagen, und welcher Kraft es bedurfte,
aus den Schlacken das reine Erz zu gewinnen.

Reinhold Lenz.

Gegen Lenz vor Allem war es wohl gerichtet, wenn Karl
August, Herzog von Weimar, einmal ärgerlich von den Affen
Goethe's sprach. Dies harte, aber wahre Wort ist der Schlüssel
seines ganzen Seins; der Art seines dichterischen Schaffens so-
wohl, wie selbst der Geisteskrankheit, welcher er frühzeitig zum
Opfer fiel.

Lenz war, was Goethe ein forcirtes Talent nennt. Im
gewaltsamen Welteifer mit Goethe suchte Lenz sich über seine
natürliche Begabung hinaufzuschrauben; so ging er unter in ungezügelter Großmannssucht.

Johann Michael Reinhold Lenz, am 12. Januar 1750 zu
Seßwegen in Liefland geboren, hatte seine Jugend in Dorpat
verlebt, wo sein Vater seit 1758 Geistlicher war. Darauf hatte
er in Königsberg Theologie studirt; im Sommer 1771 war er
als Begleiter zweier junger Adelichen nach Straßburg gekommen.

Bisher hatte er durchaus unter den Einwirkungen Klopstock's und Gellert's, Pope's, Thomson's und Young's gestanden; wir ersehen dies aus einem kleinen dramatischen Gelegenheitsstück, welches er als sechzehnjähriger Jüngling verfaßte, (»Der verwundete Bräutigam;« herausgegeben von K. L. Blum 1845), aus einem Lehrgedicht »Die Landplagen« (Ausgabe von Tieck, Bd. 3, S. 1 ff.), und aus dem von Nicolai (vgl. Zur Erinnerung an F. L. W. Meyer, Bd. 2, S. 13) berichteten Umstand, daß er Pope's Gedicht über die Dichtkunst in Alexandrinern übersetzt hatte. In Straßburg aber that sich ihm plötzlich eine völlig neue Welt auf. Im regen Verkehr mit Goethe wurde er ergriffen von der Macht des neuen Geistes, der durch Herder in die deutsche Literatur gekommen war und der soeben in Goethe's genialer Jugendkraft nach entsprechender dichterischer That rang. Rousseau, Shakespeare und Ossian wurden auch sein Evangelium. Von Grund aus eitel, träumte Lenz nunmehr den vermessenen Traum, es Goethe gleichthun zu können und mit diesem gemeinsam den Gipfel des deutschen Parnaß zu erstürmen Und dieses ehrsüchtige Gelüst wurde in ihm zum fratzenhaftesten Dünkel, da unglücklicherweise seine erste größere dramatische Dichtung wegen ihrer an Götz von Berlichingen erinnernden tumultuarischen Manier von den durch die Neuheit und Seltsamkeit dieser Erscheinungen überraschten Zeitgenossen eine Zeitlang dem Dichter des Götz von Berlichingen selbst beigelegt ward. Was bedurfte es für Lenz weiteres Zeugniß, daß er ein gleich Großer sei?

Goethe erzählt im vierzehnten Buch von Wahrheit und Dichtung, daß Lenz, kurz nachdem Götz von Berlichingen erschienen war, ihm einen weitläufigen Aufsatz zuschickte, welcher den wunderlichen Titel »Unsere Ehe« führte. »Das Hauptabsehen dieser Schrift war,« fährt Goethe fort, »mein Talent und das seinige nebeneinander zu stellen; bald schien er sich mir unter-

zuordnen, bald sich mir gleich zu setzen; das alles aber geschah
mit so humoristischen und zierlichen Wendungen, daß ich die Ansicht, die er mir dadurch geben wollte, um so lieber aufnahm,
als ich seine Gaben wirklich sehr hoch schätzte und immer nur
darauf drang, daß er aus dem formlosen Schweifen sich zusammenziehen und die Bildungsgabe, die ihm angeboren war, mit
kunstgemäßer Fassung benutzen möchte.« Und ganz in demselben
Sinn ist die kecke Literatursatire „Pandaemonium germanicum"
(Tieck, Br. 3, S. 207) gehalten, deren Entstehung wahrscheinlich kurz nach dem Erscheinen des Werther fällt. Die Schluß-
scene allerdings klingt überaus bescheiden. Lenz ruft den Geist
der Geschichte an, daß er ihm die neue Zeit, die durch die Wie-
dererkennung Shakespeare's, der durchdringenden Weisheit der
Bibel und des Feuers und der Leidenschaften der Homerischen
Halbgötter eingeleitet sei, noch erleben lasse. Klopstock und Herder und Lessing, welche dieses Gebet gehört haben, sprechen:
»Der brave Junge! Leistet er nichts, so hat er doch groß
geahnt!« Goethe tritt hinzu und sagt: ° »Ich will's leisten!«
Aber täuschen wir uns nicht über diese Bescheidenheit! In den
innersten Kern seines Meinens und Hoffens führt uns Lenz in
der ersten Scene. Sie lautet: »Goethe: »Was ist das für ein
steil Gebirg mit so vielen Zugängen?« Lenz (im Reisekleid):
»Ich weiß nicht, Goethe, ich komme erst hier an.« Goethe:
»Ist's doch so herrlich, dort oben zuzusehen, wie die Leutlein
ansetzen und immer wieder zurückrutschen. Ich will hinauf.«
(Geht um den Berg herum und verschwindet). Lenz: »Wenn
er hinaufkommt, werd' ich ihn schon zu sehen kriegen. Hätt' ihn
gern kennen lernen, er war mir wie eine Erscheinung. Unter-
dessen will ich den Regen von meinem Reiserock schütteln und
selbst zusehen, wo hinaufzukommen.« (Erscheint eine andere Seite
des Berges, ganz mit Busch überwachsen. Lenz kriecht auf
allen Vieren). Lenz (sich umkehrend und ausrufend): »Das ist

böfe Arbeit. Seh' ich doch Niemand hier, mit dem ich reden
könnte. Goethe, Goethe! Wenn wir zusammengeblieben wären!
Ich fühl's, mit Dir wär' ich gesprungen, wo ich jetzt klettern
muß. Wenn mich einer der Kunstrichter sähe, wie würd' er die
Nase rümpfen! Was gehen sie mich an, kommen sie mir doch
nicht nach.« (Klettert weiter). Goethe (springt auf eine andere
Seite des Berges, aus dem ein kahler Fels hervorsticht): »Lenz,
Lenz, welch' herrliche Aussicht!« Lenz (wieder auf einer andern
Seite, versucht zu fliehen): »Gottlob, daß ich wieder einmal auf
meine Füße kommen darf; mir ist das Blut vom Klettern so in
den Kopf geschossen. O, so allein! Daß ich stürbe! Hier seh'
ich wohl Fußtapfen, aber alle herunter, keine hinauf! Gütiger
Gott, so allein!« (In einiger Entfernung Goethe auf einem Fel-
sen, der ihn gewahr wird; mit einem Sprung ist er bei ihm).
Goethe: »Lenz, was Deutscher machst denn Du hier?« Lenz
(ihm entgegen): »Bruder Goethe!« (Drückt ihn an sein Herz).
Goethe: »Wie Henker, bist Du mir nachgekommen?« Lenz:
»Ich weiß nicht, wo Du gegangen bist, aber ich hab' einen be-
schwerlichen Weg gemacht.« Goethe: »Bleiben wir zusammen!«
Die Pointe ist, daß nun Goethe und Lenz, miteinander im in-
nigsten Bunde, mit ihren Nachahmern, die »wie Ameisen hau-
fenweise den Berg hinankriechen, aber alle Augenblicke wieder
herunterrutschen und die possirlichsten Capriolen machen,« ihren
Spaß treiben. Goethe zu Lenz: »Die Narren!« Lenz: »Ich
möchte fast hinunter und sie bedeuten!« Goethe: »Laß sie doch!
Wenn keine Narren auf der Welt wären, was wäre die
Welt?«

Dieser hochgespannten Meinung, welche Lenz von sich hegte,
entsprachen jedoch seine dichterischen Leistungen keineswegs. Neuerdings ist es wieder Mode geworden, Lenz als einen großen
Dichter zu preisen; dennoch wird es wohl bei dem alten Urtheil Wieland's sein Bewenden haben, welcher an Merck (Erste

Lenj.   239

Sammlung, S. 100) schrieb, Lenz habe viel Imagination und
keinen Verstand, viel Begehrlichkeit und wenig wahre Zeu-
gungskraft, und welcher ein anderes Mal (Ausgewählte Briefe,
Bd. 3, S. 257) sagt, Lenz sei nur die Hälfte von einem Dichter und habe wenig Anlage, jemals etwas ganz zu sein.

Insbesondere gilt dies von seinen bekanntesten Dramen,
von seinen Dramen aus der ersten Straßburger Zeit. Es fehlt
nicht an glücklichen Ansätzen trefflicher dramatischer Charakterzeichnung, nicht an lebenswarmen einzelnen Zügen lieblicher
Zartheit, ja sogar nicht an Blitzen ächtesten Genies; aber es fehlt
an durchschlagendem tiefem innerem Gehalt, ohne welchen nach
Goethe's unumstößlichem Ausspruch niemals ein großer Dichter
sein kann, an überzeugender und folgerichtiger Durchführung der
Charaktere, an festem Form- und Kompositionsgefühl. Statt
Tiefe der Empfindung und Leidenschaft verwilderte Frechheit;
statt lebensvoller packender Charaktere dilettantisches Zusammen-
würfeln der verschiedenartigsten, oft einander grell widersprechen-
den Motive und geflissentliches Aufsuchen des Ungeheuerlichen
und Häßlichen; statt sicheren und raschen Fortschreitens der
Handlung das wildeste Durcheinander der Scenenfolge, welches
den Dichtern der Sturm- und Drangperiode nun einmal als das
Höchste Shakespeare'scher Genialität galt.

Mit Recht ist von jeher das erste Stück von Lenz »Der
Hofmeister oder Vortheile der Privaterziehung« für seine merk-
würdigste und hervorragendste Schöpfung gehalten worden. Es
ist in den Jahren 1772 und 1773 geschrieben; in unverkennbarer
Nachahmung des Götz von Berlichingen, dessen erster Entwurf
von Goethe schon in Straßburg ausgeführt wurde. Die Anlage
der Charaktere ist von einer individuellen Kraft und Lebendigkeit,
wie sie Lenz nie wieder erreicht hat. Schröder hat darum dies
Stück sogar auf die Bühne gebracht; ein Wagniß, das uns freilich heute unbegreiflich dünkt, und das auch schon damals, wie

Plümicke in seiner Berliner Theatergeschichte (S. 227) berichtet,
nur sehr getheilten Anklang fand. Was ist die Fabel? Der
Hofmeister verführt seine Schülerin, entmannt sich aus Reue,
und heirathet gleichwohl ein derbes Bauernmädchen; die Ver-
führte aber wird von ihrem Jugendverlobten heimgeführt. Die
ausdrücklich ausgesprochene moralische Nutzanwendung ist eine
doppelte; erstens, daß die Privaterziehung mehr Gefahren in sich
berge als die öffentliche, und zweitens, daß ein starker Geist auch
über Dinge hinwegkomme, von denen später Hebbel in seiner
Maria Magdalena behauptete, daß kein Mann über sie hinweg-
kommen könne. Das zweite Stück »Der neue Menoza oder
Geschichte des cumbanischen Prinzen Tandi« (1774) ist bereits
matter, und zugleich noch weit verworrener und geschmackloser.
Auch hier wieder die tollste Kreuzung völlig unzusammenhängen-
der Motive. Sowohl die Hinweisung des Titels auf den damals allgemein bekannten dänischen Roman »Menoza, ein asia-
tischer Prinz, welcher die Welt umhergezogen, Christen zu suchen,
aber des Gesuchten wenig gefunden,« wie die Selbstrecension,
mit welcher Lenz in den Frankfurter Gelehrten Anzeigen (1775,
S. 459 ff.) dem Verständniß der Leser zu Hilfe zu kommen
suchte, bekunden, daß Prinz Tandi, der Held, einen Rousseau'-
schen Naturmenschen darstellen sollte, der das Wesen und Treiben der sogenannten Bildung beobachtet und sich von deren
Gebrechen und Naturwidrigkeiten verletzt abwendet; andererseits
aber wird grade durch die hervorstechendsten Situationen das
peinigende Motiv der Geschwisterehe vorgedrängt, das allerdings
schließlich heiter gelöst wird. Was aber vollends soll man zu
dem dritten Stück, zu den »Soldaten« sagen, das nach allen
Berichten, welche von Lenz selbst und seinen nächsten Freunden
vorliegen, nach wie vor mit unstreitiger Sicherheit als ein Werk
von Lenz zu betrachten ist, obgleich unerklärlicher Weise Klinger
in einem eigenhändigen Briefe (vgl. Briefe an L. Tieck, heraus-

gegeben von K. v. Holtei, Bb. 1, S. 966) ſich die Urheberſchaft
beſſelben beilegt? Was iſt die Idee dieſes Stückes, welches Lenz
(vgl. Aus Herder's Nachlaß Bb. 1, S. 226) eine Geſchichte
nennt, in den innerſten Tiefen ſeiner Seele empfunden und ge=
weiſſaget, ja von dem er ſogar ein anderes Mal (ebend. S. 225)
meint, daß es ſein halbes Daſein mitnehme, und bleiben werde,
auch nachdem Jahrhunderte über ſeinen armen Schädel verach=
tungsvoll fortgeſchritten ſeien.? Mit empörender Schamloſigkeit
werden alle niederträchtigſten Wüſtheiten des Garniſonlebens ge=
ſchildert und zuletzt wird daraus folgende ſaubere Moral gezo=
gen: »Ich habe allezeit eine beſondere Idee gehabt, wenn ich
die Geſchichte der Anbromeda geleſen; ich ſehe die Soldaten an
wie das Ungeheuer, dem ſchon von Zeit zu Zeit ein unglück=
liches Frauenzimmer freiwillig aufgeopfert werden muß, damit
die übrigen Gattinnen und Töchter verſchont bleiben.«

Nicht günſtiger lautet das Urtheil über eine zweite Reihe
von Dichtungen, welche ebenſo unter der Einwirkung Werther's
ſtehen wie jene erſte Reihe unter der Einwirkung Götz von
Berlichingen's. Wir wiſſen, daß Lenz Briefe über Werther's
Moralität ſchrieb, deren beabſichtigte Veröffentlichung Fr. Jacobi
unterbrückte.

Dieſen Dichtungen liegt perſönliches Erlebniß zu Grunde;
daher der wärmere Ton, welcher ſie auszeichnet. Zuerſt hatte
Lenz, kurz nachdem Goethe von Straßburg geſchieden war, ſich
in das Herz Friderikens von Seſenheim zu ſtehlen geſucht.
Man braucht nur die Briefe zu leſen, welche Lenz um dieſe Zeit
an den Actuar Salzmann gerichtet (vgl Der Dichter Lenz und
Friderike von Seſenheim. Von A. Stöber, 1842, S. 48 ff.),
um klar zu erkennen, daß hier viel verlogene Schauſpielerei un=
terlief; es dünkte dem neibiſchen Freund groß, in einem lieben==
würdigen Mädchenherzen über Goethe den Sieg zu gewinnen.
Aber Friderike blieb abweiſend; »denn,« wie Lenz in einem ſeiner

schönsten Gedichte sagt, »immer, immer, immer doch, schwebt
ihr das Bild an Wänden noch, von einem Menschen, welcher kam, und ihr als Kind das Herze nahm.« Darauf wendete sich Lenz um das Ende des Jahres 1775 einem Fräulein
Henriette Louise von Waldner - Freundstein zu; aber bereits im
Frühjahr 1776 verheirathete sich dieselbe mit einem Baron Siegfried von Oberkirch, einem verabschiedeten Officier, welcher in
Straßburg eine Senatorstelle innehatte. Es ist wichtig, hervorzuheben, daß, wie H. Dünzer (Aus Goethe's Freundeskreise
1868, S. 107) dargelegt hat, dieses Straßburger Fräulein
Henriette von Waldner durchaus nicht mit Fräulein Adelalde
von Waldner, Hofdame der Herzogin Louise von Weimar, zu
verwechseln ist; eine Verwechselung, welche Gruppe in seinem
wunderlichen Buch über Lenz (Berlin, 1861) zu den wunder-
lichsten und romanhaftesten Irrthümern verleitete. Die von
Dorer-Egloff (J. M. R. Lenz und seine Schriften 1857, S. 179 ff.)
veröffentlichten Briefe, in welchen Lenz seinen Freund Lavater
zu seinem Vertrauten und Rathgeber machte, beweisen, daß auch
hier wieder viel kindische Phantasterei im Spiel war; Lenz hatte
seine vermeintliche Geliebte nur wenig gesehen, kaum jemals gesprochen. Das Romanfragment »Der Waldbruder,« welches
Goethe aus Lenz'schen Papieren an Schiller für die Horen
(1797, Nro. 4, Dorer-Egloff a. a. O., S. 92) mittheilte, ist
eine fast photographische Spiegelung der erlebten Umstände und
Stimmungen. Mit Recht schreibt Schiller an Goethe (Briefwechsel Bd. 1, S. 274), daß dieses Fragment, als Dichtung betrachtet, tolles Zeug sei, daß es nur biographischen und pathologischen Werth habe. Jede Zeile verräth, daß hier der Dichter
ein Seitenstück zum Werther beabsichtigte, wie ja schon der Titel ausdrücklich ein solches Seitenstück ankündigt; aber jede Zeile
verräth leider auch, daß Lenz niemals ein Verständniß für das
eigenste Wesen des Goethe'schen Werther gehabt hat. Nicht ein

Zurückgehen auf die schreckenvollen Tiefen menschlicher Leidenschaft, die, an sich berechtigt, nur dadurch sich in tragische Schuld
verstrickt, daß sie sich einseitig überstürzt und kein anderes Recht
als das Recht ihres eigenen Daseins anerkennen will, sondern
die Geschichte eines albernen Phantasten, der sich einbildet, eine
junge Gräfin zu lieben, welche er kaum ein- oder zweimal gesehen hat, und, weil dieselbe nicht sogleich auf seine Träume ein-
geht, sich grollend in die Einsamkeit zurückzieht und zuletzt sich
als Soldat nach Amerika anwerben läßt. Aehnlich ist die dramatische Phantasie »Der Engländer,« welche in das Jahr 1777
gesetzt wird. Und ebenso gehört das Drama, »Die Freunde
machen den Philosophen« (1776), in diesen Kreis. Hier aber
verirrt sich des Dichters liederliche Phantasie wieder zu der
aberwitzigen Wendung, daß die Heldin dem Vornehmeren zwar
äußerlich vor dem Altar die Hand reicht, in Wahrheit aber die
Gattin Dessen ist, den sie liebt, aber nicht heirathen durfte. Wo
ist eine ärgere Caricatur der Werthertragödie als diese Verherrlichung des Ehebruchs?

Wohin wir blicken, das Naturevangelium, der Kampf gegen
die Schranken der Sitte und Sittlichkeit, zur wüstesten Liberti-
nage verzerrt!

Auch die lyrischen Gedichte, welche auf diese Liebe Bezug
haben, bleiben entweder in den alltäglichsten Empfindungen stecken
oder wissen doch nicht das bloß Zufällige und Persönliche auf die
reine Höhe des allgemein Menschlichen emporzuheben.

Einzig im Derbkomischen war Lenz ursprünglich und schöpferisch. Unter allen Gesellen, welche sich in Straßburg um den
jungen Goethe schaarten, war Lenz, dessen Sinnesart Goethe
nicht besser zu bezeichnen weiß, als daß er das englische Wort
whimsical auf ihn anwendet, am fähigsten, sich die Possenjacke
der Shakespear'schen Clowns anzupassen. Wir hören einen Nachklang jener fröhlichen Unterhaltungen, in denen die Freunde sich

ganz und gar in Shakespear'schen Wendungen und Wortwitzen
ergingen, in seiner Uebersetzung von Shakespeare's Love's La-
bour's Lost. Die Nachbildungen der Plautinischen Lustspiele
(Tieck, Bd. 2, S. 1 ff.) sind für ausgelassene Komik der Sprache
eine unvergängliche Fundgrube; Goethe knüpfte, wie aus einem
Briefe an den Actuar Salzmann (S. 55) erhellt, an diese Nachbildungen die Hoffnung, daß sie wieder Munterkeit und Bewegung auf das Theater bringen und das deutsche Lustspiel endlich
von den letzten Resten des Gottschedianismus erlösen würden.
Der Schulmeister Wenzeslaus im Hofmeister ist eine Figur aus
dem Kern ächtesten Humors geschnitten. Das Pandaemonium
germanicum und einige andere kleinere Stücke ähnlicher Art sind
voll von den witzsprudelndsten Aristophanischen Zügen. Es
war in Lenz Etwas von einem deutschen Holberg. Aber auch
hier verliederlichte Lenz sein Talent und ist niemals über geistvolles Skizziren hinausgekommen.

Fast scheint es, als habe Lenz seine Stärke mehr in der
Theorie und Kritik gehabt als in der dichterischen Ausübung.
Die »Anmerkungen über's Theater« (Tieck, Bd. 2, S. 199 ff.),
die Lenz seiner Uebersetzung von Shakespeare's Verlorener Liebes-
mühe vorausschickte, obgleich sehr breit und affectirt geschrieben,
sind eine der wichtigsten Urkunden der Poetik der Sturm- und
Drangperiode. Zwar ist auch diese Abhandlung, wie die Shake-
speareabhandlungen von Gerstenberg, Herder und Goethe, besonders gegen die von Lessing in der Dramaturgie behauptete Un-
verrückbarkeit und Allgemeingiltigkeit der Aristotelischen Lehren
gerichtet. Ja, der verderbenschwere Irrthum, daß die dramatische Einheit nicht Einheit der Handlung, sondern nur Einheit
der Person, d. h. nur eine dialogisirte Biographie zu sein
brauche, wird hier mit einem Eifer geprebigt, der es sehr begreiflich macht, daß Lessing, wie Boie am 10. April 1775 an
Merck (Erste Sammlung. S. 63) berichtet, grade gegen die-

fen Angriff ſehr aufgebracht war. Aber zu überſehen iſt nicht,
daß vorher noch Keiner den Grundunterſchied antiker und
moderner Tragik ſo klar und feſt erfaßt hatte als es hier von
Lenz geſchah. Hier zuerſt wird die antike Tragödie als Schick-
ſalstragödie, die moderne Tragödie als Charaktertragödie bezeichnet. In der antiken Tragödie gehe wegen ihres gottesdienſtlichen
Urſprungs Alles auf das Fatum; die Hauptempfindung, welche
erregt werden ſolle, ſei nicht Hochachtung für den Helden, ſondern blinde und knechtiſche Furcht vor den Göttern. In der
modernen Tragödie Shakeſpeare's dagegen, die man daher auch
Charakterſtücke nennen müßte, wenn dieſes Wort nicht ſo gemißbraucht wäre, ſei der Held allein die Hauptſache, als der
Schöpfer aller Begebenheiten, die ſich auf ihn beziehen, als der
Schlüſſel zu allen ſeinen Schickſalen. Und in einer anderen Abhandlung »Ueber die Veränderung des Theaters bei Shakeſpeare«
(Bd. 2, S. 335 ff.) eifert Lenz ſogar, in merkwürdigem Gegen-
ſatz zu der Art ſeiner jungen Strebensgenoſſen, ja zu der Art
ſeiner eigenen Dramen, gegen das wild Tumultuariſche unauf-
hörlichen Scenenwechſels, gleich als beſtänden Shakeſpeare's
Schönheiten blos in ſeiner Unregelmäßigkeit.

Dies iſt Alles, was über Lenz als Schriftſteller zu berichten
iſt. Eine ſchwere Kataſtrophe brachte ſeinem Schaffen ein jähes
Ende.

Schritt vor Schritt kann man das Hereinbrechen dieſer Kataſtrophe verfolgen.

Weil Lenz faſt gleichzeitig mit Goethe in die Literatur trat,
weil Goethe ſein Freund war, weil er mit Goethe denſelben
Shakeſpeariſirenden Ton hatte, wurde er ſogar von Männern
wie Herder, Klopſtock, Leſſing und Wieland immer unterſchiedslos
mit Goethe zuſammengenannt. Lenz, meinte man, ſei der Reformator des Luſtſpiels, wie Goethe der Reformator des Trauer-
ſpiels. In einer Beſprechung, welche die Frankfurter Gelehrten

Anzeigen (1776, S. 114) von Eschenburg's Shakespeareübersetzung bringen, wird der Schatten Shakespeare's heraufbeschworen und dieser begrüßt Lenz als seinen würdigsten Herold. »Lenz«, heißt es dort, »Du wirst ein Feuer in der Seele Deiner Brüder entzünden und wirst meiner Nebenbuhler viele machen.« Aber schon das zweite Stück von Lenz, der Neue Menoza, hatte unverkennbaren Mißerfolg. Wie hätte dies Lenz ertragen können? Die öffentliche Erklärung, mit welcher er sich in den Frankfurter Gelehrten Anzeigen (1775, S. 459) über diesen »Kaltsinn« beschwerte, ist eine erstaunlich naive Enthüllung beleidigter Eitelkeit. Immer geschäftiger drängte er sich an Alle, die er der neuen Richtung günstig wußte; seine Briefe an Lavater und Herder aus dieser Zeit sind ein widerliches Gemisch von kriechender Demuth und maßloser Ueberhebung; und immer tiefer wühlte der kindische Gedanke an Wetteifer und thätiges Zusammenwirken mit Goethe in seiner Seele.

Als Lenz von der glänzenden Lage erfuhr, welche Goethe in Weimar gefunden hatte, beschloß er, dort ebenfalls sein Heil zu versuchen. In Straßburg lebte er kümmerlich und sorgenvoll; überbürdet von Schulden, in fortdauerndem Zerwürfniß mit Vater und Bruder, welche sein fahrendes Literatenleben nicht billigten und auf eine festere Lebensstellung drängten, gepeinigt durch den Verdruß, Diejenige, nach deren Liebe er gestrebt hatte, in seiner nächsten Nähe als die Gattin eines Anderen zu sehen. Nach Weimar schaute er um so hoffnungsreicher, da er den jungen Herzog bereits im Januar 1775 persönlich in Straßburg kennen gelernt hatte und da er der freundlichen Fürsprache Goethe's gewiß sein konnte. Das Schlimme war nur, daß Lenz überall glaubte, ernten zu können, ohne zu säen, und daß sein ärgster Feind seine leichtfertige Haltungslosigkeit war.

Unmittelbar vor seiner Abreise aus Straßburg klagt Lenz in einem Briefe an Merck (Zweite Sammlung, S. 52), daß seine Gemälde alle noch ohne Stil seien, sehr wild und nachlässig aufeinandergekleckst, daß ihm zum Dichter Muße und warme Luft und Glückseligkeit des Herzens fehle; aber er vergißt nicht, bedeutungsvoll hinzuzufügen, daß er sich für die ersten Augenblicke wahrer Erholung schon neue Pläne reiferen Schaffens zurechtgelegt habe. Und wie sich bei Lenz immer sogleich das Abstruse und Närrische einmischt, so schreibt er den Tag darauf einen Brief an Zimmermann, in welchem er prahlt (vgl. Herder's Nachlaß, Bd. 2, S. 364), daß die Folgen dieser Reise für sein Vaterland wichtiger sein würden als für ihn selbst. Es ist nach allem, was wir über seine damaligen Stimmungen und Absichten wissen, mit Bestimmtheit zu sagen, daß unter diesen wichtigen Folgen nicht blos die Hoffnung auf das Aufblühen seiner Dichterkraft gemeint war, sondern noch mehr der Wunsch, eine von ihm verfaßte Denkschrift, in welcher er die in seinen »Soldaten« vorgeführte Idee als feste gesetzliche Staatseinrichtung empfahl, dem Herzog und durch diesen den anderen deutschen Fürsten vorzulegen.

In den ersten Tagen des April 1776 traf Lenz in Weimar ein. Goethe kam ihm in treuster Anhänglichkeit entgegen und sorgte für ihn in rührendster Weise. Auch der Herzog empfing ihn mit Liebe; am 14. April schreibt Lenz an Lavater (Dorer a. a. O. S. 199), er sei verschlungen vom angenehmen Strudel des Hofes, der ihn fast nicht zu Gedanken kommen lasse, weil er den ganzen Tag oben beim Herzog sei. Aber Lenz verdarb sich sogleich Alles. Um ähnliche Gunst wie Goethe zu gewinnen, wollte er sich auch seinerseits als Genie zeigen; Genialität war ihm aber nach der Auffassung der Sturm- und Drangperiode vornehmlich nur die ungenirte Ausführung sogenannter Geniestreiche. Gewiß ist Vieles übertrieben, was Böttiger und Falk lästernd von Lenz berichtet haben; aber auch in den Briefen Goethe's und Wieland's liegen hinreichend Zeugnisse vor, welche es völlig rechtfertigen, wenn Goethe, obgleich er noch immer in den liebevollsten Ausdrücken von ihm spricht, ihn als seltsame Komposition von Genie und Kindheit bezeichnet und ihn mit einem kranken Kinde vergleicht, das man wiegen und tänzeln und dem man vom Spielwerk geben und lassen müsse, was es wolle, ein andersmal aber mit Anspielung auf seine kleine Statur ihn ein kleines Ungeheuer nennt, ja in einem Briefe an Frau von Stein (Bd. 1, S. 58) sogar schon die bedeutsame Aeußerung thut, daß seine Seele zerstört sei. Am 26. November that Lenz eine That, welche ihm vom Herzog die plötzliche Ausweisung zuzog. Es liegt über diesem Vorfall noch immer ein Schleier; es scheint, daß sich die Wissenden das tiefste Schweigen gelobten. Aber es kann kaum ein Zweifel sein, daß es ein frecher Anschlag auf Frau von Stein war, deren Stellung zu Goethe er verkannte und von welcher er dieselben Rechte verlangte, von denen er meinte, daß sie Goethe besitze. Beweis ist das Gedicht »Der verlorene Augenblick, die verlorene Seligkeit« (Tieck, Bd. 3, S. 249). Goethe, dem, um seinen in einem Briefe an Frau von Stein (Bd. 1, S. 72) gebrauchten Ausdruck beizubehalten, die Sache tief an seinem Innersten riß, ist seitdem nie wieder mit Lenz in Berührung getreten, obschon Lenz später einmal brieflich den Versuch machte, nicht blos an Goethe, sondern auch an Frau von Stein sich wieder anzubrängen.

Derselbe ehrsüchtige böse Dämon, welcher Lenz zu Friderike von Sesenheim geführt hatte, hatte ihn auch zu Frau von Stein geführt. Es ist immer dieselbe fixe Idee, der Schauspieler eines fremden Lebens, der Wettkämpfer und Doppelgänger Goethe's sein zu wollen.

Alle seine hochfliegenden Pläne waren gescheitert, er sah sich wieder der drückendsten Noth des Lebens preisgegeben. Seine Ehre hatte einen unauslöschlichen Makel. Er war gebrochen in seinem innersten Wesen.

Zuerst rastlos unstetes Herumschweifen im Elsaß, bei Schlosser in Emmendingen, bei Sarasin in Basel, bei Lavater in
Zürich, in den Alpen des Berner Oberlandes. Im August
1777 schreibt Lavater spottend an Sarasin: »Lenz lenzelt noch
bei mir.« Kurz darauf der volle Ausbruch des offenen Wahnsinns. Ein Brief Pfeffel's vom 24. November sagt: »Lenzen's Unfall weiß ich seit Freitag; ich gestehe Dir, daß diese
Begebenheit weder mich noch Lerse sonderlich überraschte; ich
hoffe aber doch, der gute Lenz werde wieder zurechtkommen und
dann sollte man ihn nach Hause jagen oder ihm einen bleibenden
Posten ausmachen; Singularitäten oder Paradoxien machen immer physisch oder moralisch unglücklich.« Im December schreibt
Lavater an Sarasin: »Lenzen müssen wir nun Ruhe schaffen;
das einzige Mittel, ihn zu retten, ist, ihm alle Schulden abzuneh-
men und ihn zu kleiden.« Doch hatte er wieder lichte Zwischen-
zeiten. Es ist für den Ursprung und die Natur seiner Krankheit
überaus bezeichnend, daß Lenz sogleich eine solche Zwischenzeit
benutzte, die arme Friderike von Sesenheim wieder aufzusuchen,
sie mit erneuten Liebesanträgen zu quälen und Goethe auf's
ärgste bei ihr zu verunglimpfen. Dann gesteigerter Wiederaus-
bruch am 20. Januar 1778 bei Pfarrer Oberlin zu Walbbach
im Steinthal mit wilden Selbstmordversuchen und tobenden Fie-
berphantasien, in denen die Namen Friderike's und der Frau
von Stein wirr durcheinanderschwirrten. Von hier wurde er zu
Schlosser nach Emmendingen gebracht und von diesem zu einem
Schuhmacher in Pflege und behufs körperlicher Thätigkeit in die
Lehre gegeben; die Kosten bezahlte der Herzog von Weimar. In
der treuen Anhänglichkeit, welche, wie aus seinen erhaltenen Briefen erhellt, er hier seinem Mitlehrling Conrad Süß widmete,
spricht sich seine ursprünglich gutherzige Art in rührendster Weise
aus, sowie in seiner unablässigen Schreibsucht der Nachklang seiner alten schriftstellerischen Gewohnheiten und Zukunftshoffnungen.

Später wies man ihn auf Ackerbau und Jagd. (Vgl. Hagenbach, Sarasin und seine Freunde, S. 41 ff., und H. Dünter,
Frauenbilder aus Goethe's Jugendzeit, S. 88 ff.)

Scheinbar genesen wurde er im Sommer 1779 von seinem
Bruder nach Riga abgeholt, wohin in diesem Jahr sein Vater
als Generalsuperintendent versetzt worden war. Lenz bewarb
sich um eine Professur der Taktik in Petersburg, dann um die
Rectorstelle in Riga; beidemal vergeblich. Zuletzt finden wir
ihn in Moskau wieder, geistig und körperlich verkommen.

Eine Zeitlang trug sich jetzt Lenz mit der Absicht, seine zer-
streuten Werke zu sammeln. Im Jahr 1790 erschien von ihm die
Uebersetzung eines russischen Buchs über die Verfassung Rußlands.
Und ohne Zweifel hat er in dieser Zeit auch noch viele eigene
schriftstellerische Versuche unternommen. Aber das Wenige, was
sich erhalten hat, ist wirr und krankhaft. Das Bruchstück »Ueber
Delicatesse der Empfindung oder Reise des berühmten Franz
Gullver,« das Tieck, wie er selbst sagt, nur als psychologische
Merkwürdigkeit in seine Ausgabe aufgenommen hat, ist nur insofern beachtenswerth, als die Ausfälle auf Goethe's Werther,
den Lenz einst so sehr bewundert hatte, beweisen, wie in dem er-
löschenden Geist der bitterste Haß und Neid gegen Goethe sich
festgesetzt hatte.

Lenz starb am 24. Mai 1792 zu Moskau, im zweiundvier-
zigsten Lebensjahr. Das Intelligenzblatt der Allgemeinen Lite-
raturzeitung (1792, Nr. 99) meldete seinen Tod mit folgenden
Worten: »Er starb von Wenigen betrauert, von Keinem vermißt. Von Allen verkannt, gegen Mangel und Dürftigkeit kämpfend, entfernt von Allem, was ihm theuer war, verlor er doch
nie das Gefühl seines Werthes. Er lebte von Almosen, aber er
nahm nicht von Jedem Wohlthaten an, er wurde beleidigt, wenn
man ihm ungefordert Geld oder Unterstützungen anbot, da doch
seine Gestalt und sein ganzes Aeußere die dringendste Aufforde-

rung zur Wohlthätigkeit waren. Er wurde auf Kosten eines
großmüthigen russischen Edelmanns, in dessen Hause er auch lange
Zeit lebte, begraben!«

Das Unglück pflegt zu versöhnen. Es ist sicher kein gün=
stiges Zeugniß für Lenz, daß auch nach dem schweren Mißge=
schick, das über ihn hereingebrochen war, selbst Diejenigen, die
einst freundlich mit ihm verkehrten und die Lenz seine Freunde
nannte, nur Worte des Tadels und der Anklage für ihn hatten.
Als Lenz 1782 von Riga aus an Wieland wieder ein Lebens=
zeichen gegeben, schrieb Wieland an Merck (Erste Sammlung,
S. 286): »Aus seinem an mich gerichteten Zettelchen ist zu
sehen, daß er zwar wieder sich selbst wiedergefunden hat, aber
freilich den Verstand, den er nie hatte, nicht wiederfinden konnte.«
Und noch schonungsloser schrieb Lavater (vgl. Hagenbach a. a.
O., S. 41, und Gelzer: Die neuere deutsche Nationalliteratur,
Bd. 2, S. 88) an Sarasin:

„Glaub, wer ein Lump ist, bleibt ein Lump
Zu Wagen, Pferd und Fuße,
Drum, Bruder, glaub an keinen Lump
Und seines Lumpen Buße,
Fiat applicatio auf Freund Lenz."

Lenz war früh vergessen. Bereits Schiller spricht in seinem
Briefwechsel mit Goethe von Lenz wie von einem längst Ver=
schollenen. Und Goethe schließt in Wahrheit und Dichtung seine
Schilderung von Lenz mit den Worten, daß Lenz nur ein
vorübergehendes Meteor gewesen, das nur augenblicklich über
den Horizont der deutschen Literatur gezogen und plötzlich wieder
verschwunden sei, ohne eine Spur zurückzulassen.

Man könnte dieses Leben eine Tragödie der Eitelkeit nennen,
wenn Eitelkeit tragische Hoheit hätte. Es ist nur ein Satyr=
spiel mit traurigem Ausgang.

Maximilian Klinger.

Lenz und Klinger werden fast immer untrennbar nebeneinander genannt. Und in der That sind sie sich in Stimmung
und Manier so ähnlich, daß nicht nur die Zeitgenossen ihre
Werke verwechselten, sondern auch jetzt noch über einzelne derselben Streit ist, ob sie dem Einen oder dem Andern gehören.
Doch ist Klinger der weitaus Bedeutendere; tiefer an Geist,
edler und ernster in seinem Charakter.

　　Friedrich Maximilian Klinger war am 15. Februar 1752
zu Frankfurt am Main geboren. Weil Goethe 1822 an Klinger eine Abbildung seines elterlichen Hauses schickte und dieselbe
mit den Worten begleitete, daß auch Klinger an diesem Brunnen gespielt und daß eine und dieselbe Schwelle sie ins Leben
geführt habe, hat man annehmen zu dürfen gemeint, die Ge-
burtsstätte Klinger's sei ein kleines Nebenhäuschen im Goethe-
schen Hause gewesen. Doch scheint diese Annahme irrig. Andere setzen das Geburtshaus Klinger's auf das Rittergäßchen,
welches deshalb jetzt Klingergasse heißt; die Ueberlieferung, welche
sich in der Familie Klinger's erhalten hat, weist auf das jetzt
abgebrochene Haus »Zum Palmenbaum« auf der Allerheiligen-
gasse. Gewiß ist, daß Goethe und Klinger erst zu einander in
nähere Berührung traten, nachdem der Eine von Straßburg,
der Andere von Gießen von der Universität zurückgekehrt war.

　　Goethe schildert im vierzehnten Buch von Wahrheit und
Dichtung seinen Jugendfreund in folgender Weise: »Klinger's
Aeußeres war sehr vortheilhaft. Die Natur hatte ihm eine
große schlanke wohlgebaute Gestalt und eine regelmäßige Ge-
sichtsbildung gegeben; er hielt auf seine Person, trug sich nett,
und man konnte ihn für das hübscheste Mitglied der ganzen
kleinen Gesellschaft ansprechen. Sein Betragen war weder zuvor-

kommend noch abfloßend, und, wenn es nicht innerlich stürmte, gemäßigt. Ich war Klinger's Freund, sobald ich ihn kennen lernte. Er empfahl sich durch eine reine Gemüthlichkeit, und ein unverkennbar entschiedener Charakter erwarb ihm Zutrauen. Entschiedene natürliche Anlagen besaß er in hohem Grade; aber Alles schien er weniger zu achten als die Festigkeit und Beharrlichkeit, die sich ihm, gleichsam angeboren, durch Umstände völlig bestätigt hatten.«

Noch mehr als in allen anderen Stürmern und Drängern zeigt sich in Klinger die Einwirkung Rousseau's mit greifbarster Deutlichkeit.

Klinger's Eltern waren sehr arm; der Vater war Constabler und Holzhacker, die Mutter Wäscherin. Und die Noth war täglich gewachsen, nachdem der Vater frühzeitig gestorben. Auf dem Gymnasium, das Klinger besuchen durfte durch die Fürsprache eines Lehrers, dessen Aufmerksamkeit das aufgeweckte Wesen des Knaben erregt hatte, war er zu den niedrigen Handdiensten eines Ofenheizers verwendet worden. Dabei aber im rüstig aufstrebenden Jüngling der stolzeste und trotzigste Unabhängigkeitssinn! Als ihm bei seinem Abgang auf die Universität ein reicher Pathe ein Abschiedsgeschenk von zwei Dukaten einhändigte, gab er dieselben sofort dem Diener als Trinkgeld zurück. Und dieser drückende Widerspruch zu einer Zeit, in welcher der Verjüngungsruf Rousseau's die ganze gebildete Welt bis in das innerste Mark erregte und durchzitterte! Alle jene leidvollen Stimmungen, aus welchen die revolutionäre Denkweise Rousseau's hervorgegangen, hatte Klinger in sich selbst aufs schmerzlichste durchlebt und durchlitten. Rousseau's Emil, sagt Goethe in seiner Schilderung von Klinger's Jünglingsleben, war sein Haupt- und Grundbuch. Und mit diesem Bericht Goethe's ist es durchaus übereinstimmend, daß Klinger selbst noch in einem seiner spätesten Werke, in der »Geschichte eines Deutschen der neusten Zeit« in welche

er ein gutes Stück seiner eigensten Lebensgeschichte verwebt hat,
nach wie vor die Lehre Rousseau's als höchstes Lebensideal
preist »Der Jüngling, der keinen Führer hat«, heißt es hier,
»wähle Rousseau; dieser wird ihn sicher durch die Labyrinthe
des Lebens leiten, ihn mit Stärke ausrüsten, den Kampf mit
dem Schicksal und den Menschen zu bestehen. Diese Bücher
sind unter der Eingebung der lautersten Tugend, der reinsten
Wahrheit geschrieben; sie enthalten eine neue Offenbarung der
Natur, die ihrem Liebling ihre heiligsten Geheimnisse zu einer
Zeit entschleierte, da die Menschen sie bis auf die Ahnung verloren zu haben schienen.«

Rousseau ist für Klinger sein ganzes Leben hindurch die
Norm und der Leitstern seines Denkens und Empfindens geblieben. Dies ist das einheitliche Band seiner Jugenddichtungen
und seiner späteren Werke, so groß sonst die Kluft ist, durch
welche sie in Ton und Inhalt von einander getrennt sind.

Klinger war in seiner Jugend ausschließlich Dramatiker.
Schon auf der Schule hatte er ein Trauerspiel »Otto« geschrieben;
es war eine Nachahmung des Götz. Darauf in rascher Folge:
»Das leidende Weib«, welches Tieck irrthümlich (vgl. Frankfurter
Gelehrte Anzeigen 1775, S. 531 und Reichardt's Theaterkalender
1779, S. 178) in die Ausgabe der Lenz'schen Schriften aufge-
nommen hat, »Die Zwillinge, die neue Arria, Sturm und
Drang, Simsone Grisaldi, Stilpo und seine Kinder«, und eine
ganze Reihe anderer Stücke, zum Theil ohne seinen Namen.
Im Jahr 1776 allein schrieb Klinger nicht weniger als fünf
Dramen.

Mit vollem Recht nannte Klinger diese Dramen, als er,
ein Jahrzehnt später, einen Theil derselben in seinem »Theater«
(Riga 1786) zusammenstellte, Explosionen des jugendlichen
Geistes und Unmuthes. Ihr einheitlicher Grundgedanke ist das
Rousseau'sche Sehnen nach ursprünglicher unverfälschter Mensch-

heit, der Rousseau'sche Groll und Kampf gegen die Enge und
Bedingtheit der sittlichen und gesellschaftlichen Herkömmlich=
keiten. Die erste Gruppe dieser Dramen, wie vor Allem die
Zwillinge und Sturm und Drang, sind Darstellungen der ele=
mentaren Kraft ungebundener Leidenschaft. Und zwar sucht der
Dichter kraft seiner Rousseau'schen Grundstimmung mit Vorliebe
solche Charaktere auf, die durch schuldvolle That mit der Gesell=
schaft gebrochen haben, in ihrem Innersten aber edle Naturen
sind. In seinen »Falschen Spielern (1780)« hat man gradezu
das Vorbild der Schiller'schen Räuber erkennen wollen. Eine
zweite Gruppe berührt das Gebiet der socialen Fragen. Es ist
für die Sinnesweise der Sturm= und Drangperiode bezeichnend,
daß »Das leidende Weib« und »Die neue Arria« bereits Gestalten
emancipirter starkgeistiger Frauencharaktere vorführen, die mit
den Frauencharakteren der neuen französischen Romantiker und
der sogenannten jungdeutschen Schule die unverkennbarste Ver=
wandtschaft haben. Und eine dritte Gruppe, wie zum Theil be=
reits die neue Arria, noch mehr aber »Stilpo und seine Kin=
der« greift sogar kühn in die Ideen und Leidenschaften politi=
scher Revolutionen; ein Thema, das Goethe und Lenz durchaus
fern lag, das aber mit Klinger's Natur so tief verwachsen war,
daß er es auch, nachdem er längst mit dem Ton der Sturm=
und Drangperiode gebrochen hatte, selbst auf dem schlüpfrigen
Boden des Petersburger Hoflebens mit sichtlichster Vorliebe fest=
hielt. Namentlich stand Klinger das zu erstrebende Ziel eines po=
litischen Lustspiels vor Augen. »Es scheint«, sagt er 1786 in dem
kritischen Anhang zu seinem Lustspiel »Der Schwur« (Theater,
Bd. 2, S. 113), für den Deutschen charakteristisch zu sein, Alles,
was groß, mächtig, reich, bedeutend und vielsagend ist, in stiller
Unterwerfung und Bewunderung zu verehren. Hat es auch nur
Einer gewagt, die Rasereien, Verationen, Tyranneien, den auf=
geblasenen lächerlichen Stolz, die unzählbaren Thorheiten einiger

unserer Fürsten zu geißeln? Nur die Residenten erlustigen die
auswärtigen Höfe mit den Farçen, die wir täglich sehen und
für Privilegien der Herrschaft zu halten scheinen.«

Aber dieß Alles nur ringende Ahnung; unklar und unreif,
roh, phrasenhaft. Der sittliche Sinn Klinger's, der sich später
in der Zucht eines erfahrungsreichen wechselvollen Lebens zu so
achtunggebietender Reinheit und Festigkeit läuterte, krankte noch
an allen Excentricitäten eitler Geniesucht. Viel hohler Schwulst,
viel wilde Phantasterei.

Der Vergleich mit Goethe ist lehrreich. Jenes hohe titanische
Unendlichkeitsstreben, das in Goethe's Jugenddichtungen so überwältigend wirkt, ist in Klinger nichts als aberwitzige prahlerische
Schaustellung überschäumenden zwecklosen Kraftgefühls. Statt
des Hinabsteigens in die geheimnißvollen Tiefen der leidenschaftlich bewegten Menschenbrust nur lärmendes und tobendes Ungestüm oder grelle und grausame Schaubergemälde der gesellschaftlichen Uebel und Härten. Und der Roheit und Phrasen-
haftigkeit der Empfindung entspricht die Roheit und Phrasen-
haftigkeit der Darstellung, zumal Klinger ohne hinreichende
plastische Gestaltungskraft und ohne Blick für die Forderungen
künstlerischer Komposition ist, ja eigentlich kaum ein Dichter
genannt werden kann. Wie verschieden ist das Verhältniß Goethe's und Klinger's zu Shakespeare! Klinger sah in Shakespeare nur den Freibrief für alles Seltsame und Absonderliche,
für alles Rohe und Ungeschlachte. Das Häßliche und Gräßliche,
das plump Natürliche und Cynische galt ihm für Kraft und
Größe, das Leichtfertige und Skizzenhafte für kühne Genialität.
Klinger shakespearisirte; aber so, daß man ihn spottend den toll-
gewordenen Shakespeare genannt hat.

Nur mit Mühe können wir uns jetzt in eine Zeit hineinem-
pfinden, in welcher ein geistvoller Mensch, wie Klinger unstreitig
ist, in solchen Wahnwitz verfallen, und sogar, obgleich bereits

Minna von Barnhelm und Emilia Galotti und Götz und Clavigo vorhanden waren, mit demselben Aufsehen erregen konnte. Man höre die albernen Tiraden Wild's, des Hauptcharakters in »Sturm und Drang«. »Es ist mir wieder so taub vor'm Sinn, so gar dumpf. Ich will mich über eine Trommel spannen lassen, um eine neue Ausdehnung zu kriegen. Mir ist so weh wieder! O könnte ich in dem Raume einer Pistole existiren, bis mich eine Hand in die Luft knallte! O Unbestimmtheit, wie weit, wie schief führst Du den Menschen!« Und ein anderes Mal sagt Wild: »Bin Alles gewesen! War Handlanger, um was zu sein, lebte auf den Alpen, weidete die Ziegen, lag Tag und Nacht unter dem unendlichen Gewölbe des Himmels, von den Winden gefühlt und von innerem Feuer gebrannt. Nirgends Ruh, nirgends Rast! — Seht, so strotz ich voll Kraft und Gesundheit und kann mich nicht aufreiben. Ich will die Campagne hier mitmachen, da kann sich meine Seele ausrecken, und thun sie mir den Dienst und schießen sie mich nieder, gut dann! Ihr nehmt meine Baarschaft und zieht!« Ebenso fad und unerquicklich ist die Fabel und Handlung dieser Stücke. Die Motive schwirren wirr durcheinander; die Charaktere erwachsen und steigern sich nicht in innerer Nothwendigkeit, sondern sind meist carrifirte Reminiscenzen aus Shakespeare, Goethe und Lessing. »Die Zwillinge«, welche Klinger's Namen begründeten und bei der Bewerbung um einen von Schröder für das beste Trauerspiel ausgesetzten Preis über »Julius von Tarent« von Leisewitz siegten, sind eine Ausmalung sittlicher Gräuel, noch peinigender und unerträglicher als die Ausmalung der körperlichen Hungerqual in Gerstenberg's Ugolino. Ein Wütherich, Guelfo, erschlägt seinen Zwillingsbruder, nur weil er neidisch auf dessen Recht der Erstgeburt ist. Selbst Bürger, dem man wahrlich nicht allzu große Scheu vor roher Kraft vorwerfen wird, schreibt 1780 (Briefe aus dem Freundeskreise von Goethe und Merck; herausgegeben von

K. Wagner 1847. S. 165): »Wie könnt Ihr, liebe Leute, Euch von der übertriebenen Sprache hintergehen lassen, das Stück schön zu finden! Ich weiß wohl, es geschieht mehreren gescheuten Leuten; aber beherzigt das Ding einmal recht! Es ist kein einziger natürlicher Charakter darin. Der Guelfo ist eine Bestie, die ich mit Wohlgefallen für einen tollen Hund todtschießen sehen könnte. Von Lisboa bis zum kalten Oby, wie Ramler singt, ist außer dem Tollhause kein solcher Charakter. Es giebt freilich wohl noch boshaftere Buben; allein, wenn sie anfangen, so toll und rasend zu werden, wie Guelfo, so sorgt gewiß die Polizei, sie an Ketten zu legen.« Aehnlich »Sturm und Drang.« Lord Berkley ist voll unersättlicher Rachlust gegen Lord Bushy, von dem er sich um Hab und Gut und Weib und Kind gebracht wähnt. Gleicherweise hassen sich die Söhne, aber ohne Grund, in wildem Naturtrieb. Nun fügt es sich jedoch, daß der Sohn Bushy's (Wild) in Amerika die Tochter Berkley's findet, ohne zu wissen, wer sie ist; er liebt sie und findet Gegenliebe. Bunte Verwicklungen. Kriegsabenteuer, Zweikämpfe. Darauf allgemeine Versöhnung. Selbst Berkley und Bushy versöhnen sich; sie überzeugen sich, daß ihr Haß auf falschem Verdacht ruhte. Zum Schluß Heirath.

Ein wüstes Durcheinander von Geist und Unsinn!

Was Wunder, daß die Männer der Aufklärungsbildung einen solchen neuen Propheten ärgerlich abwiesen? Es schien, als habe Nicolai nicht Unrecht, wenn er 1776 an Merck (Briefe. Dritte Sammlung 1847. S. 140) schrieb, Klinger sei ein sehr mittelmäßiger Bursch, der nur Goethe's Manier aufschnappe, aber selbst nicht viel in sich habe. Auch Lessing (Lachm. Bd. 12, S. 481) meinte Klinger weit unter Lenz stellen zu müssen. Er habe Klinger's letztes Stück (Sturm und Drang), setzt er hinzu, unmöglich auslesen können.

Aber in ihrer krampfhaften, sich überstürzenden Leidenschaftlichkeit waren diese Dichtungen nur um so mehr der entsprechende wirkungsvolle Ausdruck der gährenden unruhigen Erregung, die durch die gesammte Jugend dieser denkwürdigen Zeit hindurchging. Es ist sehr bedeutsam, daß grade der Titel eines Klinger'schen Dramas, Sturm und Drang, der Epoche den Namen gegeben hat. Für Goethe's helles Gestirn hatte diese ringende Jugend nur staunende Bewunderung; in Klinger's niederer Nebelwelt, welche doch auch von der leuchtenden Sonne der Idealität berührt und durchglüht war, wenn auch trüb und gebrochen, fand sie sich selbst, ganz wie sie war, mit ihrem vordringenden instinctiven Freiheitsgefühl und mit allen ihren Ungebärdigkeiten und Ueberspannungen. Als am 2. Juni 1777 in Frankfurt am Main Sturm und Drang von der Seyler'schen Schauspielergesellschaft aufgeführt wurde, sagten die von L. Wagner herausgegebenen »Briefe, die Seyler'sche Schauspielergesellschaft betreffend« (Frankfurt 1777. S. 131): »Wer fühlt oder auch nur ahnt, was Sturm und Drang sein mag, für den ist das Drama geschrieben; wessen Nerven aber zu abgespannt, zu erschlafft sind, vielleicht von jeher keinen rechten Ton gehabt haben, wer die drei Worte anstaunt, als wären sie chinesisch oder malabarisch, der hat hier nichts zu erwarten.« Am deutlichsten aber sehen wir an dem autobiographischen Bildungsroman Anton Reiser von Philipp Moritz, wie tief Klinger in alle Empfindungen der Zeit eingriff. Anton Reiser (Bd. 3, S. 179) sagt von Klinger's Zwillingen: »Guelfo glaubte sich von der Wiege an unterdrückt, und nun fielen Reiser alle die Demüthigungen und Kränkungen ein, denen er von seiner Kindheit an beständig ausgesetzt gewesen; Guelfo schlug in der Verzweiflung über sich eine »bittere Lache« auf, Reiser erinnerte sich dabei aller der fürchterlichen Augenblicke, in denen er sein eigenes Wesen mit Verachtung und Abscheu betrachtete und oft mit schrecklicher Wonne in ein lautschallendes Hohngelächter über sich ausbrach; der Charakter des Guelfo erschien

17*

ihm so wahr, daß er sich ganz in dessen Rolle hineindachte und mit allen seinen Gedanken und Empfindungen in ihr lebte. – Und noch im Jahr 1803 schrieb Schiller an seinen Schwager Wol= zogen nach Petersburg: »Sag dem General Klinger, wie sehr ich ihn schätze. Er gehört zu denen, die vor fünfundzwanzig Jahren zuerst und mit Kraft auf meinen Geist eingewirkt haben; diese Eindrücke der Jugend sind unauslöschlich.«

Aus dieser ersten Zeit Klinger's haben sich auch noch einige Lieder erhalten, welche er 1776 an seinen Freund und Lands= mann Kayser nach Zürich zur Komposition schickte; sie sind ab= gedruckt in Hoffmann von Fallersleben's Findlingen, 1860, Bd. 1, S. 135. Es ist mehr Zartheit und Innigkeit der Em= pfindung, und mehr ächte Liedmäßigkeit in ihnen, als man von dem Verfasser jener wilden dramatischen Phantasien erwartet.

Unreif und abenteuerlich wie sein Dichten, war in diesen Jah= ren auch Klinger's Leben. Es ist nicht zu verkennen, daß die Schilderung, welche Goethe in Wahrheit und Dichtung von Klin= ger's Persönlichkeit giebt, durch die Eindrücke der späteren Ent= wicklung Klinger's bedingt und verschoben ist. Wenn ihn Wieland in einem Briefe an Merck (Erste Sammlung, S. 109) einen Lö= wenblutsäufer nennt, so ist dies zwar ein Ausdruck, der aus Klin= ger's Drama Simsone Grisaldi auf den Dichter selbst übertragen wurde, aber er beweist doch, wie Klinger nur den ungezügelten Natur= und Kraftmenschen spielte. Merck (Zweite Sammlung, S. 49) sagt um diese Zeit von Klinger, er betrage sich ganz und gar wie ein Mensch aus einer anderen Welt; der Teufel aber solle die ganze Poesie holen, die die Menschen von Anderen ab= ziehe und sie inwendig mit der Betteltapezerei ihrer eignen Würde und Hoheit ausmöblire.

Bedrängt in seiner äußern Lage und ohne feste Ziele im Innern, führte Klinger viele Jahre ein unstetes Wanderleben. Es war damals noch kein ausgebildetes Zeitungswesen vorhan=

den, bei welchem jetzt meist junge Leute dieser Art ihr erstes
Unterkommen finden.

Goethe's rasches Emporkommen in Weimar war den jungen Geniemenschen jener Zeit eine verführerische Lockung, ihr
Glück ebenfalls am Hofe Karl August's zu suchen. Wie kurz
vorher Lenz, so traf auch Klinger unerwartet und ungeladen am
24. Juni 1776 in Weimar ein. Der erste Empfang Klinger's
war warm und herzlich. »Am Montag kam ich hier an,« schreibt
Klinger an einen Jugendfreund, »lag an Goethe's Hals und er
umfaßte mich mit inniger, mit alter Liebe; »Närrischer Junge!«
und kriegte Küsse von ihm; »Toller Junge!« und immer mehr
Liebe, denn er wußte kein Wort von meinem Kommen; so kannst
Du denken, wie ich ihn überraschte. O was von Goethe zu
sagen ist; ich wollte eher Sonne und Meer verschlingen! Gestern
brachte ich den ganzen Tag mit Wielanden zu; er ist der größte
Mensch, den ich nach Goethe gesehen habe, den Du nie imagi-
niren kannst als von Angesicht zu Angesicht. Hier sind die Götter! Hier ist der Sitz des Großen! Lenz wohnt unter mir und
ist in ewiger Dämmerung. Der Herzog ist vortrefflich und ich
werde ihn bald sehen. Es geht Alles den großen simplen Gang;
sie werden mich hier ruhig machen; wo ich hinseh, ist Heilbal-
sam für meinen Geist und für mein Herz.« Aber bald erhob sich
zwischen Goethe und Klinger Verstimmung. Schon am 24. Juli
schrieb Goethe an Merck (Erste Sammlung, S. 940): »Klinger
kann nicht mit mir wandeln, er drückt mich; ich hab's ihm gesagt, darüber er außer sich war und's nicht verstand und ich's
nicht erklären konnte und mochte.« Und ebenso am 16. September (ebend. S. 98): »Klinger ist unter uns ein Splitter im
Fleisch, seine harte Heterogeneität schwärt mit uns und er wird
sich herausschwären;« Worte, die Goethe in einem Brief an Lavater (S. 21) von demselben Tage fast wörtlich wiederholt.
Unter solchen Umständen war kein Bleiben für Klinger. Offen-

bar war es die Grundverschiedenheit ihrer Naturen, welche Goethe und Klinger von einander trennte. Dazu scheinen aber allerlei böswillige Zwischenträgereien gekommen zu sein, welche Christoph Kaufmann, der berüchtigte Missionär des Lavater'schen Christenthums, zwischen ihnen ausstreute. Wenigstens schreibt Klinger fast vierzig Jahre später in einem Briefe aus dem Jahre 1814 an Goethe (vgl. Dünßer in Raumer's historisch. Taschenbuch, 1859, S. 166): »Das letzte Mal, da ich Sie sah, war ich in Weimar während des ersten Sommers Ihres dortigen Aufenthalts. Ich schrieb damals im Drang nach Thätigkeit ein neues Schauspiel, dem der von Lavater zur Bekehrung der Welt abgesandte Gesandte oder Apostel mit Gewalt den Titel Sturm und Drang aufdrang, an dem später mancher Halbkopf sich ergößte. Indessen versuchte dieser neue Simson, da er weder den Bart mit dem Messer schor noch Gegohrenes trank, auch an mir vergeblich sein Apostelamt. Er rächte sich dafür. Hätte ich mich bei meiner Abreise mehr als durch Blicke des Herzens gegen Sie erklärt, ich wäre Ihnen gewiß werther als je geworden!« Uebrigens traten seit 1789 (Briefe an Merck, Zweite Sammlung, S. 277) zwischen den alten Freunden wieder die alten freundschaftlichen Gesinnungen und Beziehungen hervor, und Beide sprachen in ihren Schriften fortan von einander nur mit der aufrichtigsten Liebe und Verehrung.

Als die Pläne auf Weimar gescheitert waren, ging Klinger nach Leipzig; rathlos über seine Zukunft. Eine Zeitlang dachte er daran, Artillerie zu lernen, um, wie Nicolai am 12. October 1776 an Merck (Dritte Sammlung, S. 143) schreibt, nach Amerika zu gehen und dort mit Thatkraft die Freiheit zu verfechten. Dann aber änderte er seinen Entschluß und trat bei der Seyler'schen Schauspielergesellschaft mit einem Gehalt von fünfhundert Thalern als Theaterdichter ein. Fast zwei Jahre verblieb Klinger bei dieser Truppe, welche in dieser Zeit besonders in Frankfurt,

Mannheim und Mainz spielte. Doch scheint ihm seine Stellung wenig behagt zu haben; wir erfahren (Dritte Sammlung, S. 167), daß er 1780 sein Engagement bei Seyler eine Sottise nannte.

Bei dem Ausbruch des bairischen Erbfolgekrieges wurde Klinger Offizier in einem österreichischen Freicorps. Der Krieg dauerte nur ein Jahr; darauf finden wir Klinger bei Schlosser in Emmendingen. »Klinger ist nun bei mir«, schreibt Schlosser am 14. October 1779 an Merck (Zweite Sammlung, S. 171); »ich wollte seinetwegen, daß es wieder Krieg gäbe. Die Zeit wird ihm oft verwünscht lang und ihm wär's gut, wenn strenge Suborbination ihn amüsiren hülse.« Darauf lebte Klinger 1780 eine Zeitlang bei Sarasin in Basel.

Was konnte bei so unstetem Treiben für die innere Aus- bildung Klinger's gewonnen werden? Des lieben Brotes willen schrieb Klinger einige Romane im Geschmack Crebillon's, welche er später mit Recht von seinen Werken ausschloß. Nichtsdesto- weniger hatten die zunehmenden Jahre und Lebenserfahrungen in Klinger eine tiefgreifende Wandlung vorbereitet. In Basel entstand, im Verein mit Sarasin, Pfeffel und Lavater, die Schrift »Plimplamplasko der hohe Geist, heut Genie; eine Hand- schrift aus der Zeit Knipperdolling's und Dr. Martin Luther's.« Es war eine Satire auf das verschrobene Geniewesen der jüng- sten Gegenwart, das sich überhebe und aus dem Menschen ein andrer und größer Ding machen wolle, als er sei; die Titelvig- nette zeigt zwei ausschlagende Esel! Doch ist diese Satire mit allem Roheiten und Unarten, die sie bekämpft, noch selbst be- haftet.

Kurz darauf aber erfolgte in Klinger's Leben die Wen- bung, welche nicht blos für seine äußere Stellung, sondern auch für seine ganze Bildung und Denkweise entscheidend wurde.

Pfeffel hatte versucht, ihm durch Franklin's Vermittlung eine Stelle im nordamerikanischen Heere zu verschaffen. Es war

mißlungen. Da verwendete sich Schlosser bei seinem Gönner
Prinz Friedrich von Würtemberg für Klinger, und dieser gab
ihm Reisegeld und Empfehlungen an den Hof von St. Peters-
burg. Die Abreise geschah im September 1780 (vgl. J. L.
Schröder's Leben von F. L. W. Meyer, 1823, Th. 1, S. 352.
H. Ch. Boie von R. Weinhold, 1868, S. 97). Klinger wurde
Vorleser bei dem Großfürsten Paul, dessen Gemahlin eine Prin-
zeß von Würtemberg war. Zugleich wurde er Lieutenant beim
Flottenbataillon.

Hatte sich schon in den letzten Jahren in Klinger's Wesen
der Beginn einer Epoche maßvollerer Reife und Selbstbesinnung angekündigt, so trugen seine neuen großen Verhältnisse
wesentlich bei, diese beginnende Reise zu fördern und zu vollenden. Es wurde Klinger das Glück zu Theil, 1781 und 1782
im Gefolge des Großfürsten einen großen Theil Europas be-
reisen zu können. Heinse, welcher in Rom mit Klinger zusammentraf und oft darüber spottet, daß Klinger in seinem »abgeschmackten, schaalen und langweiligen Hofleben« ganz weichlich
geworden, bezeugt (Werke, Bd. 9, S. 154, 159, 161) in seinen
Briefen an Jacobi, mit welcher hingebenden Begeisterung Klinger sich in die große Geschichts- und Kunstwelt Italiens versenkte; er sei ganz Entzücken und Bewunderung. Klinger gedenkt
in seinen späteren Schriften oft und gern der tiefen und nachhaltigen Kraft dieser gewaltigen Eindrücke. Und nicht weniger
waren die großen Staats- und Machtverhältnisse Rußlands selbst
dazu angethan, seinen Blick zu erweitern und ihn aus den Träu-
mereien überschwenglicher Jugend in das feste werkthätige Leben
und dessen unverrückbare Bedingungen und Grenzen zu führen.
Der unvergängliche Ruhm Klinger's ist, daß er mitten im glän-
zendsten Hoftreiben, ringsumgeben von der nichtswürdigsten
Eigensucht, zwar die unreife Phantasterei, nicht aber den unverbrüchlichen Idealismus des Herzens aufgab. Auf dem schlüpfri-

gen Boden, auf welchem oft sogar Tüchtige straucheln und fallen,
steigerte sich sein angeborener gesunder Sinn, sein entschiedener
Charakter, sein ernstes Wesen und jener Zug stolzer Unabhän-
gigkeit, welchen Goethe (Bd. 22, S. 192) schon am Jüngling
rühmte, zu einem Heroismus sittlicher Kraft, wie er in jener
Zeit politischer Erschlaffung bei keinem anderen deutschen Mann
in gleicher Unerschütterlichkeit zu finden war.

Es ist ein ergreifendes Selbstbekenntniß, wenn Klinger in
der 1785 zu Petersburg geschriebenen Vorrede seines »Theaters«
sagt: »Ich kann heut über meine früheren Werke so gut lachen
als einer; aber so viel ist wahr, daß jeder junge Mann die
Welt mehr oder weniger als Dichter und Träumer ansieht. Man
sieht Alles höher, edler, vollkommener; freilich verwirrter, wilder
und übertriebener. Die Welt und ihre Bewohner kleiden sich
in die Farbe unserer Phantasie und unseres guten Glaubens,
und eben darum ist dies der glücklichste Zeitpunkt unseres Lebens,
nach welchem wir zu Zeiten bei aller sauer erworbenen Klugheit
mit Verlangen zurückblicken. Vielleicht wäre diese poetische Existenz die glücklichste auf Erden, wenn sie dauern könnte. Besser
ist's, man kocht dies Alles im Stillen aus, denn alle diese Träu-
mereien sind Contrebande in der Gesellschaft, wie ihre Urheber
selbst. Erfahrung, Uebung, Umgang, Kampf und Anstoßen heilen
uns von diesen überspannten Idealen und Gesinnungen, von
denen wir in der wirklichen Welt so wenig wahrnehmen, und
führen uns auf den Punkt, wo wir im bürgerlichen Leben stehen
sollen. Insofern nämlich, daß wir sie nicht mehr um uns herum
suchen und fordern. Doch zu ihrem eigenen Besten giebt es so
glücklich organisirte Geister, die trotz aller Erfahrung eine gewisse idealische Erhebung beibehalten, die ihre Besitzer durch das
ganze Leben hindurch gegen den Druck des Schicksals stählt und
sie über das Gewöhnliche erhebt.« Und ganz in demselben Sinn
ist es gemeint, wenn Klinger in seinem Roman »Der Weltmann

und der Dichter= den Dichter zum Weltmann sagen läßt: =Ich
könnte Ihnen viel erzählen, wie alle meine Geistesprodukte der
früheren Zeit einen gewissen Mangel an sich tragen; wie es
ihnen an dem festen Charakter der späteren fehlt und fehlen
mußte. Ich könnte Ihnen weitläufig darthun, wie sich erst die
wirkliche Welt blos durch den dichterischen Schleier meinem
Geiste darstellte, wie die Dichterwelt bald darauf durch die wirk=
liche erschüttert ward und dann doch den Sieg behielt, weil der
erwachte selbständige moralische Sinn Licht durch die Finsterniß
verbreitete, die des Dichters Geist ganz zu verdunkeln drohte.«

Auch die Stimmungen und Gedanken dieser neuen Bildungs=
spoche hat Klinger in zahlreichen Schriften niedergelegt, beson=
ders in einer langen Reihefolge von Romanen, deren Erfindung
und Ausführung in die Jahre von 1791 — 1805 fällt.

Die Betrachtung dieser zweiten Epoche Klinger's aber ge=
hört nicht mehr der Geschichte der Sturm= und Drangperiode
an, sondern der Geschichte des nächstfolgenden Zeitalters.

Heinrich Leopold Wagner.

Neben Lenz und Klinger stand ein Dritter, der von den
nächsten Zeitgenossen unter die sogenannten Goethianer eingereiht
wurde. Auch er gehörte zu Goethe's persönlichem Freundeskreise.
Goethe führt im vierzehnten Buch von Wahrheit und Dich=
tung die Schilderung desselben mit den Worten ein: =Vorüber=
gehend will ich noch eines guten Gesellen gedenken, der, obgleich
von keinen außerordentlichen Gaben, doch auch mitzählte. Er
hieß Wagner, erst ein Glied der Straßburger, dann der Frank=
furter Gesellschaft; nicht ohne Geist, Talent und Unterricht. Er
zeigte sich als ein Strebender, und so war er willkommen.=

Heinrich Leopold Wagner war am 19. Februar 1747 zu
Straßburg geboren. Es ist nicht genau zu sagen, wann er nach

Frankfurt übersiedelte. Fest ist, daß er bereits im Anfang des Jahres 1775 dort war. Am 21. September 1776 erhielt er die Erlaubniß der Abrocatur.

Wagner war unter den Goethianern entschieden der Unbedeutendste. Er zehrte von den Brosamen, die von des Herren Tisch fielen; ja er verargte sich nicht, sich diese Brosamen zuweilen unrechtmäßig zuzueignen.

Am bekanntesten ist Wagner geworden durch seine Farce »Prometheus, Deukalion und die Recensenten« (März 1775) und durch sein Trauerspiel »Die Kindesmörderin« (1776).

Jene Farce (wieder abgedruckt bei H. Düntzer, Supplementband 1852, S. 210 ff.) ist eine witzige Harlekinade in Knittelversen. Die Gegner Goethe's werden im Ton der Goethe'schen Puppenspiele verspottet; statt der Personennamen kleine Holzschnittfiguren, klar bezeichnend und von beißender Schärfe. Viele einzelne Witzworte und Wendungen waren unmittelbar mündlichen Scherzen Goethe's abgelauscht. Ueberall wurde daher die kleine dreiste Satire für ein Werk Goethe's gehalten; ein Verdacht, der für Goethe um so peinlicher war, da derselbe auch einige muthwillige und indiscrete Anspielungen auf seine sich eben vorbereitende Verbindung mit Weimar und die dadurch herbeigeführte Versöhnung mit Wieland brachte. Goethe erließ am 9. April 1775 in den Frankfurter Gelehrten Anzeigen eine Erklärung, daß nicht er der Verfasser des Prometheus sei, sondern daß denselben Heinrich Leopold Wagner verfaßt und veröffentlicht habe, ohne sein Zuthun und ohne sein Wissen. Aber Goethe war zu gutmüthig, dem Freunde die Thorheit und Uebereilung nachzutragen.

Das Trauerspiel »Die Kindesmörderin« ist nicht ohne Talent, aber von unsäglicher Rohheit und Geschmacklosigkeit. Goethe erzählt in Wahrheit und Dichtung, daß dasselbe aus den Andeutungen hervorgegangen, welche er in argloser Offenheit seinem

Freunde über Fauſt's und Gretchen's Liebestragödie vertraut
hatte. Die Aehnlichkeit des Grundmotivs iſt unverkennbar; der
Schlaftrunk, die Ermordung des Kindes, kehren auch hier wieder.
Im Uebrigen aber iſt Alles auf den gemeinſten und widerー
wärtigſten Boden übertragen. Wir athmen nicht die Luft der
Gretchentragödie, ſondern die flickende Wachtſtubenluft der Lenzー
ſchen Soldaten.

Es erſchien zuerſt ohne Wagner's Namen unter dem Titel:
»Die Kindermörderin, ein Trauerſpiel. Leipzig im Schwickertー
ſchen Verlage 1776. 120 S. in 8.« Ein Offizier hat ein
Bürgermädchen mit ihrer Mutter in ein ſchlechtes Haus geführt.
Dort giebt er der Mutter einen Schlaftrunk, und ſchändet die
Tochter. Ergreifend iſt die Scham des Mädchens, das das Geー
ſchehene den Eltern verheimlicht; beſonders gut iſt die Zeichnung
des polternden braven Vaters, eines ehrlichen Metzgers, der
entſchieden dem Muſikus Miller in Schiller's Kabale und Liebe
als Vorbild gedient hat. Ergreifend auch die Reue des Offiziers,
der das Mädchen zur Sühnung heirathen will. Die Tochter
flieht, um die Schande zu verbergen. Heimliche Geburt. Sie
wird todtgeſagt. Die Mutter ſtirbt aus Gram. Ein untergeー
ſchobener Brief erweckt im Mädchen den Verdacht, der Räuber
ihrer Ehre verlaſſe ſie. In der Verzweiflung erſticht das Mädー
chen das Kind. Der Vater, herbeigerufen, verzeiht. Der Offiー
zier kommt, will ſie heirathen. Zu ſpät. Die Kindesmörderin
verfällt dem Gericht.

Karl Leſſing ſuchte dieſes Stück durch eine mildernde Umー
arbeitung für die Bühne brauchbar oder, wie er ſich ausdrückt,
»vor ehrlichen Leuten vorſtellbar« zu machen; und es iſt höchſt
beachtenswerth, daß Gotthold Ephraim Leſſing (Lachm. Bd. 12,
S. 481) dieſen Plan billigte und den Verfaſſer, für welchen
er Lenz hielt, weit über Klinger ſtellen zu können meinte. Aber
auch in dieſer Umarbeitung wurde (vgl. Plümicke, S. 287)

die Aufführung in Berlin verboten. Später nahm Wagner selbst eine solche Umarbeitung vor, »um«, — so lauten seine Worte — »den in der Kindermörderin behandelten Stoff so zu mobisiciren, daß er auch in unseren delikaten tugendlallenden Zeiten auf unserer sogenannten gereinigten Bühne mit Ehren erscheinen dürfte«. Der Ausgang wurde in das Heitere gewendet; das Mädchen bebt zurück vor dem Kindermord. Das Stück erhielt jetzt den Titel: »Evchen Humbrecht oder Ihr Mütter merkt's Euch! Ein Schauspiel in fünf Aufzügen«; und in dieser Fassung wurde es im September 1778 von der Seyler'schen Gesellschaft in Frankfurt am Main aufgeführt.

Selbständiger ist ein anderes Trauerspiel Wagner's, das noch vor der Kindesmörderin geschrieben ist, »Die Reue nach der That«, 1775. Eine rangstolze Justizräthin will nicht zugeben, daß ihr Sohn die Tochter eines Kutschers heirathet. Der Sohn wird darüber wahnsinnig. Das Mädchen vergiftet sich. Die Mutter geräth in Verzweiflung. Unter dem Titel »Familienstolz« wurde dies Stück auf Schröder's Bühne ein beliebtes Repertoirestück; der Kutscher Walz gehörte zu Schröder's eigenthümlichsten Rollen. Unwillkürlich denkt man auch hier wieder an Schiller's Kabale und Liebe.

Ueberall frischer Griff in das wirkliche Leben, scharf tragischer Conflict. Aber überall krassestes Natürlichkeitsstreben bis zum Cynismus, ohne den leisesten Anhauch wirklich poetischen Empfindens.

Für das Theater in Mannheim schrieb Wagner eine Bearbeitung des Macbeth. Auch kritisch suchte er in die Bewegungen der Sturm- und Drangperiode einzugreifen. Wagner ist der Verfasser der dramaturgischen Briefe, die Seyler'sche Gesellschaft betreffend, 1777; und ebenso ist er, auf Goethe's Veranlassung, der Uebersetzer von Mercier's Neuem Versuch über

die Schauspielkunst. (Mit einem Anhang aus Goethe's Brief=
tasche. Leipzig im Schwickert'schen Verlag, 1776.)

Nach dem Jahr 1779 verschwindet Wagner aus der deut=
schen Literatur. Gewöhnlich wird angegeben, er sei am 4. März
1779 gestorben. Doch findet sich in Stöber's Büchlein »Der
Aktuar Salzmann« (S. 78) ein Brief an Salzmann, vom
27. December 1783, mit dem Namen »Wagner« unterzeichnet.
Dieser Brief spricht mit großer Herzlichkeit von Wagner's alten
Straßburger Beziehungen. Es ist daher schwerlich anzuneh=
men, daß derselbe von jenem anderen »Heinrich Leopold Wag=
ner« stammt, der nicht blos ein Namensbruder, sondern durch
einen wunderlichen Zufall auch ein Berufsgenosse war und sich
genau in denselben Jahren, 1776 — 1780, durch die Herausgabe
eines Frankfurter Musenalmanachs und einer ebenfalls in Frank=
furt am Main erscheinenden »Neuesten Sammlung von Thea=
terstücken« (Fünf Bände) bekannt machte.

Fünftes Kapitel.

Maler Müller.

Friedrich Müller, in der deutschen Literaturgeschichte gewöhnlich der Maler Müller genannt, ist unter den Dichtern der
Sturm- und Drangperiode einer der bedeutendsten.

An Poesie der Empfindung und an Kraft der Gestaltung
überragt er Lenz und Klinger weit. Er war auf einen großen
und ächten Dichter angelegt. Aber er kam nicht zur vollen
Reife. Seine Jugenderziehung war nur sehr unzulänglich gewesen; die äußeren Umstände hatten ihn zur Malerei geführt,
seine Kräfte wurden zertheilt und zersplittert; in falscher Geniesucht glaubte er der ernsten Arbeit und Sammlung entbehren
zu können; der dauernde Aufenthalt in Rom, wohin er sich
frühzeitig gewendet hatte, entfremdete ihn allem lebendigen Lite-
raturverkehr.

Müller wurde 1750 zu Kreuznach geboren, als Sohn eines
Bäckers, der bei seinem frühen Tode die Seinigen in Dürftig-
keit zurückließ. Kaum der Schule entwachsen, wurde er nach
Zweibrücken gebracht, in den Unterricht des dortigen Hofmalers.
Um das Jahr 1770 fand er eine Anstellung an der Kunstakademie
zu Mannheim. Und hier war es, wo in reger Verbindung mit
Dalberg, Gemmingen und dem Buchhändler Schwan der An-
trieb und der Muth dichterischen Schaffens in ihm erwachte.
Fast alle seine Dichtungen sind in der Mannheimer Zeit entstan-

entzückt, ihm war ein treffliches Lied auf den Weingott Bacchus
gelungen; das gefiel ihm selbst so wohl, daß er es, weil Niemand zugegen war, der es hören wollte, dreimal seinen Ziegen
vorsang. Eben kam der Satyr Bacchibon auf seine Höhle zu;
fröhlich nöthigt ihn der Hirt herbei; doch der Satyr will nicht
weilen. Der junge Hirt muß sich entschließen, einen mit frischem
Most weiblich gefüllten Schlauch zu öffnen. Und nun beginnt
der drolligste Kampf zwischen der unersättlichen Trinklust des
Satyrs, der in weinseliger Geschwätzigkeit immer neue Gründe
zum Trinken vorbringt, und der unwiderstehlichen Singlust des
lobbegierigen Hirten, der mit seinem Lied nicht zu Wort kommen
kann. Nur durch angedrohte Stockschläge ist der Satyr zum
Schweigen zu bewegen. Aber auch jetzt noch unterbricht er den
Gesang unablässig durch Schwatzen und Trinken, bis endlich
der Gesang beendet ist und der Satyr mit einer parodischen
Elegie auf den leeren Schlauch von dannen wankt, um am Ufer
seinen Rausch auszuschlafen.

Geschichtlich am wichtigsten ist die dritte Gruppe der Idyllen,
die volksthümlich deutsche. In ihr kommen am offensten die
dichterischen Stimmungen und Richtungen der Sturm- und
Drangperiode zum Ausbruch. Die eine dieser Idyllen »Die
Schaafschur« hat sogar den ganz bestimmten Zweck, das Recht
und die Nothwendigkeit der Rückkehr zu ächter Volksthümlichkeit
in der Dichtung gegen die Regeln und Herkömmlichkeiten der
sogenannten Gelehrtendichtung in scharfen Gegensatz zu stellen.
Die Dichtung soll hübsch natürlich sein; sie soll sagen, wie sich
der Mensch um's Herz fühlt. Daher einerseits in diesen deutschen Idyllen, in der »Schaafschur« und im »Nußkernen« das
volle Hineingreifen in die unmittelbarste Gegenwart und Lebenswirklichkeit, das sich allerdings oft um so genialer dünkt, je
hausbacken naturalistischer es ist. Und daher andererseits in
»Ulrich von Coßheim« die begeisterte Wiederbelebung der alten

heimischen Sagenwelt. Namentlich nach dieser Seite hin hat Müller auf die Dichter der romantischen Schule mächtig ein-gewirkt.

Und Müller's Lyrik verdient das Lob ähnlicher Trefflichkeit. Zuweilen allerdings stören auch hier noch einige Klänge, welche an das Getändel der jüngst vergangenen Anakreontik erinnern; aber bald bricht die warme Sprache des Herzens durch, mit dem süßen Naturlaut reiner Empfindung. Das Eigenste dieser Lyrik ist am Mark des deutschen Volksliedes groß geworden. Lieder und Balladen, wie der »Thron der Liebe« und »Der Pfalzgraf Friedrich« in der Idylle von der Schaafschur, und »Das braune Fräulein«, »Soldatenabschied«, »Dithyrambe«, »Frühling«, »Der schöne Tag«, »Jägerlied«, welche um dieselbe Zeit, theils als kleine selbständige Sammlung, theils in Almanachen und Zeit-schriften erschienen, sind in der Sturm- und Drangperiode so schlicht und herzlich und so poetisch liebmäßig nur von Goethe und Bürger gesungen worden.

Am bekanntesten ist Müller als Dramatiker.

In Friedrich Schlegel's Deutschem Museum (1813. Bd. 4, S. 261) wird von einem Freunde Müller's berichtet, daß zwei Trauerspiele Müller's »Nina« und »Kaiser Heinrich der Vierte« verloren gegangen. Wahrscheinlich war das erste noch in der Weise der Klopstock'schen Bardiete, das zweite in der Weise des Götz. Seit 1776 war Müller mit der Dramatisirung des »Faust« beschäftigt. 1778 erschien »Niobe«. In dieselbe Zeit fallen auch die Anfänge von »Golo und Genoveva«. Durch die Thatsache, daß Müller im Faust mit Goethe, in der Geno-veva mit Tieck zusammentraf, ist es gekommen, daß sich im Ge-dächtniß der Nachwelt der Name Müller's fast einzig an diese Dichtungen knüpft.

Schöpfungen von Kraft und Genialität. Namentlich in der Genoveva bekundet sich eine reiche und ächte Dichternatur.

Nichtsbestoweniger treten, rein künstlerisch betrachtet, grade in
diesen Dramen die Schwächen Müller's am offensten zu Tage.
Der Mangel tieferer Bildung rächt sich. Der dramatische Dichter
bedarf nicht blos einer reichen schöpferischen Phantasie; er bedarf
auch einer bedeutenden Gedankentiefe und eines durchgebildeten
Kunstverstandes, ohne dessen Obhut die unerläßlichen Bedingungen dramatischer Komposition, sichere Führung und Ausgestaltung der Motive, feste und klare Beherrschung der Massen,
natürliche und in sich folgerichtige Verkettung und Steigerung
der Handlung, schlechterdings unerfüllbar sind. Alle diese Dramen sind nur lose aneinandergereihte dramatische Scenen. Unmittelbar neben Gedanken und Motiven von ergreifender Tiefe
und Poesie das Niedrigste und Banalste. Wo wir hinabsteigen
sollen in die Schrecken der Leidenschaft, auch hier oft nur jenes
wahnwitzige wuthflammende aufgedunsene Gewöe, wie es so eben
durch Klinger in Umlauf gekommen. Statt lebensvoll indi-
vidualisirter Naturwahrheit auch hier oft die rohste Schaustellung gemeinster Wirklichkeit, abstoßende Renommisterei mit
Cynismen. Genialität, aber unfertige, wild gährende. Man wird
an Grabbe und an die Jugenddramen Hebbel's erinnert.

In Faust und Niobe das ringende Titanenthum.

Es ist wahrscheinlich, wenn auch nicht bestimmt nachweis-
bar, daß Müller von dem Vorhaben Goethe's, einen Faust zu
dichten, Kunde hatte. Man hat den Eindruck, als sei das Motiv
ein blos anempfundenes, nicht ein aus dem eigensten Herzen
des Dichters selbst flammendes. Der Dichter weiß nicht, welch
wunderbaren Stoff er unter der Hand hat. Es überkömmt uns
etwas von jener tiefen Tragik des Menschengeistes, welche die
Grundidee des Goethe'schen Faust ist, wenn Müller in der Zu-
schrift an Gemmingen, welche er seiner Faustdichtung voraus-
geschickt hat, erzählt, daß Faust schon in seiner Kindheit einer
seiner Lieblingshelden gewesen, weil Faust ein großer Mensch

18*

sei, der alle seine Kraft fühle und der Muth genug habe, Alles
niederzuwerfen, was ihm hindernd in den Weg trete, ganz zu
sein, was er fühle, daß er sein könne. Und es erscheint wie
eine Erfüllung dieser erregten Erwartung, wenn wir dann Faust
in seinem Studierzimmer finden, in brütender Qual, daß die
aufkeimenden Ideen, die er sich in süßen Stunden erschaffen, doch
unter Menschenohnmacht wieder dahinsterben müssen wie ein
Traum im Erwachen. «Mit wie vielen Neigungen wir in die
Welt treten! Und die meisten, zu was Ende? Sie liegen, von
ferne erblickt, wie die Kinder der Hoffnung, kaum in's Leben
gerückt; sind verklungene Instrumente, die weder begriffen noch
gebraucht werden; Schwerter, die in ihrer Scheide verrosten.
Warum so grenzenlos an Gefühl dies fünfsinnige Wesen und
so eingeengt die Kraft des Vollbringens? Trägt oft der Abend
auf goldenen Wolken meine Phantasie empor, was kann, was
vermag ich nicht da! Wie bin ich der Meister in allen Künsten,
wie spanne, fühle ich mich hoch droben, fühle in meinem Busen
alle aufwachen die Götter, die diese Welt in ruhmvollem Loose
wie Beute unter sich vertheilen. Der Maler, Dichter, Musiker,
Denker, Alles, was Hyperion's Strahlen lebendiger küssen und
was von Prometheus' Fackel sich Wärme stiehlt, möcht's auch
sein und darf nicht; übermann' es ganz unter mich in der Seele
und bin doch nur Kind, wenn ich körperliche Ausführung beginne, fühle den Gott in meinen Adern flammen, der unter des
Menschen Muskeln zagt. Für was den Reiz ohne Stillung?
O, sie müssen noch alle hervor, all' die Götter, die in mir ver-
stummen, hervorgehen hundertzüngig, ihr Dasein in die Welt
zu verkündigen! Ausblühen will ich voll in allen Ranken und
Knospen, so voll, so voll! Es regt sich wie Meeressturm über
meine Seele, verschlingt mich noch ganz und gar. Wie dann?
Soll ich's wagen, darnach zu tasten? Ich muß, muß hinan!
Du Abgott, in dem sich mein Inneres spiegelt! Wer ruft's!

Geschicklichkeit, Geisteskraft, Ehre, Ruhm, Wissen, Vollbringen, Gewalt, Reichthum, Alles, den Gott dieser Welt zu spielen — den Gott!« Aber diese tief metaphysische Idee, die Goethe so großartig erfaßte und zu so klassischer Lösung führte, verschwindet bei Müller in der Ausführung gänzlich. Müller's Faust ist nicht das hehre Spiegelbild ungestümen Unendlichkeitsstrebens, sondern nur der trübe Niederschlag des sophistischen Geniewesens der Sturm- und Drangperiode, welches die Fülle des Genies nicht selten nur in der Entfesselung der Leidenschaft und in verlumpter Liederlichkeit suchte. Müller's Faust übergiebt sich dem Teufel, um sich aus seinen Schulden zu retten; er fordert von Mephistopheles nur ausschweifendes Wohlleben. Eine Recension in Wieland's Deutschem Merkur (1776. Juli, S. 83) sagt: »Was ist dieser Faust, wenn ihn der Teufel verläßt? Ein elender Prahler, der sich bald in Königinnen verliebt und bald mit einer Sentenz im Munde weinend abgeht.« Einzelne reuige Anwandlungen sind kein Ersatz für mangelnde Seelenhoheit. Die Geister-, Juden- und Studentenscenen, allerdings von höchst kraftvoller Lebendigkeit, sind abstoßend roh. Das Ganze zerfließt und verflattert.

Vier weitere Theile sollten diesem ersten Theil folgen. Doch ist eine Umarbeitung und Fortbildung, welche im Frankfurter Conversationsblatt (1850. Nr. 238—259) aus Müller's hinterlassenen Papieren mitgetheilt ist, nur eine fast wörtliche Uebertragung des alten Textes in holprige Knittelverse, freilich mit Einflechtung einer neuen Liebesepisode. Wahrscheinlich ist diese Umarbeitung erst nach 1790 entstanden, nach der Veröffentlichung von Goethe's Fragment.

Auch in der Niobe begegnete sich Müller mit Goethe. Die Stimmung, aus welcher Müller's Niobe entsprungen, ist die Stimmung des Goethe'schen Prometheus. Der herausfordernde Trotz, der flammende Racheburst gegen die strafenden Götter,

der Kampf zwischen Stolz und Mutterliebe, die endliche Erge=
bung und Niederlage, ist mit großer Kunst dramatischer Charakter=
zeichnung geschildert. Und es war ein durchaus richtiges Form=
gefühl, daß der Dichter diesen gewaltigen Stoff auf den Kothurn
des rhythmischen Verses hob. Allein der Stoff selbst ist ein Miß=
griff. Die Niobesage, für die antike Tragik so angemessen, ist
für die moderne Tragik unverwendbar; uns sind die pfeilsenden=
den Götter nur todte Maschinerie. Daher der opernhafte Ein=
druck; freilich eine Oper im großen Stil Gluck's.

Das dritte Drama Müller's ist »Golo und Genoveva«.
Je lebendiger der Sinn für die alten Ueberreste der alten Volks=
poesie erwacht war, mit um so innigerer Liebe hatte sich Müller
schon früh dieser schönen Sage seiner nächsten pfälzischen Hei=
math zugewendet. Es kann daher kein Zweifel sein, daß die
erste Entstehung dieses Dramas schon in die Mannheimer Zeit
fällt. Sowohl die Idylle »Ulrich von Coßheim«, sowie die
»Balladen« enthalten eine dramatisirte Scene, welche den Be=
such Golo's bei Genoveva im Gefängniß darstellt. Doch ist die
jetzige Fassung des Dramas wohl erst in Rom vollendet worden.
Am 27. October 1781 schreibt Wilhelm Heinse (Werke, Bd. 9,
S. 150) an F. Jacobi: »Müller hat ein großes Drama fertig,
Genoveva, voll von Vortrefflichkeiten, welches er selbst für das
einzig Gute hält, was er gemacht hat.« Lange Zeit war es nur
handschriftlich bekannt und suchte vergebens nach einem Verleger.
Veröffentlicht wurde es erst 1811 in der von Tieck veranstalteten,
leider sehr lückenhaften Ausgabe der Müller'schen Schriften.

Unzweifelhaft hat Goethe's »Götz von Berlichingen« der
Schöpfung der Genoveva den ersten Anstoß gegeben; aber eben=
so unzweifelhaft ist neben Goethe's Götz diese Genoveva das
bedeutendste dramatische Werk der Sturm= und Drangperiode.
Die überraschendste Lebensfülle der verschiedensten und eigen=
artigsten Charaktere, die markigste Zeichnung der schreckenvollsten

Abgründe menschlicher Leidenschaft und zugleich der holdesten
Unschuld und Lieblichkeit; und über dem Ganzen der Duft und
Zauber einer lyrischen Innerlichkeit, die nur das Vorrecht eines
ächten Dichtergemüths ist. Mit festem dramatischem Blick ist
Golo als die Hauptgestalt herausgehoben; zuerst eine Werther-
natur, rückhaltslos und widerstandslos nur seiner Liebe zu Genoveva lebend, schwärmerisch und grüblerisch, fest entschlossen,
dem Beispiel Werther's zu folgen und sein Leben abzuschütteln,
weil ihm die Last seiner hoffnungslosen Liebe zu schwer dünkt;
dann aber durch die Zügellosigkeit seiner Leidenschaft zum Verbrechen getrieben und nun im Trotz der Verzweiflung gleich
einem Macbeth auf der blutigen Bahn unaufhaltsam weiter und
weiter schreitend. Und mit ihm im Bunde seine Mutter Ma-
thilde, ein üppig wollüstiges Weib, aber voll dämonischer Kraft
und Leidenschaftlichkeit. Auf der anderen Seite Genoveva, lieb-
lich, anmuthig, entzückend arglos im Bewußtsein ihrer Reinheit
und unerschütterlichen Treue, ungebrochen und voll demüthiger
Ergebung im entsetzlichsten Elend; und ihr im Leid hülfreich
beistehend Siegfried, ein Bild schönster Ritterlichkeit, tapfer im
Kampf und fromm und edel in der Gebeugtheit seines Schmerzes.
Dazu die breite vielgestaltige Welt des Ritterthums im Kriege
und auf den Burgen, die Poesie der Minne und des lustigen
Jagdlebens. Müller ist, wenn man so sagen darf, der Romantiker der Sturm- und Drangperiode; aber noch frei von allen
krankhaften Verzerrungen und katholisirenden Neigungen. Müller's Genoveva würde zu den schönsten Perlen der deutschen
Literatur gehören, wäre sie in ihrem Bau einheitlicher und geschlossener.

Es ist bekannt, daß Müller die Anklage erhoben hat, Tieck
habe für seine eigene Genoveva die ihm handschriftlich mitge-
theilte Genoveva Müller's ungebührlich benutzt und bestohlen;
und diese Anklage ist dann geschäftig wiederholt und weitergetragen

worden. Tieck selbst hat in der Vorrede zum ersten Band seiner
Schriften (Berlin, 1828) auf diese Anklage geantwortet. Es ist
unleugbare Thatsache, daß Tieck die erste Anregung seiner Genoveva von Müller empfangen hat, und wir werden auch die
Einwirkung Müller's auf einzelne Motive und Scenen Tieck's
viel weiter ausdehnen müssen, als Tieck zugeben will. Gleichwohl ist Tieck's Genoveva durchaus selbständig; und Tieck konnte
in der That sich gegen jene schleichenden Vorwürfe nicht besser
rechtfertigen, als daß er selbst der Erste war, welcher Müller's
Genoveva in die Oeffentlichkeit brachte. Die Tonart Müller's
ist durchaus Shakespearisirend; so sehr, daß Tieck nicht ohne
Grund sagen konnte, man glaube zuweilen, der Dichter habe
verschiedene Tragödien Shakespeare's wie zu einer Quintessenz
zusammendrücken wollen. Die Tonart Tieck's dagegen ist die
Tonart der spanischen Dramatiker; Tieck stand damals grade in
der selbigen Sucht, es in Mystik und Katholicismus seinen romantischen Freunden gleichzuthun zu wollen.

Im August 1778 war Müller behufs seiner weiteren malerischen Ausbildung nach Rom gegangen. Aus Goethe's Briefwechsel mit Knebel (Bd. 1, S. 16) ersehen wir, daß ihm diese
Reise zum großen Theil durch die thätige Verwendung Goethe's
ermöglicht wurde.

Heinse hat ein anziehendes Bild von Müller's Persönlichkeit in seinen ersten römischen Jahren gegeben. In dem
Briefe, in welchem er an Jacobi über die Genoveva berichtet,
schreibt er: »Müller ist täglich und stündlich bei mir und geht
fast mit Niemand Anderem als mit mir um, obgleich wir
uns manchmal bis auf's Herumraufen zanken. Er ist ein
wenig heftig vor der Stirn, und mein Blut hat Italien leider
auch nicht abgekühlt. In Kleidung geht er sehr wohl einher
und ich gehe in meinem langen grünen Reiseüberrock neben
seinem Mantel mit goldenem Kragen und rothscharlachenem

Kleibe und Pariser Schnallen aus, wie ein Diogenes neben einem wahrhaftigen Hofmaler. Ob wir uns aber gleich zuweilen unter uns zanken, so preist und rühmt er mich doch unverdienter Weise hinter dem Rücken bei männiglich als eine doppelte Grund= säule von Kunst und ursprünglicher Menschheit. Wo es außer= dem über einen Anderen hergeht, ist er einer der besten Gesell= schafter und er hat eine seltene Gabe, allerlei Narren zu drama= tisiren und nachzumachen. Seine Gedichte gewinnen deshalb sehr viel, wenn er sie selbst vorließ.« Und in einem anderen Briefe erzählt Heinse (ebend. S. 143), daß man Müller während einer schweren Krankheit katholisch gemacht; ein Umstand, den er nicht verschulde und der ihm wegen seiner Mutter und seiner Freunde äußerst leid sei.

Müller wendete sich nun vorwiegend der Malerei zu. In Mannheim hatte ihn sein Natürlichkeitsstreben naturgemäß zu den Niederländern geführt. Merck rühmt im Deutschen Merkur (1781, Bd. 4, S. 169) eine Copie nach Wouvermann, welche, wie er sagt, auch die Gegenwart des Originals vertragen könne; und einige Radirungen dieser Zeit sind sehr geistvolle Darstellungen wandernder Musikanten und Bänkelsänger und ländlicher Hirtenscenen. Doch hatte sich auch schon damals in ihm der Sinn für den großen historischen Stil geregt; es ist ganz mit den Stoffen seiner Dich= tungen übereinstimmend, wenn wir aus derselben Zeit Radirungen eines Bacchanals und der Niobe mit zwei ihrer Kinder besitzen. Was Wunder also, daß der Anblick der großen italienischen Meister ihn immer mehr und mehr für die eigentliche Historien= malerei gewann und daß seinem ungestümen Geist vor allem die titanische Erhabenheit Michel Angelo's zusagte? In einem Briefe an Goethe vom 16. October 1779 (Briefwechsel mit Knebel, Bd. 1, S. 17) meldet er, daß er ein Bild nach der Epistel Judä gemalt habe, das den Streit des Erzengels Michael mit dem Satan über den Leichnam Mosis darstelle; ein Vor=

wurf, den Rafael oder Michel Angelo hätten malen sollen.
Und dieses Bildes geschieht auch in den Briefen Heinse's Er-
wähnung. Heinse schreibt (Bd. 9, S. 144) am 15. September
1781 an Jacobi, der Engel habe das flammende Schwert in
der Linken und bedeute mit der Rechten dem Satanas zu weichen; Satanas stehe eben im Begriff, diesem Gebot zu folgen.
Heinse lobt an dem Bilde die malerisch klar ausgesprochene
Idee, viel Feuer, Fleiß und Studium. Er setzt hinzu, jetzt arbeite Müller an einem Gott Bater, der dem Moses das gelobte
Land zeige; einem Stück von eben der Größe.

Allein die künstlerische Laufbahn Müller's hatte keinen ge-
deihlichen Fortgang. Kein Meister ist für den Nachahmer ge-
fährlicher als Michel Angelo. Was bei dem Meister dämonische
Erhabenheit ist, wird leicht bei dem Nachahmer verzerrte Manier.
Müller lebte sich mit seiner Phantasie dergestalt in die Welt des
Teufels und der Hölle ein, daß er in der Kunstgeschichte den
Spottnamen »Teufelsmüller« davongetragen hat. In seinen
Bildern ist Müller durchaus unzulänglich; das ist das ein-
stimmige Urtheil Aller, welche Bilder von ihm gesehen haben.
In seinen Handzeichnungen und Radirungen, unter denen sich
auch einzelne historische Landschaften befinden, ist Müller geist-
voll und von angeborener Poesie des Auges.

Es hat sich ein denkwürdiger Brief erhalten, welchen Goethe
am 21. Juni 1781 an Müller schrieb, nachdem dieser behufs
der Verlängerung des gewährten Stipendiums einige Zeichnungen und sein Bild vom Streit des Engel Michael und des
Satan um den Leichnam Mosis nach Weimar gesendet hatte.
Dieser Brief ist abgedruckt im Frankfurter Conversationsblatt
(1848, Nr. 324). Goethe tadelt das Incorrecte und Leichtfertige
der Behandlung. Es sei zwar Lebhaftigkeit des Geistes und der
Imagination in diesen Sachen, aber es fehle jene Reinlichkeit
und Bedächtigkeit, durch welche allein, verbunden mit Geist

und Wahrheit, Leben und Kraft dargestellt werden könne. »Der feurigste Maler darf nicht hudeln, so wenig als der feurigste Musikus falsch greifen darf; das Organ, in dem die größte Gewalt und Geschwindigkeit sich äußern will, muß erst richtig sein. Ich finde Ihre Gemälde und Zeichnungen doch eigentlich nur noch gestammelt; und es macht dies einen um so übleren Eindruck, da man sieht, es ist ein erwachsener Mensch, der vielerlei zu sagen hat und zu dessen Jahreszeit ein so unvollkommener Ausdruck nicht wohl kleidet.« Und ebenso tadelt Goethe die Phantastik der dargestellten Gegenstände; offenbar lasse sich Müller mehr von einer dunklen Dichterlust leiten als von geschärftem Malersinn. »Der Streit beider Geister über dem Leichnam Mosis ist eine alberne Judenfabel, die weder Göttliches noch Menschliches enthält. Eine Anzahl vom Himmel herab erbärmlich gequälter Menschen ist ein Anblick, von dem man das Gesicht gern wegwendet, und wenn diese vor einem willkürlichem, ich darf wohl sagen, magischem Zeichen sich niederzustürzen und es in dumpfer Todesangst anzubeten gezwungen sind, so wird uns der Künstler schwerlich durch gelehrte Gruppen und wohlvertheilte Lichter für den üblen Eindruck entschädigen.« Müller scheint sich von diesem freimüthig gutgemeinten Brief sehr verletzt gefühlt zu haben. Wenigstens ist seitdem zwischen Goethe und Müller eine Verstimmung bemerkbar, die so weit ging, daß während Goethe's Aufenthalt in Rom keinerlei Verkehr zwischen Beiden stattfand. Noch am 6. Juni 1797 schreibt Goethe an Heinrich Meyer, daß ein Umgang mit jenem »so wenig moralisch als ästhetisch gereinigten Menschen« keinen sonderlichen Reiz habe. Erst in der 1817 geschriebenen Abhandlung über Leonardo's Abendmahl gedenkt er Müller's wieder freundlich, ihn als »geprüften Kenner und Künstler«, als »mehrjährigen Freund, Mitarbeiter und Zeitgenossen« bezeichnend.

In der Zwiespältigkeit zwischen Dichtung und Malerei rieb

sich Müller auf. Er verbitterte und vergrämte sich. Seine Schöpferkraft stockte. Seit der Genoveva hat Müller dichterisch nichts Eingreifendes mehr geschaffen. Die »Erzählungen,« welche 1803 in Mannheim erschienen, aber bereits 1793 geschrieben wurden, sind fade Rittergeschichten des gewöhnlichsten Schlags; die persische Novelle »Der hohe Ausspruch oder Chares und Fatime«, welche 1824 L. Robert's Rheinblüthen brachten, ist cynisch. Die Malerei wurde ihm durch den Mangel an Erfolg gleichfalls verleidet. Er malte zwar bis an sein spätes Alter, aber sehr langsam und unsicher; meist wild hingewühlte Entwürfe, zu deren Ausführung Stimmung und Kraft gebrach. Es verdient Beachtung, daß Bonaventura Genelli als junger Künstler viel mit ihm verkehrte.

Allmälich traten antiquarische Studien in den Vordergrund. Er wurde, wie Reiffenstein und Hirt, ein gelehrter Fremdenführer. Im Jahr 1810 schrieb der Baron von Uexküll, ein Kunstfreund aus Würtemberg, an den Maler Wächter (vgl. D. Strauß, Kleine Schriften, 1862, S. 286): »Mein täglicher Tischgenosse ist Maler Müller aus Mannheim, bairischer Hofmaler, ehemals Dichter, sonst auch Teufelsmüller genannt. Der Mann steht als Künstler nicht grade auf einer hohen Stufe, malt auch nicht viel, ist überdem schon sechzig Jahre alt, aber er ist ein angenehmer und guter Gesellschafter, ein Mann von mannichfaltigen literarischen Kenntnissen und mancher Verbindung mit den vorzüglicheren Köpfen Deutschlands, dabei kennt er Rom aus- und inwendig.«

Müller hat sich auch vielfach als Kunstschriftsteller bethätigt. Viel Aufsehen machte der Angriff, welchen er in den Horen (1797, Stück 3 und 4) gegen Carstens richtete. Gewiß ist, daß Müller die Größe und geschichtliche Bedeutung jenes epochemachenden Künstlers verkannte; aber es war ein schwerwiegendes Wort, das wohl zum Theil aus dem pein-

lichen Gefühl seiner eigenen technischen Unfertigkeit entsprang,
wenn er grade bei dieser Gelegenheit die ernste Mahnung aussprach, der Künstler solle kräftig streben, den materiellen Theil
seiner Kunst unter sich zu bringen, er solle als Maler gut und
schön malen lernen, er solle nicht blos skizziren, sondern auch
treu und naturwahr vollenden. Unter Müller's römischen Kunst-
nachrichten in Friedrich Schlegel's Deutschem Museum ist besonders (1812, Heft 18, S. 184) die warme Anerkennung der
historischen Landschaften Koch's bemerkenswerth. Der neu aufkommenden Richtung der Romantiker folgte er mit freundlicher
Theilnahme, so wenig er auch das ascetische Nazarenerthum
gutheißen mochte. König Ludwig I. von Baiern, schon als
Kronprinz um die Begründung und Vermehrung seiner reichen
Kunstsammlungen emsig bemüht, betraute ihn viel mit kunst-
händlerischen Geschäften.

Friedrich Müller starb am 23. April 1825 zu Rom, als
fünfundsiebenzigjähriger Greis. Kurz vorher hatte er seine Gemälde an den Cardinal Fesch verkauft. Er hat sich die Grab-
schrift geschrieben: »Wenig gekannt und wenig geschätzt, hab'
ich beim Wirken nach dem Wahren gestrebt, und mein höchster
Genuß war die Erkenntniß des Schönen; — ich habe gelebt!
Daß Fortuna nie mich geliebt, verzeih' ich ihr gern!«

Sechstes Kapitel.

Wilhelm Heinse.

Den tollen Traum der Sturm= und Drangperiode, auch das Leben ganz nach den Eingebungen und Gelüsten der Phantasie und Leidenschaft leben zu dürfen, hat Keiner verwegener und ausschweifender geträumt, als Wilhelm Heinse. Er ist der Dichter der entfesselten Sinnlichkeit, oder, wie sich einst die Literaturrichtung des sogenannten jungen Deutschland auszubrücken pflegte, der Emancipation des Fleisches.

· Wilhelm Heinse, am 16. Februar 1749 zu Langenwiesen in der Nähe von Ilmenau geboren, war in der dürftigsten Lage aufgewachsen und hatte nur sehr unzusammenhängenden Schulunterricht genossen; aber die höchste Lust schon seines Knabenalters war es gewesen, in den grünen Bergen des Thüringer Waldes umherzustreifen, die schönsten Bilder der herrlichen Landschaft warm in sich aufzunehmen und an den Ufern der rauschenden Bäche die Dichter zu lesen, wie sie ihm Zufall und Tagesmode in die Hand gab. Vor Allem hatte Wieland auf ihn eingewirkt; daneben Gleim, Hagedorn, Horaz, Anakreon und Chaulieu. Und diese ersten bleibenden Eindrücke waren vertieft und verstärkt worden durch den persönlichen Umgang, in welchem Heinse als Erfurter Student eine Zeitlang mit Wieland lebte. Heinse ist der Schüler Wieland's, wenn er (vgl. Wilh. Heinse's Sämmtliche Schriften, herausgegeben von H. Laube, 1838,

Bb. 8, 15) bei der Ueberfendung feines Gedichts »Elyfium« an
Gleim fchreibt, daß er fich beſtrebe, wenigſtens mit der Phantafie
in die Gefellfchaft heiterer und weifer Griechen und Griechinnen
zu gelangen; und ebenſo gehört es den Anregungen Wieland's,
daß Heinfe fich allmälich immer mehr und mehr dem Studium der italienifchen Dichter zuwendet, befonders Petrarca's,
Boccaccio's, Arioſt's und Taſſo's. Es iſt überaus bezeichnend,
wenn Heinfe (ebend. S. 94) einmal gegen Wieland felbſt als
feinen Zukunſtsplan ausfpricht, daß er ein Gedicht fchreiben
wolle, das mit Arioſt an Phantafie, mit Taſſo an Schönheit
des Ganzen, mit Plato an Philofophie wetteifere, ohne gleichwohl von allen Dreien etwas nachzuahmen, außer was er
nothwendig von ihnen annehmen müffe; als Mann aber wolle
er der deutfche Lucian werden. Unwillkürlich muß man an
Wieland's Oberon und Lucianüberfeßung denken.

Mit vollem Recht daher iſt es hergebracht, Heinfe als einen
Anhänger und Schüler Wieland's zu bezeichnen. Auch noch die
fpäteren bekannteſten Werke Heinfe's bezeugen fowohl in den
Aufgaben, welche fie fich ſtellen, wie in der Art ihrer Löfung,
diefe Einwirkung Wieland's auf's unzweibeutigſte. Und doch verkennt man Heinfe völlig, wenn man mit diefer Bezeichnung fein
ganzes Wefen und feine eigenſte gefchichtliche Stellung erfaßt
zu haben meint. Es liegt in Heinfe etwas, das ihn auf's be-
ſtimmteſte von Wieland abfcheidet und ihn ganz und gar zum
Genoffen der Sturm- und Drangperiode macht. Dies iſt feine
fchwärmerifche Hinneigung zu Rouffeau, welche ein fo hervor-
ſtechender Zug des gefammten jungen Gefchlechts war.

Seine Briefe athmen durchweg die rückhaltlofeſte Rouffeau-
begeiſterung. Schon als Erfurter Student bekennt er (ebend.
S. 14) an Gleim, daß er fich zur Secte der Rouffeauiſten ge-
fchlagen. Lediglich aus dem Streben nach dem Rouffeau'fchen
Naturmenfchen iſt es zu erklären, daß Heinfe, obgleich er nach

Jung=Stilling's Bericht nur ein kleines rundköpfiges Männchen
mit schalkhaft hellen Augen und immer lächelnder Miene war, so
oft seine ſtroßende Kraftfülle, ſeine Nerven von Stahl und Eiſen
rühmt und ſein leidenſchaftlich unruhiges Weſen mit den Strö=
men vergleicht, die ſich von den höchſten Alpen herabſtürzen
müſſen, ehe ſie Ruhe finden und ſanften Lauf haben. Die Ara=
ber in der Wüſte ſind ihm die wahren Kinder der Natur; wie
kläglich ſind wir dagegen in unſeren Steinhauſen mit Ziegel=
dächern! Und was iſt es anderes als der Zornausbruch eines An=
hängers Rouſſeau's, wenn er in einem Briefe, in welchem er
(ebend. S. 62) ſeinem väterlichen Freund Gleim meldet, daß er,
von einer Reiſe zurückgekehrt, ſein ganzes Heimathsdorf und das
Haus und den Garten ſeiner Eltern und nächſten Verwandten
von einer furchtbaren Feuersbrunſt eingeäſchert gefunden, in die
bedeutſamen Worte ausbricht: »Die Thüringer Bauern fangen
an, bei dieſen entſetzlichen Drangſalen das Recht der Menſchheit
zu fühlen. Die Regierungen vom Thüringer Walde beſchäftigen
ſich nur damit, deſſen Wildpret zu erlegen und alte und neue
Abgaben von den armen brotloſen Einwohnern zu erpreſſen; die
armen Teufel merken jetzt erſt den Nutzen, daß ihre Urväter ſich
in Geſellſchaft begeben haben. Meine alte Eiche ruft mir die
Freiheit meiner Vorfahren, der alten wilden Teutonen, in die
Seele, und mein Gleim=Tyrtäus die Freiheit der alten Griechen.«
Ja, Heinſe iſt ſo weit entfernt, die Wiederherſtellbarkeit des ver=
meintlich urſprünglichen Naturzuſtandes für eine Utopie zu hal=
ten, daß er umgekehrt (ebend. S. 134) alle unſere neueren
Staatsverfaſſungen Utopien außer der Natur nennt, in denen
die Quellen und Bäche der erſten Schöpfung Gottes zu todten
ſtillen Seen geworden.

Dieſe Einwirkung Rouſſeau's iſt in Heinſe ebenſo mächtig,
wie die Einwirkung Wieland's. Oder vielmehr nur aus dem
innigen und lebendigen Zuſammengreifen beider Einwirkungen iſt

die Denk- und Empfindungsweise Heinse's erklärbar. Einerseits das revolutionäre Grollen Rousseau's gegen die Enge und den Zwang des Staates und der Gesellschaft, welche jede freie Regung der angeborenen Menschennatur in unnatürliche Fesseln legen; andererseits aber als letztes Ideal nicht der wilde Naturmensch, sondern die sinnliche Lebensfülle des Griechenthums, wie ihm dasselbe in den Wieland'schen Romanen an sich schon verzerrt entgegentrat und von seiner durch ungebändigte Sinnlichkeit und schlechten Umgang verliederlichten Phantasie nur noch mehr verzerrt und vergröbert wurde.

Im Sinn dieser Vereinigung Wieland's und Rousseau's ist es zu deuten, daß sich Heinse schon in einem seiner frühsten Briefe (ebend. S. 14) einen freien und verfeinerten Rousseauisten nennt. Was bisher nur tändelnde Anakreontik und müßige Grazienphilosophie gewesen, das machte der junge Brausekopf der Sturm- und Drangperiode, der in seinem Rousseau lebte und webte, zur Sittenlehre und zum Grundgesetz eines neuen Lebens in neuen Staats- und Gesellschaftsformen. Und war die Zeit der Erlösung noch nicht für die ganze Menschheit gekommen, so sollte wenigstens der Einzelne, der sich zu diesem neuen Menschheitsideal aufgeschwungen, oder ein Bund auserwählter Gleichgesinnter, dies sinnendurchglühte Naturleben des verfeinerten Rousseauismus verwirklichen.

So phantastisch und unfertig dieser Gedanke ist, es ist der Grundgedanke seines Lebens.

Es ist überraschend zu sehen, wie schon der zweiundzwanzigjährige Jüngling am 23. August 1771 (ebend. S. 20) an Gleim schreibt: »Ich möchte gleich einem Platonischen Weisen in Ruh' und Frieden meine Tage auf dieser Erde beschließen und in irgend einer Einöde, die freilich bisweilen der Frühling mit seinen Nachtigallen und Rosen und Grazien und Musen und einigen von ihren Freunden und Freundinnen besuchen müßte, von

der großen Welt abgesondert, mich dem Studium der erheitern=
den Weisheit widmen, wenn ich könnte! Vielleicht kann ich mich
auf meiner Reise zu einer Colonie gesellen, die ein schönes Land
in einem glückseligen Klima aufsuchen will, es mit ihr finden,
die Natur in ihm verschönern, es zu einem alten Tempel der
Grazien machen und hier, ohne dem Joch der Hobbes'schen, viel=
weniger der Platonischen Gesetze unterworfen zu sein, leben und
wie mein Chaulieu oder wie Lais, wenn der Wunsch nicht im
Auge der ernsthaften Weisheit Sünde wäre, sterben!« Die An=
kündigung seiner Ariostübersetzung (Merkur 1776. Juni. S. 306)
träumt davon, sein Schicksal einst vollenden zu können in einem
schönen Thal von Georgien.

Auch seine tiefe Sehnsucht nach Italien und Griechenland,
die sich von früh auf in seinen Briefen in den unzähligsten und
oft rührendsten Wendungen ausspricht, ist nicht blos durch seine
Kunstliebe, sondern ebenso sehr und fast noch mehr durch sein
Verlangen nach einem solchen weisheitsvollen Dolcefarniente
bedingt.

Schon am 2. Juni 1772 (ebend. S. 48), in einer der
drückendsten Lagen seiner gedrückten Jugendgeschichte, schreibt
Heinse in scherzenden Worten, deren ernster Sinn nicht zu ver=
kennen ist, an Gleim: »Sollte alles Nachfragen nach einem Aemt=
chen nichts fruchten, so will ich mich, wie mein Herr College
Rousseau, aufs Notenschreiben legen, und sollte auch dieses nicht
ersprießlich sein, so reise ich nach Padua und studire daselbst im
Namen aller Deutschen und lasse mir Quartier und Kost und
Geld und vino piccolo und vino santo geben, reise mit Gele=
genheit nach Rom und sehe den Winckelmann'schen Apollo und
Laokoon, und nach Neapel und höre die Sirenen singen, und
schiffe bei Malta vorbei nach Lampedusa, und wenn noch Frieden
mit den Herren Türken wird, so mache ich bisweilen kleine Lust=
reisen daraus in die Inseln des Archipelagus und lebe wie die

Götter im Himmel, wie die alten Griechen auf Erden.« Und in einem anderen Briefe aus derselben Zeit, in welchem er Gleim für eine Unterstützung dankt, setzt er (ebend. S. 61) hinzu: »Das Opfer, welches Sie dem kleinen Genius des armen Heinse ver= sprochen, ist ihm hinlänglich, um in Italien, dem gelobten Lande von Europa, wie ein Grieche zu leben; er hat, so lange er lebt, nie viel Bedürfnisse gehabt und kann bei Wasser und Brot, bei einem paar Kinder der Natur glücklich sein.«

Das erste selbständige Werk, in welches Heinse seinen Traum von dem wiederherzustellenden Sinnenleben des Wieland'= schen Griechenthums niederlegte, war das Gedicht: »Laidion oder die Eleusinischen Geheimnisse«, dessen erster Entwurf schon in Heinse's Studentenzeit fällt und welches 1774 zu Lemgo erschien. Lais berichtet in einem an Aristipp gerichtetem Sendschreiben aus dem Elysium über ihr vergangenes Leben. Es ist Heldren= philosophie; und zwar, wie sich der junge Goethe (Bd. 27, S. 479) in einem Briefe an Schönborn ausdrückt, mit der blü= hendsten Schwärmerei der geilen Grazien geschrieben. Es gilt, Genie, Wollust, Liebe und alle Leidenschaften im höchsten Grad ihrer Seligkeit zu empfinden. Der kleinen Dichtung sind einige Stanzen in Ariost'scher Manier beigegeben, die durch die damals ungewöhnliche Kunst der Sprache und des Verses sogar Goethe (vgl. Zeitgenossen 1830, Bd. 2, Heft 16, S. 71) zur lautesten Bewunderung hinrissen, die aber durch die grelle Nacktheit, mit welcher sie das Verfänglichste vorführen, beleidigen. Wieland, der vor einem solchen Schüler und Nachahmer erschrak, sprach (vgl. F. Jacobi's Auserlesenen Briefwechsel, 1825. Bd. 1, S. 167) von Seelenpriapismus.

Jedoch die eigenste und umfassendste Darlegung seiner Le= bensansicht ist der Roman: »Ardinghello und die glückseligen Inseln.«

Endlich hatte Heinse seinen tiefsten Herzenswunsch, Italien
19*

ju sehen und längere Zeit in Italien leben zu können, erreicht. Nachdem Heinse seine Studentenjahre in Jena und Erfurt in einer Dürftigkeit zugebracht hatte, daß er oft nicht wußte, wohin sein Haupt legen und womit sich speisen und tränken, nachdem er eine Zeit lang um des lieben Brotes willen mit einem aben= teuernden alten Hauptmann abenteuernd in Deutschland herum= geirrt war, hatte er in Halberstadt bei Vater Gleim eine Zuflucht gefunden und war durch dessen Vermittlung nach Queblinburg als Hauslehrer gekommen. Im Frühjahr 1774 war er mit Georg Jacobi nach Düsseldorf übergesiedelt, um für einen Gehalt von dreihundert Thaler als Mitarbeiter der Iris thätig zu sein; und hier hatte er die Bekanntschaft des edlen Friedrich Heinrich Jacobi gemacht, der zwar bei der Grundverschiedenheit seiner Natur niemals zu ihm ein volles Herz fassen konnte, mit ihm aber im regsten Verkehr lebte und ihm zuletzt sogar in der hoch= herzigsten Weise die langersehnte italienische Reise ermöglichte. Im Juni 1780 hatte Heinse die Reise angetreten, hatte fast ein Jahr in der Schweiz, Südfrankreich, in Ober= und Mittelitalien verweilt und war im August 1781 in Rom eingetroffen, woselbst er, einen Ausflug nach Neapel miteingerechnet, bis zum Sommer 1783 verblieb, im glücklichsten Genuß der großen südlichen Land= schaft und Menschenwelt, der gewaltigen Denkmale der Geschichte und Kunst; ein wiedergeborener Grieche, dem der schöne Traum seiner Jugend zur schönsten Wirklichkeit geworden war. Ardin= ghello, 1785 vollendet, aber erst 1787 veröffentlicht, ist die dich= terische Frucht dieser Reiseeindrücke.

Künstlerisch ist der Roman unbedeutend. Einheitliche Hand= lung fehlt ganz und gar; es ist eine bunte Reihe von Genre= bildern, Betrachtungen und Studien, die in sich keinen anderen Zusammenhang haben als die Willkür des Verfassers, die in diesen Roman Alles hineinlegte, was sich eben in der Arbeits= mappe vorräthig fand. Es bewahrheitete sich, wie richtig Fried=

rich Jacobi gesehen hatte, als er während der Zeit von Heinse's
Aufenthalt in Düsseldorf einmal (Auserlesener Briefwechsel Bd. 1,
S. 279) an Wieland schrieb, Heinse werde nie ein Ganzes von
wahrhaft lebendiger Schönheit hervorbringen, denn sein Herz sei
der ächten und reinen Liebe unfähig, und bei vielem Geist und
Talent und einem schätzenswerthen Charakter vermöge er doch
nie etwas aus der Fülle zu thun. Aber die Grundidee, das Stürmen und Flammen der Leidenschaft, ist mit rücksichtsloser Energie
und mit packender Gewalt ausgesprochen; über den herrlichen
Naturschilderungen liegt der leuchtende Farbenzauber der südlichen Sonne; und die eingeschalteten Kunsturtheile sind von so
feinsinniger Empfindung und von so eindringendem Verständniß,
daß dieser Roman trotz aller seiner künstlerischen Mängel und
seiner haltlosen Thorheiten und Ueberstürzungen nichtsdestoweniger eine der denkwürdigsten und geistvollsten Schöpfungen der
deutschen Literatur ist.

Ardinghello, der Held des Romans, ist der Inbegriff aller
der glänzenden Eigenschaften, unter welchen sich die Sturm- und
Drangperiode den gottbegnadeten Geniemenschen dachte; strah-
lend in männlicher Jugendschönheit, ein großer Künstler, voll
brennender Leidenschaft und strotzender Kraftfülle, ein Virtuos
aller körperlichen Uebungen, der Abgott der Frauen. Er kennt
kein anderes Gesetz als die Leidenschaft des ungezügelten Herzens und den Drang derselben, sich ganz und ungeschmälert
auszuleben zu dürfen. »Genuß jedes Augenblicks, fern von Vergangenheit und Zukunft, versetzt uns unter die Götter. Was hat
der Mensch und jedes Wesen mehr als die Gegenwart? Traum
ohne Wirklichkeit ist alles Uebrige.« Grenze der Lust ist einzig
die Grenze der Gesundheit; denn »der hat gewiß ein verwahr-
loses Haupt, der nicht bei Zeiten erkennt, daß die Gesundheit
der Grund und Boden aller unserer Glückseligkeit ist, ohne
welche kein Vergnügen bestehen kann, und überhaupt, daß volle

Exiſtenz das höchſte Gut in der Welt iſt und alles Andere dagegen nur Freude von kurzer Dauer.« So ſchweift Ardinghello
in trunkenem Liebestaumel von Weib zu Weib. Die ſtille Hold-
ſeligkeit weiblicher Reinheit und Unſchuld findet hier keine Stätte;
in der Welt Ardinghello's giebt es nur wilde Bacchantinnen
voll Gluth und Ueppigkeit, voll Körperreiz und frecher Seele.
»Was kann das Feuer dafür, daß es brennt?« Wir treten
mitten in dieſes entfeſſelte Sinnenleben, wenn wir die Beſchrei-
bung (Bd. I. S. 275) eines Bacchanals leſen, in welchem junge
Künſtler und junge Römerinnen den nackten ſpartaniſchen Rei-
gentanz aufführen; eine Dithyrambe des höchſten bacchantiſchen
Taumels, »wo man von ſich ſelbſt nichts mehr weiß und groß
und allmächtig in die ewige Herrlichkeit zurückkehrt.« Zuletzt
läßt ſich Ardinghello mit einer ſeiner Geliebten unter dem glücklichen Himmel Joniens auf den cykladiſchen Inſeln nieder und
ſtiftet auf Paros und Naxos mit gleichgeſinnten Freunden und
Freundinnen eine Colonie, in welcher die Herrlichkeit des alten
Athen, wie es unter Perikles geweſen, wieder aufleben ſollte.
Die Staatsverfaſſung dieſer glückſeligen Inſeln iſt ein wunderli-
ches Gemiſch von Erinnerungen aus der Geſchichte der alten
griechiſchen Freiſtaaten und von Rouſſeau'ſchen Lehren über die
Beſchaffenheit des urſprünglichen Naturzuſtandes. Keine Religion als die lautere Naturreligion mit einem ſinnenberauſchen-
den Cultus ächter alter Grazie und Schönheit. Keine Demo-
kratie; der beſte Staat iſt, wo Alle vollkommene Menſchen und
Bürger ſind; Gemeinſchaft der Güter, Eigenthum begründen
nur öffentliche Belohnungen; Gemeinſchaft der Frauen und auch
der Männer, das iſt, Jedes hat völlige Freiheit ſeiner Perſon.
Der Roman ſchließt mit den Worten: »Das beſondre Geheimniß unſerer Staatsverfaſſung, welches nur Denen anvertraut
ward, die ſich durch Heldenthaten und großen Verſtand ausge-
zeichnet hatten, beſtand darin, der ganzen Regierung der Türken,

in diesem heiteren Klima ein Ende zu machen und die Mensch=
heit wieder zu ihrer Würde zu erheben. Doch vereitelte dies nach
seligem Zeitraum das unerbittliche Schicksal.« Eine sinnentrun=
kene taumelnde Phantasie, die an die Vernünftigkeit ihrer Hirn=
gespinnste glaubt! Friedr. Jacobi (Auserles. Briefwechsel, Bd. 2,
S. 99) hat das schlagende Urtheil: »Mir ist auch das herrlichste
Schlaraffenleben keine Herrlichkeit; und ist es das Ziel der Mensch=
heit, so ist mir die Menschheit selbst ein Ekel und Grauen.«

Es ist eine feine Bemerkung von Schiller's Freund Körner,
wenn er in einem Briefe an Schiller (Bd. 1, S. 268) den Ar=
dinghello ein Seitenstück zum Werther nennt; hier sei Geist und
Kraft im Schwelgen, wie dort im Leiden. Ebenso zog Kayser,
der Musiker, sogar in einer besonderen Schrift 1788 eine Paral=
lele zwischen Werther und Ardinghello. Kann aber die Gluth
der Sinne das Herz ersetzen? Ist Sophistik der Sinnlichkeit,
auch die glänzendste, jemals mit dem Wesen ächter Poesie ver=
einbar? Herder (vgl. Zur Erinnerung an J. L. W. Meyer, 1847.
Bd. 1, S. 173) nannte Ardinghello eine Debauche des Geistes.
Es ist bekannt, wie sehr sich Goethe (Bd. 27, S. 34) entsetzte,
als er bei seiner Rückkehr aus Italien das Rumoren wahrnahm,
das Heinse's Ardinghello erregte; besonders weil diese ausschwei=
fende Sinnlichkeit und abstruse Denkweise durch die Hinweisung
auf die bildende Kunst so gefährlich empfohlen und aufgestutzt
war. Und in demselben Sinn sagt Schiller in der Abhandlung
über naive und sentimentalische Dichtung (Bd. 12, S. 233),
bei aller sinnlichen Energie und allem Feuer des Colorits bleibe
Ardinghello immer nur eine sinnliche Carricatur ohne Wahr=
heit und ohne ästhetische Würde, doch sei dieses seltsame Werk
ein merkwürdiges Beispiel des beinah poetischen Schwungs, den
die bloße Begier zu nehmen fähig sei.

Im Jahr 1795 erschien ein zweiter Roman Heinse's, Hil=
degard von Hohenthal. Er nimmt viele Ausschreitungen des Ar=

dingbello zurück; zuletzt werden nicht nur im Gegensatz zur freien Liebe, die im Ardinghello geprediglt wird, Ehen geschlossen, sondern es wird sogar ausdrücklich darauf Gewicht gelegt, daß, falls eine Ehe gedeihen soll, die sich Verheirathenden nicht ungleichen Standes sein dürften. Aber man sieht deutlich, daß das ehrsame Gesicht nur eine unzuträgliche Maske ist. Des Dichters Seele ist nach wie vor bei der rücksichtslos hervorbrechenden, Alles niederwerfenden Leidenschaft. Ein junger Musiker, Lokmann, entbrennt in stürmischer Liebe zu Hildegard, einem vornehmen, genialen, tief künstlerischen Mädchen, das ihn nicht bloß durch vollendete Schönheit, sondern auch durch die Innigkeit und Kunst ihres Gesanges bezaubert; Hildegard, obgleich sie ihn wiederliebt, weiß sich tapfer und entschlossen seinen Schlingen zu entziehen. Sie soll offenbar ein Musterbild reiner Weiblichkeit sein; sie wird nicht bloß Venus, sondern oft auch Pallas und Diana genannt. In Wahrheit aber ist sie von schmachvollster Lüsternheit, immer und immer wieder den verfänglichsten Scenen sich aussetzend, ja dieselben sogar heimlich aufsuchend.

Künstlerisch kann sich Hildegard von Hohenthal nicht entfernt mit Ardinghello vergleichen; unter der Halbheit und Zwiespältigkeit der Grundidee hat auch die Kraft und das Feuer der Darstellung gelitten. Die Zeichnung ist gemeiner, die Farben sind matter. Die Betrachtungen über Musik, mit welchen Hildegard von Hohenthal ganz in derselben Weise durchwoben ist wie Ardinghello mit Betrachtungen über die bildenden Künste, sind noch überwuchernder als im Ardinghello, und doch sind sie ein weit weniger wirksamer Hintergrund, da die Schilderungen der musikalischen Kunstwerke nicht so fest und bestimmt die Phantasie füllen wie die Schilderungen der großen Bauten, Bilder und Bildwerke.

. Vornehmlich an diese beiden Romane knüpft sich der Name Heinse's.

Beschränken wir, wie es meist geschieht, Heinse's Bedeutung

auf diese thörichten Phantastereien von der sogenannten Emancipation des Fleisches allein, so ist Heinse nur eine rein pathologische Erscheinung, nur eine eigenartige Ausgeburt jener krankhaften Freigeisterei der Leidenschaft, welche die allgemeine, wenn
auch sehr vielgestaltige Krankheit der gährenden Zeit war.

Doch thut man Heinse schreiendes Unrecht, wenn man ihn
nicht zugleich als Kunstschriftsteller betrachtet. Als solcher ist er
einer der Feinsinnigsten und Bedeutendsten unter allen seinen
Zeitgenossen. In der bildenden Kunst sowohl wie in der Musik.

Zur bildenden Kunst hatte sich Heinse zuerst in Düsseldorf
gewendet, im Anschauen und Bewundern der Schätze der herrlichen Düsseldorfer Galerie, welche jetzt einen sehr wesentlichen
Bestandtheil der Pinakothek zu München bilden. Schon 1775
sprach er in einem Briefe an Klamer Schmidt (Zeitgenossen,
1830, Bd. 2, Heft 16, S. 76) den Vorsatz aus, ganz in der
Welt der Kunst zu leben und weben und ein Werk zu schreiben,
das ihm ein unvergängliches Denkmal sei; bereinst Vorsteher
einer öffentlichen Kunstsammlung zu werden, dünkt ihm (Bd. 8,
S. 254) erstrebenswerthester Beruf. Was in Düsseldorf glücklich
emporgeblüht war, fand unter den großen Eindrücken Italiens
seine Reise und lebendige Ausgestaltung. Heinse's im Merkur
1776 veröffentlichten Briefe über die hervorragendsten Bilder
der Düsseldorfer Galerie, besonders seine unvergleichliche Charakteristik von Rubens, seine Briefe aus Italien an Jacobi, und
die eingehenden feinnervigen Schilderungen und Beurtheilungen
der in Italien befindlichen großen Meisterwerke alter und neuer
Kunst im Ardinghello gehören durch die Tiefe ihrer künstlerischen
Einsicht und durch die seltene Gabe, das Eigenartige bildender
Kunst mit offenem greifendem Auge zu fühlen und es in anschau-
lich sinnlichen Worten auch der Phantasie des Lesers greifbar
vor Augen zu stellen, zu dem Herrlichsten und Empfundensten
aller Kunstliteratur. Mit vollem Recht zählte auch Heinse selbst

(Bd. 8, S. 252) diese Dinge zum Besten, was von ihm gedruckt sei; und jeder Kundige wird ihm völlig beipflichten, wenn
er bei dieser Gelegenheit ärgerlich ausruft, gewöhnlich lese man
so etwas wie jedes andere Geschreibsel, ohne daran zu denken,
wie viel Studium habe vorangehen müssen, ehe es da sein konnte,
und wie wenig Gründliches und Zweckmäßiges von Alten und
Neuen, selbst von Vergötterten, über die Kunst gesagt worden.
Und mit dieser ächt künstlerischen Sinnenfrische verband Heinse
eine ästhetische Durchbildung, die ihn leicht und sicher über die
Einseitigkeit und Befangenheit der herrschenden Kunstansichten
hinüberhob. Winckelmann und Lessing hatten in weitwirkenden
wissenschaftlichen Werken, Rafael Mengs und seine Schüler und
Nachahmer hatten in achtungswerther künstlerischer Thätigkeit
die unbedingte Alleingiltigkeit der Antike und des antikisirenden
Stils gepredigt. Gleichzeitig als Herder und Goethe in den
Blättern für deutsche Art und Kunst und in ihren ersten auf
bildende Kunst bezüglichen Schriften gegen diese engherzige Anschauungsweise auftraten, kämpfte auch Heinse denselben Kampf;
aber von ihnen unabhängig und viel eingehender und gegen allen
Widerstand fester, da er sie in Sachen der bildenden Kunst an
Feinheit des Blicks und an Weite kunstgeschichtlicher Kenntniß
hoch überragte. Bereits in seinen Düsseldorfer Briefen pflanzte
er mit vollster Entschiedenheit gegen ein solch vermeintlich all-
bindendes und starr unwandelbares Schönheitsideal das Banner
der aus dem tiefsten Herzen quellenden, lebendigen und darum
nach der Verschiedenheit der Zeiten und Völker verschiedenartigen,
individuell volksthümlichen Kunst auf. »Die Kunst kann sich nur
nach dem Volk richten, unter welchem sie lebt.« (Bd. 8, S. 164.)
Besonders durch Rubens war ihm diese Anschauung entstanden
(ebend. S. 167). »Meister, die sich an italienische Gestalt gewöhnt haben, können nicht begreifen, wie Rubens den tiefen Eindruck in Aller Herzen zu seiner Zeit gemacht habe und noch bei

Menschen macht, denen sie warmes inniges Gefühl der Schönheit
der Kunst nicht absprechen können, da er nicht ein einziges Mädchen gemalt, das nur mit einer hübschen römischen Dirne in
einen Wettstreit der Schönheit sich einzulassen im Stande sei.
Lieben Leute, Wasser thut's freilich nicht! Rubens hat, zum Beispiel nur, in seine besten Stücke meistens eine seiner Frauen zu
einer der weiblichen Hauptfiguren genommen, und an diesen
kannte er jeden Ausdruck der Freude und des Schmerzes, der
Wehmuth und des Entzückens; eine Donna von Venedig war
ihm nie so zum Gefühl geworden, noch weniger Lais und Phryne,
die er nie mit Augen gesehen. Und wer will außerdem verlangen, daß er an die Generalstaaten holländisch mit griechischen
Lettern hätte schreiben sollen? Winckelmann vielleicht in seiner
Schwärmerei; aber gewiß nicht, wenn er sonst bei guter Laune
gewesen. Jeder arbeite für das Volk, worunter ihn sein Schicksal geworfen und er die Jugend verlebt hat, suche dessen Herz
zu erschüttern und mit Wollust und mit Entzücken zu schwellen,
suche dessen Lust und Wohl zu verstärken und zu veredeln, und
helfe ihm weinen, wenn es weinet! Jedes Volk, jedes Klima
hat seine eigenthümliche Schönheit, seine Kost und seine Ge-
tränke; und wenn ächter wilder Rüdesheimer nicht so reizend, so
öl-, mark- und feuersüß ist, wie der seltene Klazomener, so ist er
doch wahrlich auch nicht zum Fenster hinauszuschütten.« Ja,
Heinse griff das Uebel sogleich in der Wurzel an, indem er vor
Allem die damals allgemein übliche und leider noch heute nicht
ganz aus unseren Kunstschulen verdrängte Art der Künstlerer-
ziehung, oder, um seinen eigenen Ausdruck (ebend. S. 205 ff.)
beizubehalten, die verkehrte Art, wie junge Menschen, die Maler
werden wollen, zugeritten werden, von Grund aus verwarf.
Was wolle das ausschließliche voreilige sinnlose Abzeichnen der
Antiken, deren schöne Formen der Schüler doch nicht verstehen
und noch weniger sich zu eigen machen könne, bevor er nicht

schon etwas Gleiches in der Natur empfunden! Habe doch selbst
der erfinderische Poussin in manchen seiner berühmtesten Werke
nur die vornehmsten Antiken geistlos zusammengestellt, und wie
wenige seien doch Künstler wie Poussin, wie verschlechterten und
verhäßlichten die Meisten noch dazu diese von außen entlehnten
Marionetten! Die Kunst dürfe nichts Unlebendiges und Zusam-
mengestückeltes sein; alle Schönheit müsse aus Art und Charakter
entspringen, wie der Baum frei und natürlich aus dem Keime
wachse! Wer weiß nicht, daß Dies genau die Gründe sind, mit
welchen wenige Jahre nachher die Begründer des sogenannten
Wiederauflebens der neuen deutschen Kunst gegen die Akademieen
und gegen den akademischen Eklekticismus der Mengs und Da-
vid zu Felde zogen? Und noch weiter werden diese Betrachtungen in den Reisebriefen aus Italien und im Ardinghello ausgeführt. Und ferner hatten Winckelmann und Lessing auf Grund
ihrer ausschließlich antikisirenden Anschauungsweise das Wesen
der modernen Landschaftsmalerei verkannt und verachtet, sowie
sie die Malerei überhaupt immer nur nach dem Maßstab der weit
engeren Gesetze und Bedingungen der Plastik beurtheilten. Heinse,
der selbst das wärmste Naturgefühl hatte und ein vollendeter
Meister landschaftlicher Schilderungen war, hat mehrfach die
Gelegenheit ergriffen, die Berechtigung und Ebenbürtigkeit der
Landschaftsmalerei auf's wärmste zu vertheidigen; und seine klassischen Beschreibungen der Meisterwerke Tizian's, Rafael's und
Rubens' beweisen in jeder Zeile, wie fein und ausgebildet bei
dem liebevollsten Verständniß plastischer Schönheit doch grade
sein Sinn für das eigenartig Malerische war. Und ist es der
Grundmangel der Winckelmann-Lessing'schen Kunstlehre, daß sie
immer nur von der Hoheit der Darstellungsgegenstände und der
Ausschließlichkeit der idealen Formen, nie aber von dem geistigen Urgrund alles künstlerischen Schaffens, von dem in seinem
Werke sich bethätigenden Innern des Künstlers spricht, so durch-

schneidet es den tiefsten Nerv dieser Kunstlehre, wenn Ardin-ghello (Bd. 2, S. 61) sagt: »Das Hauptvergnügen an einem Kunstwerk für einen weisen Beobachter macht immer am Ende das Herz und der Geist des Künstlers selbst, und nicht die vor-gestellten Sachen;« ein Wort, das auch heut noch unseren Künst-lern und Aesthetikern nicht oft genug wiederholt werden kann.

Die Lust und Freude an der Musik war Heinse von Kind-heit an in's Herz gewachsen; sein Vater war Organist, musika-lische Bildung ging durch seine ganze Familie. Es ist eine tief ergreifende Scene, wenn wir in einem seiner Briefe sehen, wie Heinse als dreiundzwanzigjähriger Jüngling von einer Reise zu-rückgekehrt, mit den Bauern, deren Hab und Gut soeben durch eine furchtbare Feuersbrunst vernichtet war, an den Feierabenden Geige und Flöte spielte, um ihnen über Trübsal und Hunger hinüberzuhelfen. Er war ein ausgezeichneter Klavierspieler; eine Zeitlang dachte er sogar an eigene Opernkompositionen. Die musikalischen Urtheile, welche Heinse in seinen Briefen und be-sonders in seinem musikalischen Roman Hildegard von Hohen-thal ausspricht, sind zwar nicht frei von manchen Nachgiebig-keiten gegen die späteren Italiener, über welche wir jetzt stren-ger zu urtheilen gewohnt sind; gleichwohl hat Heinse auch in der Musik einen durchaus reformatorischen Zug. Heinse ist einer der Ersten in Deutschland gewesen, welche wieder auf den alten ernsten italienischen Kirchenstil zurückgingen; seine ein-gehenden Besprechungen Palestrina's, Allegri's, Leo's und Per-golese's sind Meisterstücke feiner und sittlich ernster Charakteristik. Und ebenso ist Heinse einer der Ersten gewesen, welche die groß-artige geschichtliche Bedeutung Gluck's erkannten, und die Revo-lution, welche dieser in der Oper herbeiführte, als mustergiltige That priesen; was in Hildegard von Hohenthal über Armida, Orpheus und Eurydice, Alceste, Iphigenia in Aulis und Iphi-genia in Tauris ausführlich verhandelt und erwogen wird, ver-

dient auch heut noch, obgleich grade über Gluck eine sehr reich=
haltige Literatur vorliegt, gelefen und beachtet zu werden. Nur
selten ereignet sich, daß ein so feiner Sinn für bildende Kunst
und ein so tiefes musikalisches Verständniß miteinander verbun=
den sind.

Mit der Betrachtung Ardinghello's und Hildegard's von
Hohenthal ist die Betrachtung Heinse's abgeschlossen.

Anaflasia, ein Roman, welcher 1803 erschien, ist nichts als
eine geistvolle Anweisung zum Schachspiel in romanhafter Ein=
kleidung. Ein anderer Roman, Fiormona, welchen selbst F. H.
Jacobi (vgl. Sömmering's Leben von R. Wagner, 1844. Thl. 1,
S. 49) für ein Werk Heinse's hielt, wird jetzt allgemein dem
bekannten Biographen Schröders, F. L. W. Meyer von Bran=
stedt, zugeschrieben. Eine schwache Nachahmung des Ardinghello.

Heinse konnte nach seiner Rückkehr aus Italien sich in
Deutschland nicht mehr recht einleben. »Mich reut es, so viel
mir Haare auf dem Kopfe stehen, daß ich Rom verließ,« schrieb
er am 15. März 1785 an Gleim. Und in einem anderen Briefe
vom 30. Januar 1784 sagt er: »Ich bringe meine Zeit hin mit
den großen Werken von Jomelli, Gluck, Trajetta und Majo am
Klavier und im Lesen der hohen Griechen, die mich allein für
Rom, Neapel, Florenz, Venedig und Genua schablos halten, und
spiele Schach und Billard mit unserm theuren Fritz Jacobi, so=
lange bis das Schicksal anders will.« Im Jahr 1786 war
Heinse durch Jacobi's und Johannes von Müller's Vermittlung
Vorleser und Bibliothekar Karl Friedrichs von Erthal, des le=
bensfrohen Kurfürsten von Mainz, geworden. In den Biblio=
thekfälen von Mainz und Aschaffenburg schrieb Heinse seine
Romane.

Von den großen Erschütterungen der französischen Revolu=
tion scheint Heinse in seinem Innern wenig berührt worden zu
sein. Er spottet (Bd. 9, S. 251) über Georg Forster, daß er

ſich von den Stürmen der Revolution habe verſchlingen laſſen.
Die Zeit der Mainzer »Freiheitsfarce« brachte er bei Jacobi in
Aachen und Düſſeldorf zu (vgl. Goethe, Bb. 25, S. 162). Was
hatten dieſe Schrecken der Wirklichkeit mit ſeiner phantaſtiſchen
Traumwelt ſinnlicher Glückſeligkeit zu thun?

In den letzten Jahren ſeines Lebens verlieren wir ſeine
Spur faſt ganz. Nur vereinzelte inhaltsloſe Briefe ſind erhalten. Er ſtarb am 22. Juni 1803 in Aſchaffenburg.

Sein Tod ging unbeachtet vorüber. Das Geſchlecht, welches jetzt lebte, war den Wirren der Sturm- und Drangperiode
entwachſen. Es iſt das Schickſal unfertiger Naturen, vorzeitig
vergeſſen zu werden. Heinſe verdient dies Schickſal nicht. Er iſt
ein ſo reichbegabter und vielſeitiger Geiſt, daß es ſich wahrlich
lohnt, in ihm die Spreu und den Weizen zu ſondern.

Siebentes Kapitel.

Die Gefühlsphilosophen und die pietistischen Schwärmer.

Unter den Anregungen, welche am tiefsten auf sein Jugendleben einwirkten, hat Goethe jederzeit Hamann genannt. Die
Jugendfreunde, welche seinem Herzen am nächsten standen, waren Fritz Jacobi und Lavater. Ebenso fühlte sich Herder von
diesen Geistern auf's mächtigste angezogen. Es war ein bitterer
Schmerz für Goethe und Herder, als sie in der Mitte der achtziger Jahre, nachdem sie aus ihren ersten ringenden Jugend-
wirren sich zu fester männlicher Klarheit herausgearbeitet hatten,
erleben mußten, daß ihre Wege von den Wegen der alten Freunde
fortan durch eine unüberbrückbare Kluft geschieden seien.

Es ist die religiöse Seite der Sturm- und Drangperiode,
die uns hier bedeutsam entgegentritt.

Die Freunde fühlten sich innig eins in ihrem gemeinsamen
Gegensatz gegen die Enge und Kahlheit des herrschenden Rationalismus. Und sie wurden Gegner, als sich im Lauf der Zeit
immer schärfer herausstellte, wie durchaus verschiedenartig, ja
wie einander auf's schroffste entgegengesetzt die Ziele waren, die
sie von diesem gemeinsamen Ausgangspunkt aus erstrebten.

Je mehr die Aufklärungsbildung unter den Händen der Nicolaiten sich vereinseitigte und verflachte, um so weniger konnte
die tiefe Gefühlserregung, welche der Ursprung und das Wesen

der Sturm= und Drangperiode war, in ihr Befriedigung finden. Es war derselbe Kampf, welchen drüben in Frankreich Rouffeau gegen Boltaire und die Encyklopädiften kämpfte. »Man will. fich=, wie die Frankfurter Gelehrten Anzeigen (1772. S. 658) einmal fagen, »nicht wegraifonniren laffen, was Gefühl geworden ift und Gefühl bleiben wird und muß.« Dies ift die gefchicht= liche Bedeutung und Berechtigung diefer Bewegungen. Aber während die Größten und Beften, während Goethe und Herder in ernften und fchweren Bildungsmühen nicht ruhten und rafte= ten, bis fie die ununterbrückbaren Forderungen des Herzens und die nicht minder ununterbrückbaren Forderungen der denkenden Bernunft in reiner und freier Bildung zu klarem und harmoni= fchem Gleichgewicht geläutert und verföhnt hatten, blieben die Meiften in der Halbheit ftecken und wußten nur die eine Einfei= tigkeit an die Stelle der anderen zu fetzen. Eitle und weichliche Gefühlsfchwelgerei, das liebe Ich mit allen Schrullen und Kränk= lichkeiten; dumpfe Confufion mit dem hochmüthigen Anfpruch ganz befonderen Tieffinns, oft fogar ganz befonderer göttlicher Erleuchtung.

Als Kant feine befreiende Philofophie fchuf, als die klaffifche Zeit der deutfchen Dichtung erblühte, erhob fich eine neue pieti= ftifche Literatur, nicht fchlicht und einfältig, fondern die Bildung mit den Mitteln der Bildung bekämpfend.

Zwei Richtungen find in diefer Literatur zu unterfcheiden. Die Einen haben die Bedürfniffe und die Gewöhnungen des denkenden Geiftes; fie flüchten nur darum aus dem Denken in die Regionen des Gefühlslebens, weil fie die Nothwendigkeit der Ergänzung und Erfüllung des Denkens durch die Kundge= bungen des Herzens aus den natürlichen Schranken des Den= kens felbft erweifen zu können meinen. Wir nennen die Träger und Bertreter diefer Richtung Gefühlsphilofophen. Die Anderen kennen das Bedürfniß des denkenden Geiftes überhaupt nicht,

fie ſtützen ſich auf das göttliche Gnadengeſchenk der chriſtlichen
Offenbarung und fühlen ſich dieſes göttlichen Gnadengeſchenkes
noch unmittelbarer und inniger theilhaftig als andere gewöhnliche Menſchenkinder. Wir nennen die Träger und Vertreter
dieſer Richtung die pietiſtiſchen Schwärmer.

An der Spitze der erſten Richtung ſtehen Hamann und Jacobi, an der Spitze der zweiten Richtung ſtehen Lavater und
Jung-Stilling.

1.

Die Gefühlsphiloſophen.

Hamann.

Hamann war der Erſte, welcher es wagte, die deutſche Aufklärungsbildung zur Umkehr zu rufen.

Johann Georg Hamann, am 27. Auguſt 1730 zu Königsberg geboren, wurzelte ganz und gar in jenen pietiſtiſchen Einwirkungen, welche, wie auch die Lebensbeſchreibungen Kant's und
Hippel's bezeugen, damals alle Kreiſe Königsbergs durchdrangen.
In einem wüſten und zerfahrenen Jugendleben hatte er eine
Zeitlang dieſe Stimmungen in ſich abgeſtumpft, dann aber war
er reuig und zerknirſcht nur um ſo inbrünſtiger wieder zu ihnen
zurückgekehrt.

Es iſt ſchwer, ſich durch die Schriften Hamann's hindurchzuwinden. Wie er im Leben durch das hochmüthige Bewußtſein
ſeiner frommen Gläubigkeit ſich von den einfachſten menſchlichen
Pflichten entbunden meinte, oft der nichtswürdigſten Verlumpt-
heit anheimfiel und immer nur der Sophiſt ſeiner ungezügelten
Leidenſchaftlichkeit blieb, ſo hat er es auch niemals vermocht, ſein

Denken zu einheitlicher und folgerichtiger Klarheit herauszubilden. Er bewegt sich immer nur in dämmernden Empfindungen, in geistreichen und tiefsinnigen, aber durchaus unentwickelten dunklen Ahnungen. »Wahrheiten, Grundsätzen, Systemen«, schreibt Hamann selbst einmal, (Bd. 1, S. 497) bin ich nicht gewachsen; »Brocken, Fragmente, Grillen, Einfälle«. Und zu diesem Abgerissenen und Springenden des Inhalts tritt das Krause und Fratzenhafte der Darstellungsform, welche sich dergestalt in die zufälligsten und willkürlichsten Wendungen, Anspielungen und Räthselsprüche verliert, daß sogar Hamann selbst seinen Stil einen »verfluchten Wurststil« nennt und sich selbst außer Stand erklärt, seine früheren Schriften zu verstehen. Der Mangel an zwingender Logik versteckt sich hinter die Laune humoristischen Spiels und hinter den Anspruch pythischer Sehergabe.

Goethe hat Recht, wenn er im zwölften Buch von Wahrheit und Dichtung sagt: »Das Princip, auf welches die sämmtlichen Aeußerungen Hamann's sich zurückführen lassen ist dieses: Alles, was der Mensch zu leisten unternimmt, muß aus sämmtlichen vereinigten Kräften entspringen; alles Vereinzelte ist verwerflich.« Lediglich aus diesem Grundprincip ist es erklärlich, daß Hamann den Jünglingen der Sturm= und Drangperiode als ein fortschreitender und befreiender Geist erscheinen konnte. Nur hätte Goethe hinzusetzen sollen, daß sich Hamann das Dringen auf das unverbrüchliche Zusammenwirken aller menschlichen Seelenkräfte, diese Nothwendigkeit der Erlösung des von der Aufklärungsbildung verkümmerten und unterdrückten Phantasie= und Gemüthslebens, nur als Erweckung tieferen religiösen Lebens, nur als engeren Anschluß an die Lehren und Geheimnisse der christlichen Offenbarung zu denken wußte.

Hamann's Denken und Empfinden ist fast ausschließlich verneinend. Es ist das pietistische Poltern gegen die aus der Ohnmacht des Bibelglaubens herausgetretene Freiheit und Selb=

ständigkeit der Wissenschaft und deren vermeintliche Anma=
ßung.

So genau Hamann nicht bloß die deutschen, sondern auch
die englischen und französischen Aufklärungsphilosophen kannte
und so unablässig er sich mit ihnen sein ganzes Leben hindurch
beschäftigte, so hatte doch einzig Hume wegen seines Zweifels
an der Richtigkeit und bindenden Kraft der menschlichen Schluß=
folgerungen Gnade vor seinen Augen gefunden. Die Aufklä=
rungsphilosophen sind ihm nur »Lügen=, Schau= und Maulpro=
pheten«, nur »Samariter, Philister und toller Pöbel von Si=
chem«; selbst gegen Mendelssohn und Kant, mit welchen er
freundschaftlich verkehrte, schrieb er heftige Streitschriften. Ge=
genüber dem Denken wollte er das Glauben und Empfinden,
gegenüber der Wissenschaft und Philosophie die Innigkeit und
Selbstgewißheit des offenbarungsgläubigen Gemüths und des
religiösen Gefühls gewahrt wissen. »Die Furcht des Herrn ist
der Weisheit Anfang und seine evangelische Liebe der Weisheit
Ende«. Besonders in den »Sokratischen Denkwürdigkeiten«
(1759) und in den »Wolken«, einem »Nachspiel der Sokratischen
Denkwürdigkeiten« hat Hamann seinen Haß gegen die denkende
Wissenschaft niedergelegt. Pflegten die Aufklärungsphilosophen
in Sokrates das große Vorbild eines ächten Weisen zu erblicken,
der die Philosophie vom Himmel auf die Erde und das müßige
Schulgeschwätz der Metaphysik zur lebendigen Wirksamkeit volks=
thümlicher Sittenlehre geläutert und emporgehoben habe, so hielt
sich Hamann seinerseits nur an den sogenannten Genius des
Sokrates, an dessen Stimme, wie Hamann in den Sokratischen
Denkwürdigkeiten (Bd. 2, S. 38) sagt, Sokrates glaubte, auf
dessen Wissenschaft er sich verlassen konnte und an dessen Frieden
ihm mehr gelegen war als an aller Vernunft der Aegypter und
Griechen. Wir belauschen die innersten Absichten Hamann's,
wenn es in den Sokratischen Denkwürdigkeiten (Bd. 2, S. 42)

heißt: »Sokrates lockte seine Mitbürger aus den Labyrinthen
ihrer gelehrten Sophisten zu einer Wahrheit, die im Verborgenen
liegt, zu einer heimlichen Weisheit, und von den Götzenaltären
ihrer andächtigen und klugen Priester zum Dienst eines unbekannten Gottes«. Und noch bestimmter und ausführlicher sagt
der Schluß der »Wolken« (Bd. 2, S. 100): »Das Salz der
Gelehrsamkeit ist ein gut Ding; wo aber das Salz dumm wird,
womit wird man würzen? Die Vernunft ist heilig, recht und
gut; durch sie kommt aber nichts als Erkenntniß der überaus
sündigen Unwissenheit, die, wenn sie epidemisch wird, in die
Rechte der Weltweisheit tritt, wie einer ihrer eigenen Propheten
gesagt hat: Les sages d'une nation sont fous de la folie
commune. Niemand betrüge sich also selbst; welcher sich unter
Euch dünkt, weise zu sein, der werde ein Narr in dieser Welt,
daß er möge weise sein. Das Amt der Philosophie ist der leib-
hafte Moses, ein Orbil zum Glauben; aber bis auf den heutigen
Tag in allen Schulen, wo gelesen wird, hängt die Decke vor
dem Herzen der Lehrer und Zuhörer, welche in Christo aufhört.
Dieses wahrhaftige Licht sehen wir nicht im Lichte des Mutter-
witzes, nicht im Lichte des Schulwitzes. Der Herr ist der Geist.
Wo aber des Herren Geist ist, da ist Freiheit. Dann sehen wir
Alle mit aufgedecktem Angesicht des Herren Klarheit, wie im
Spiegel, und werden verwandelt in dasselbige Bild von Klar-
heit zu Klarheit als vom Herrn des Geistes. 2. Kor. 3, 17. 18.«

Die »Biblischen Betrachtungen eines Christen« sagen
(Bd. 1, S. 54): »Gott hat sich den Menschen geoffenbart in
der Natur und in seinem Wort. Beide Offenbarungen erklären
und unterstützen sich einander und können sich nicht widersprechen,
so sehr es auch die Auslegungen thun können, die unsere Vernunft darüber macht. Es ist vielmehr der größte Widerspruch
und Mißbrauch derselben, wenn sie selbst offenbaren will. Ein
Philosoph, welcher der Vernunft zu Gefallen das göttliche Wort

aus den Augen setzt, ist in dem Fall der Juden, die desto hart-
näckiger das neue Testament verwerfen, je fester sie an dem alten
zu hängen scheinen.» Die Naturwissenschaft darf nach Hamann
(Bd. 1, S. 139) kein anderes Ziel haben als im Reich der Natur den Gott der heiligen Schrift aufzudecken; und ebenso hat die
Geschichtschreibung nur zu zeigen, daß alle Begebenheiten der
weltlichen Geschichte nur Schattenbilder geheimer Handlungen
und entdeckter Wunder sind. Natur und Geschichte sind (Bd. 2,
S. 19) ein versiegeltes Buch, ein verdecktes Zeugniß, ein Räthsel, das sich nicht auflösen läßt, ohne mit einem anderen Kalbe
als mit unserer Vernunft zu pflügen.

Allerdings ist in Hamann auch ein Stück aufbauender Wissenschaftlichkeit. Zwei eng miteinander verbundene Fragen, die
Frage nach dem Ursprung der Sprache und die Frage nach dem
Ursprung der Poesie, waren, wie sich Hamann in seiner geschmacklos barocken Ausdrucksweise ausdrückte, der Knochen, an welchem
er sich zu Tode nagte, das Ei, worüber er brütete. In diesen
naturwüchsigen Uranfängen menschlicher Geistesthätigkeit war
jenes feste Zusammen aller menschlichen Seelenvermögen, jenes
lebendige Ineinander von Denkkraft und phantasievollem Ge-
müthswalten, in welchem Hamann den Grund und das Ziel aller
Bildung erblickte. Allein auch hier zeigte sich nicht nur die Un-
fähigkeit Hamann's, aus geistvollen Ahnungen und Gedanken-
blitzen zu wirklich wissenschaftlicher Ausgestaltung vorzuschreiten,
sondern auch die Schranke, die ihm überall seine pietistische Denkweise setzte.

Ueber das Wesen der Sprache handeln die ersten Abhandlungen der »Kreuzzüge des Philologen»; das Wesen der Sprache
ist das Geschoß, das er in seiner »Metakritik der reinen Vernunft» gegen Kant richtet; auf das Verhältniß von »Sprache,
Tradition und Erfahrung» kommt gern und oft sein ausgebrei-
teter Briefwechsel zurück. Aber wir erfahren wenig mehr als

daß die Sprache die Wurzel und Einheit der sinnlichen Empfindung und Anschauung und des in allgemeinen Begriffen sich be-
wegenden Denkens sei, das Organon und das Kriterion aller
Erkenntniß, die gemeinsame Mutter der Vernunft und Offenbarung. Hamann gesteht selbst, daß es in dieser Tiefe noch finster
für ihn sei, daß er noch immer auf einen apokalyptischen Engel
mit einem Schlüssel zu diesem Abgrunde warte. Das Höchste,
was man sagen kann, ist, daß Herder hier den ersten Anstoß zu
seinen Untersuchungen über die Sprache erhielt, obgleich die
Grundidee Herder's, die Sprache als menschliche Naturnothwendigkeit, nicht als unmittelbare göttliche Eingebung zu betrachten,
der Grundidee Hamann's auf's schroffste entgegensteht.

Tiefer und inniger war das Mitgefühl und das Verständniß Hamann's für die Schöpfungsgeheimnisse der Dichtung.
Die im December 1761 geschriebene kleine Abhandlung „Aesthe-
tica in nuce, eine Rhapsodie in kabbalistischer Prosa" beginnt
sogleich mit dem tiefgreifenden Satz: »Poesie ist die Muttersprache des menschlichen Geschlechts; wie der Gartenbau älter ist
als der Ackerbau, Malerei älter als Schrift, Gesang älter als
Declamation, Gleichnisse älter als Schlüsse, Tausch älter als
Handeln«. »Sinne und Leidenschaften reden und verstehen nichts
als Bilder. In Bildern besteht der ganze Schatz menschlicher
Erkenntniß und Glückseligkeit.« Schärfer als irgendein anderer
seiner nächsten Zeitgenossen, selbst Lessing nicht ausgenommen,
erkannte daher Hamann, daß alle Poesie, welche, statt im Urgrund der menschlichen Empfindung, nur in der bewußten Re-
flexion ihre Quelle und Wurzel habe, nicht die ächte und rechte
Poesie ist. »Wagt Euch nicht«, ruft er in jener Abhandlung den
Philosophen zu, »in die Metaphysik der schönen Künste, ohne in
den Orgien der Leidenschaften und in den eleusinischen Geheimnissen der Sinne vollendet zu sein. Die Natur wirkt durch
Sinne und Leidenschaften. Wer ihre Werkzeuge verstümmelt,

wie mag Der empfinden? Eure morblügnerifche Philofophie hat
die Natur aus dem Wege geräumt. Baco beſchulbigt Euch, daß
Ihr die Natur durch Eure Abſtractionen ſchindet. O eine rechte
Muſe wird es wagen, den natürlichen Gebrauch der Sinne von
dem unnatürlichen Gebrauch der Abſtractionen zu läutern, durch
welche unſere Begriffe von den Dingen ebenfoſehr verſtümmelt
werden als der Name des Schöpfers unterbrückt und geläſtert
wird. Wenn die Leidenſchaften Glieder der Unehre ſind, hören
ſie desmegen auf, Waffen der Mannheit zu ſein? Leidenſchaft
allein giebt den Abſtractionen und Hypotheſen Hände, Füße,
Flügel, Bildern und Zeichen Geiſt, Leben und Zunge. Wo ſind
ſchnellere Schlüſſe? Wo wird der rollende Donner der Beredt=
ſamkeit erzeugt, und ſein Geſelle, der einſilbige Blitz?« Von
Chr. L. von Hagedorn's Betrachtungen über die Malerei, welche
ganz nach der herrſchenden Weiſe der Zeit immer nur von der
Schönheit der Form, nie aber von der unerläßlichen Tiefe und
Urfprünglichkeit der Erfindung ſprachen, meinte daher Hamann
in der kleinen Schrift »Leſer und Kunſtrichter«, welche ausdrück=
lich gegen Hagedorn geſchrieben iſt, daß ſie nur »unendliche
Wiederholungen erſchöpfter Betrachtungen« über die »Toilette und
Etikette der ſchönen Künſte« ſeien, daß aber, »wer den ſchönen
Künſten Willkür und Phantaſie entziehen wolle, ihrer Ehre und
ihrem Leben als ein Meuchelmörder« nachſtelle und keine andere
Sprache der Leidenſchaften als die Sprache der Heuchler kenne.«
An Diderot's Abhandlung über das Drama dagegen, obgleich
ſie ihm nicht völlig genügte, rühmte er, daß Diderot nicht
blos die Regeln als ein guter Schulmeiſter verſtehe und mit=
theile, ſondern auch wie ein halber Myſtiker ſage, daß Das=
jenige, was uns führen und erleuchten müſſe, nicht Regeln
ſeien, ſondern »ein Etwas, das weit unmittelbarer, weit inniger,
weit dunkler und weit gewiſſer ſei.« Dies war diejenige Seite
Hamann's, welche vornehmlich auf die Dichter der Sturm= und

Drangperiode wirkte. Und doch ist auch hier wieder Alles wirr und verschwimmend. Hamann hat kein Verständniß für die Tragweite dieser Ideen. Man irrt, wenn man gewöhnlich schon Hamann jenen regen Aufblick auf das Wesen der naiven Volks-poesie zuschreibt, welcher für den Umschwung unserer eigenen deut-schen Dichtung so erfolgreich geworden ist. Bei Hamann ist das Heraustreten aus der Kälte und Kahlheit der Reflerionspoesie, der Ruf nach Naturlebendigkeit und Wärme der Empfindung, vielmehr nur ein Kampf gegen die ausschließliche Nachahmung der Griechen und Römer zu Gunsten der biblisch morgenländi-schen, der christlich religiösen Dichtung, die seinen pietistischen Neigungen und Gesinnungen innig wahlverwandt war und die ja um dieselbe Zeit auch in Klopstock die emsigste Pflege fand. Wie Hamann in einem Briefe vom 5. Mai 1761 (Roth. Bd. 3, S. 81) sagt, daß, »um das Urkundliche der Natur zu treffen, Griechen und Römer nur durchlöcherte Brunnen seien«, so sagt er auch in den Philologischen Kreuzzügen (Bd. 2, S. 288): »Grade als wenn unser Lernen ein bloßes Erinnern wäre, weist man uns immer auf die Denkmale der Alten, den Geist durch das Gedächtniß zu bilden; warum bleibt man aber bei den durch-löcherten Brunnen der Griechen stehen und verläßt die lebendigste Quelle des Alterthums? Wir wissen vielleicht selbst nicht recht, was wir in den Griechen und Römern bis zur Abgötterei bewun-dern. Das Heil kommt von den Juden. Natur und Schrift sind die Materialien des schönen, schaffenden, nachahmenden Geistes. Wo-durch aber sollen wir die ausgestorbene Sprache der Natur von den Todten wieder aufwecken? Durch Wallfahrten nach dem glücklichen Arabien, durch Kreuzzüge nach den Morgenländern und durch die Wiederherstellung ihrer Magie. Wodurch sollen wir den erbitterten Geist der Schrift versöhnen? Weder die dogma-tische Gründlichkeit pharisäischer Orthodoxen noch die dichterische Ueppigkeit sadducäischer Freigeister wird die Sendung des Geistes

erneuern, der die heiligen Menschen Gottes trieb, zu reden und
zu schreiben; jener Schooßjünger des Eingebornen, der in des
Vaters Schooß ist, hat es uns verkündigt, daß der Geist der
Weissagung im Zeugniß des Einigen Namens lebe, durch den wir
allein selig werden und die Verheißung dieses und des zukünf-
tigen Lebens erwerben können«. Hamann schließt (S. 308) mit
den Worten: »Laßt uns jetzt die Hauptsumme dieser neusten
Aesthetik, welche die älteste ist, hören: Fürchtet Gott und gebet
ihm die Ehre, denn die Zeit seines Gerichts ist kommen und
betet zu Dem, der gemacht hat Himmel und Erden, das Meer
und die Wasserbrunnen.«

Es ist gewiß, daß Hamann seinem Freund und Schüler
Herder manche fruchtbare Anregung zugebracht hat. Aber eben
nur Anregung, nur unfertige Gedankenkeime, nur ahnende Stimmungen. Es steht daher Hamann schlecht an, wenn er in einem
Briefe vom 24. October 1774 (Bd. 5, S. 101) zu sagen wagt:
»Durch Herder's Fleiß scheinen sich einige meiner Saamenkörner
in Blumen und Blüthen verwandelt zu haben; ich hätte aber
lieber reife Früchte.«

Jacobi.

Auch Jacobi wurzelt wie Hamann ganz und gar in der Hervorhebung und Vertheidigung der unverbrüchlichen Gefühlsrechte.
Beide stehen daher eine Zeitlang zu einander in regster persönlicher Beziehung. Nichtsdestoweniger sind sie von Grund aus
verschieden; in der Art ihrer Persönlichkeit sowohl wie in der Art
und in den Zielen ihrer Bildung. Hamann sittlich verkommen,
plebejisch bis zum Cynismus; Jacobi rein, feinfühlig, geistig
vornehm. Hamann voll grüblerischen Tiefsinns, aber dunkel
und formlos, alle tiefsten Fragen zwar berührend, aber mit seinem pietistischen Bibelglauben sie plump durchhauend; Jacobi
ohne eigene Schöpferkraft, aber klar und von hinreißender Be-

redtsamkeit, in der Aufwerfung und Beantwortung der Grund=
fragen des menschlichen Daseins frei forschender Denker.

Friedrich Heinrich Jacobi war am 25. Januar 1743 zu
Düsseldorf geboren, der Sohn eines vermögenden Fabrikherrn.
Obgleich ursprünglich Kaufmann, trat er 1772 in den Staats=
dienst und lebte seitdem auf seinem reizenden Landsitz in Pempel=
fort. Von der französischen Revolution aus Pempelfort vertrie=
ben, brachte er fast zehn Jahre in Holstein zu, in der nächsten
Beziehung zu Claudius und zu Friedrich Leopold Stolberg. Im
Frühjahr 1805 folgte er einem Ruf als Mitglied der Akademie
der Wissenschaft zu München; seit 1807 war er deren Präsident.
Er starb am 10. März 1819.

In pietistischer Umgebung aufgewachsen, hatte Jacobi schon
früh Hang zu Schwärmerei und Mystik. Aber für seine ganze
Denkweise wurde entscheidend, daß er im Alter von sechzehn Jah=
ren in ein Handlungshaus zu Genf trat und in Genf seine schön=
sten und strebsamsten Jünglingsjahre verlebte. Er stand unter
denselben Eindrücken und Stimmungen, aus denen Rousseau
hervorgegangen. Bonnet, der Naturforscher, dessen Naturbetrach=
tung auf durchaus materialistischer Grundlage ruhte, der aber
gleichwohl nicht nur der unbedingteste Vertheidiger der biblischen
Offenbarung, sondern sogar das Haupt und der Führer der Gen=
fer Frommen war, gewann auf ihn den bedeutendsten Einfluß; in
seinem Buch über Spinoza und in einem Brief an Elise Reima=
rus sagt Jacobi (Auserlesener Briefwechsel 1825. Bd. 1, S. 320),
daß er Bonnets Schriften fast auswendig gewußt. Freunde
Rousseau's waren sein Umgang. Und dazu vor Allem die Ein=
wirkung Rousseau's selbst! Ueberall spricht Jacobi von Rousseau
mit tiefster Verehrung. In einem Briefe an Wieland (ebenda=
selbst S. 274) nennt er Rousseau das größte Genie, das je in
französischer Sprache geschrieben. Nachdem die Confessionen er=
schienen waren, fühlte er sich zwar (ebend. Bd. 1, S. 356. Bd. 2,

S. 16) Rousseau's Persönlichkeit entfremdet, nicht aber dem Kern seines Denkens und Empfindens. ‑

Sein ganzes Leben hindurch ist Jacobi nicht aus dem Bann dieser Jugendeindrücke herausgetreten. Die Romane, welche Ja‑ cobi's Namen zuerst berühmt gemacht haben, Allwill und Wol‑ demar, wurzeln wesentlich in jener Rousseau'schen Gefühlssophi‑ stik und Schönseligkeit, die ein so hervorstechender Zug der deut‑ schen Sturm‑ und Drangperiode war. Und noch enger an Rousseau schließen sich die späteren Schriften Jacobi's, die eigent‑ lich philosophischen. Sie suchen insgesammt nach dem Wesen der ächten und rechten Religion; und zwar ganz im Sinn des Rousseau'schen Emils, der, wie ein Brief von Jacobi's Genfer Lehrer Lesage (ebend. Bd. 1, S. 19) bezeugt, vornehmlich des strebenden Jünglings Hauptbuch gewesen war. Das Glaubens‑ bekenntniß des Savoyischen Vicars ist auch das innerste Glau‑ bensbekenntniß Jacobi's. Wie bei Rousseau, so auch bei Jacobi die ungebundene, tief innige Religiosität des Herzens, die gegen Deisten und Materialisten erbitterten Kampf führt, aber auch ihrerseits weit entfernt ist, sich in das Joch dogmatischer oder kirchlicher Satzung zu schmiegen.

· Die philosophirenden Romane Jacobi's sind dilettantische Zwittergestalten, ohne alle dichterische Lebenskraft, aber beachtens‑ werth als kulturgeschichtliche Zeitbilder, die in ihrer trockenen Lehrhaftigkeit nur um so offener enthüllen, an welchen Irrun‑ gen und Kränklichkeiten damals selbst die Besten und Edelsten krankten. ·

Jacobi's erster Roman erschien im Septemberheft der Iris von 1775 und im Deutschen Merkur von 1776 unter dem Titel »Eduard Allwill's Papiere«. In den Gesammelten Werken heißt er »Allwill's Briefsammlung«.

Es ist leicht zu sehen, was Jacobi in diesem Roman beab‑ sichtigte. In dem ersten trauten Zusammensein Goethe's und

Jacobi's im Juli 1774 zu Elberfeld, Düffeldorf, Bensberg
und Köln, da Goethe von Jacobi in die Welt Spinoza's
eingeführt wurde, hatte auch Goethe im Gefühl gegenseiti=
gen innigsten Verständnisses dem neuen Freund sein tiefstes In=
neres erschlossen. Das bewundernde Anschauen der genialen
und doch so seelenreinen und in sich festen und selbständigen
Persönlichkeit Goethe's war für Jacobi die plötzliche Offenbarung
eines neuen, bisher nur dunkel geahnten Lebensideals. Unmittel=
bar nach jenen herrlichen Tagen, am 10. August 1774, schreibt
Jacobi (ebend. Bd. 1, S. 174) an Sophie La Roche: »Mein
Charakter hat nun erst seine ächte eigenthümliche Festigkeit erhal=
ten, denn die Anschauung Goethe's hat meinen besten Ideen,
meinen besten Empfindungen, den einsamen, verschlossenen, un=
überwindliche Gewißheit gegeben.« Was Wunder, daß es Ja=
cobi drängte, dieses Ideal freier und reiner Menschlichkeit
und das Ringen und Kämpfen nach diesem Ideal in dich=
terischer Darstellung zu lebendig plastischer Anschauung zu brin=
gen, zumal Goethe selbst den Zagenden mahnte, nicht in träger
Empfänglichkeit nur Anderer Schöpfungsfreude zu begaffen,
sondern frisch die Hände zu regen, die auch ihm Gott gefüllt
habe mit Kraft und allerlei Kunst? Aber Jacobi war der Auf=
gabe nicht gewachsen. In Jacobi ist nur die Anempfindung des
höchsten Lebensideals, nicht das tiefe sittliche Erkennen, geschweige
das Erreichen desselben. Statt des Ausgleichs und der innern
Versöhnung der streitenden Gegensätze nur die ganz äußerliche
Gegenüberstellung. Auf der einen Seite Allwill, der Alles Wol=
lende, ein Kraftgenie der jüngsten Gegenwart, der einzig auf die
ununterdrückbaren Rechte seines Herzens pocht und die Enge und
Undurchführbarkeit starrer Sittengesetze zu erweisen sucht; auf
der anderen Seite eine Reihe weiblicher Charaktere, die die
Grenzen und Gefahren dieser leitungslosen Gemüthswillkür schil=
dern. Auf der einen Seite der Kampf gegen die dürre Auf=

Klärungsmoral; auf der anderen Seite, wie Jacobi (ebend. Bd. 1, S. 292, 338) in seinen Briefen an Georg Forster mit Recht sagen kann, ebensosehr der Kampf gegen den Dünkel ungebärdiger Geniesucht.

Der Eindruck des Ganzen ist unerquicklich, weil unklar. Es ist kein Zufall, daß Allwill's Papiere Bruchstück geblieben sind.

Und der zweite Roman Jacobi's, Woldemar, zuerst im deutschen Merkur von 1777 unter dem Titel »Freundschaft und Liebe« veröffentlicht, ist sogar ein entschiedener Rückschritt. Das Grundmotiv ist ein höchst verzwicktes. Woldemar, gleich Allwill ein abgeschwächtes Nachbild Werther's, tritt in einen befreundeten Familienkreis. Bald fühlt er sich zu Henriette, einem unverheiratetem Mädchen, in reinster Seelenverwandschaft hingezogen. Er glaubt dieses reine Gefühl zu entweihen, ließe er es Liebe und Ehe werden. Er heirathet eine Andere. Die Folgen dieses unnatürlichen Verhältnisses bleiben nicht aus. Verwicklungen, in welchen die feinen Grenzlinien zwischen Liebe und Freundschaft bedrohlich ineinanderfließen. Quälende gegenseitige Entfremdung. Zuletzt Sichwiederfinden. Das Endergebniß ist die Einsicht von der Nothwendigkeit strengster Selbstbewachung.

Wir stehen in einer Spitzfindigkeit des Gefühlslebens, daß man oft versucht ist, den wunderlichen Titel, welchen Jacobi seinem Roman in der Ausgabe von 1779 gab, »Woldemar, eine Seltenheit aus der Naturgeschichte« im Sinn behaglicher Selbstironie zu deuten. Und wäre nur ein leiser Ansatz von psychologischer Charakterzeichnung, von künstlerischer Komposition! Endloses schönseliges und gefühlsschwelgerisches Hinund Herreden, viel kränkliche Empfindelei, viel kokette Selbstvergötterung seiner zwar edlen, aber eitlen Persönlichkeit.

Es ist bekannt, wie Goethe im Muthwillen eines ländlichen Festes zu Ettersburg das Buch seines Freundes unter einer ergötzlichen Standrede an einen Baum nagelte. Sein schonungs-

loſes Parodieren aber ging noch weiter. In dem auf der Königl.
Bibliothek zu Dresden handſchriftlich aufbewahrten Briefwechſel
Böttigers (in den Briefen Schlichtegrolls) finden ſich einige ge-
druckte fliegende Blätter, die eine burleske Verſpottung des Schluß-
kapitels ſind. Sie führen den Titel: »Geheime Nachrichten von
den letzten Stunden Woldemar's, eines berüchtigten Freigeiſtes,
und wie ihn der Satan halb gequetſcht und dann in Gegenwart
ſeiner Geliebten unter deren Gewinſel zur Hölle gebracht.« Dazu
eine Vignette, wie der Satan den Kopf Woldemar's in die Hölle
trägt, und eine andere, einen Kritiker darſtellend, der ſeine ſpitze
Zunge aus dem Munde herausſtreckt. Offenbar iſt es dieſes ſa-
tiriſche Flugblatt, welches die Herzogin Amalie am 4. November
1779 an Merck (Erſte Sammlung S. 189) ſchickt.

Rouſſeau's Schönſeligkeit iſt ariſtokratiſirt, und verſüßlicht.
Auch Friedrich Schlegel ſagt in ſeiner Recenſion des Woldemar
ſpottend, dieſer Roman ſei nicht eine Darſtellung der Menſchheit,
ſondern nur der Friedrich-Heinrich-Jacobiheit.

Genau daſſelbe Urtheil gilt von der Philoſophie Jacobi's.

Sie iſt weſentlich Religionsphiloſophie. Und zwar ganz
wie die Religionsphiloſophie Rouſſeau's die Hervorhebung der
Bedürfniſſe des Herzens gegen die Unerbittlichkeit des begriffs-
mäßigen Denkens, das Pochen auf Das, was der Menſch, wie
Jacobi ſich ausdrückt, im Allerheiligſten ſeiner Seele lebendiger glaubt, hofft und weiß als die philoſophirende Vernunft.

Treffend ſagt Jacobi in der Vorrede zum vierten Band ſeiner
Werke, die wenige Wochen vor ſeinem Tode geſchrieben iſt, ſeine
Philoſophie ſei lediglich hervorgegangen aus dem beſtimmten Ziel,
»über die ihm eingeborene Andacht zu einem unbekannten Gott
zu Verſtande zu kommen«. »Gleichwie Religion den Menſchen
zum Menſchen macht und allein ihn über das Thier erhebt, ſo
macht ſie ihn auch zum Philoſophen. Strebt die Religioſität
mit andächtigem Vorſatz den Willen Gottes zu erfüllen, ſo ſtrebt

die Religionseinsicht zu wissen und den Verborgenen zu erkennen. Um diese Religion, den Mittelpunkt alles geistigen Lebens, war es meiner Philosophie zu thun, nicht um Erwerbung anderer wissenschaftlicher Erkenntnisse, welche auch ohne Philosophie zu haben sind. Der Umgang mit der Natur sollte nur zum Umgang mit Gott verhelfen. Ewig in der Natur bleiben und in ihr Gott entbehren und vergessen lernen wollte ich nicht.«

Jener eifernde Widerstand, den Rousseau den französischen Materialisten entgegenstellte, kehrt daher auch in Jacobi wieder, ja dieser Widerstand ist seine angelegentlichste und anhaltendste Thätigkeit. Jacobi überragt Rousseau sowohl an Weite geschichtlicher Kenntniß als an Tiefe philosophischen Blicks. Er geht sogleich auf die Wurzel des neueren Materialismus zurück, auf Spinoza; und es gehört ihm das große Verdienst, zuerst wieder die allgemeine Aufmerksamkeit auf Spinoza gelenkt zu haben. Die Briefe über Spinoza, welche er in seinem berühmten Streit über Lessing's Spinozismus an Moses Mendelssohn richtete, gipfeln wesentlich in vier Sätzen (Ausgabe von 1789. S. 223. Ges. Werke. Bd. 4, 1. S. 216): 1) Spinozismus ist Atheismus. 2) Die Leibniz-Wolff'sche Philosophie ist nicht minder fatalistisch als die Spinozistische und führt den unabläsfigen Forscher zu den Grundsätzen der letzteren zurück. 3) Jeder Weg der Demonstration geht in den Fatalismus aus. 4) Das Element aller menschlichen Erkenntniß und Wirksamkeit ist Glaube (d. h. unmittelbare Gewißheit, innere Erleuchtung, Gefühlsoffenbarung). Derselbe Kampf gegen die Aufklärungsphilosophen, gegen Kant, gegen Fichte, gegen Schelling. Und immer nur der eine und selbe Grundgedanke, nur nach der Verschiedenartigkeit der bekämpften Lehrmeinungen verschiedenartig gemodelt: die auf das begriffsmäßige Denken gestützte Philosophie giebt statt des Brotes nur Stein, statt des lebendigen persönli=

chen Gottes nur den Mechanismus der Natur, statt des freien Willens nur starre Naturnothwendigkeit.

So geistreich und scharfsinnig, so fein und gewandt, ja so glücklich beredt und gemüthstief die meisten dieser Streitschriften sind, in ihrer Einförmigkeit sind sie ermüdend. Man kann es Schelling kaum verargen, wenn er, gereizt durch die denunciato= rische Gehässigkeit, zu welcher Jacobi, der sonst so Milde, in seinem Kampf gegen ihn sich hatte hinreißen lassen, Jacobi in seinem »Denkmal der Schrift von den göttlichen Dingen des Herrn Friedrich Heinrich Jacobi« (1812. S. 135) zurief, er sei langweilig geworden und es sei endlich Zeit, daß sein »Genörgel« aufhöre.

Und der Ersatz für alle diese Verneinungen, die eigene selbst= schöpferische Philosophie Jacobi's? Rousseau hatte den Kampf ge= gen die Offenbarungsgläubigen ebenso entschieden aufgenommen wie gegen die Materialisten. Was Kirche? Was Dogma? Reli= gion ist ihm Religiosität, gottinniges Gefühl. In dem innersten Grund seines Wesens steht auch hier Jacobi auf dem Boden Rousseau's; aber Jacobi ist schwankender und haltungsloser als Rousseau, er nennt diese Art Christenthum eine gebrechliche und hinfällige und empfindet es als ein tragisches Unglück, daß es ihm nicht gelingen will, mit seiner Denkweise sich in das historische positive Christenthum hineinzuleben. Jacobi ist nicht gläubig wie seine frommen Freunde; aber er hat die brennende Sehnsucht nach dem Glauben. Ueber diese peinvolle innere Unfertigkeit, die es machte, daß nicht blos Schelling, sondern auch Hamann (nach Offenbarung Johannis 3, 15), ihn als einen »Nichtkalten und Nichtwarmen« verspottete, ist Jacobi niemals hinausgekommen. Am 16. Juni 1783 schreibt Jacobi (Werke Bd. 1, S. 367) an Hamann: »Licht ist in meinem Herzen, aber so wie ich es in den Verstand bringen will, erlischt es. Welche von beiden Klarheiten ist die wahre? Die des Verstandes, die zwar feste Ge=

stalten, aber hinter ihnen nur einen bodenlosen Abgrund zeigt? Oder die des Herzens, welche zwar verheißend aufwärts leuchtet, aber bestimmtes Erkennen vermissen läßt? Kann der menschliche Geist Wahrheit ergreifen, wenn nicht in ihm jene beiden Klarheiten zu Einem Lichte sich vereinigen? Und ist diese Vereinigung anders als durch ein Wunder denkbar?« Und in seinem hohen Alter, am 8. October 1817, schreibt Jacobi (Auserles. Briefe Bd. 2, S. 478) an Reinhold: »Du siehst, daß ich noch immer Derselbe bin. Durchaus ein Heide mit dem Verstande, mit dem ganzen Gemüth ein Christ, schwimme ich zwischen zwei Wassern, die sich mir nicht vereinigen wollen, so daß sie mich gemeinschaftlich trügen, sondern wie das eine mich unaufhörlich hebt, so versenkt zugleich auch unaufhörlich mich das andere.«

Schon im Jahr 1796 hatte Kant in seiner Abhandlung »Von einem neuerdings erhobenen vornehmen Ton in der Philosophie« (Rosenkranz Bd. 1, S. 639) von Jacobi gesagt: »Die wegwerfende Art über das Formale in unserer Erkenntniß als eine Pedanterei abzusprechen, verräth die geheime Absicht, unter dem Aushängeschild der Philosophie in der That alle Philosophie zu verbannen und als Sieger über sie vornehm zu thun.«

2.

Die pietistischen Schwärmer.

Lavater. Jung-Stilling. Claudius. Fürstin Gallitzin.

Der Pietismus, der lang zurückgedrängte, wurde wieder eine eingreifende Bildungsmacht. Je schwärmerisch empfindsamer die Zeit war, um so willigeren Eingang fand er überall. Denn was ist der Pietismus anderes als des eigensüchtigen verzärtelten Herzens religiöses Empfinden und Verhalten?

Und wozu erst, wie es von Hamann und Jacobi geschah, die Rechtfertigung des inneren Glaubensbedürfnisses durch den Beweis von der Unzulänglichkeit philosophischer Erkenntniß? Es ist genug, daß des Menschen Seligkeit nicht sein kann ohne den Glauben.

Neue Propheten erstanden, die die glaubensleere Zeit wieder mit lebendigem Glauben erfüllen wollten.

Lavater war der Geistvollste unter ihnen, und zugleich der Exaltirteste.

Johann Caspar Lavater, am 16. November 1741 zu Zürich geboren, war Prediger in seiner Vaterstadt; er starb am 2. Januar 1801.

Von der Natur war er auf einen bedeutenden Menschen angelegt. Das erste öffentliche Auftreten des einundzwanzigjährigen Jünglings war eine geharnischte Streitschrift gegen den grausamen und habsüchtigen Landvogt Grebel, die dessen Sturz und Bestrafung herbeiführte. Im Jahr 1766 dichtete er, auf Anlaß der Helvetischen Gesellschaft von Schinznach, die »Schweizerlieder«, die, obgleich noch sehr an die Gleim'schen Grenadierlieder erinnernd, lange Zeit im Munde der Schweizer lebten. Seine Bestrebungen um die Hebung und Pflege der Physiognomik (1775—1778), die Zeitgenossen in wahrhaft fieberhafte Aufregung versetzend, von den Späteren aber wegen ihrer Spielereien und Uebertreibungen belächelt, beruhten auf offenem Natursinn und scharfer Beobachtungsgabe; die heutige Wissenschaft (vgl. Birchow: Goethe als Naturforscher. 1861. S. 97) sucht auf wissenschaftliche Gesetze zurückzuführen, was Lavater genial ahnte. Und dabei muß Lavater von bezaubernder persönlicher Liebenswürdigkeit gewesen sein. Alle, die mit ihm in Berührung kamen, haben einstimmig nur den Ausdruck innigster Hingebung und

21*

Bewunderung. Selbst noch auf der Schweizerreise von 1779, da
Goethe bereits sehr klar wußte, welche tiefe Verschiedenheit der
Gesinnung und Denkart ihn von dem alten Freund trenne, sagt
Goethe in seinen Briefen an Frau von Stein und an Knebel, die
Trefflichkeit dieses Menschen vermöge Keiner genügend auszu-
sprechen.

Frömmelnde Jugenderziehung und die mächtigen Einwirkungen Bonnet's und Rousseau's hatten in dem genial Begabten
schon früh einen scharf religiösen Zug ausgeprägt. Ueber den
engen Wirkungskreis seiner Predigt hinaus auch durch Schriften
auf die Erweckung lieferer Herzensreligiosität zu wirken, betrachtete er als seine göttliche Sendung. Und obgleich auch bereits
seine ersten religiösen Schriften nicht frei sind von eitelster Selbstbespiegelung und zubringlichem Bekehrungseifer, so waren sie
doch von tiefer geschichtlicher Berechtigung und von weitgreifen-
dem Einfluß; sie verfolgen insgesammt das hohe Ziel, das in
todten Buchstabenglauben oder in öde nervenlose Aufklärerei
verseichtigte Christenthum wieder zu einem lebendigen Christenthum des Geistes und der Kraft, des Lebens und der Liebe zu
läutern und zu verinnerlichen. Wer so spricht, der bessert die
Gemeinde. In dieser Zeit war es, in welcher sich Goethe zu
Lavater aufs innigste hingezogen fühlte; außerhalb aller dogma-
tischen Beschränktheit fühlten sie sich innig eins in der Poesie
reiner Gemüthstiefe. Und in dieser Zeit war es auch, daß Lavater und Herder im regsten und hingebendsten brieflichen Verkehr standen; Herder (Nachlaß. Bd. 2, S. 11, 60) sah in Lavater einen wahrhaft apostolischen Charakter, eine strahlenheitere,
thatlautere, wirksame Religionsseele. Allein Lavater hielt sich
nicht lange auf dieser reinen Höhe. Von Tag zu Tag verfiel
er immer mehr in die Abwege trübster Mystik. Sein lebendiger
Offenbarungsglaube und seine tiefe Gottinnigkeit verirrte sich in
die kläglichste religiöse Schwärmerei. Die Offenbarung galt ihm

nicht als eine in den ersten christlichen Zeiten abgeschlossene, sondern als eine noch immer und bis an's Ende dieser Welt lebendig fortdauernde, als eine in jeder durch Glaubenskraft und
Demuth geläuterten Seele ewig neue. Christus ist den Gläubigen nicht ein vergangener und künftiger, sondern ein gegenwär-
tiger, nicht ein über den Sternen schwebender, sondern ein in
uns und mit uns wohnender; und zwar in voller Leibhaftigkeit,
als unveränderlich völlig derselbe, als ein im heißem Drang der
Liebe persönlich uns naher. Eine neue Epoche höchster unmittelbarer göttlicher Offenbarung schien ihm bevorstehend. Seinem
Cherubsauge, um mit Hamann zu sprechen, gelüstete, Wunder
zu schauen. Daher sein unaufhörliches Hoffen und Harren und
Schmachten. Daher sein kindischer Glaube an Gaßner's wunderthätige Krankenheilung durch Gebet und Teufelsbeschwörung, an
die Geisterseherein Schröpfer's, an die Abenteuerlichkeiten Cagliostro's. Als Meßmer als Apostel des Magnetismus auftrat,
schrieb Lavater freudetrunken: »Ich verehre diese neu sich zei-
gende Kraft als einen Strahl der Gottheit, als einen königlichen
Stern der menschlichen Natur, als ein Analogon der unendlich
vollkommeneren prophetischen Gabe der Bibelmänner, als eine
von der Natur selbst mir dargebotene Bestätigung der biblischen
Divinationsgeschichten und als das Mittel, diese Exaltation zu
bewirken.« Daher sein kindisches, später freilich herb enttäuschtes
Hinaufsehen zu dem empfindsam schwärmerischen Unhold Laut-
senring, den Goethe im Pater Brey so lustig verspottete, und
zu dem abgeschmackten Schwindler Christoph Kaufmann (vgl.
Dünzer Abhandlung über Kaufmann in Raumer's Historischem
Taschenbuch 1859), der sich als Apostel gebärdete und als solcher
in Maler Müller's Faust als »Gottesspürhund« parodirt wird,
den aber Lavater, wie er ausdrücklich am 26. Juni 1779 an
Herder (Nachlaß Bd. 2, S. 182) schreibt, im eigentlichsten Sinn
als Gott anbetete. Es ist vielleicht zu hart, wenn Goethe in

den Xenien gegen Lavater, den einst so geliebten Freund, die Anklage schleudert, daß die Natur in Lavater den Stoff zum würdigen Mann und zum Schelmen gelegt, daß sie Edel= und Schalksinn in ihm, ach! nur zu innig gemischt; aber unbestreit= bar ist, was Goethe am 6. April 1782 an Frau von Stein schreibt, daß sich in Lavater der höchste Menschenverstand und der kraßeste Aberglaube durch das feinste und unauflöslichste Band zusammenknüpft.

Von ähnlichen Gesinnungen und Bestrebungen war Johann Heinrich Jung; nach seinem selbstgewählten Namen gewöhnlich Jung=Stilling genannt.

Jung, am 12. September 1740 in Grund bei Hilchenbach im Fürstenthum Nassau=Siegen geboren, war unter den Ein= drücken des Pietismus großgewachsen, der von jeher in den dor= tigen Gegenden sein Wesen trieb. Er war zuerst Schneider, dann Schullehrer; dann studirte er in Straßburg Medicin, dann wurde er Augenarzt in Elberfeld; darauf widmete er sich der Volkswirthschaft, wurde Professor derselben an der Kameralschule in Lautern und an der Universität zu Marburg; seit 1804 lebte er als Professor in Heidelberg, zuletzt in Karlsruhe; seine letzten Jahre gehörten ausschließlich seinen christlichen Volksschriften. Er starb am 2. April 1817.

Ein inniges und sinniges Gemüth. Die stille Gottinnigkeit seiner Jugendumgebung, das heimlich Trauliche des deutschen Kleinlebens, welches der Erzählung seiner Jugendgeschichte so un= vergänglichen Reiz giebt, konnte nur von einem ächten Dichter= gemüth in dieser Weise empfunden und dargestellt werden. Aber Alles unter dem verzerrenden Druck frömmelnder Herzensverzär= telung. Wie dünkt er sich von Kindheit auf der ganz besondere Augapfel Gottes zu sein, die unablässige Sorge der unmittelbar= sten göttlichen Gnadenführung! Sein ganzes Wesen ist Himmels= sehnsucht; »selig sind, die das Heimweh haben, denn sie sollen nach Hause kommen«. Daher sein krankhaftes Schwelgen in den Verheißungen der Offenbarung Johannis, sein Harren auf die Wiederkunft Christi und auf die Errichtung des tausendjähri= gen Reiches, seine Visionen aus der hereinragenden unsichtbaren Geisterwelt.

Claudius, der Wandsbecker Bote, stellte sich ebenfalls in die Zahl der frommen Erweckten. Aus dem Fußboten wurde, um mit Goethe (Bd. 24, S. 126) zu sprechen, ein Evangelist oder, wie Jacobi (Bd. 1, S. 358) sich ausdrückt, ein Bote Gottes. Die Wendung tritt bereits im dritten Theil seiner Werke hervor, der im Jahr 1778 erschien, und noch entschiede= ner 1783 im vierten Theil. Obgleich Claudius die religiösen Schriften Saint=Martin's und Fenelon's übersetzte und sich in seinen späteren Jahren immer mehr und mehr in die Welt Ha= mann's, Tauler's, Pascal's und Angelus Silesius' versenkte, so hat er sich doch nie in die trübe Phantastik Lavater's und Jung= Stilling's verloren. Ihm gelang es, im einfältigen Kinderglau= ben zu bleiben, weil er sich im Grunde nie von demselben ent= fernt hatte. »Bleibe der Religion Deiner Väter getreu und hasse die theologischen Kannegießer«. (Bd. 7, S. 68).

Und um diese Zeit kämpfte Graf Friedrich Leopold Stolberg seine bangen Kämpfe, die ihn zuletzt zum Katholicismus führten.

Aus Friedrich Perthes' Leben (1848. Bd. 1, S. 82 ff.) wissen wir, wie tief damals fast der gesammte Holstein'sche Adel, der sich noch bis auf den heutigen Tag durch Feinheit und Tiefe der Bildung auszeichnet, von diesen wichtigsten Fragen und Ge= gensätzen bewegt und erfüllt war.

Obgleich über die verschiedensten Gegenden deutscher Zunge weit verstreut, und obgleich zum Theil in ihren Richtungen weit auseinandergehend, standen diese neuen Gläubigen doch unter sich in innigster Gemeinschaft, ja sogar in engster persönlicher Be= ziehung.

Besonders wurde diese gegenseitige persönliche Annäherung
vermittelt durch die Fürstin Gallitzin. In deren Hause verkehrten
sie Alle; Hamann fand in ihrem Garten seine letzte Ruhestätte.
Diese edle Frau ist eine der eigenthümlichsten und denkwür=
digsten Erscheinungen. Eine Tochter des preußischen General=
feldmarschalls Grafen Schmettau, war sie nur zur Weltdame
erzogen worden. In ihrem zwanzigsten Jahr (1768) wurde sie
die Gemahlin des Fürsten Gallitzin, des russischen Gesandten im
Haag. Aber im Glanz und Trubel des Hoflebens konnte ihre
tiefe Seele nicht Ruhe und Befriedigung finden. Unter der Lei=
tung des Philosophen Hemsterhuis studierte sie Mathematik und
Griechisch, und vor Allem die Tiefen der Platonischen Philo=
sophie; zugleich versenkte sie sich, wie ihre Briefe an Sömmering
zeigen, in die Naturwissenschaft, sogar in die Anatomie. Da kam
sie im Sommer 1779 nach Münster, um sich für die Erziehung
ihres Sohnes, den Rath Fürstenbergs einzuholen, des edlen,
um die Hebung des Unterrichtswesens hochverdienten Ministers
des Bischofs von Münster. Angezogen von der machtvollen Per=
sönlichkeit Fürstenbergs, nahm sie fortan in Münster ihren blei=
benden Aufenthalt. Unter diesen Einwirkungen wurde sie, die
freigeistige Gefühlsphilosophin, allmälig gläubige Christin, gläu=
bige Katholikin. Aber immer blieb sie mild, duldsam, nach wie
vor sogar in gewissem Sinn dem Reiz freier Weltbildung zu=
gethan. Goethe, der im November 1797 auf seiner Rückkehr
aus dem französischen Feldzug bei ihr einige Wochen in Münster
zubrachte, sagt (Bd. 26, S. 187) von ihr: »Sie war eines der
Individuen, von denen man sich gar keinen Begriff machen
kann, wenn man sie nicht gesehen hat, die man nicht richtig be=
urtheilt, wenn man sie nicht in Verbindung sowie im Conflict
mit ihrer Zeit betrachtet. Ihr Leben füllte sich aus mit Reli=
gionsübung und Wohlthun; Mäßigkeit und Genügsamkeit war
in ihrer ganzen häuslichen Umgebung; innerhalb dieses Elements

aber bewegte sich die geistreichste herzliche Unterhaltung, ernsthaft durch Philosophie, heiter durch Kunst.«

Zunächst war es nur eine kleine Gemeinde, die sich unter der Fahne dieser neuen strengeren Christlichkeit zusammenfand. Aber die Zeitumstände fügten es wunderbar, daß dieser religiöse Rückschlag gegen die Errungenschaften der Aufklärung bald mächtiger und allgemeiner wurde. Es kamen in Preußen die Religionsedicte Wöllner's, in Oestreich der Umsturz der Josephinischen Reformen. Weltgreifender jedoch als diese befohlene Kirchlichkeit wirkten die Schrecken der französischen Revolution. Das deutsche Gemüth wurde nur um so tiefer in sich zurückgeworfen. Die Großen und Freien flüchteten in die stille Idealwelt der künstlerischen Schönheit, in die freie Hoheit der Wissenschaft; wer so ernster Arbeit nicht gewachsen war, suchte Trost und Halt in religiöser Erhebung und Verinnerlichung. Hier ist der Grund und der Anfang der religiösen Romantik der unmittelbar folgenden Jahrzehnte.

Achtes Kapitel.

Der Göttinger Dichterbund.

1.

Boie. Bürger. Hölty. Christ. und Fr. Stolberg. Voß.

Frühling überall. Zu derselben Zeit, als Goethe mit seinen ersten gewaltigen Werken auftrat, erstand in Göttingen jener Kreis junger Dichter, der in der deutschen Literaturgeschichte unter dem Namen des Göttinger Hainbundes bekannt ist.

Im Sommer 1769 hatten sich Gotter und Boie, Beide als junge Hofmeister in Göttingen lebend, mit einander verbunden, einen deutschen Musenalmanach herauszugeben, der dem 1765 in Paris gegründeten Almanac des Muses nachgebildet war. Der erste Jahrgang erschien unter dem Titel »Musenalmanach für das Jahr 1770. Göttingen, bei Johann Christian Dietrich.« Der zweite Jahrgang, der Musenalmanach für das Jahr 1771, wurde, da Gotter inzwischen Göttingen verlassen hatte, von Boie allein besorgt. Beide Jahrgänge, zum Theil Blumenlesen bereits gedruckter Gedichte, gehörten noch durchaus der alten Schule an; außer Boie und Gotter, die fast nur kleine Nachbildungen aus dem Englischen und Französischen brachten, waren Klopstock, Ramler, Kästner, Gerstenberg, Denis, Kretschmann,

Willamov, Gleim, Claudius, die Karschin, Thümmel am meisten
vertreten. Bald aber schaarten sich um Bote alle Göttinger
Studenten, die Beruf zur Dichtung zu haben meinten. Und
unter diesen waren Talente, die dem Führer schnell über den
Kopf wuchsen und ihn ihrerseits unter ihre Führung nahmen.
Seit dem Herbst 1770 Bürger, von· ihm brachte bereits der
Musenalmanach für das Jahr 1771 das Trinklied »Herr Bacchus ist ein braver Mann«. Dann im Sommer 1771 Hahn
aus Zweibrücken, Hölty, Johann Martin Miller; seit Ostern
1772 Karl Friedrich Cramer und Johann Heinrich Voß, seit
dem Herbst desselben Jahres die beiden Grafen Christian und
Friedrich Leopold Stolberg. Die Rückwirkung auf den Musenalmanach blieb nicht aus. Schon im Jahrgang 1772 erscheint
von dem jungen Geschlecht nicht blos Bürger, sondern auch
Voß und Claudius. Besonders aber die Jahrgänge 1773 und
1774 haben die unvergängliche Bedeutung, die wichtigste Urkunde der neu erstehenden deutschen Lyrik zu sein. Hier erschienen zum ersten Mal die schönsten Lieder von Hölty, Miller und
Fritz Stolberg, hier erschien zuerst Bürger's Lenore, ja hier
stellte sich Goethe selbst ein, mit Beiträgen, unter denen wir besonders »Den Wanderer«, »Adler und Taube« und den »Gesang
zwischen Ali und Fatema« hervorheben. Gleim und Ramler
fehlen. Der Gegensatz gegen die alte Zeit war scharf ausgesprochen. Und Niemand täuschte sich darüber, weder Freund
noch Feind. Es ist überaus bezeichnend, daß Nicolai in der
Allgemeinen Deutschen Bibliothek (Bd. 25, S. 216) am Musenalmanach von 1774 »einen gewissen Neologismus« rügte,
vor welchem er die jungen Dichter nicht genug warnen könne,
weil derselbe den wahren Charakter und das Wesen der Poesie,
vorzüglich aber die Reinigkeit unserer Sprache auf das Spiel
setze.

Neben Goethe haben diese Göttinger am meisten dazu bei-

getragen, daß die deutsche Lyrik endlich aus dem verderblichen
Jagen nach dem Fremden und künstlich Angelernten heraustrat
und in Empfindung und Gestaltung wieder schlicht und innig
natürlich und ursprünglich, ächt deutsch und volksthümlich
wurde!

Die jungen Göttinger Dichter hatten sich zu einem Kränz-
chen zusammengeschlossen, dem sie nach Studentenart den an-
spruchsvollen Namen eines Bundes gaben. Vornehmlich durch die
überschwengliche Klopstockbegeisterung, mit welcher Voß in seinen
Briefen an Brückner und an seine Braut Ernestine Boie über
die Stiftung und Gesinnung dieses Bundes berichtet, ist es gekommen, daß man diesen Göttinger Dichterbund vorwiegend immer nur unter dem Gesichtspunkt des Klopstockianismus betrachtet. Und freilich ist es wahr, daß durch Voß und Cramer
und die Stolberge, die von Jugend auf mit Klopstock in persönlichem Verkehr gestanden hatten, der glühendste Klopstockkul-
tus und mit diesem viel barbische Thorheit in den Bund kam.
Boie, der maßvoll Feinsinnige, mußte nach dem Vorbild des
Führers des Barbenchors in Klopstock's Hermannschlacht den
Beinamen Werdomar annehmen; Klopstock seinerseits, der in
diesen Jünglingen wesentlich nur seine Jünger erblickte, brachte
ihnen in seinem seltsam u Buch von der Gelehrtenrepublik öffentlich seine Huldigung. Dabei ist aber eine andere sehr gewichtige
Thatsache nicht zu übersehen. Von Anbeginn waltete in diesen
jungen Dichtern zugleich auch der klar bewußte und warmgehegte
Zug nach unmittelbar volksthümlicher Dichtung, wie er so eben
durch Herder's mächtige Hinweisung auf das Wesen ächter und
ursprünglicher Volkspoesie geweckt und durch Goethe's Götz von
Berlichingen und seine ersten Jugendlieder zu siegreicher Erscheinung gekommen war. In jener berühmten Klopstockfeier, in welcher das Bildniß Wieland's verbrannt wurde, erklangen die Gläser
nicht blos zur Ehre Klopstock's, sondern auch zur Ehre Herder's

und Goethe's. Schon im Musenalmanach von 1773 hatte Bürger seinen Gedichten »Minnelied« (Der Winter hat mit kalter
Hand ꝛc. ꝛc.) und »Die Minne« (Ich will das Herz mein Lebelang
der holden Minne weihen ꝛc. ꝛc.) die Bemerkung beigefügt: »Man
hat zu unseren Zeiten, zum Theil mit vielem Glück den Bar-
dengesang aufgeweckt, dessen ältere Muster gänzlich verloren sind;
der Verfasser dieser beiden Gedichte hat versuchen wollen, ob die
Minnelieder, die noch da sind, auch nicht einen größeren Einfluß
auf unsere Poesie haben könnten als sie bisher gehabt haben.«
Und blieb Bürger, welcher der neuen volksthümlichen Richtung
am rückhaltlosesten folgte, zunächst auch vereinzelt, wenn er der
Odendichtung ganz und gar den Rücken kehrte, so war doch kein
Einziger dieser jungen Dichter, der nicht das Streben Bürger's
getheilt und gebilligt und nicht neben Klopstockisirenden Oden
auch volksmäßige Lieder mit dem von Klopstock verpönten Reim
gedichtet hätte.

Ja es ist sogar mit Bestimmtheit auszusprechen, daß es
ausschließlich die schlicht volksthümliche Seite war, welche diesen
jungen Dichtern das Herz des Volks eroberte und der eigentlich treibende Kern ihrer fortschreitenden inneren Entwicklung
wurde.

Wer ergötzt sich noch an jenem frostigen Odenpomp, der
immer an Klopstock mahnt, ohne doch je den Meister zu erreichen? Neu aber und in das allgemeine Volksleben tief eingreifend waren diese jungen Dichter durch ihre warme Pflege des
singbaren volksthümlichen Liedes.

Unter den Gräueln des dreißigjährigen Krieges waren allmälich auch die sogenannten Gesellschaftslieder verstummt, die in
der zunehmenden Vernüchterung der Sitten und Zustände an
die Stelle des eigentlichen Volksliedes getreten waren. Die Bestrebungen von Chr. Felix Weiße, Gleim, Hagedorn und Georg
Jacobi, das singbare Lied neu zu beleben, hatten keinen Boden

gewonnen; noch Sulzer berichtet in der Theorie der schönen
Künste (Zweite Aufl. Th. 3. S. 259), daß in Deutschland der
Geschmack für diese Gattung sehr schwach sei und daß in Gesell-
schaften überaus selten gesungen werde. Jetzt erblühte in diesen
Göttingern, in Anlehnung an die neu erwachte Liebe zum Volkslied, eine neue volksmäßige weltliche Liederdichtung, die, weil ihr
das tiefste Sehnen der Zeit entgegenkam, sich sogleich aller Gemüther bemächtigte. In ihrer innigen Begeisterung für Liebe,
Freundschaft, Tugend und Naturgefühl das innigste Wesen des
deutschen Gemüthslebens aussprechend, kernhaft, ehrbar tüchtig,
voll harmloser Laune und Fröhlichkeit, und zuweilen noch etwas
zopfig und philisterhaft, wuchsen diese Lieder mehr noch als die
Lieder Goethe's, dessen Denken und Empfinden hoch über Alle
hinausragte, auch in das Herz der mittleren und unteren Schich-
ten. Bald waren sie Gemeingut des ganzen Volks.

Hoffmann von Fallersleben hat ein verdienstvolles Schrift-
chen geschrieben »Unsere volksthümlichen Lieder«, in welchem alle
Lieder, welche seit dem Anfang des achtzehnten Jahrhunderts
bis auf die Gegenwart lebendiges Volkseigenthum wurden, mit
genauer Angabe ihrer Entstehungszeit, ihres Dichters und ihres
Componisten verzeichnet sind; eine herrliche Chronik des deutschen Gemüthslebens. Man staunt, wie sehr diese Dichter des
Göttinger Bundes Volksdichter gewesen.

Nur das Allerbekannteste sei hier angeführt.

Bürger: »Ich will einst bei Ja und Nein vor dem Zapfen
sterben«. — »Mein Trautel hält mich für und für in festen Lie-
besbanden«. — »O was in tausend Liebespracht, das Mädel,
das ich meine, lacht.« —

Hölty: »Beglückt, beglückt, wer die Geliebte findet«. — »Bekränzt die Tonnen und zapfet mir Wein«. — »Der Schnee zer-
rinnt, der Mai beginnt«. — »Die Luft ist blau, das Thal ist
grün«. — »Ein Leben wie im Paradies gewährt uns Vater

Rhein«. — »Mir träumt, ich wär ein Vögelein und flog auf ihren Schoß«. — »Selig Alle, die im Herrn entschliefen«. — »Ueb Immer Treu und Redlichkeit bis an Dein kühles Grab«. — »Wer wollte sich mit Grillen plagen.« —

Miller: »Auf, Ihr meine deutschen Brüder!« — »Es war einmal ein Gärtner«. — »Mir ist doch nie so wohl zu Muth als wenn Du bei mir bist«. — »Was frag Ich viel nach Geld und Gut!« —

Friedrich Leopold Stolberg: »Mein Arm wird stark und groß mein Muth«. — »Sohn, da hast Du meinen Speer«. —

Voß: »An meines Vaters Hügel, da steht ein schöner Baum«. — »Blickt auf, wie sehr das lichte Blau hoch über uns sich wölbet«. — »Das Mägdlein, braun von Aug und Haar«. — »Des Jahres letzte Stunde ertönt mit ernstem Schlag, trinkt Brüder in die Runde und wünscht ihm Segen nach«. — »Ich saß und spann vor meiner Thür«. — »Ihr Städter sucht Ihr Freuden«. — »Willkommen im Grünen, der Himmel ist blau, und blumig die Au, der Lenz ist erschienen, er spiegelt sich hell am lustigen Quell, im Grünen!« — »Wohl, wohl dem Manne für und für, der bald ein Liebchen findet.« —

Schon der Göttinger Musenalmanach selbst sorgte möglichst für schlichte und wohlgefällige Weisen. Benda, Hattasch, Wolf, Kettner, Weiß, Hiller, Forkel, Emanuel Bach, Reichardt, die hier mit Liedercompositionen auftreten, sind die besten Namen der Zeit; sogar Gluck mit seinen Compositionen Klopstock'scher Oden fehlt nicht. Besonders wirksam aber wurden für die Verbreitung dieser Lieder Johann Abraham Peter Schulz und Johann Friedrich Reichardt. Gleich den Liedern selbst ist auch diese Musik zuweilen noch etwas knapp und hausbacken, aber einfach, leichtfaßlich und mundgerecht, ansprechend und einbringlich.

Und ringsum dasselbe frische keimende Leben. Zum Theil unabhängig von den Göttingern, entstanden durch die gleiche,

überall sichtbare Einwirkung Herder's; zum großen Theil aber
ganz bestimmt und unmittelbar durch diese selbst angeregt. Eben
jetzt wendet sich Maler Müller von seinen Klopstock'schen und
Geßner'schen Nachahmungen zur volksthümlichen Liederdichtung.
Schubart, der berühmte Gefangene von Hohenasberg, der auf
Grund seiner angeborenen musikalischen Natur schon früh das
singbar volksthümliche Lied gepflegt, es aber später gegen den
Klopstock'schen Cothurn vertauscht hatte, kehrt auf's neue zum
volksthümlichen Lied zurück und erringt in ihm seine besten Erfolge. Manch sinnig herzliches Lied verdanken wir Gödingk und
Overbeck. Vor Allem aber glänzt Claudius, dessen herrliches
»Abendlied« Herder sogar in die »Stimmen der Völker« aufnahm. Sein Rheinweinlied »Bekränzt mit Laub den lieben
vollen Becher« und das »Stimmt an mit hellem hohen Klang«
leben noch heut im Munde aller deutschen Studenten. Und was
haben sich unsere Väter und Großväter ergötzt am Riesen Go-
liath und an Urian's Reise!

In allen gebildeten Familien wiederholte sich, was Voß in
der Louise vom Pfarrer von Grünau und dessen Familie erzählt,
als sie draußen im Walde am kühlenden Bach saßen:

> „Plauderten viel und sangen empfundene Lieder von Stolberg,
> Bürger und Hagedorn, von Claudius, Gleim und Jacobi;
> Sangen: „O wunderschön ist Gottes Erde!“ mit Hölty,
> Welcher den Tod ansah!' und beklagten Dich, redlicher Jüngling!“

Es ist wohl zu beachten, daß auch das Deutsche Museum,
das Boie seit 1776 herausgab, nachdem er die Führung des
Musenalmanachs aufgegeben, ein rüstiger Vorkämpfer für die
Anerkennung der Volkspoesie wurde und namentlich auch für
die Wiedererweckung der altdeutschen Literatur sehr verdienstlich
wirkte. Ein sehr bedeutsames Zeichen, wie lebendig nach allen
Seiten hin die neue volksthümliche Richtung sich ihre Wege
bahnt!

Für die geschichtliche Betrachtung ist es eine der denkwürdigsten Erscheinungen, wie durchaus verschiedenartig, ja wie entgegengesetzt sich von diesem gemeinsamen Ausgangspunkt aus
diese jungen Dichter entwickelten.

Von Anfang an hatte Bürger sich fast ganz dem Klopstock'schen Wesen ferngehalten. Die Ansicht, welche er 1776
als Daniel Wunderlich in seinen »Herzensausguß über Volkspoesie« (Deutsches Museum Stück 5, Werke. Bohtz 1835,
S. 318 ff.) niederlegte, daß die deutsche Muse nicht auf gelehrte
Reisen gehen, sondern hübsch zu Hause ihren Naturkatechismus
lernen solle, war der Kern und der Antrieb seines gesammten
Dichtens und Denkens, das sich an Shakespeare und ganz besonders an Percy und Herder herangebildet hatte. Bei ihm
zeigt sich unter allen Dichtern des Hainbundes das Volksthümliche am augenfälligsten und am unvermischtesten.

Unter dem Druck schwerer sittlicher Lebensirrungen ist
Bürger immer in sich unfertig geblieben. Oft ist er noch zopfig
und geschmacklos, oft sogar platt und gemein. Aber eine ächte
und ursprüngliche Dichternatur ist er. Das Ziel, das die deutsche
Lyrik in Goethe und Uhland und in den besten Schöpfungen
Heine's erreichte, ahnte und erstrebte auch er bereits, ja kam
ihm zuweilen sehr nahe.

Bürger erwarb sich seinen ersten Ruhm durch den durch-
schlagenden Erfolg seiner Lenore. Und gewiß wird diese mächtige Dichtung immer zu den köstlichsten Perlen der deutschen Literatur gezählt werden. Es ist ein Hineintreten in die Tiefe
der Gemüthswelt und ein eingreifend lebendiges Vorführen der
düsteren Region des Nächtlichen und Gespenstigen, wie es bisher völlig unerhört war und in so zwingender Plastik immer
nur Auserwählten gelingen kann. Daher ist es üblich, Bürger's Stärke vorzugsweise in der Balladendichtung zu suchen;
selbst Schiller hat in seiner bekannten herben Recension diesem

Urtheil wesentlich beigestimmt. Gleichwohl ist Bürger grade in der Balladendichtung am unzulänglichsten; so recht der Ausdruck einer noch ringenden Uebergangszeit. Schon Lenore hat trotz aller Macht und Pracht der Gestaltung ihre sehr fühlbaren Schwächen. Nicht nur in der Form viel Ueberladung der Tonmalerei, die dem schlichten Naturlaut, in welchem allein solche Dinge wirken, widerspricht und den Ernst der Stimmung in das Spielende herabzieht; auch die Fassung des Grundmotivs selbst erinnert weit mehr an die moralisirende Lehrhaftigkeit des achtzehnten Jahrhunderts als an die innige Sinnigkeit der Volkspoesie. Während in der alten Sage und in den auf sie bezüglichen Volksliederresten (vgl. Bilmar Handbuch für Freunde des deutschen Volksliedes. 1867. S. 152) die Grundidee das tiefe Leid der Trennung und das unüberwindliche Sehnen nach dem Ruhen an der Seite des geliebten Todten ist, hat Bürger, der freilich nur sehr vereinzelte Nachklänge der alten Sage kannte, die undichterische Wendung, daß die schmerzvolle Klage Lenoren's als mit Gott hadernde Lästerung und daher der gespenstige Bräutigam, welcher sie zum Tod holt, als der vom Himmel gesendete Rächer geschildert wird. Und blieben nur die späteren Balladen Bürger's auf der Höhe dieses ersten genialen Wurfs! Leider aber sind diese, obgleich es auch ihnen nicht an markigen und wahr empfundenen Zügen fehlt, meist nur eine sich unaufhaltsam steigernde Vergröberung in das Platte und Burleske, eine Verzerrung des Volksthümlichen in das Plebejische. Und dies selbst in Balladen, die nur Bearbeitungen englischer Vorbilder sind. Um dieselbe Zeit, da Herder seine Stimmen der Völker sammelte und in feinsinnigster Weise übertrug und Goethe den König von Thule und den Erlkönig dichtete, wucherte in Bürger noch unausrottbar die aus der bänkelsängerischen Verwilderung des Volksliedes entsprungene Anschauung, als

müſſe die Ballade eine rührende Schauergeſchichte oder eine auf
rohe Lachmuskeln berechnete Schwankgeſchichte ſein.

Aber unter Bürger's lyriſchen Gedichten giebt es Vieles,
das ſich in Poeſie der Empfindung und in Schmelz und Wohl-
laut des Verſes dem Schönſten anreiht, was deutſche Dichter
geſungen. Beſonders gilt dies von ſeiner Liebeslyrik; voraus-
geſetzt, daß man dieſe Gedichte in ihrer erſten Urgeſtalt lieſt, bevor eine überängſtliche Feile ſie abſchwächte und verkünſtelte.
Eine Gluth und Zartheit, eine Luſt und glückerfüllte Munterkeit, die unwiderſtehlich hinreißt. Er, der die leidvollſte Tragödie in ſich erlebte, iſt weit entfernt von jener wilden Zerriſſen-
heit, in deren koketter Schauſtellung ſich die neuere Lyrik ſo ſehr
gefällt; nur ſelten werden dieſe ſchmerzvollen Töne angeſchlagen,
und dann immer nur mit dem tief elegiſchen Sehnen nach Friede
und Verſöhnung.

> „Was kümmert mich die Nachtigall
> Im aufgeblühten Hain,
> Mein Mädchen trillert hundertmal
> So ſüß und ſilberrein.
> Ihr Athem iſt wie Frühlingsluft,
> Erfüllt mit Hyazinthenduft.“

> „Wie wenn des Weſtes linder Hauch
> Durch junge Maien wehl,
> So ſäuſeln ihre Locken auch
> Wenn ſie vorübergeht.
> O Mai, was frag ich viel nach Dir
> Der Frühling lebt und webt in ihr.“

Und das herrliche Lied:

> „Mädel, ſchau mir ins Geſicht,
> Schelmenauge blinzle nicht;
> Mädel merke, was ich ſage,
> Gieb Beſcheid auf meine Frage,
> Halte hoch mir ins Geſicht,
> Schelmenauge blinzle nicht.
>
> Schelmenauge, Schelmenmund,
> Sieh mich an und thu mir's kund;

22*

He, warum bist Du die Meine,
Du allein und anders keine?
Sieh mich an und thu mir's kund,
Schelmenauge, Schelmenmund.

Sinnend forsch ich auf und ab
Was so ganz Dir hin mich gab?
Ha, durch Nichts mich so zwingen,
Geht nicht zu mit rechten Dingen.
Zaubermädel, auf und ab,
Sprich, wo ist Dein Zauberstab?"

Ferner:

„O was in tausend Liebespracht,
Das Mädel, das ich meine, lacht,
Nun sing, o Lied, und sag mir an,
Wer hat das Wunder aufgethan,
Daß so mit tausend Liebespracht,
Das Mädel, das ich meine, lacht."

Von derselben neckenden Innigkeit sind die Sonette an
Molly; eine Kunstform, die seit langer Zeit wieder zuerst Bürger versuchte und sogleich mit genialster Meisterschaft handhabte.

Sicherlich war es Bürger's eigene Schuld, daß er nicht zur
künstlerischen Reise kam. Zuletzt glaubte er durch Ueberkünste-
lung der rhythmischen Form ersetzen zu können, was doch nur
Sache einer Umbildung seines ganzen inneren Menschen sein
konnte. Und doch, wer wird nicht auf's tiefste ergriffen, wenn
Bürger wehmuthsvoll von sich selbst sagt:

„Zwar ich hätt' in Jünglingstagen
Mit beglückter Liebe Kraft,
Lenkend meinen Götterwagen
Hundert mit Gesang geschlagen,
Tankend mit Wissenschaft.
Doch des Herzens Loos, zu darben,
Und der Gram, der mich verzehrt,
Hatte Trieb und Kraft zerstört;
Meiner Palmen keine starben
Eines beß'ren Lenzes werth."

Neben Bürger ist die ächteste Dichternatur des Bundes
unstreitig Hölty.

Er trägt den Keim frühen Todes in sich; sein ganzes
Denken und Empfinden ist daher stille sanfte Beschaulichkeit.
Rührende Lust am Leben, herzinnige Freude über die Pracht
des Frühlings, über den Sang der Nachtigall, über den Duft
mondheller Abende; in dieser stillen Fröhlichkeit aber der weh-
müthige Hauch banger Todesahnung, das schwermüthige Sinnen
über die Flüchtigkeit und Vergänglichkeit des irdischen Daseins.
Weich und schmiegsam und noch jugendlich unfertig ist auch er
vielfach in die Klopstock'sche Art eingegangen, deren volltönende
Rhetorik ihm fremd ist, ja er sucht sich sogar die Balladenform
anzueignen, die er flach sentimentalisirt; aber sein eigenstes
Wesen liegt im singbaren Liede. Ein volles und treues Bild
Hölty's gewinnen wir nur in der Ausgabe der Hölty'schen Gedichte von Karl Halm (Leipzig, 1869), die das Verdienst hat,
den von Voß mit unverzeihlichster Eigenmächtigkeit überarbei-
teten und verunstalteten Text wieder auf den in den Hand-
schriften und ersten Drucken vorliegenden Urtext zurückzuführen.

Die Meisten dieser jungen Göttinger Dichter sind nicht
geworden, was sie sich im Blüthentraum ihrer Jugend von ihrer
Zukunft versprachen. Hahn starb frühzeitig. Cramer verküm-
merte. Martin Miller, verlockt durch den Ruhm, den er durch
seinen Siegwart errungen, verfiel allmälich in pietistische Roman-
fabrikation, die, wie Voß in einem Briefe treffend sagt, zwar
das Frohlocken der Buchhändler wurde, seine Freunde aber un-
zufrieden mit seiner Arbeitsamkeit machte. Fritz Stolberg, einst
der Bramarbas unsinnigsten Tyrannenhasses, brach haltlos zusammen, nachdem die Schrecken der Revolution den blutigen
Ernst der angelernten Phrasen gezeigt hatten; nur seine Uebersetzungen der Ilias und einiger Tragödien des Aeschylus übten
Einfluß, bis auch dieses Verdienst durch glücklichere Nachfolger
in den Schatten gestellt wurde.

Merkwürdig genug, daß grade Derjenige, der vielleicht unter

allen diesen jungen Göttinger Dichtern am wenigsten innere
Poesie hatte, sich durch umfassendes Studium und strenge Ge=
wissenhaftigkeit der Arbeit die breiteste und nachhaltigste Wir=
kung gewann, Johann Heinrich Voß, geboren am 20. Februar
1751 zu Sommersdorf in Meklenburg.

Es ist sattsam bekannt, wie besonders Voß im Bunde der
begeistertste Träger des Klopstockianismus und des Barden=
thums war. Dereinst zwischen Klopstock und Ramler als lyri=
scher Dichter genannt zu werden, das dünkte ihm, wie er am
2. September 1772 an seinen Freund Brückner (Briefe, Bd. 1,
S. 88) schreibt, stolzeste Lebenshoffnung. Doch ist es eine
Thatsache von der eingreifendsten Wichtigkeit, daß auch er den
Einwirkungen Herder's die offenste Empfänglichkeit entgegen=
brachte; und zwar um so mehr, da diese ihm nur die Träume
und Eindrücke seiner eigenen Jugend deuteten und erweiterten.
Wie er als regsamer Knabe gern den alten Liedern gelauscht
hatte, die in seiner Meklenburger Heimath zu fröhlicher Ernte=
zeit draußen im Felde und in den langen Winterabenden in der
Spinnstube erklangen, so forderte er jetzt, der Bedeutung dieser
Dinge bewußt geworden, seinen Freund Brückner auf, in Meklen=
burg allen sogenannten Gassenhauern auf's sorgsamste nachzu=
spüren und ihm dieselben mitzutheilen. Es ist die Einwirkung
Herder's, wenn der junge Göttinger Student ausdrücklich der
vollen und warmen Empfindung, selbst wenn sie in der Sprache
Hanns Sachsen's erscheine, mehr Eindruck verheißt als allen
prächtigen Päanen der lächerlichen Nachahmer Ramler's und
Klopstock's; und ebenso hören wir den Ton der Herder'schen
Fragmente, wenn Voß berichtet, daß er die Minnesänger und
Luther's Schriften studiere, um die alte »Bernerve« wiederzube=
kommen, die die deutsche Sprache ehedem gehabt und die sie
durch das verwünschte Latein und Französisch ganz wieder ver=
loren habe. Eine Zeitlang geht er sogar so sehr auf die eben er=

ſtehende altdeutſche Philologie ein, daß er ſich mit dem kühnen
Plan trägt, in Gemeinſchaft mit Hölty und Miller ein allge-
meines deutſches Wörterbuch zu bearbeiten, in welchem alle
Wörter, veraltete und unveraltete, aus ihren Wurzeln abgeleitet,
in ihren geſchichtlichen Veränderungen und Umbildungen ange-
zeigt und mit den verwandten Wörtern der anderen germaniſchen
Sprachſtämme verglichen werden ſollen.

Ja Voß verfiel demſelben verhängnißvollen Irrthum, an
welchem auch Bürger und Claudius krankte, daß er den neuen
Begriff einer Dichtung aus dem Volk in den Begriff einer abſicht-
lichen Dichtung für das Volk verzerrte. Viel platte Nichtigkeit,
viel gemachte und darum kindiſche Volksthümelei iſt aus dieſer
herablaſſenden Abſichtlichkeit entſtanden. Der alte Begriff des
Aufklärungszeitalters von der Nothwendigkeit moraliſirend lehrhafter Nutzanwendung und der neue Begriff der Volksdichtung
geben die ſeltſamſte Miſchung. Am 20. December 1775 ſuchte
Voß (Briefe, Bd. 3, 2. S. 106) bei Karl Friedrich, dem
edlen Markgrafen von Baden, gradezu um die Stelle eines
öffentlich angeſtellten Volksdichters nach. Ehrdem habe es Hof-
poeten gegeben, die nur allzu oft zu verächtlichen Poſſenreißern
herabgeſunken; dem jetzigen Stande der Literatur und Bildung
ſei es angemeſſen, öffentliche Landdichter zu berufen, deren Obliegenheit es ſei, die Sitten des Volks zu beſſern, die Freude
eines unſchuldigen Geſanges auszubreiten, jede Einrichtung des
Staats durch ihre Lieder zu unterſtützen und beſonders dem
verachteten Landmann feinere Begriffe und ein regeres Gefühl
ſeiner Würde beizubringen. Noch im Jahr 1784 träumt Voß
in dem tief empfundenen Gedicht »Der Abendgang« den ſchönen
Traum von dem Wiederaufleben des fahrenden Sängerthums in
der Weiſe der alten griechiſchen Rhapſoden. Neben ſeinen Klop-
ſtockiſirenden Oden tritt daher Voß, ebenſo wie Hölty, ſogleich
mit volksthümlichen Liedern auf. Aber rein lyriſche Klänge,

träumerische Naturlaute aus der Fülle des still in sich webenden Herzens sind seiner nüchternen verstandesmäßigen Natur fremd.

Schon früh aber, schon in Göttingen, fand Voß diejenige Dichtart, in welcher er später dichterisch die bleibendsten Erfolge errang und welche auch auf seine wissenschaftliche Thätigkeit bestimmend zurückwirkte, die Idylle.

Geßner stand noch immer in ungeschmälertem Ansehn. Wer der Dichtung die Einkehr in's Volksthum zur Aufgabe stellte, mußte sich von dieser süßlichen Unnatur abgestoßen fühlen. Voß, der unter Heyne auf's emsigste den philologischen Studien oblag, ging auf Theokrit zurück; sei es nun, daß ihn, wie es am wahrscheinlichsten ist, der Vergleich, welchen Herder in der zweiten Sammlung der Fragmente zwischen Geßner und Theokrit angestellt hatte, zu Theokrit führte, oder daß, wie Voß in seiner Lebensgeschichte Hölty's berichtet, er durch eigene instinctive Kraft frischeste Naturwirklichkeit als die unerläßliche Wesenheit ächter Idyllendichtung erkannte und erst nachträglich durch eine Bemerkung Hölty's über seine innere Verwandtschaft mit Theokrit aufgehellt wurde.

Am 20. März 1775 schreibt Voß an Brückner, Theokrit zuerst habe ihn auf die eigentliche Bestimmung dieser Dichtart aufmerksam gemacht. Man sehe bei diesem nichts von sogenannt idealischer Welt und von verfeinerten Schäfern; er habe sicilische Natur und sicilische Schäfer in derbster Naturwahrheit. Die Römer seien nichts als äußerliche Nachahmer gewesen; die Spanier und Italiener aber, fremd in der eigenen Heimath, seien mit ihrer bukolischen Muse nach Arkadien gezogen, einem Lande, wo sich vermuthlich der Gesang und die Einfalt länger erhalten habe als anderswo. Geßner sei diesen Vorgängern gefolgt und male Schweizernatur mit arkadischen oder, besser gesagt, chimärischen Einwohnern. Voß erzählt im Leben Hölty's,

daß er um diese Zeit mit Hölty eine Fußwanderung nach
Italien und Sicilien verabredete, um, wie er sich ausdrückt, die
einfältigen Sitten des Alterthums in Gegenden der freiwirkenden
Natur zu erforschen. In abgelegenen Weilern wollten sie sich
auf einige Zeit niederlassen, mit den Berghirten Apuliens und
des Aetna umherstreifen. Dort, meinten sie, werde der Geist
Homer's, Hesiod's und Theokrit's vernehmlicher zu ihnen sprechen
und ihnen Manches beantworten, was einem hier nicht einmal
zu fragen einfalle.

Zunächst war es besonders die realistische Seite, die treue
Natürlichkeit, die feste Localfarbe, welche Voß an Theokrit bewunderte und sich zur Nachahmung vorsetzte. Läßt sich doch
Voß in jenem Briefe an Brückner als ein ächter Jünger der
Sturm= und Drangperiode sogar zu der grade bei ihm schwer
zu begreifenden Aeußerung fortreißen, schöner Natur bedürfe es
nicht, der Schotte Ossian sei ein größerer Dichter als der Jonier
Homer. Doch wirkte Theokrit nicht minder auf seine Form.
Voß war ein zu begeisterter Verehrer Klopstock's und ein zu
feinsinniger Schüler und Kenner der Alten, als daß er es über
sich vermocht hätte, außer im singbaren Liede, auf die ideale
Hoheit antikisirender Formbehandlung zu verzichten.

Die That entsprach nicht dem Wollen. Zu den ersten Idyllen,
welche Voß in Göttingen dichtete, gehören »Die Leibeigenen«
und »Die Freigelassenen«. Sie werden fast erdrückt von der
Schwere lehrhafter Absichtlichkeit. Voß setzte seinen Stolz darein, durch diese Gedichte unmittelbar Nutzen zu stiften und etwas
zur Befreiung der armen Leibeigenen beizutragen.

Nichtsdestoweniger sind diese Idyllen eine sehr bedeutende
Stilwendung. Eben jetzt hatte auch Friedrich Müller, der Maler,
der selbst eine Zeitlang die Wege Geßner's gewandelt war, mit
seiner Idyllendichtung sich der nächsten heimischen Gegenwart und
Wirklichkeit zugekehrt und den volksthümlichen Inhalt in volks=

thümlicher Form behandelt. Wie entscheidend, daß sich sogleich
neben die volksthümliche Idylle die Idylle hohen Stils stellte,
neben das realistische Genrebild das historische Genrebild!

Mit diesem Zug zur antikisirenden Idylle steht diejenige
Thätigkeit, durch welche Voß am meisten in die Geschichte ein=
gegriffen hat, im engsten Zusammenhang.

Theokrit und die eigenen Versuche in der Idyllendichtung
führten Voß zu immer reinerer und tieferer Freude an der
Odyssee. Voß begann die Uebersetzung derselben 1777. Einzelne
Bruchstücke wurden im Deutschen Museum (1777. Stück 5),
im Deutschen Merkur (1779. Stück 2) und in Voß' Musen=
almanach (1778) veröffentlicht. Das Ganze erschien zuerst 1781.
Auf die Uebersetzung der Odyssee folgte die Uebersetzung der
Ilias, im Sommer 1786 begonnen und 1793 beendet.

Jetzt, da Ton und Sprache der Voß'schen Homerübersetzung
typisch geworden, jetzt bringen wir uns nur selten zum Bewußt=
sein, daß diesen bindenden Typus nur Derjenige schaffen konnte,
dessen Auge gleich scharf für das Volksthümliche wie für das
künstlerisch Ideale in Homer war. In jenen Tagen, da Lessing
im Laokoon und Herder in den Fragmenten ein so feines Ver=
ständniß für die Herrlichkeit Homer's bekundeten, kannten die
Ungelehrten die Homerische Dichtung nur in der französirten
Entstellung Popes und der Madame Dacier. Goethe in seinem
Knabenalter lernte Homer zuerst in einer aus dem Französischen
übersetzten Prosaübersetzung kennen, welche 1754 unter dem Titel
„Homer's Beschreibung der Eroberung des Trojanischen Reiches"
in einer Sammlung der merkwürdigsten Reisegeschichten erschienen
war. Die Prosaübersetzungen von Damm (1769 — 71) und
Küttner (1771 — 73) hatten dem Uebel nicht abgeholfen. Und
die Menschen der Sturm= und Drangperiode waren in Gefahr,
an die Stelle der einen Einseitigkeit nur eine andere Einseitig=
keit zu setzen. Einer richtigen und tüchtigen Homerübersetzung

stellte Bürger 1771 das Ziel, der Leser müsse in den süßen Wahn
gerathen, daß Homer ein alter Deutscher gewesen und seine
Ilias deutsch gesungen habe; und verzichtete er auch auf den
tollen Einfall, eine Ilias in Reimen »ganz in Balladenmanier«
zu geben, so galt es ihm doch als unbestreitbar, daß eine deutsche
Ilias in Hexametern »das fatalste Geschleppe«, »die unan-
genehmste Ohrenfolter« sein müsse. Auch Herder war in den
Fragmenten für die Jamben eingetreten; und Goethe, der seit der
Straßburger Zeit sich täglich die Andacht liturg'scher Lection aus
seinem heiligen Homer holte, kam der Jambenübersetzung Bürger's mit so warmer Theilnahme entgegen, daß er dem Uebersetzer,
um die Fortsetzung zu ermöglichen, sogleich die Summe von
fünfundsechszig Louisdor als Ertrag einer von ihm am Hofe zu
Weimar eröffneten Subscription überschickte. Voß mit der unsterblichen That seiner Odysseeübersetzung, die von dem reinsten
Hauch antiker Kunstidealität getragen und doch, bevor die späteren Ausgaben in kalte Verskünsteleien verfielen, zugleich von
frischester Natürlichkeit war, machte dieser verzerrenden Romantik
ein Ende. Seitdem ist die Sprache der Voß'schen Homerübersetzung die feststehende Sprache aller deutschen Epik geworden.
Friedrich Stolberg folgte. Selbst Bürger war von der Macht
dieses Eindrucks so überwältigt, daß auch er nunmehr von dem
hartnäckig verfochtenen Jambus zum Hexameter überging. Er
ist mit seinen neuen Versuchen nicht über einzelne Gesänge hinausgekommen; und diese beweisen nur, wie weit er hinter seinem
Vorgänger und Mitkämpfer zurückstand.

Ein Ereigniß von der unermeßlichsten Tragweite. Die
Bahn ächter Uebersetzerkunst war gebrochen. Das Empfinden
und Erkennen der großen griechischen Dichtung wurde reiner
und lebendiger. Was bisher nur der Besitz Einzelner gewesen,
wurde Gemeinbesitz aller Gebildeten.

Namentlich auch für die Dichtweise Goethe's und Schiller's

ift diese Homerübersetzung von dem bestimmendsten Einfluß geworden!

Und Voß selbst war der Erste, an welchem sich diese lebensvolle Wiedererweckung des Homerischen Geistes glänzend bethätigte.

Im Frohgefühl still inniger Häuslichkeit, im täglichen trau-
tem Verkehr mit den kernhaften Menschen der Nieder-Elbe,
unter denen er, zuerst in Wandsbeck, dann als Rector in Otters-
dorf im Lande Hadeln und zuletzt in Eutin, seine Heimath
gefunden, in der hingebenden Freude an Garten, Wald und See,
hatte sich der idyllische Zug seiner Natur nur immer tiefer ausgebildet. Der »Luise« und der Idylle »Der siebzigste Geburts-
tag« ist der Ruhm epochemachender Stellung unentreißbar.

Was der strebsame Jüngling bereits in Göttingen unter
der Führung Theokrit's versucht hatte, das feste Hineintreten in
die Poesie der Wirklichkeit, das frische Erfassen und Schildern
der eigensten heimischen Zustände und Lebensgewohnheiten, und
dabei das Festhalten antiker Kunstidealität innerhalb der ein-
gehendsten Kleinmalerei, das hatte sich jetzt in ihm durch die
Schule Homer's zu festem und klarem Stilgefühl vollendet. Es
ist die schlichte gemüthsinnige Welt des norddeutschen Pfarr- und
Schulhauses; aber mit so feinem Sinn für das Naive und
Patriarchalische empfunden und angeschaut, daß in der That die
hoheitsvolle Idealität der gewählten Kunstform den bannenden
Zauber tiefster innerer Nothwendigkeit in sich trägt.

Treffend sagte Schiller in der Abhandlung über naive und
sentimentalische Dichtung, mit der Luise habe Voß die deutsche
Literatur nicht blos bereichert, sondern wahrhaft erweitert. Diese
Idylle könne mit keinem anderen Gedicht ihrer Art, sondern nur
mit griechischen Mustern verglichen werden.

Es ist gewiß, daß Voß hinter seinem hohen Ziel noch zurück-
bleibt. Das Letzte und Höchste ist nur dem höchsten Genius

erreichbar. Die epische Umständlichkeit verliert sich bei Voß oft in ermüdende Breite. Die Charaktere sind nur aus der Ober-fläche des Daseins geschöpft; daher statt der durchgeistigten Tiefe und Schönheit naiv harmonischer Menschlichkeit nur biedere, phi-listerhaft beschränkte Altväterlichkeit.

Aber war das Ziel nicht erreicht, so war es doch unverlier-bar gezeigt. Wir wissen, mit welcher tiefen und nachhaltigen Gewalt diese Idyllendichtung auf Goethe wirkte. Goethe hat nie ein Hehl gemacht, daß Hermann und Dorothea lediglich aus seiner nacheifernden Bewunderung der Voß'schen Luise her-vorging.

2.

Leisewitz.

Johann Anton Leisewitz, am 9. Mai 1752 zu Hannover geboren, trat am Geburtsfeste Klopstock's, am 2. Juli 1774, in den Göttinger Dichterbund. Seine Theilnahme war nur von kurzer Dauer; schon im October desselben Jahres verließ er Göttingen, um sich als Sachwalter in Hannover niederzulassen. Voß berichtet in seinen Briefen (Bd. 1, S. 174), daß Leisewitz schon damals mit der Abfassung seines Trauerspiels »Julius von Tarent« beschäftigt war.

Leisewitz reichte dieses Trauerspiel ein, als Schröder am 28. Februar 1775 einen Preis für das beste »Originalstück« ausgeschrieben hatte. Den Preis erhielt nicht Leisewitz, sondern Klinger für seine »Zwillinge«. Aber schon damals widersprach die öffentliche Meinung dieser Entscheidung. Und das geschicht-liche Urtheil hat dieser öffentlichen Meinung Recht gegeben.

Sowohl in der Sprache wie namentlich auch in der Art der dramatischen Komposition sieht man durchaus die Schule

Lessing's. Die Einheit der Zeit ist auf's strengste gewahrt. Lessing begrüßte daher dieses Stück, obgleich er es anfänglich für ein Werk Goethe's hielt, mit Freuden, und wurde später dem Dichter auch persönlich auf's herzlichste zugethan. Dennoch ist der durchgreifende Lebensnerv des Stücks der Geist der Sturm- und Drangperiode.

Dies zeigt bereits das Grundmotiv. Das Grundmotiv ist nicht wie in Miß Sara Sampson nur ein moralischer Fehltritt oder wie in Emilia Galotti das verderbliche Spiel eines Intri-guanten, sondern es quillt, ganz in der maßgebenden Weise Shakespeare's, aus der schreckenvollen Tiefe dämonischer Leiden-schaft. Der unerläßliche Begriff der tragischen Schuld, welcher bei Lessing noch gänzlich fehlte, dämmert auf, wie gleichzeitig in Goethe's Clavigo; freilich noch nicht mit der scharfen Klarheit, daß aus dieser Schuld die Katastrophe mit unausbleiblichster, das Mitwirken äußerer Zufälle ausschließender Nothwendigkeit abgeleitet wurde.

Zwei Brüder lieben ein und dasselbe Mädchen. Der ältere Bruder, Julius, will von der Geliebten nicht lassen, weil er sie mit der Gewalt unüberwindlicher Leidenschaft liebt; der jüngere Bruder, Guido, will nicht von ihr lassen, weil er bereits öffent-lich um die Geliebte geworben, weil er sie in allen Feldzügen und Turnieren als seine Geliebte genannt, weil seine Ehre zum Pfand steht. Der Vater der beiden Brüder, der Fürst von Tarent, schickt das Mädchen in ein Kloster. Julius versucht die Entführung. Guido überfällt ihn bei dem Entführungs-versuch und tödtet ihn. Der Vater vollzieht mit eigener Hand am Mörder die sühnende Strafe.

Auch in der Charakterzeichnung ist die Nachahmung Shake-speare's deutlich sichtbar. Freilich müssen wir überall nur nach den Absichten urtheilen, denn mit vollem Recht sagt Merck im Deutschen Merkur (1776. Heft 4, S. 91), daß er bei aller Anerkennung des »ungemeinen Genies« des jungen Verfassers in den Charakteren Selbständigkeit und Naturwahrheit vermisse, sie seien wie alle Geschöpfe der derzeitigen Dramatiserei nur leere Hirngespinnste. Es war im Gegensatz der beiden feindlichen Brüder auf den Gegensatz grüblerisch empfindsamer und derbkräftig handelnder Naturen abgesehen; für Julius war zum Theil Werther, noch mehr aber Hamlet das Vorbild. Ebenso erinnert Blanca, die Geliebte, an Ophelia. Auch sie wird zuletzt aus gebrochenem Herzen wahnsinnig. Fast jede Tragödie der Sturm- und Drangperiode mußte eine Wahnsinnsscene haben.

Und dazu, ganz im Geist der Sturm- und Drangperiode, in den einzelnen Reflexionen der Handelnden die bittersten, unmittelbar aus Rousseau entlehnten Ausfälle gegen die Uebel des Staats und der Gesellschaft, gegen die Unnatur der kirchlichen Satzungen.

Was Wunder also, daß das gesammte jüngere Geschlecht dieser Dichtung rückhaltslos zujubelte. Namentlich auf Schiller hat Julius von Tarent den nachhaltigsten Einfluß geübt. In den Räubern nicht blos derselbe Gegensatz zweier feindlicher Brüder sondern sogar einzelne wörtliche Reminiscenzen. Und noch unmittelbarer kehrt dasselbe Motiv sogar in einem seiner spätesten Stücke, in der Braut von Messina wieder, allerdings nach dem Begriff der strengen Schicksalsnothwendigkeit griechischer Kunstidealität vertieft und umgewandelt.

Leisewitz ist seitdem nie wieder als Dramatiker aufgetreten. Im Juliheft 1776 von Boie's Deutschem Museum finden sich zwei Bruchstücke »Konradin« und »Alexander und Hephästion«, welche unvollendet geblieben sind.

Es ist nicht stichhaltig, wenn man gesagt hat, die Niederlage, welche er bei der Preisbewerbung erlitten, habe ihn von weiteren Versuchen abgeschreckt; das Aufsehen, das sein Drama erregte, und der Bühnenerfolg, den es überall hatte, entschädigte ihn für diese Unbill mehr als hinlänglich. Die Briefe seiner Freunde sind einstimmig in dem Vorwurf der Trägheit. Im November 1775 war Reisewitz nach Braunschweig über= gesiedelt. Dort gelangte er zu hohen Verwaltungsämtern. Er starb am 10. September 1806.

Schon während seiner Göttinger Studienzeit hatte sich Reisewitz eine Geschichte des dreißigjährigen Krieges zur Aufgabe gestellt. Er vernichtete die Handschrift, als Schiller's berühmtes Geschichtswerk erschien. Nach seinem Tode mußten laut testa= mentarischer Verfügung seine sämmtlichen Papiere verbrannt werden. Es soll, wie Klingemann (Kunst und Natur. Bd. 3, S. 56) berichtet, unter denselben ein Lustspiel gewesen sein, »Die Weiber von Weinsberg«.

Neuntes Kapitel

Schiller.

Bis zu seiner ersten Uebersiedelung nach Weimar 1787.

1.

Die Räuber. — Fiesco. — Kabale und Liebe. — Die Anthologie.

Was Goethe von Klinger berichtet, daß dieser sich um so inniger an Rousseau geschlossen, je quälender der Widerspruch zwischen seinem stolzen Unabhängigkeitssinn und seiner bekümmerten äußeren Lage an ihm genagt habe, das wiederholte sich in Schiller's ersten Entwicklungsjahren in verstärkter Bedeutung.

Friedrich Schiller, am 10. November 1759 zu Marbach geboren, verlebte seine Kindheit in engen und kleinen Verhältnissen. Auf dem Jüngling lastete der Druck harter und despotischer Erziehung. Täglich umgab ihn die wüste Tyrannenwirthschaft des Herzogs Karl Eugen, der Männer wie Moser und Schubart jahrelang schuldlos und unverhört im scheußlichsten Kerker hielt, seine Landeskinder für schnödes Blutgeld nach Amerika verkaufte, den üppigen Hofhalt von Versailles zu überbieten trachtete, und der, nachdem er im Alter plötzlich eine reumüthige Sinnesumwandlung in sich erfahren hatte, selbst die Güte und Menschenfreundlichkeit immer nur in der Weise unbeschränkter

Herrscherlaune zu erfassen und zu verwirklichen wußte. Ja, zu
diesem Gewaltherrscher stand Schiller in nächster persönlicher
Berührung, erlitt von ihm den unmenschlichsten Zwang, mußte
sich vor ihm drücken und bücken bis zur Selbsterniedrigung und
Heuchelei; er, der freiheitglühende selbstbewußte Jüngling, der
in seinen vertraulichen Aeußerungen von nichts lieber spricht
als von dem unbeugsamen Stolz edler Seelen, und von dem
einer seiner Jugend- und Leidensgenossen treffend sagt, daß,
wäre er nicht ein großer Dichter geworden, er sicher ein großer
Mensch im handelnden öffentlichen Leben geworden sein würde,
dessen Loos freilich leicht die Festung hätte werden können. Und
dies Alles in einer Zeit, da die Großthaten der nordamerikanischen Freiheitskriege allmälich auch in Deutschland den er-
storbenen politischen Sinn wieder zu wecken begannen, und in
einem Lande, wo die agitatorischen Aufstachelungen Weckherlin's
und Schubart's in allen edelsten Gemüthern lebendig fortklangen!

In Rousseau fand der brennende düstere Zorn des genialen
Jünglings und, wie Schiller selbst sich bitter ausdrückt, die
Indignation seiner verletzten Menschenwürde Gehalt und Gestalt,
Erfüllung und Ziel. Die Verherrlichung des »Riesen« Rousseau,
gegen welche die Splitterrichter nur kindische Zwerge seien,
»denen nie Prometheus' Feuer blies«, ist eines seiner ersten
Gedichte. Rousseau wurde das bestimmende Ideal aller seiner
Gedanken und Empfindungen. Das Grundthema der gesammten
Jugenddichtung Schiller's, insbesondere seiner dramatischen, ist
der von Rousseau aufgestellte tragische Gegensatz zwischen der
Fülle und Reinheit der ursprünglichen Menschennatur und der
unheilbaren Verderbtheit der thatsächlichen Wirklichkeit. Und
zwar mit der entscheidenden Wendung, daß, während alle die
anderen Stürmer und Dränger, in deren Leben Despotenwillkür
nicht so unmittelbar eingegriffen hatte, in der dichterischen Darstellung dieses Gegensatzes sich meist nur auf die stillen Fragen

und Anliegen der Sitte und Bildung beschränkten und die großen
öffentlichen Dinge entweder gar nicht oder doch nur sehr vorübergehend und oberflächlich berührten, Schiller gepreßten Herzens sich fast ausschließlich an die politische Seite Rousseau's
hielt und den Ruf nach Erlösung und nach Wiederherstellung
der verlorenen unverlierbaren Menschenwürde gegen die Zustände
und Schäden des bestehenden Staatslebens selbst richtete.

Von Schiller's Jugenddichtung gilt unbedingt, was man
irrthümlich meist als seine Gesammtcharakteristik ausspricht, daß
Schiller der Dichter der Freiheit ist. Jener zornig aufspringende
Löwe mit der Inschrift »In tyrannos«, welchen die Titelvignette
der zweiten Auflage der Räuber zeigte, war der innerste Ausdruck der tief revolutionären Stimmung, welche des jungen
Dichters ganzes Wesen durchglühte.

Das erste Drama Schiller's, »Die Räuber«, wurzelt in
dem Traumbild Rousseau's von dem einstigen Vorhandensein
eines Naturzustandes, der sich zu den unausbleiblichen Uebeln
der Bildung verhalte wie Gesundheit zu Krankheit. Das zweite
Drama, die Tragödie Fiesco's, flüchtet in die Ideale republi-
kanischer Begeisterung. Und das dritte Drama »Kabale und
Liebe« wendet sich grollend an die nächste Gegenwart und Wirklichkeit selbst; eine zermalmende politische Satire, die Unnatur
und Vernunftwidrigkeit der herrschenden staatlichen und gesellschaftlichen Zustände und Vorurtheile mit unerbittlichster Schärfe
bloßlegend.

Alles noch unreif und phantastisch, wie die Denkweise Rousseau's selbst noch eine unreife und phantastische war; aber trotz
aller Unreife und Rohheit von unvergänglicher Poesie der Leidenschaft.

Kaum können wir uns noch zurückversetzen in die Stimmungen und Anschauungen, aus welchen die Tragödie der Räuber erwuchs. Schiller's Jugendfreund Hoven bestätigt in seiner

23*

Selbstbiographie (1840. S. 55), daß der Dichter den ersten
Anstoß durch eine Erzählung Schubart's im Schwäbischen Ma-
gazin von 1775 erhielt (vgl. Schubart's Schriften 1839. Bd. 6,
S. 82). Sowohl der Gegensatz von Karl und Franz Moor
wie die Gestalt und das Schicksal des alten Grafen waren in
dieser Erzählung klar vorgezeichnet. Und mit Recht hat man
neuerdings auch darauf hingewiesen, daß das Schauspiel Heinrich
Ferdinand Müller's »Sophie oder der gerechte Fürst«, in welchem
ein edelmüthiger Räuberhauptmann, von dem eine gleichzeitige
Kritik sagt, daß er unter anderen Umständen eine Brutusseele
geworden wäre, sich alle Herzen eroberte, eben damals auch in
Stuttgart ein oft und gern gesehenes Repertoirestück war. Aber
das Schöpferische und Bedeutende Schiller's ist, daß er diese
Anregungen miteinander zu verflechten und diese Erfindung zum
monumental dichterischen Ausdruck der brütenden, leidenschaftlich
grollenden Rousseaustimmung zu erheben wußte. Karl, der an
sich Reine und Edle, ja nach der Empfindungsweise des Zeit=
alters sogar Weiche und Empfindsame, wird durch die schänd=
lichsten Ränke und Hetzereien seines böswilligen Bruders um
Vater und Geliebte betrogen; verzweifelt faßt er den Entschluß,
sich von allen Banden der Gesellschaft loszusagen, um an der
Spitze einer Räuberhorde in gewaltthätiger Selbsthilfe gegen
die Niedertracht der Welt anzukämpfen und das verletzte und
verlorene Menschheitsideal zu rächen und wiederherzustellen.
Franz aber, der abgefeimte Bösewicht und Schurke, ist nicht
blos ein Bösewicht und Schurke aus angeborener unentrinn=
barer Naturanlage, sondern, was das Bestimmende seines ganzen
Charakters ist und als dies Bestimmende in der dramatischen
Darstellung gar nicht scharf genug betont werden kann, ein Böse=
wicht und Schurke aus kalter raffinirter Ueberlegung, aus Phi=
losophie und Sophistik oder, um Schiller's eigene Bezeichnung
beizubehalten, ein räsonnirender Bösewicht, ein metaphysischer

spitzfindiger Schu-le. So erweitert und vertieft sich die Gegenüberstellung der beiden ungleichen und feindlichen Brüder, wie
sie seit Fielding's Tom Jones so oft wiederholt worden, zur
schneidenden Gegenüberstellung von Natur und Kultur im Sinn
Rousseau's. »Mir ekelt vor diesem tintenkleckfenden Jahrhundert,
wenn ich in meinem Plutarch lese von großen Menschen.« »Der
Lichtfunke des Prometheus ist ausgebrannt; dafür nimmt man
jetzt die Flamme von Bärlappenmehl, Theaterfeuer, das keine
Pfeife Tabac anzündet.« »Pfui, pfui über das schlappe Ca-
stratenjahrhundert, zu nichts nütze als die Thaten der Vorzeit
wiederzukäuen und die Helden des Alterthums mit Commen-
tationen zu schinden, und zu verhunzen mit Trauerspielen. Da
verrammeln sie sich mit Conventionen! Das Gesetz hat zum
Schneckengang verdorben, was Adlerflug geworden wäre; das
Gesetz hat noch keinen großen Mann gebildet, aber die Freiheit
brütet Kolosse aus!« »Stelle ich mich vor ein Heer Kerle,
wie ich, und aus Deutschland soll eine Republik werden, gegen
die Rom und Sparta Nonnenklöster sein sollen!« Eine Kriegserklärung gegen alle unverbrüchlichen Grundlagen der menschlichen Gesellschaft; wahnwitzig und ungebärdig, aber voll trotziger
Kraft und tiefer sittlicher Entrüstung! Selbst im blutigen
Frevel noch der unverwüstliche Reiz hochherziger idealistischer
Schwärmerei! Und wird auch zuletzt der Vernunft die Ehre
gegeben, so daß der Vermessene, der da wähnte, die Parteilich-
keiten der Vorsehung gutmachen und die Welt durch Gräuel
verschönern und die Gesetze durch Gesetzlosigkeit aufrechthalten
zu können, zerknirscht zu den Schranken des Gesetzes zurückkehrt
und sich freiwillig dem Gericht stellt, das Herz des Dichters
und des Zuschauers steht auf der Seite des »erhabenen Ver-
brechers«, des »majestätischen Sünders«, des »hohen Gefallenen«,
das Herz des Dichters und des Zuschauers grollt der Bildung
und Gesellschaft, deren Verruchtheit allein es ist, die solche Kraft

und Seelengröße auf falsche Wege treibt. Im »Monument
Moors des Räubers« heißt es: »Zu den Sternen des Ruhms
klimmst Du auf den Schultern der Schande! Einst wird unter
Dir auch die Schande zerstieben!«

Fiesco, das zweite Drama Schiller's, ist thatsächlicher.
Nicht mehr unmögliche Räuberromantik, sondern der feste Boden der Geschichte; nicht mehr phantastische Improvisirung
eines wilden Naturzustandes in den böhmischen Wäldern, sondern die Frage nach der Verwirklichung menschenwürdiger Freiheit innerhalb des staatlichen Daseins. Aber es ist dem jungen
Dichter nicht gelungen, die Grundidee zu fester Klarheit herauszuarbeiten. Zwei sich widersprechende Motive liegen wirr und
störend nebeneinander. Es kann kein Zweifel sein, daß der
rousseaubegeisterte Jüngling es auf die Verherrlichung republi-
kanischer Größe und Freiheit abgesehen hatte. Mit scharfer Be-
tonung nennt sich das Drama schon auf dem Titel ein »repu-
blikanisches« Trauerspiel. Fiesco, der zuerst das Haupt und der
Führer des republikanischen Aufstandes gegen die Tyrannis der
Doria ist, zuletzt aber in frevelhafter Herrschergelüst selbst nach
dem Thron strebt, wird gestürzt durch Verrina, den edlen unbeugsamen republikanischen Patrioten. Die Tragödie Fiesco's
ist nach Schiller's eigenem treffenden Ausdruck das Gemälde des
wirkenden und stürzenden Ehrgeizes; wo ein Brutus lebt, muß
Cäsar sterben. Allein so straff und wirksam in diesem Sinn
der dramatische Kampf und Gegensatz angelegt ist, es rächte sich
doch, daß der geschichtliche Stoff, welchen Schiller auf Grund
einiger Andeutungen Rousseau's ergriffen hatte, dieser Auffas-
sungsweise die unüberwindlichsten Hindernisse entgegenstellte.
Der Dichter wollte eine gegen alle Unbill und Eigensucht siegende Revolution schildern, und der geschichtliche Stoff bot nur
eine scheiternde und besiegte. Die rathlosesten Schwankungen
sind nicht ausgeblieben. Dies zeigt sich zunächst in der Charakter-

zeichnung der Verschworenen selbst. Es war dem geschichtlichen
Verlauf der Dinge völlig angemessen, aber der Dichtung, die
der Verherrlichung des republikanischen Geistes galt, war es
widerstrebend, daß der Dichter sogleich in den ersten Scenen
auf's emsigste beflissen ist, mit unverkennbarster Ausdrücklichkeit
einen großen Theil der republikanischen Verschworenen als un=
saubere Gesellen zu schildern, als leichtfertige Schuldenmacher,
die bei Gelegenheit der Staatsveränderung ihren Gläubigern
das Fordern zu verleiden gedenken, als ausschweifende Wüst=
linge, die im Gewühl und Trubel des Aufstandes nur um so
sicherer die Beute ihrer Leidenschaften zu gewinnen hoffen.
„Wärme mir einer das abgedroschene Märchen von Redlichkeit
auf, wenn der Bankerott eines Taugenichts und die Brunst eines
Wollüstlings das Glück eines Staates entscheiden=, sagt Cal=
cagno. Am schlagendsten aber zeigt sich diese Widerspenstigkeit
des Stoffs in jenem berühmten, schneidend epigrammatischen
Schlußwort Verrina's: =Ich gehe zum Andreas!= das die Er=
gebnißlosigkeit des ganzen Aufstandes ausspricht und also die
Geschichte in ihr Recht setzt, aber den eigensten Nerv der Dich=
tung, die Einheit und Folgerichtigkeit der Idee plump durchhaut
und den beabsichtigten Eindruck derselben von Grund aus auf=
hebt. Insofern war es durchaus gerechtfertigt, wenn Schiller
auf das Andringen Dalberg's für die Aufführung in Mannheim
eine Theaterbearbeitung (Schiller's Sämmtliche Schriften. Histo=
risch=kritische Ausgabe von K. Göbeke. Bd. 3, S. 185 ff.) unter=
nahm, in welcher ohne Rücksicht auf die geschichtliche Thatsäch=
lichkeit die Republik zum Sieg geführt wird, indem Fiesco den
verführerischen schimmernden Preis seiner Arbeit, die Krone von
Genua, zuletzt in göttlicher Selbstüberwindung wegwirft und
eine höhere Befriedigung darin findet, der glücklichste Bürger
als der Fürst seines Volkes zu sein. Freilich leidet unter dieser
Abstumpfung des innern Seelenkampfes die tragische Tiefe.

Kabale und Liebe, das dritte Drama Schiller's, wirkt um
so schneidender, je unmittelbarer es in der nächsten Gegenwart
steht. Mit Recht ist Kabale und Liebe der beste Commentar der
Räuber genannt worden. Die Fäulniß und Verderbniß, die in
Franz Moor so entsetzlich zum Ausbruch kommt, ist der Grundzug aller unserer staatlichen und gesellschaftlichen Einrichtungen.
Kabale und Liebe ist eine sociale Tragödie. Mit glücklichstem
Scharfblick hat der Dichter dasjenige Motiv erfaßt, in welchem die Unnatur der Gesellschaft, insbesondere das unmenschlich
Kastenhafte der Standesunterschiede, am schreiendsten zu Tage
tritt. Es ist der Begriff der sogenannten Mißheirath, dem noch
immer erbarmungslos unzählige Menschenopfer fallen. Das klare
unveräußerliche Naturrecht des Herzens im tragischen Kampf
und Gegensatz mit den finsteren und zähen Mächten der gesellschaftlichen Formen und Vorurtheile. Auf der einen Seite die
tiefe Liebe Ferdinand's, des jungen Adlichen, und Louisen's, des
schlichten Bürgermädchens. »Wer kann den Bund zweier Herzen lösen oder die Töne eines Accords auseinanderreißen?« sagt
Ferdinand. »Laß doch sehen, ob mein Adelsbrief älter ist als
der Riß zum unendlichen Weltall, mein Wappen giltiger als
die Handschrift des Himmels in Louisens Augen: Dieses Weib
ist für diesen Mann!« Auf der anderen Seite der Vater Ferdinand's, der Präsident, der nichts kennt als Adel und Carrière,
und zur Förderung seines äußeren Glanzes vor nichts zurück-
schreckt, nicht vor Pfiffen und Ränken, selbst nicht vor Ge-
waltthaten und Verbrechen; und neben dem Präsidenten das
Geschmeiß seiner Creaturen, das im Secretär Wurm treffend
gezeichnet ist, und die Lasterhaftigkeit und Hohlheit des Hofadels,
die in Lady Milford und im Hofmarschall Kalb zu drastischem
Ausdruck kommen. Es galt, um mit Schiller's eigenen Worten
zu sprechen, die Verspottung der vornehmen Narren- und Schur-
kenart. Vieles ist carricaturartig verzerrt; das Wesentlichste aber

ist, wie Schiller's Freund Streicher (vgl. Flucht aus Stuttgart.
S. 174) ausdrücklich bestätigt, fast porträthaft den Persönlichkeiten und Verhältnissen des Stuttgarter Hof- und Beamtenlebens
entnommen. Und wie in Stuttgart, so war es überall. Es ist
gewiß, solche nackte Photographirung krankhafter Wirklichkeit
ist nichts weniger als künstlerisch; zumal die Schurken trium-
phiren und der Sturz derselben nur sehr äußerlich und, fast
möchte man sagen, erst nachträglich erfolgt. Was aber diese
Dichtung nicht blos für die Zeitgenossen so wirksam machte,
sondern ihr für immer unvergänglichen Werth giebt, das ist die
erschütternde Kraft und der brennende Zorn der politischen Satire. Nie ist eine revolutionärere Tragödie geschrieben worden.
Jeder Zug ein Dolchstich. Das tragische Seitenstück zu Beaumarchais' Figarokomödie.

Was ist das für eine tiefe finstere Zerrissenheit, die sich in
diesen drei Erstlingsdramen Schiller's ausspricht! Am 4. Januar
1783 schrieb Schiller an Frau von Wolzogen (vgl. Schiller's
Beziehungen zu Eltern und Geschwistern. 1859, S. 396): »Es
ist ein Unglück, daß gutherzige Menschen so leicht in das ent-
gegengesetzte Ende geworfen werden, in den Menschenhaß, wenn
einige unwürdige Charaktere ihre warmen Urtheile betrügen.
So erging es mir. Ich hatte die halbe Welt mit der glühendsten
Empfindung umfaßt und zuletzt fand ich, daß ich einen kalten
Eisklumpen in den Armen hatte.« Und es wirft ein scharfes
Streiflicht auf die Gemüthsstimmung des jungen Dichters, wenn
er noch 1784 in seiner Vorlesung über »die Schaubühne als
moralische Anstalt betrachtet« in einer später beseitigten Stelle
(vgl. Hoffmeister Nachlese. Bd. 4, S. 152. Ausgabe von Gö-
deke, Bd. 3, S. 516) sagt: »Unsere Schaubühne hat noch eine
große Eroberung ausstehen, von deren Wichtigkeit erst der Erfolg sprechen wird. Shakespeare's Timon von Athen ist, soweit
ich mich besinnen kann, noch auf keiner deutschen Bühne er-

schienen, und, so gewiß ich den Menschen vor allem Anderen
zuerst in Shakespeare aufsuche, so gewiß weiß ich im ganzen
Shakespeare kein Stück, wo er wahrhaftiger vor mir stände, wo
er lauter und beredter zu meinem Herzen spräche, wo ich mehr
Lebensweisheit lernte als im Timon von Athen.« Schon Goethe
hat in den Gesprächen mit Eckermann (Bd. 1, S. 305) auf
die innere Verwandtschaft Schiller's mit Byron hingewiesen.

Es war unausbleiblich, daß sich das Phantastische und Ueber-
reizte der Schiller'schen Jugenddramen auch in ihrer künstlerischen
Form offenbarte und rächte. Sowohl in der Art der Motivirung und Lösung des tragischen Conflicts wie in der Zeichnung
der Charaktere. Es ist bekannt, daß Schiller auf der späteren
Höhe seiner Kunstentwicklung gegen diese Erstlinge seiner genialen Schaffenskraft den entschiedensten Widerwillen hegte und,
soweit sein Einfluß reichte, nur höchst ungern deren Aufführung
gestattete.

Alle Tragik, welche man die bloß pathologische zu nennen
pflegt, weil sie nicht aus der reinen und ewigen Menschennatur
selbst, sondern nur aus den zufälligen und vorübergehenden Verwicklungen und Krankheitserscheinungen bestimmter Zeit- und
Weltverhältnisse geschöpft ist, leidet an dem Grundmangel, daß
dem tragischen Kampf sowohl die innere unentrinnbare Nothwendigkeit seines Ausbruches wie die innere unentrinnbare Un-
lösbarkeit fehlt. Statt der scharfen Spannung festen dramatischen Gegensatzes nur die Aeußerlichkeit der Intrigue. Die
Intriguentragödie ist daher die untergeordnetste Art der Tragik
oder vielmehr nur eine Abart derselben. Die Räuber und Kabale und Liebe sind nichts als Intriguentragödien; und zwar
Intriguentragödien von äußerst ungeschickter und plumper Intriguenführung. Schon oft ist hervorgehoben worden, wie überaus schwach die Motivirung ist, daß Karl Moor auf Anlaß
eines untergeschobenen Briefes sofort zum Räuber wird, ohne

den leisesten Versuch zu machen, sich vorher mit dem Vater zu
verständigen. Und nicht minder oft ist gerügt worden, daß auch
die Katastrophe in Kabale und Liebe lediglich durch einen solchen
untergeschobenen Brief herbeigeführt wird; Ferdinand fällt unter
sich selbst herab, indem er diesen groben Betrug nicht durch-
schaut. Es ist unbestreitbar, daß Fiesco, so begründetem Tadel
die inneren Unklarheiten der Grundidee unterliegen, nach der
Seite der Komposition das beste der Schiller'schen Jugenddramen
ist; hier allein ist straffer Gegensatz, festes und klares Heraus-
springen der tragischen Katastrophe aus dem Charakter und der
tragischen Schuld des Helden.

Mit der Plumpheit dieser Intriguenführung hängt es zusammen, daß Schiller's Bösewichter und Intriguanten gar so
roh und ungeschlacht sind. Während Marinelli in Lessing's
Emilia Galotti eine ächt künstlerische Figur ist, durch den feinen
Weltschliff und das unverkennbare ironische Behagen an seiner
pfiffigen Intriguenvirtuosität von der Sonne der Idealität um-
glänzt, während gar Carlos in Goethe's Clavigo als Träger
einer durchaus berechtigten Anschauung dasteht und seine schneidende Herzenskälte durch die warme Liebe und Hingebung für
seinen Freund, dessen Wohl er einzig will, gemildert und durch-
wärmt ist, sind Schiller's Intriguanten nichts als die unmenschlichsten Schurken, kein klärender Strahl fällt in die stickende
Moderluft. Franz Moor ist eine Nachahmung Richard's des
Dritten; wo aber die heroische Kraft, durch welche in Richard
auch die Bosheit poetisch wird? Es ist eine kühn angelegte,
aber ungeheuerliche Fratze, der selbst die genialsten Darsteller
nur schwer Glaublichkeit und Ueberzeugungskraft zu geben vermögen. Und der Präsident und der Sekretär Wurm in Kabale
und Liebe! »O die Natur, die zeigt auf unseren Bühnen sich
wieder splitternackend, daß man jegliche Rippe ihr zählt.«

Dazu viel Krankhaftigkeit und Gespreiztheit auch in den

anderen Charakteren; Schwulst und Roheit in den männlichen, schmachtende Empfindelei in den weiblichen; viel Unwahrscheinlich-keit und Gewaltsamkeit in der Motivirung der einzelnen Scenen; viel Lust am Grellen und Grausamen, wie z. B. in der Ermor-dung Amalias in den Räubern und in der Demüthigung der Gräfin Imperiali im Fiesco.

Jene unbeirrbare naive Anmuth und Schönheit, welche Goethe vom ersten Anbeginn in sich trug, fehlte Schiller gänzlich. Und während Goethe das Glück hatte, schon früh überlegene kritische Freunde wie Herder und Merck zu finden, lebte Schiller unter lauter guten, aber unbedeutenden Gesellen, die staunend zu ihm hinaufschauten und seine Roheiten und Geschmacklosig-keiten als höchste Genialität bewunderten.

Trotzalledem sind und bleiben diese ersten Dramen Schiller's sehr bedeutende Marksteine in der Geschichte des deutschen Dra-mas. Ja es kann ernstlich die Frage entstehen, ob Schiller später je den ächt dramatischen Wurf dieser Jugendwerke wieder-erreicht hat. Ueberall sehen wir trotz aller Mängel und Schlacken den reichen gottbegnadeten Dichter, den reinen und gemüths-weichen großen Menschen. Namentlich die Räuber sind reich an solchen erhebenden Zügen. Die stille Einkehr Karl Moor's in sein besseres Selbst in der Zurückgezogenheit an den Ufern der Donau ist von so tiefer und reiner Empfindung, von so ächter Milde und Hoheit, daß es einen wahrhaft rührenden Eindruck macht, wenn Schiller in einem seiner ersten Briefe an Körner, am 10. Februar 1785, sich auf diese ergreifende Scene beruft, um seinem neugewonnenen Freund ein Bild seines eigensten Seelenlebens zu geben. Und von jeher ist die wild sich auf-bäumende Gewissensangst des teuflischen Franz bei seinem Ster-ben zum Erhabensten gezählt worden, was eines Dichters Phan-tasie ersonnen. Was aber am staunenerregendsten und am be-wunderungswürdigsten ist, das ist die scharf individualisirende

Kraft der Gestaltung und der spannende, unaufhaltsam rasche
Gang der dramatischen Handlung. Schiller, der später sein
Streben nach stilvoller Idealität oft sehr auf Kosten packender
Lebensfülle geltend machte und in diesem Streben seine Charaktere oft zu schattenhaften Begriffsallgemeinheiten, zu schönredne-
rischen Masken verflüchtigte, hat hier unmittelbar neben haar-
sträubend unwahren und gespreizten Gestalten eine stattliche Reihe
anderer Gestalten von so viel Derbheit und strotzender Lebenskraft,
von so festem realistischem Sinn für das Individuelle und Charakteristische, daß in diesen Jugenddramen in der That der Anfang
zu einem ächt deutschen dramatischen Stil, der Keim zu einem
deutschen Shakespeare war, wäre dieser realistische Zug in der
Entwicklung Schiller's, statt getilgt, naturgemäß fortgebildet und
in dieser Fortbildung geläutert und zu sicherem Schönheitsgefühl
begrenzt worden. Wo ist in allen späteren Dramen Schiller's
ein Gegenstück zum Musikus Miller? Wo ein Gegenstück zum
Mohren im Fiesco? Wo ein Gegenstück zu Fiesco selbst, dem
Leichtlebigen und doch so verwegen Thätigen, obgleich der Dichter hier allerdings aus dem Ernst der Tragik herausfiel, so daß
man oft den politischen Intriguanten eines Scribe'schen Lustspiels zu sehen meint? Zugleich ist in diesen Jugenddramen
eine Anlage zur Komik, welche Schiller später nur in sehr ver-
einzelten Fällen wiederaufgenommen hat. Und so oft auch die
Handlung an zerstreuender Ueberladung, an Unbeholfenheiten
und an Unmotivirtheiten leidet, ächt dramatisch ist sie immer.
Nie fröhnte Schiller dem Irrthum der Sturm- und Drangperiode, dem auch Goethe im Götz von Berlichingen seinen
Tribut zahlte, die Einheit der Person mit der Einheit der Handlung, die dialogisirte Biographie mit dem Drama zu verwechseln.
Ludwig Tieck sagt in den Dramaturgischen Blättern (Bd. 3,
S. 127) vortrefflich: »In jedem dieser Werke entdeckt man die
Fülle ächten dramatischen Talents, die Fülle jenes theatralischen

Instincts, der vor unseren Augen und vor unserer Phantasie Alles in Leben und Thätigkeit setzt. In jeder Rede schreitet die Handlung vor, jede Frage und Antwort giebt Theaterspiel, die Spannung steigt; Alles, was hinter dem Theater in den Zwischen= akten geschieht, belebt die sichtbar gemachte Gegenwart. Die theatralische Wirkung, das Fortschreiten, das Lebendigwerden durch das Spiel, diese Gaben, die dem Dichter mit der Geburt geschenkt sein müssen, weil er sie nicht erwerben, nur ausbilden kann, gaben die Hoffnung, daß aus diesem Ungeheurem, Mäch= tigem, Rohem und doch Poetischem sich der künstige wahre Dra= matiker, wenn er nur erst das Antlitz der Wahrheit geschaut hatte, hindurcharbeiten würde.«

Gleichzeitig mit seinen ersten Dramen trat Schiller auch als Lyriker auf.

Kurz nach den Räubern, im Februar 1782, erschien Schil= ler's Anthologie; ein Musenalmanach, der, mit Ausnahme einiger weniger fremder Beiträge, von Schiller allein war.

Roh und schwerfällig zum Entsetzen. Unwahrere und reiz= losere Liebesgedichte als die Gedichte an Laura sind niemals gehört worden; man muß durchaus unterschreiben, was Schiller in seiner Selbstkritik wohl mit der Hoffnung, daß man ihm widerspreche, gesagt hat, diese Gedichte sind insgesammt über= spannt und von unbändiger Imagination, nicht selten Schlüpfrig= keiten mit platonischem Schwulst umschleiernd. In den reli= giösen und politischen Oden viel Anklänge an Klopstock und Schubart; in dem Balladenversuch von Eberhard dem Greiner der Bänkelsängerton der ersten Balladen Bürger's, eines Dich= ters, in dessen Herabsetzung Schiller später seine eigene Jugend verurtheilte und der doch wie namentlich der in die Anthologie nicht aufgenommene »Venuswagen« (vgl. Hoffmeister Nachlese, Bd. 1, S. 28. Göbeke, Bd. 1, S. 186) bezeugt, damals grade in seinen rohsten Seiten für Schiller unbedingtes Vorbild war.

Nur höchst vereinzelt eine so süß duftige Empfindung, wie in
dem schönen Gedicht »Meine Blumen«; nur höchst vereinzelt
eine so markige und handlungsreiche Plastik wie in dem trefflichen Gedicht: »In einer Bataille«, das jetzt in der Gedichtssammlung die Ueberschrift »Die Schlacht« führt.

Aber für die innere Entwicklungsgeschichte des Dichters ist
die Anthologie eine unschätzbare Urkunde. Sie ist die wesentliche
Ergänzung der Jugenddramen. Zeigen uns jene Tragödien den
Sinn des grüblerischen freiheitlechzenden Jünglings vorzugsweise
auf die höchsten politischen und socialen Fragen gerichtet, so
führen uns diese lyrischen Selbstbekenntnisse in seine sittlichen
und religiösen Wirren und Kämpfe.

In der Jugendlyrik Schiller's liegt ein gut Stück seiner
Charaktergeschichte. In ihr liegen die Uebergänge von den Räubern zum Don Carlos.

Der sittliche Standpunkt der Anthologie ist noch durchaus
der sittliche Standpunkt der ersten Dramen. Einerseits daher
auch hier der düstere Weltschmerz, der aus jeder Blume nur
Gift saugt und wie der Weltschmerz Werther's in der Natur
nichts sieht als ein ewig verschlingendes und ein ewig wiederkäuendes Ungeheuer. Besonders ein Theil der Laura=Oden, in
welche Schiller Alles hineintrug, was unfertig in ihm stürmte
und gährte, ist der Ausdruck dieser unmuthigen Verbitterung.
Die »Melancholie an Laura« ist ein so wildes und häßliches
Schwelgen in Bildern des Todes und der Verwesung, wie es
dem keuschen Schönheitssinn Goethe's niemals möglich gewesen
wäre. »Aus dem Frühling der Natur, aus dem Leben wie aus
seinem Keime wächst der ew'ge Würger nur!« Und andererseits
neben diesem peinvollen Wühlen in den Nachtseiten des Daseins
ganz folgerichtig, ebenso wie in den Dramen, das Drängen nach
der ursprünglichen Vollkraft, der zornmüthige Eifer der strafenden
Satire gegen die perfide Unnatur und Heuchelei der herrschenden

Anschauungen. Dies ist der Sinn des Gedichts »An einen Moralisten«, der von des Alters Winterwolkenthron auf den goldenen Mai der Jugend schmählt; »Die Armuth ist, nach dem Aesop, der Schätze verdächtige Verächterin«. Dies ist der Sinn des Gedichts »Kastraten und Männer«, das später von dem Dichter unter dem Titel »Männerwürde« arg verstümmelt und zuletzt sogar unterdrückt wurde, das aber gleichwohl mit seinen humoristisch derben Schlagworten volksthümlich geblieben ist. »O pfui o pfui und wieder pfui den Elenden! — sie haben verlieberlicht in einem Hui des Himmels beste Gaben. Wie Wein von einem Chemikus durch die Retort getrieben; zum Teufel ist der Spiritus, das Phlegma ist geblieben. Drum fliehn sie jeden Ehrenmann, sein Glück wird sie betrüben; wer keinen Menschen machen kann, der kann auch keinen lieben!« Und man denke an »Die Kindesmörderin«; ein in der Sturm und Drangperiode oft behandeltes Motiv, das darthun sollte, daß die Härte des Gesetzes keinen Maßstab habe für die tragischen Verwicklungen und Irrgänge des menschlichen Herzens. Das Gedicht »Die schlimmen Monarchen« überbietet an revolutionärem Trotz und freilich auch an unbändiger Geschmacklosigkeit Alles, was jemals politische Tendenzdichtung zu sagen gewagt hat.

Es kam darauf an, ob es dem jungen Dichter gelingen werde, diese tiefe Verbitterung, welche die Knechtschaft seiner Jugend und verderbliche Zeiteinflüsse in ihn geworfen hatten, siegreich in sich niederzukämpfen. Und von diesem Gesichtspunkt ist »Der Spaziergang unter den Linden« (1782) höchst beachtenswerth. Ein Gespräch zweier Freunde, von denen der Eine, der Glücklichere, die Welt mit froher Wärme umfaßt, der Andere sie in die Trauerfarbe seines Mißgeschicks kleidet. Jenem ist die Welt die Hymne der allgegenwärtigen Liebe, dem Anderen ist sie nur der Sterbegesang verlorener Seligkeit. Der Streit bleibt ungelöst; aber man sieht doch, daß sich der Dichter seinen

inneren Zwiespalt klar zum Bewußtsein gebracht hatte und
die Hoffnung dereinstiger glücklicher Versöhnung nicht von sich
wies.

Und höchst überraschend ist der Einblick in Schiller's religiöse Denkart.

In manchen Gedichten der Anthologie noch ganz unverkennbare Nachwirkungen des anerzogenen Glaubens, in anderen Anklänge der Rousseau'schen Gefühlsreligion. Zugleich aber deutliche
Einwirkung der französischen Materialisten, welche Schiller, wie
seine Abhandlung »Ueber den Zusammenhang der thierischen
Natur des Menschen mit seiner geistigen« unzweideutig bezeugt,
emsig gelesen hatte. Noch Festhalten an dem Glauben an einen
persönlichen Gott und an persönliche Unsterblichkeit; aber in
der Gottesidee scharfes Betonen der Thatsächlichkeit der Natur,
ohne welche Gott gar nicht gedacht werden könne. In dem
Gedicht »Die Größe der Welt« sucht die Phantasie des Dichters
die Unendlichkeit des Weltenraumes ganz zu umspannen; er will
hinsegeln, wo kein Hauch mehr weht und wo der Markstein
der Schöpfung steht; umsonst! vor ihm Unendlichkeit, hinter ihm
Unendlichkeit. »Kühne Seglerin Phantasie, wirf ein muthloses
Anker hie!« Und noch ausdrücklicher feiert die »Hymne an
den Unendlichen«, die merkwürdigerweise später von der Gedichtsammlung ausgeschlossen wurde, die »ungeheure Natur«
als »der Unendlichkeit Riesentochter«, als »den Spiegel Jehovah's«. »Brüllend spricht der Orkan Zebaoth's Namen
aus, hingeschrieben mit dem Griffel des Blitzes. Kreaturen,
erkennt Ihr mich? Schone, Herr, wir erkennen Dich!«
Wie kurz ist von hier aus der Schritt zu jener großartigen
Weltanschauung, die in dem Gedicht »Die Freundschaft« einen
so kühnen und erhabenen Ausdruck gefunden hat. »Geister-
reich und Körperweltgewühle wälzet Eines Rades Schwung
zum Ziele.«

„Freundloß war der große Weltenmeister,
Fühlte Mangel — darum schuf er Geister,
Sel'ge Spiegel seiner Seligkeit. —
Fand das höchste Wesen schon kein Gleiches,
Aus dem Kelch des ganzen Seelenreiches
Schäumt ihm — die Unendlichkeit."

Wir erkennen den eigentlichen Sinn dieses denkwürdigen
Gedichtes erst, wenn wir es mit den philosophischen Briefen
zwischen Julius und Raphael vergleichen; bezeichnet es sich doch
selbst in seiner Ueberschrift als ein Bruchstück derselben! Die
»Theosophie des Julius« (Bd. 10, S. 284) fällt unzweifelhaft
in diese Zeit. Und was ist der Grundgedanke dieser träume-
rischen Theosophie, der man es freilich ansieht, daß hier kein
geübter, folgerichtig fortschreitender Denker spricht, von der aber
der Verfasser rühmt, daß sie sein Herz geadelt und die Perspective seines Lebens verschönert habe? Diese Theosophie sagt:
»Alle Vollkommenheiten im Universum sind vereinigt in Gott.
Gott und Natur sind zwei Größen, die sich vollkommen gleich
sind. Die ganze Summe von harmonischer Thätigkeit, die in
der göttlichen Substanz beisammen existirt, ist in der Natur,
dem Abbild dieser Substanz, zu unzähligen Graden und Maßen
und Stufen vereinzelt; die Natur ist ein unendlich getheilter
Gott. Wie sich im prismatischen Glase ein weißer Lichtstreif in
sieben dunklere Strahlen spaltet, hat sich das göttliche Ich in
zahllose empfindende Substanzen gebrochen; wie sieben dunklere
Strahlen in einen hellen Lichtstreif wieder zusammenschmelzen,
würde aus der Vereinigung aller dieser Substanzen ein göttliches
Wesen hervorgehen. Die vorhandene Form des Naturgebäudes
ist das optische Glas, und alle Thätigkeiten der Geister sind nur
ein unendliches Farbenspiel jenes einfachen göttlichen Strahles!«
Und die Theosophie fährt fort: »Die Anziehung der Elemente
brachte die körperliche Form der Natur zu Stande; die Anziehung
der Geister in's Unendliche vervielfältigt und fortgesetzt müßte

endlich zur Aufhebung jener Trennung führen oder — darf ich
es aussprechen? — Gott hervorbringen. Eine solche Anziehung
ist Liebe. Also Liebe ist die Leiter, worauf wir emporklimmen
zur Gottähnlichkeit; ohne Anspruch, uns selbst unbewußt, zielen
wir dahin!«

Wer sieht hier nicht den offenen sonnenklaren Spinozismus?
Ein Epigramm der Anthologie auf Spinoza lautet: »Hier
liegt ein Eichbaum umgerissen, sein Wipfel thät die Wolken
küssen; er liegt am Grund — warum? Die Bauern hatten,
hör ich reden, sein schönes Holz zum Bau vonnöthen, und rissen
ihn deswegen um.«

Selbst die Laura-Oden wurzeln in dieser pantheistischen
Grundlage. Suchen wir den Schwulst dieser Oden, in denen
allerdings, um einen ihnen selbst entlehnten Ausdruck auf sie
anzuwenden, die Gedanken oft des Verstandes Schranken über-
wirbeln, auf einen festen Wortlaut zurückzuführen, so ergiebt sich,
daß all' das phantastische Hereinziehen des ewigen Ringganges
der Planeten und aller Naturkräfte in diese Liebe (Phantasie an
Laura), und all' das Erklären des Gluthverlangens aus dem
Bewußtsein früherer Zusammengehörigkeit in anderen Welten
(Geheimniß der Reminiscenz) nichts ist als die verzerrte Anwendung der Sätze und Gedanken, welche jene Theosophie über
Gott, Welt, Liebe und Aufopferung aufgestellt hat. Den Schlüssel
der Laura-Oden enthalten die Worte, welche Schiller (vgl.
Schiller's Leben von C. v. Wolzogen, Bd. 1, S. 102) am
14. April 1783 ganz im Sinn seines Julius an Reinwald
schrieb: »Gleichwie keine Vollkommenheit einzeln existiren kann,
sondern diesen Namen nur in einer gewissen Beziehung auf
einen allgemeinen Zweck verdient, so kann keine denkende Seele
sich in sich selbst zurückziehen und mit sich begnügen. Der ewige
innere Hang, in das Nebengeschöpf überzugehen oder dasselbe in
sich hineinzuschlingen, es an sich zu reißen, ist Liebe. Und sind

nicht alle Erscheinungen der Freundschaft und Liebe vom sanften
Händedruck und - Kuß bis zur innigsten Umarmung so viele
Aeußerungen eines zur Vermischung strebenden Wesens?«

Keine Frage, daß Schiller diese spinozistische Sinnesweise
erst aus zweiter Hand hatte. Dies beweist die ganze Art sowohl
der wissenschaftlichen wie der dichterischen Darstellung, die nur
sprunghaft, nicht folgerichtig durchgebildet, nur ahnende Anempfindung, nicht tief innerliches Besitzthum ist. Dies beweist
das ausdrückliche Zeugniß Schiller's selbst. Aus seinem Briefwechsel mit Körner (Bd. 1, S. 127. 144) erhellt, daß vor 1787
ihm Spinoza niemals ein ernstliches Selbststudium gewesen.
Aber die Thatsache dieses frühen Spinozismus Schiller's bleibt
bestehen. Und diesen pantheistischen Zug hat Schiller sein ganzes
Leben hindurch festgehalten.

Das Thema der religiösen Denk- und Gewissensfreiheit
drängte sich daher jetzt mehr und mehr auch in seine dramatischen
Pläne.

Als sich Schiller in Bauerbach aufhielt, schwankte er zwi-
schen einem Trauerspiel »Friedrich Imhof« und »Maria Stuart«.
Wir haben keinen Anhalt, welche Persönlichkeit unter Friedrich
Imhof gemeint ist; aber sicher ist, daß es ein religionsgeschicht-
licher Stoff war. In einem Briefe vom März 1783 bittet
Schiller (Ausgabe von Göbeke, Bd. 3, S. 178) seinen Freund
Reinwald um Bücher über »Jesuiten und Religionsverände-
rungen«, mit dem Zusatz, er brauche diese Bücher, weil er nunmehr mit starken Schritten auf seinen Imhof losgehe. In der
Geschichte Maria Stuart's liegt der Gegensatz des Protestantismus und Katholicismus offen vor Augen; dieser Gegensatz
würde jetzt vom jungen Dichter in einer ganz anderen Weise
zum Nerv seiner Dichtung gemacht worden sein als es von
ihm auf der Höhe einer Kunstbildung geschah, auf welcher er
mit den politischen und religiösen Kämpfen seiner stürmenden

Jugendzeit nichts mehr gemein hatte. Ueber Imhof und Maria
Stuart siegte zuletzt Don Carlos. Der erste Entwurf von
1783 hat sich erhalten; (aus den Papieren Reinwald's abgedruckt in Hoffmeister's Nachlese 1840. Bd. 2, S. 3. Göbeke
a. a. O. S. 180). Er ist noch wirr und ungestalt, aber das
treibende Motiv ist klar erkennbar. Noch ganz der satirische
Boden der vorangegangenen Jugenddramen: nur nach der
Seite des Religiösen und Kirchlichen. Die unglückliche Liebe
des Infanten zur Königin sollte nur die Unterlage bilden zur
farbenvollen Schilderung der geistlichen Tyrannei, wie sie in
Spanien unter Philipp II. wüthete. Carlos sollte schuldlos als
das Opfer pfäffischer Intrigue und Bosheit fallen, wie Ferdinand
in Kabale und Liebe schuldlos als das Opfer staatlicher und
gesellschaftlicher Tyrannei fällt. Am 14. April 1783 schreibt
Schiller an Reinwald (vgl. C. v. Wolzogen: Leben Schiller's,
Bd. 1, S. 106), er wolle es sich in diesem Drama zur Pflicht
machen, in der Darstellung der Inquisition die prostituirte
Menschheit zu rächen und ihre Schandflecken fürchterlich an den
Pranger zu stellen. Schiller setzt hinzu: »Ich will, und sollte
mein Carlos auch für das Theater verloren gehen, einer Menschenart, welche der Dolch der Tragödie bisher nur gestreift hat,
den Dolch auf die Seele stoßen.«

Tiefgreifende innere und äußere Verwicklungen änderten
allmälig den Plan des Don Carlos von Grund aus. Es
ist leicht zu sehen, daß Vieles von den Ideen und Studien,
die ursprünglich für Imhof und Don Carlos bestimmt waren,
später in Schiller's Geisterseher übergegangen ist.

2.

Freigeisterei der Leidenschaft. — Resignation. —
An die Freude.

Seit Schiller's Flucht aus Stuttgart, am 17. September 1781, war sein Leben ein sehr gedrücktes und unstetes. Der bunteste Wechsel der Aufenthaltsorte; zuerst in Mannheim, dann in Oggersheim, dann in Bauerbach bei Meiningen, zuletzt wieder in Mannheim. Mitten unter den begeistersten und aufregendsten Arbeiten die quälendsten Nahrungssorgen; mehr als einmal standen düstere Selbstmordgedanken vor seiner Seele. Und dabei unläugbar alle Leichtfertigkeiten genialer Jugend. Auf die Mannheimer Zeit bezieht es sich, wenn Schiller, als ihm Goethe die ersten Bücher von Wilhelm Meister's Lehrjahren schickte, am 9. December 1794 an Goethe schreibt, daß er die Treue des Gemäldes der theatralischen Wirthschaft und Liebschaft mit voller Competenz beurtheilen könne, da er leider mit beiden besser bekannt sei als er zu wünschen Ursache habe.

Und eben jetzt sah sich der fünfundzwanzigjährige Jüngling wieder in neue Stürme geworfen, die sein tiefstes Leben durchschütterten.

Am 9. Mai 1784 lernte Schiller in Mannheim Charlotte v. Kalb kennen. Eine junge Frau von zartester und anmuthigster Schönheit; feinsinnig, geistvoll, schwärmerisch. Von herzlosen Verwandten war sie zur Heirath mit einem ungeliebten Mann gezwungen worden; er stand in der benachbarten Festung Landau in Garnison. Bald wurden Schiller und Charlotte v. Kalb von der innigsten Leidenschaft erfaßt. Schiller kämpfte den Kampf Werther's.

Das Gedicht »Freigeisterei der Leidenschaft« (Göbeke, Bd. 1, S. 23) stammt aus der ringenden Zeit dieser Liebe, obgleich es erst 1786 in der Thalia veröffentlicht und dort absichtlich in Bezug zu den phantastischen Laura=Oden gestellt wurde. In der Gedichtssammlung führt es die Ueberschrift »Der Kampf«. In der jetzigen Fassung, die alles Verfängliche und Anstößige ängstlich ausgetilgt hat, ist es völlig farblos und unverständlich; in der ursprünglichen Fassung ist es wild und trotzig, ganz im Sinn der Sturm= und Drangperiode nur das Recht der Leidenschaft gegen alle beschränkende Satzung be= hauptend.

Auch der Plan des Don Carlos gewann unter der Gewalt dieser Leidenschaft ein durchaus verändertes Ziel. Dieser zweite Plan liegt offen vor in den Bruchstücken, welche in der Thalia von 1785 und 1786 veröffentlicht wurden. Die Hauptbedeutung liegt nicht mehr in den satirischen Angriffen auf Inquisition und Pfaffenthum, sondern auf der Liebe des Prinzen, »deren leiseste Aeußerung Verbrechen ist, die mit einem unwiderruflichen Religionsgesetz streitet und die sich ohne Aufhören an der Grenzmauer der Natur zerschlägt«, und auf der Liebe der Fürstin, »deren Herz, deren ganze weibliche Glückseligkeit einer traurigen Staatsmaxime hingeschlachtet worden«. In der »Freigeisterei der Leidenschaft« heißt es: »Woher dies Zittern, dies unnennbare Entsetzen, wenn mich Dein liebevoller Arm umschlang? Weil Dich ein Eid, den auch schon Wallungen verletzen, in fremde Fesseln zwang? Weil ein Gebrauch, den die Gesetze heilig prägen, des Zufalls schwere Missethat geweiht? Nein — un= erschrocken trotz' ich dem Bund entgegen, den die erröthende Natur bereut. O zittre nicht — Du hast als Sünderin ge= schworen, ein Meineid ist ·der Reue fromme Pflicht. Das Herz war mein, das Du vor dem Altar verloren; mit Menschen= freuden spielt der Himmel nicht!« Fast gleichlautend sagt Car= los: »Die Rechte meiner Liebe sind älter als die Formel am Altar.« Der freigeistige Prinz wurde das Ebenbild des frei=

geistigen Dichters, die Königin Elisabeth erhielt die Züge Charlotten's. Die Tragödie wurde der Kampf des zügellosen Herzens
gegen die Tyrannei der Ehe. Für Schiller, der überall auf die
schärfsten und schroffsten dramatischen Gegensätze ausging, mochte
es etwas ganz besonders Verlockendes haben, daß dieser tragische
Kampf zwischen Herz und Gesetz zugleich ein Kampf zwischen
Vater und Sohn war.

Mit diesen Richtungen und Stimmungen auf's engste zu-
sammenhängend ist das Gedicht »Resignation«, das ebenfalls
zuerst in der Thalia von 1786 erschien. Unter dem unbehol-
senen Ausdruck kommt der Gedanke nicht zu voller Durchsichtig-
keit. Daher geschieht es wohl, daß Manche, durch den schlecht
gewählten Titel verleitet, in diesem Gedicht die Forderung
schmerzlicher Entsagung erblicken. Nicht aber eine Empfehlung,
sondern eine Verwerfung der Entsagungslehre ist es, ein Aufruf
zu Glück und Genuß. Eine abgeschiedene Seele, der des Lebens
Mai abgeblüht ist, tritt vor den Thron der ewigen Vergeltung.
Sie fordert den Lohn der Seligkeit; auf Erden habe sie nichts
von Seligkeit gewußt, alle ihre Freude habe sie der Aussicht
auf die Ewigkeit geopfert, so oft auch das Schlangenheer der
Spötter diesen hoffenden Glauben als nur durch Verjährung
geweihten Wahn bewitzelte. Ein unsichtbarer Genius weist den
fordernden Schatten ab. Wer glauben kann, der mag entbehren;
sein Glaube ist sein zugewogenes Glück. Wer aber nicht glauben
kann, genieße; was man von der Minute ausgeschlagen, giebt
keine Ewigkeit zurück. Die Weltgeschichte ist das Weltgericht;
nicht im Jenseits, sondern im Diesseits ist Himmel und Hölle.

Endlich erkannte Schiller doch die Nothwendigkeit der Selbstbesinnung. Verwicklungen mit dem Gemahl Charlotten's scheinen
nicht ausgeblieben zu sein. Die Trennung war für beide Theile
eine erschütternd schmerzliche. Noch im Jahr 1768, als sie wieder in Weimar zusammentrafen, dachten sie ernstlich an eine

Verbindung. Sie scheiterte an den Schwierigkeiten, welche sich der Ehescheidung Charlotten's entgegenstellten.

Man erschrickt vor dem Gedanken, sich Schiller an der Seite dieser zwar anmuthigen und geistvollen, aber unsäglich empfindelnden und excentrischen Frau zu denken. Schiller selbst hat später wiederholt ausgesprochen, der Einfluß Charlotten's sei für ihn nicht wohlthätig gewesen. Charlotte von Kalb ist auch die »Titanide« Jean Paul's. Mit Jean Paul erlebte sie die gleiche Liebe und das gleiche Schicksal. Ihr Leben wurde nachher ein entsetzlich trauriges. Sie verarmte und erblindete. Im Mai 1843 starb sie zu Berlin, eine Greisin von zweiund- achtzig Jahren.

Von Mannheim ging Schiller nach Leipzig, in unnennbarer Bedrängniß des Herzens. Es war im April 1785.

Wir stehen an einem der wichtigsten Wendepunkte seines Lebens. Eine neue Epoche begann für ihn; eine Epoche der Sammlung und Klärung.

Körner's Freundschaft war es gewesen, die den jungen Dichter nach Leipzig führte. An Körner's warmem Freundesherz gesundete Schiller zu innerer Versöhnung, zu vertrauender Le- bensfreudigkeit.

Schiller hatte, wie alle großen Menschen, das glühendste Freundschaftsbedürfniß. Aus Bauerbach schrieb er im Frühjahr 1783 an Reinwald (C. v. Wolzogen, Bd. 1, S. 104), das sei bewiesen wahr, daß jeder große Dichter wenigstens die Kraft zur höchsten Freundschaft besitzen müsse, wenn sie sich auch nicht immer äußere; ja ein anderes Mal hatte er um dieselbe Zeit (ebend. S. 98) mit bestimmter Anwendung auf sich selbst an Reinwald geschrieben, das Werk eines Freundes werde es sein, ihn mit dem Menschengeschlecht, das sich ihm auf einigen häß- lichen Blößen gezeigt, wieder auszusöhnen, und seine Muse, die schon auf dem halben Wege nach dem Cocytus sei, wieder in

das Leben zurückzuführen. Dieses Glück war ihm jetzt in Körner
unerwartet und im höchsten Maß zutheilgeworden. Auf die
wunderlichste Weise hatte sich diese Freundschaft geschlossen. Im
Anfang des Juni 1784 hatte Körner, damals ein junger Mann
von siebenundzwanzig Jahren, im Verein mit seiner Braut und
seiner Schwägerin und deren Bräutigam Huber, ohne Nennung
der Namen, an Schiller Briefe und kleine Liebeszeichen gesendet, ihm dankende Bewunderung auszudrücken. Schiller war
von dieser Ueberraschung auf's tiefste ergriffen. Am 7. Juni
(vgl. Schiller's Beziehungen zu Eltern und Geschwistern 1859.
S. 447) schreibt er an seine mütterliche Freundin Frau von
Wolzogen: »Ein solches Geschenk ist mir eine größere Belohnung
als der laute Zuruf der Welt; und wenn ich das nun weiter
verfolge, wenn ich mir denke, daß in der Welt vielleicht mehr
solche Zirkel sind, die mich unbekannt lieben, und daß vielleicht
in hundert und mehr Jahren, wenn mein Staub schon lange
verweht ist, man mein Andenken segnet und mir noch im Grabe
Thränen und Bewunderung zollt, dann, meine Theuerste, freue
ich mich meines Dichterberufes und versöhne mich mit Gott
und meinem oft harten Verhängniß.« Gleichwohl hatte Schiller
in unbegreiflicher Fahrlässigkeit sieben Monate nicht geantwortet;
nur in seinem Herzen das süße Bewußtsein tragend: »Diese
Menschen gehören Dir, diesen Menschen gehörst Du!« Nachdem
im December 1784 endlich die Antwort Schiller's erfolgt war,
hatte der herzlichste Briefwechsel begonnen. Schiller wußte, wohin
er sich zu wenden habe, als ihm die unglückliche Liebe zu Charlotte
den Entschluß aufdrängte, Mannheim zu verlassen. »Ich muß zu
Ihnen«, hatte er am 10. Februar 1785 an die neuen Freunde
geschrieben, »muß in Ihrem Umgang, in der innigsten Verkettung
mit Ihnen mein eigenes Herz wieder genießen lernen und mein
ganzes Dasein wieder in lebendigeren Schwung bringen. Meine
poetische Ader stockt, wie mein Herz für meine bisherigen Zirkel

vertrocknete. Bei Ihnen will ich, werde ich alles doppelt, drei=
fach wieder sein, was ich ehemals gewesen bin, und mehr als
das Alles, o meine Besten, ich werde glücklich sein. Ich war's
noch nie. Weinen Sie um mich, daß ich ein solches Geständniß
thun muß. Ich war noch nicht glücklich, denn Ruhm und Be=
wunderung und die ganze übrige Begleitung der Schriftstellerei
wägen auch nicht einen einzigen Moment auf, den Freundschaft
und Liebe bereiten, das Herz darbt dabei.« Nun war der Ent=
schluß ausgeführt. Schiller war nach Leipzig gekommen. Mit
den überschwenglichsten Hoffnungen. Und doch wurden sie durch
das Zusammenleben übertroffen. Ein Gefühl der Glückseligkeit
erfüllte den Dichter, von dem er sich, nach seinem eigenen Aus=
druck, bisher nicht einmal hatte ein Bild machen können. Eine
Umwälzung bis in's tiefste Herz. Froher sah der junge Dichter
in die Zukunft, liebend umfaßte er die ganze Welt. Am 3. Juli
1785 schreibt Schiller aus Gohlis an Körner: »Mit welcher
Beschämung, die nicht niederdrückt, sondern männlich emporrafft,
sehe ich rückwärts in die Vergangenheit, die ich durch die un=
glücklichste Verschwendung mißbrauchte. Ich fühle die kühne
Anlage meiner Kräfte, das mißlungene, vielleicht große Vorhaben
der Natur mit mir. Eine Hälfte wurde durch die wahnsinnige
Methode meiner Erziehung und die Mißlaune meines Schicksals,
die zweite und größere aber durch mich selber zernichtet. Tief,
bester Freund, habe ich das empfunden, und in der allgemeinen
feurigen Gährung meiner Gefühle haben sich Kopf und Herz
zu dem herkulischen Gelübde vereinigt, die Vergangenheit nach=
zuholen und den edlen Wettlauf zum höchsten Ziel von vorn
anzufangen. O mein Freund, nur unserer innigen Verkettung,
unserer heiligen Freundschaft allein war es vorbehalten, uns
groß und gut und glücklich zu machen. Die gütige Vorsehung,
die meine leisesten Wünsche hörte, hat mich Dir in die Arme
geführt, und ich hoffe, auch Dich mir«.

Der dithyrambische Ausdruck dieses tiefen schwellenden Glücksgefühls ist das hohe Lied an die Freude.

> Freude, schöner Götterfunken,
> Tochter aus Elysium,
> Wir betreten feuertrunken
> Himmlische, Dein Heiligthum.
> Deine Zauber binden wieder,
> Was der Mode Schwert getheilt;
> Bettler werden Fürstenbrüder,
> Wo Dein sanfter Flügel weilt.
>
>   Chor.
> Seid umschlungen Millionen!
> Diesen Kuß der ganzen Welt!
> Brüder — überm Sternenzelt
> Muß ein lieber Vater wohnen.

3.

Don Carlos. Der Geisterseher. Der Menschenfeind.

Am 11. September 1785 war Schiller seinem Freund Körner nach Dresden gefolgt. In Dresden und in der heiteren Einsamkeit des lieblichen, von Berg und Wald und Fluß umkränzten Körner'schen Landsitzes in Loschwitz wurde Don Carlos umgearbeitet und vollendet.

In jeder Zelle das Glück und die stolze Begeisterung des neugewonnenen Lebens. Was die innerste Seele und der leitende Gedanke jener in Gohlis gedichteten Dithyrambe an die Freude gewesen war, das liebende Umfassen der ganzen Menschheit, der Ruf nach Menschlichkeit auf Königsthronen und nach Rettung von Tyrannenketten, das wurde jetzt auch die innerste Seele und der leitende Gedanke seines Dramas.

Nicht mehr eine Satire gegen Pfaffenthum und Inquisition, wie im ersten Entwurf zu Bauerbach, nicht mehr eine

Familientragödie eines fürstlichen Hauses, wie in der Mannheimer Bearbeitung, sondern das begeisterte Evangelium eines
kommenden neuen Völkerfrühlings. Die früheren Motive und
Ausführungen wurden nur beibehalten, insoweit sie dienten, der
handlungslosen politischen Lyrik festen Halt und feste dramatische
Spannung zu geben.

Mit dem veränderten Plan drängte sich auch ein anderer
Held in den Vordergrund. Früher war Marquis Posa in so
durchaus untergeordneter Stellung gedacht, daß in den Briefen
Schiller's an Dalberg und Reinwald, in welchen er sich über die
Personen seines Dramas ausspricht, derselbe gar nicht erwähnt
wird; jetzt wächst Posa Allen und ganz besonders auch Don
Carlos selbst weit über den Kopf und wird der Haupthelb der
letzten Akte.

Lediglich in Marquis Posa liegt die unsterbliche Größe
und Hoheit dieser Dichtung. Marquis Posa ist die Poesie des
politischen Idealismus. Sein Herz schlägt der ganzen Menschheit; seine Neigung ist die Welt mit allen kommenden Geschlechtern. Das Jahrhundert ist seinem Ideal nicht reif; er lebt ein
Bürger Derer, die da kommen werden.

Dies ist die Form, in welcher wir Schiller's Don Carlos
jetzt lesen. Es ist der Abschluß der Schiller'schen Jugenddramen.
Don Carlos verhält sich zu den Räubern, zu Fiesco, zu Kabale
und Liebe, wie das Ziel zum Weg. Dort der Kampf gegen die
bestehenden Zustände und Wirklichkeiten; hier der Kampf für die
Verwirklichung bestimmter Zukunftsideale. Dort wird die alte
Welt zertrümmert; hier soll ein neues Gebäude des menschlichen
Daseins gegründet und aufgeführt werden. Was er nicht will,
hat der Dichter zuerst mit blutendem Herzen in mehreren Weisen
auseinandergesetzt; hier wird, was er will, mit freier und begeisterter Seele in ein großes Gemälde zusammengefaßt. Dort
das harte bittere Gefühl, das mit jedem aussichtslosen Kampf

verbunden ist; hier sehen wir nicht blos Schiller's hohen Frei-
heitssinn, sondern auch seines Herzens schöne Menschlichkeit.

Schiller wollte einst einen zweiten Theil der Räuber schreiben, die Dissonanzen des ersten Theils harmonisch aufzulösen.
Don Carlos ist dieser zweite Theil der Räuber. Nicht im Rückwärts zu einem wilden phantastischen Naturzustand, sondern im
Vorwärts durchgeführter und voll verwirklichter Bildung, nicht
in der Flucht aus der Gesellschaft, sondern in der ernsten und
muthvollen Bethätigung in derselben liegt das Ideal von Völker-
glück und Welterneuerung.

An Marquis Posa vor Allem denken wir, wenn wir Schiller
den Dichter der Freiheit nennen. Welcher deutsche Jüngling
'erlebt nicht eine Zeit, in welcher ihm Marquis Posa ein
Höchstes ist?

Künstlerisch freilich ist Don Carlos eine der schwächsten
Schöpfungen Schiller's. Der Dichter hat nicht vermocht, die
zu verschiedenen Zeiten und aus sehr verschiedenen Absichten
und Stimmungen entstandenen Bestandtheile zu fester und folgerichtiger Einheit ineinanderzuschmelzen. Daher das Zerfahrene
und Verworrene in der Führung der dramatischen Handlung,
namentlich in der Ableitung der Katastrophe, die nicht, wie es
die Grundbedingung aller ächten Tragik ist, aus der unumgäng-
lichen Nothwendigkeit der gegebenen Verhältnisse und Charaktere
selbst entspringt, sondern nur durch die alleräußerlichsten und
darum unkünstlerischsten Mittel, durch die handgreiflichsten Intriguen und Mißverständnisse herbeigeführt wird. Die gewaltsame und psychologisch völlig unmögliche Art, wie Marquis Posa
mit dem Schicksal seines Freundes Carlos sein waghalsiges Spiel
treibt und zuletzt wie ein bankerotter Spieler selbst seinen Tod
sucht, ist, soviel sich auch Schiller's Briefe über Don Carlos
abmühen, sie zu erklären und zu vertheidigen, nur das Armuths-
zeugniß eines Dichters, der seine Personen nicht von der Bühne

zu bringen weiß, weil das ganze Stück von Hause aus falsch
angelegt ist. Und daher auch das Zerfahrene und Verworrene in
der Charakterzeichnung, die in der zweiten Hälfte nicht nur alle
individualisirende Kraft verliert, sondern auch mit allen Gesetzen
der Möglichkeit und Wahrscheinlichkeit in den schreiendsten
Widerspruch tritt. Grade die berühmteste und gehaltvollste
Scene, das Zwiegespräch zwischen König Philipp und Marquis
Posa, wird von diesem Vorwurf am schwersten getroffen.

Gleichwohl ist Don Carlos auch künstlerisch in Schiller's
Entwicklungsgang ein sehr bedeutender Umschwung. Nach Lessing's Vorgang im Nathan wählte Schiller den jambischen Vers,
um der Idealität des Stoffs den Glanz und die Würde des
hohen Stils zu geben. Es war der bewußte Bruch mit dem
grellen Natürlichkeitsstreben seiner ersten Dramen. In einem
Briefe an Dalberg vom 24. August 1784 spricht Schiller offen
als Ziel aus, daß es gelte, zwischen den beiden »Extremen« des
englischen und französischen Geschmacks ein heilsames Gleichgewicht zu finden.

Neben dem Don Carlos stehen zwei Bruchstücke, deren
Conception ebenfalls in die Dresdener Zeit fällt. Das eine ist
der Geisterseher, das andere der Menschenfeind.

Der Geisterseher ist ein sehr wesentlicher Zug in Schiller's
Charakterbild. Schiller nimmt hier das Motiv wieder auf, das
die letzte Gestaltung des Don Carlos fallengelassen oder doch
nur zum Nebenmotiv herabgedrückt hatte. Es ist der Kampf
gegen die Tyrannei der Kirche und des Pfaffenthums; und
zwar mit unmittelbarster Beziehung auf die nächsten Tages-
ereignisse.

Schiller's · Geisterseher ist ein Tendenzroman gegen die
jesuitische Propaganda, die in den letzten Jahrzehnten des achtzehnten Jahrhunderts wieder um so arglistiger und geschäftiger
ihr unheimliches Wesen trieb, je mehr sie durch die großen Auf-

klärungskämpfe an Boden verloren hatte und verzweifelt um
Leben und Tod kämpfte. Nicolai verfiel dem Gespött, als er
überall nur das geheime Spiel jesuitischer Intrigue sah; in der
Sache selbst aber stand, wie die Folgezeit sattsam gelehrt hat,
das Recht weit mehr auf der Seite Nicolai's als auf der Seite
der Spötter. Es ist sehr zu bedauern, daß über Anlaß und
Entstehung des Geistersehers nur so dürftige Kunde erhalten ist;
seine Absicht spricht der Dichter offen aus, wenn er sogleich im
Eingang seinen Roman einen Beitrag zur Geschichte des Betrugs
und der Verirrungen des menschlichen Geistes nennt, und dabei
ausdrücklich hinzufügt, daß man sowohl über die Kühnheit des
Zwecks, den die Bosheit zu entwerfen und zu verfolgen im
Stande sei, wie über die Mittel, die sie zur Sicherstellung ihres
Zwecks aufzubieten vermöge, erstaunen werde. Wahrscheinlich
hat Elise von der Recke, der Familie Körner's befreundet, durch
ihre Enthüllungen über Cagliostro auf Erfindung und Gestaltung
des Romans erheblich eingewirkt.

Mit raffinirtester Schlauheit wird ein Prinz eines kleinen
deutschen protestantischen Fürstenhauses von den Jesuiten zum Katholicismus gezogen; und die Jesuiten schrecken nicht zurück, ihm
den Weg zum Thron zu bahnen, obgleich dieser Weg nur durch
Blut und Verbrechen geht. Die Berauschung der Phantasie durch
trügerischen Geisterspuk, die Einführung in den bannenden Pomp
geheimer Ordensbrüderschaften, die Aufstachelung des zweifelnden
Grübelns zur Freigeisterei, die dem Halbgebildeten den alten
Glauben entzieht, ohne ihm doch innere Selbstbefriedigung geben
zu können, die Verführung zu Spiel und Aufwand und daraus entspringender Schuldenlast, die den Unabhängigen in die
drückendste Abhängigkeit stellt, die Erregung der niedrigen Leidenschaften der Sinnlichkeit und Herrschsucht, und alle die perfiden
Schliche und Kniffe, welche den Arglosen von Schritt zu Schritt
immer mehr und mehr bethören und umstricken, bis er zuletzt

unentrinnbar den dunklen Mächten verfallen ist, sind mit einer
Feinfühligkeit und Lebendigkeit der Seelenmalerei, mit einer
Sorgsamkeit und Meisterschaft der Motivirung, mit einer Fülle
und Thatsächlichkeit der Erfindung und Darstellung und mit
einer Kunst dramatischer Steigerung gedacht und behandelt, daß
nach dieser Seite hin der Geisterseher unbedingt eine der vollen=
detsten Schöpfungen Schiller's ist. Nur die gleichzeitige kleine
Novelle »Der Verbrecher aus verlorener Ehre« ist an psycholo=
gischer Feinheit dem Geisterseher vergleichbar.

Woher also, daß Schiller nichtsdestoweniger eine so mächtige
Schöpfung, sogar noch während er an ihr arbeitete, mit auf=
fallender Geringschätzung betrachtet, sie in seinen Briefen als eine
flache Farce und sündliche Schmiererei bezeichnet und sie zuletzt,
ohne sie zu beenden, mißmuthig bei Seite schiebt? Erhebend
zeigt sich, was ächter Künstlerernst zu bedeuten hat. Schon im
Don Carlos hatte Schiller den Forderungen höchster Kunst=
idealität nachgestrebt, und hier sah er sich wieder in die Schilde=
rung trübster Lebenswirklichkeit zurückgewiesen; Schiller war dem
von ihm gewählten Stoff entwachsen, noch ehe er die Ausführung
desselben begonnen. Und mit der fortschreitenden Ausführung
steigerte sich immer mehr die Einsicht in dieses Mißverhältniß.
Eben jetzt war Schiller von Dresden nach Weimar übergesiedelt
und eben jetzt hatte er sich, wohl zunächst auf die Anregung
Herder's, mehr als je in die Dichtung der Griechen, besonders
Homer's vertieft, um, wie er an Körner schreibt, seinen durch
Spitzfindigkeit, Künstelei und Witz von der wahren Einfalt ab=
geirrten Geschmack wieder zu läutern. Wie hätte er da nicht
erkennen sollen, daß auch der Geisterseher, wie das Meiste seiner
Jugenddichtung, nur in das bedenkliche, den Forderungen ächter
Kunst nicht entsprechende Gebiet der sogenannten pathologischen
Dichtung gehöre, d. h. nur eine peinigende Krankheitsgeschichte
der Zeit sei, nicht die reine und heitere Darstellung schöner har=

monischer Menschennatur. Und die Schäden dieses blos pathologischen Motivs hätten gegen den Schluß des Romans nur
immer offener hervortreten müssen.

Das zweite Bruchstück aus dieser Zeit, der Menschenfeind, ist
nicht über die ersten Anfänge hinausgekommen. Wir haben keinen
Grund, darüber zu klagen. Was ausgeführt ist, ist unerquicklich,
grollender Weltschmerz, der aus jeder Blume Gift saugt. Der
Dichter gab den Stoff auf, weil er nach wiederholten verunglückten
Versuchen die Ueberzeugung gewann, daß für die tragische Behandlung diese Art Menschenhaß zu allgemein und unbestimmt sei.

Aber für Schiller's Bildungsgeschichte ist dieses Bruchstück
ein unschätzbarer Markstein. Der erste Plan fällt in den Herbst
1786, unmittelbar nach der Vollendung des Don Carlos;
und über den Zweck und die Grundidee ist kein Zweifel, da
die erste Veröffentlichung im elften Heft der Thalia (1790)
die Ueberschrift »Der versöhnte Menschenfeind« führt. In der
leidenschaftlich bedrängten Zeit seines Mannheimer Aufenthalts
hatte Schiller die düstere Schroffheit des Shakespeare'schen Timon
mit überschwenglichem Lob gepriesen; jetzt nachdem er den Frieden gefunden, drängte es ihn, die Nichtigkeit und Krankhaftigkeit dieser nagenden Verbitterung und das frohe Glücksgefühl
der siegreich erkämpften Versöhnung zur dichterischen Darstellung
zu bringen. Es war das innerste Leben Schiller's. Daher die
unendliche Wärme, mit welcher Schiller lange Zeit diesen Plan
hegte. Noch in einem Briefe vom 25. Februar 1789 spricht er
gegen Körner die Meinung aus, vielleicht werde der Menschenfeind einmal seinen ganzen Credit begründen.

Wir wissen so wenig von Schiller's Leben in Dresden.
Aber Thatsache ist, daß diese Zeit für Schiller eine sehr entscheidende war. Seine phantastische Ueberschwenglichkeit ernüchterte
sich an der klaren und maßvollen Besonnenheit Körner's. Es
war das erste Mal, daß er in Körner's Kreise das ruhige Glück

geordneten Familienlebens genoß. Der Bruch mit der Sturm=
und Drangperiode vollzieht sich mit vollster und klarster Bewußtheit.
Das Titanenthum ist geläutert. Einsicht in die Unerläßlich=
keit der Beschränkung; aber innerhalb dieser undurchbrechbaren
Beschränkung nur um so festeres Streben nach Rettung und
Verwirklichung des unaufgebbaren Ideals reiner und schöner
Menschlichkeit.

Es bezeichnet die Weltanschauung der stürmenden Jugend=
zeit Schiller's, wenn Schiller in der Abhandlung über naive
und sentimentalische Dichtung (Bd. 12, S. 185) sagt, daß wir
uns mit schmerzlichem Verlangen nach der Natur zurücksehnen,
sobald wir angefangen haben, die Drangsale der Kultur zu er=
fahren; aber es bezeichnet die Weltanschauung der erlangten Reife
und Klärung, wenn Schiller in derselben Abhandlung (S. 216)
hinzufügt, daß die Lösung dieses Streites nur in der geistreichen
Harmonie einer völlig durchgeführten Bildung liege.

Größere wissenschaftliche Vertiefung wurde ihm unabweis=
bares Bedürfniß. Was für Goethe die italienische Reise und
die Naturwissenschaft war, das wurden für Schiller seine ge=
schichtlichen und philosophischen Studien.

In der Recension über Bürger's Gedichte, die wesentlich
als ein kritischer Rückblick Schiller's auf seine eigene dichterische
Vergangenheit zu betrachten ist, sagt Schiller: »Es ist nicht
genug, Empfindungen mit erhöhten Farben zu schildern, man
muß auch erhöht empfinden; Begeisterung allein ist nicht genug,
man fordert die Begeisterung eines gebildeten Geistes. Alles,
was der Dichter uns geben kann, ist seine Individualität; diese
muß es also werth sein, vor Welt und Nachwelt ausgestellt zu
werden. Diese seine Individualität so sehr als möglich zu ver=
edeln, zur reinsten herrlichsten Menschlichkeit hinaufzuläutern, ist
sein erstes und wichtigstes Geschäft, ehe er es unternehmen darf,
die Vortrefflichen zu rühren.«

25*

Zehntes Kapitel.

Theater und Roman.

1.

Theater.

Schröder und Fleck. — Die Ritterstücke. Schröder's und Iffland's bürgerliche Familiengemälde.

Die glänzendste Verwirklichung fand die lebendige Shake-spearebegeisterung der deutschen Sturm- und Drangperiode in der deutschen Schauspielkunst. Was Lessing bisher nur als frommen Wunsch ausgesprochen hatte, Shakespeare »mit einigen bescheidenen Veränderungen« auf der deutschen Bühne zu sehen, das erfüllte sich jetzt in einer Vollendung und Meisterschaft, die uns Nachgeborenen längst wieder nur ein verklungenes Märchen besserer Tage geworden. Die Sturm- und Drangperiode war das goldene Zeitalter der deutschen Bühnengeschichte.

Wie recht hatte Lessing gehabt, als er den vorschnellen Tad: lern der Wieland'schen Shakespeareübersetzung mahnend zurief, man solle von den Fehlern derselben kein solches Aufheben ma-chen. Durch Wieland's Shakespeareübersetzung wurde Shake-speare der deutschen Bühne erobert. An Wieland's Shakespeare-übersetzung haben sich unsere großen Shakespearedarsteller ge-bildet.

Merkwürdigerweise waren es zuerst die Wiener Theater, welche sich dieser Schätze bemächtigten. Stephanie der Jüngere hatte 1773 Macbeth, Heufeld 1774 Hamlet bearbeitet, doch noch durchaus roh in der Weise der hergebrachten Spektakelstücke. Der unsterbliche Ruhm, der eigentliche Eroberer Shakespeare's für die deutsche Bühne und zugleich einer der größten Shake= spearedarsteller gewesen zu sein, die es jemals gegeben hat, ge= bührt Schröder.

Friedrich Ludwig Schröder, am 3. November 1744 zu Schwerin geboren, war in der Schauspielergesellschaft seines Stiefvaters Ackermann großgeworden. Eine abenteuerliche wüste Jugend, die ihn aber zum großen Schauspieler ausgebildet hatte, lag hinter ihm. Seit dem Jahr 1771 hatte er, ver= eint mit seiner Mutter, die Führung der Ackermann'schen Truppe übernommen. Sie hatte ihren Sitz in Hamburg. Nie hat ein darstellender Künstler, nie hat ein Theaterprincipal seine Auf= gabe größer und würdiger erfaßt.

Schröder war aus der Schule Lessing's hervorgegangen. Eckhof, dessen Größe der Jüngling beneidete, aber auf's tiefste bewunderte, und Ackermann, der in bürgerlichen und komischen Rollen neben Eckhof als ein fast gleich Großer stand, hatte auf ihn die fruchtbarste Einwirkung geübt. Als Marinelli zuerst hatte er sich als vollendeter Charakterspieler gezeigt. Aber sein eigenstes Wesen gehörte doch dem neuen Geschlecht an. Er war der Erste, welcher es wagte, Götz aufzuführen. Für die kühnen und eigensinnigen Schöpfungen von Lenz und Klinger hatte er die ausgesprochenste Vorliebe. Wie natürlich also, daß es ihn unaufhaltsam drängte, von den Nachahmern auf das Urbild, von den Stürmern und Drängern auf Shakespeare selbst zurückzu= gehen!

In seinem verwilderten Knabenleben, im Herbst 1758, hatte er zu Königsberg von einem herumziehenden Seiltänzer einzelne

Auftritte aus Othello, Hamlet und Lear gehört (vgl. Schröder's Leben von F. L. W. Meyer, Bd. 1, S. 57), der Eindruck war unauslöschlich. Wieland's Uebersetzung, die seit 1762 in rascher Folge erschien, wurde, wie Schröder's Biograph (ebend. S. 113) sich ausdrückt, von ihm verschlungen und blieb fortan sein Haupt- und Grundbuch. Im Jahr 1771 hatte Schröder eigens eine kleine Gesellschaft gebildeter Theaterfreunde gestiftet (ebend. S. 223), denen er Wieland's Shakespeare, Steinbrüchel's Thea- ter der Griechen und andere der Aufführung versagte Dichtungen vorlas. Endlich wagte er den letzten entscheidenden Schritt. Ermuthigt durch eine Aufführung des Hamlet, die er im Juli 1776 zu Prag gesehen, brachte er am 20. September desselben Jahres Hamlet nach einer von ihm selbst verfaßten Bearbeitung. Brockmann spielte die Rolle Hamlet's, Schröder den Geist. Der Erfolg war ein über alle Erwartung günstiger. »Hamlet und Brockmann«, erzählt Meyer (ebend. S. 291), »waren in Hamburg an der Tagesordnung des Gesprächs und des Gesangs, beschäf- tigten die zeichnenden Künste und standen in getriebenem Bild- werk, in Kupferstichen und Münzen vor den Schauläden.« Rasch griff der begeisterte Künstler weiter. Am 26. October Othello. Am 24. November 1777 der Kaufmann von Venedig. Vier Tage darauf, am 28. November, die Komödie der Irrungen in Großmann's Bearbeitung. Am 15. December Maß für Maß. Am 27. Juli 1778 König Lear. Am 27. November Richard II. Am 2. December Heinrich IV., beide Theile in ein Gesammt- stück zusammengedrängt. Am 21. Juni 1779 Macbeth. Am 20. September Viel Lärmen um Nichts. Am 18. December 1782 in Wien wagte Schröder sogar Cymbeline. Von der Aufführung des Julius Cäsar, den er oft in Privatkreisen vorlas, nahm Schröder nur deshalb Abstand, weil (ebend. S. 321) er sich nicht getraute, die Rollen so zu besetzen, wie er für Shakespeare ver- langte.

Es war ein Umschwung, ähnlich wie ihn Goethe in die deutsche Dichtung gebracht hatte.

Von Hamburg aus verbreitete sich das Shakespearerepertoire über ganz Deutschland. Auf ihren Gastspielen spielten Brockmann und Schröder vorzugsweise Shakespear'sche Rollen.

Wer es vermöchte, einen dieser gewaltigen Theaterabende wieder zurückzuzaubern!

Alle Berichte sind übereinstimmend, daß das Spiel Schröder's die tiefste Wahrheit und Bescheidenheit der Natur war, durchaus gegenständlich, fern von aller Uebertreibung und Künstelei. Besonders auch darum war ihm, wie er sich gegen seinen Biographen Meyer ausdrückte (ebend. S. 338), der Natursohn Shakespeare so lieb, weil ihm dieser Alles so leicht und so zu Dank machte, während manche sehr bewunderte und dichterisch glänzende Stelle anderer Dichter Kampf und Anstrengung kostete, um sie mit der Natur auszugleichen. In dieser Naturwahrheit aber war Schröder von einer Gewalt der Poesie, von einer an der Fülle Shakespeare's täglich wachsenden Genialität schöpferischer Erfindungs und Gestaltungskraft und von einer zwingenden Sicherheit in der Anwendung und Beherrschung der Kunstmittel, daß von ihm das Höchste gesagt werden muß, was von der modernen Schauspielkunst überhaupt gesagt werden kann; er war der volle plastische persönliche Ausdruck der großen Gestalten Shakespeare's, von der leisesten Herzensregung bis zu den furchtbarsten Tiefen stürmender Leidenschaft. Gleich seinem Meister Shakespeare war er von unendlicher Vielseitigkeit, ebenso groß im Komischen wie im Tragischen. »Sobald Schröder auftrat«, sagt Tieck im zweiten Theil des Phantasus, »fühlte man sich im Kunstwerk und vergaß im Augenblick den Schauspieler. Nichts von Nebensache, Zufälligkeit und Willkür oder gar Angewöhnung, Alles diente nur zu dieser Rolle und paßte zu keiner anderen; jeder Schritt, Accent, jede Bewegung machte mit der

deutlichſten Beſtimmtheit einen Zug am Gemälde und verſchmolz
zugleich die um ihn ſtehenden geringeren Talente ſo zu einem
Ganzen, daß die Darſtellung eines ſolchen Schauſpiels zu den
höchſten Genüſſen gehört, die wir von der Kunſt nur erwarten
können.« Als bei der erſten Aufführung des Hamlet Brockmann
den Hamlet ſpielte, ſpielte Schröder den erſcheinenden Geiſt des
Vaters. Meyer, der Biograph, erzählt (S. 291), daß Reimarus, der Verfaſſer der Wolfenbüttler Fragmente, ſtaunend ausrief: »den Geiſt ſeht, den Geiſt, bewundert, der kann mehr als
die Andern zuſammen!« Und als ſpäter Schröder ſelbſt den
Hamlet ſpielte, überragte er nicht nur Brockmann weit, ſondern
brachte ſogleich die Rolle zu einer Vollendung, die nur einem
Künſtler gegeben war, der, wie ſein Biograph (S. 308) ſagt,
in ſeiner ganzen Stimmung, in dem ſpringenden Wechſel von
Schwermuth und genialiſcher Laune, der innigſte Geiſtesver-
wandte des Shakeſpeare'ſchen Hamlet war; er würde, ſetzt Meyer
hinzu, Hamlet errathen haben, wenn er ihn auch nicht ergrün-
det, er würde in ähnlichen Verhältniſſen ſelbſt Hamlet geweſen
ſein. Lear, dem jetzt kein einziger Shakeſpearedarſteller mehr ge-
wachſen iſt, wurde in Schröder's genialer Kunſt eine Schöpfung,
die die furchtbare Tragik des Dichters nicht nur vollſtändig
deckte, ſondern ſogar noch vertiefte. »Ich halte nach Allem, was
ich geſehen,« berichtet der feinſinnige Biograph (S. 306) »für unmöglich, daß Schröder in dieſer Rolle je wieder erreicht werden
könne, wenn es der Natur nicht beliebt, den nämlichen Menſchen
in allen ſeinen Eigenthümlichkeiten noch einmal hervorzubringen,
und dem Schickſal, ihm die nämliche Bildung zu geben.« Und
bei jeder Wiederholung offenbarte Schröder neue Geheimniſſe
der Seele. Als Schröder im Januar 1779 ſeinen Lear in Berlin ſpielte, wurde Moſes Mendelsſohn dergeſtalt von dieſem Gemälde der inneren Gebrochenheit und des verzweifelten Wahn-
ſinns ergriffen und übermannt, daß er im vierten Akt die

Vorstellung verlassen mußte, und nicht wagte, sie wiederzusehen. Am 13. April 1780 spielte Schröder den Lear in Wien. Die Wiener Schauspieler hatten gegen ihn die gehässigsten Kabalen angestiftet. Selbst Kaunitz meinte, Schröder vor der drohenden Gefahr warnen zu müssen. Die Stimmung war höchst ungünstig. Bei dem ersten unübertrefflichen Auftritt mit Goneril, wo Einige ihren Beifall kaum zurückzuhalten vermochten, gebot eine überwiegende Mehrheit Stille. Noch im zweiten Akt gelang die Unterdrückung der steigenden Theilnahme. Aber der Gewalt des dritten Akts, dem Sturm, welchem Lear's Sinne erlagen, erlag die Widersetzlichkeit des Vorurtheils. Das Klatschen, das Bravorufen nahm kein Ende. Von nun an ging kein Zug ohne Beifall vorüber. Die Schauspielerin, die die Goneril spielte, ward von dem Fluch, den Lear gegen sie schleudert, so im Tiefsten ergriffen, daß sie nie wieder bewogen werden konnte, diese Rolle zu übernehmen. Und nicht minder ergreifend war Schröder als Macbeth. »Diese Rolle,« sagt Meyer (S. 317), »gilt für die Meisterrolle Kemble's; dennoch haben Britten gleich mir gefunden, Schröder sei ihm in keiner Stelle nachgestanden, habe aber den Charakter menschlicher gefaßt und dadurch, ohne der Kraft desselben etwas zu vergeben, das Herz mit ihm versöhnt.«

Auch das Zusammenspiel war unter der Leitung Schröder's, wie es jetzt in Shakespeare'schen Stücken nicht mehr gesehen wird.

Schröder wagte noch nicht den ganzen Shakespeare vorzuführen, sondern nur bedachtsam eingerichtete Bearbeitungen. Und es ist ein Lieblingsthema der heutigen Shakespearekritik geworden, uneingedenk der großen Verdienste Schröder's, über diese Bearbeitungen hart abzusprechen. Ein billiger Sinn wird in diesen Tadel nicht einstimmen. Zwei Gesichtspunkte sind in Schröder's Bearbeitungen zu unterscheiden, der pädagogische und der künstlerische. Der pädagogische Gesichtspunkt war unerläßlich. Ein Zuviel hätte das großartige Unternehmen im Keime erstickt. Für den ganzen Shakespeare war das Publicum, das so eben aus den französischen Bühnengewohnheiten kam, noch nicht reif. Auch in England waren Garrick und Kemble in gleicher Lage. Und verwundert man sich auch mit Recht über manche fast unbegreifliche Nachgiebigkeiten, wie z. B. über die Umbeugung der Tragik Othello's und Hamlet's zu heiterem Ausgang, die allerdings enthüllen, daß für Schröder die Stimmungen und Wendungen des bürgerlichen Rührstücks noch ungebührlich maßgebend waren, so ist nicht zu vergessen, daß es dieselbe Zeit war, in welcher Männer wie Heufeld, Stephanie, Weiße, Engel, Brömel, Großmann, Schink und so manche andere handwerksmäßige Routiniers aus Shakespeare's Tragödien und Komödien abgeschmackte Rührspiele und grobe Possen zurechtschnitten, und daß Schröder, nach dem ausdrücklichen Zeugniß seines Biographen (S. 290), dem Dichter fast bei jeder Vorstellung mehr von seinen Schätzen zurückgab; Schröder's Bearbeitungen, wie sie im Druck vorliegen, sind weder was sie bei den ersten Vorstellungen waren noch was sie bei den letzten wurden. Und soll man mit Denen rechten, die die künstlerische Nothwendigkeit besonderer Bühneneinrichtung in Abrede stellen? Es ist leicht zu sagen, ein Publicum, das Shakespeare verkürzt sehen wolle, sei überhaupt nicht werth, eines seiner Stücke zu sehen; das unumstößliche Kunstgesetz ist, daß die Uebertragung in ein anderes Darstellungsmaterial auch eingreifende Veränderungen des künstlerischen Stils, daß die Uebertragung von den Einrichtungen der Shakespeare'schen Bühne auf die heutigen Bühneneinrichtungen auch eine veränderte Scenirung, namentlich eine strengere Ausscheidung alles Unwesentlichen und eine festere Einheit des Orts verlangt. Bereichert durch bessere Uebersetzungen und durch erweiterte Bühnenerfahrungen sind wir jetzt glücklicherweise im Stande, die Bearbeitungen Schröder's zu überschreiten; den Grundsatz sol-

.her Bearbeitung aber hat Schröder für immer gezeigt. Nicht durch willkürliches Hinzuthun, sondern nur durch Kürzung und Zusammendrängung darf Shakespeare für die Bühne eingerichtet werden.

An Shakespeare war Schröder groß geworden, an Shakespeare bildete sich eine neue Schule.

Brockmann, Reineke, Borchers, welche unmittelbar neben Schröder standen und mit ihm in der Kunst dramatischer Charakterzeichnung wetteiferten, gehören neben Schröder zu den geehrtesten Namen der deutschen Schauspielergeschichte.

Und bald kamen Solche, die in der Auffassung und Darstellung Shakespeare'scher Gestalten Schröder hie und da sogar überragten. So groß Schröder war, es ist mit Sicherheit anzunehmen, daß ihm als Shakespearedarsteller zuweilen noch eine gewisse altväterische Enge, noch eine gewisse dem Rührstück entnommene Kleinbürgerlichkeit anhaftete. Es fehlte ihm, dem unübertroffenen Meister lebenswarmer Charakterzeichnung, dem innigen Vertrauten der Natur, offenbar jenes letzte unsagbare Etwas idealen Hauchs, das in Wahrheit erst den hohen Stil macht: Wie wäre dies auch innerhalb der Wieland'schen Uebersetzung möglich gewesen? Wir wissen, wie schwer später die Schauspieler den Weg in das Versdrama fanden. Fleck besiegte auch diese letzte Schranke.

Fleck, am 10. Januar 1757 zu Breslau geboren, hatte sich als Mitglied der Schröder'schen Gesellschaft in Hamburg unter Schröder's unmittelbarstem Einfluß gebildet; von 1763—1801 war er der Glanz der Bühne in Berlin. Besonders durch Tieck's begeisterte Schilderungen ist Fleck ein unvergängliches Andenken gesichert. »In Schauspielen, die Fleck's Sinn zusagten,« erzählt Tieck im Phantasus, »floß ihm der vollste Strom der hellsten und edelsten Poesie entgegen, und umfing und trug ihn in das Land der Wunder; als Vision trat Alles auf ihn zu; und diese Poesie und Begeisterung schufen, ihn tief bewegend, durch ihn so große und erhabene Dinge, wie wir schwerlich je wieder sehen werden. Der Tragiker, für den Shakespeare dichtete, muß viel von Fleck's Vortrag und Darstellung gehabt haben, denn diese wunderbaren Uebergänge, diese Interjectionen, dieses Anhalten und dann das stürzende Strömen seiner Rede, so wie jene zwischengeworfenen naiven, ja an das Komische grenzenden Naturlaute und Nebengedanken gab er so natürlich wahr, daß wir grade diese Sonderbarkeit des Pathos zuerst verstanden. Sah man ihn in einer dieser großen Dichtungen auftreten, so umleuchtete ihn etwas Ueberirdisches, ein unsichtbares Grauen ging mit ihm; jeder Ton seines Lear, jeder Blick ging durch unser Herz. In der Rolle des Lear zog ich ihn dem großen Schröder vor, denn er nahm sie poetischer, indem er nicht so sichtbar auf das Entstehen und die Entwicklung des Wahnsinns hinarbeitete, obgleich er diesen in seiner ganzen furchtbaren Erhabenheit erscheinen ließ. Wer damals seinen Othello sah, hat auch etwas Großes erlebt. In Macbeth mag ihn Schröder übertroffen haben, aber vom dritten Akt an war er groß und unvergleichlich. Sein Shylock war grauenhaft und gespenstig, nie gemein, durchaus edel. Und in den Dramaturgischen Blättern (Bd. 2, S. 47) setzt Tieck hinzu: »Fleck hob auf eine wahrhaft wunderbare Weise vornehmlich auch den Humor heraus, ohne welchen Shakespeare keinen einzigen seiner tragischen Charaktere gelassen hat. Diese sonderbare Kühnheit, die den meisten Schauspielern abgeht, weil sie es ohne Beruf freilich nicht wagen dürfen, einen Anklang des Komischen mit dem Ernst zu verbinden, und selbst in die Töne der Verzweiflung und des tiefsten Schmerzes eine gewisse Kindlichkeit, Naivetät, wunderlichen Widerspruch mit sich selbst hineinzuwerfen, dieses seltsame Talent war Fleck's Größe und ihm ohne Anstrengung das natürlichste. Es ist nicht zu beschreiben, was durch diese Gabe sein Macbeth und ebenso sein Othello und Lear gewannen. Das erschütterte eben, was Manchem im Dichter dürftig oder überflüssig erschien«.

Es war wieder ächte Poesie der Leidenschaft in der deutschen Schauspielkunst.

Um so seltsamer und überraschender erscheint die Bahn, welche die gleichzeitige dramatische Dichtung einschlug.

In Goethe's Pult ruhten die ersten Entwürfe des Egmont und der Iphigenie, die Anfänge des Tasso. Und vor Allem be= zeugten die gewaltigen Jugenddramen Schiller's, die eben jetzt in die Oeffentlichkeit traten, daß, falls die Sterne günstig seien, der deutschen dramatischen Dichtung noch eine große Zukunft bevor= stehe. Aber das schnell verzehrende Bühnenbedürfniß drängte das deutsche Drama, insoweit es nicht bloß Lesedrama, sondern wirk= liches Bühnendrama war, auf Wege, die von den höchsten Kunstzielen weit ablagen.

Zuerst das wilde Gerassel lärmender Ritterstücke, die in Nachahmung des Goethe'schen Götz überall aufschossen und nach dem kühnen Wagniß Schröder's, nicht bloß Goethe's Götz, son= dern auch die Roheiten und Zügellosigkeiten der Lenz'schen und Klinger'schen Stücke auf die Bühne zu bringen, bald auf allen Bühnen den willigsten Eingang fanden.

Manche dieser Dramen sind von achtungswerthem Verdienst. Törring's Agnes Bernauerin (1760) und Babo's Otto von Wit= telsbach haben festen dramatischen Griff, ihr Bau ist bühnengerech= ter als das Goethe'sche Urbild. Die großen Heldenspieler jener Zeit, Schröder selbst, wußten aus diesen Stücken äußerst wirksame Rollen zu gewinnen. Jacob Meyer's Sturm von Borberg (1778) und Just von Stromberg (1782) wurde auf Schiller's Empfehlung noch in den neunziger Jahren in Weimar aufgeführt. Dennoch war die künstlerische Wirkung der meisten dieser Ritterstücke, zu denen sich bald auch in Nachahmung von Schiller's Räubern Räuberstücke gesellten, nicht günstig. Das rohste Spektakelwesen war unaus=

bleiblich. Hatte schon Lessing, wie Brandes in seiner Lebensge=
schichte (Bd. 2, S. 214) berichtet, den beigemischten Klingklang
von Aufzügen und Turnieren, und die vielen Ungebärdigkeiten
der Sprache und des Behabens, die bei einem ächten Ritter und
Knappen für unerläßlich galten, nur mit Unwillen und Besorg=
niß gesehen, so wurde dies bald das allgemeine Urtheil Aller, die
Erz und Flitter zu unterscheiden wußten. Und grade die
Schauspieler selbst fühlten am schmerzlichsten, wie dieser glei=
ßende Prunk und Phrasenschwall zuletzt der Tod aller ächten
Menschendarstellung sei.

Daher andererseits als fester und bewußter Gegensatz wie=
der die entschlossene Rückkehr zu der scharf umgrenzten Kunst=
weise Lessing's, zu welcher ja Goethe bereits im Clavigo zurück=
gekehrt war und zu welcher auch Schiller in Kabale und Liebe
zurückkehrte. Es ist sehr bedeutsam, daß Schauspieler oder doch
Solche, die zu der Bühne in nächster Beziehung standen, die
Führer dieser Bewegung waren. Gemmingen mit seinem
Drama »Der deutsche Hausvater« und Großmann mit seinem
Lustspiel »Nicht mehr als sechs Schüsseln« gingen voran; kurz
darauf folgten Schröder und Iffland.

Unmittelbar neben und gegen die wilden tumultuarischen
Ritterschauspiele stellten sich die schlichten naturwahren Bilder
stiller bürgerlicher Häuslichkeit.

Volle zwei Menschenalter sind die Theaterdichtungen Schrö=
der's und Iffland's das Entzücken der Zuschauer gewesen; ja
mit den nöthigen Abkürzungen und im Costüm der Zeit gespielt
sind einzelne derselben noch heut von Wirkung. Diese Stücke
waren lebensvolle getreue Abdrücke der eigensten Leiden und
Freuden, der eigensten Charaktereigenthümlichkeiten und Lebens=
lagen, die Jeder aus unmittelbarster Erfahrung kannte; man
fühlte sich in ihnen gemüthlich zu Hause. Um so mehr, da diese
Stücke überall ganz vortrefflich dargestellt wurden; denn die

Schauspieler brauchten nur die wohlbekannten Menschen und
Dinge ihrer nächsten Umgebung zu spielen, und die bühnenkun=
bigen Verfasser brachten ihnen überdies nur streng naturwahre
und schon fertig durchgespielte Rollen entgegen. Die Ritter=
stücke schädigten die deutsche Schauspielkunst; an diesen bürger=
lichen Sittengemälden erhob sich die deutsche Schauspielkunst,
wenigstens nach der Seite des Charakteristischen, zu einer Voll=
endung und Meisterschaft, die leider nur allzuschnell wieder ver=
schwunden ist. Es ist sehr natürlich, daß Schauspieler und
Bühnenleiter für diese Art von dramatischer Dichtung noch
immer eine große Vorliebe hegen.

Aber etwas Anderes ist es, ob wir uns in der Beurthei=
lung dieser Dichtungen auf den Standpunkt des Bühnenbedürf=
nisses oder auf den Standpunkt reiner Kunstforderung stellen.
Die niederländischen Genremaler waren nicht blos lebenswahre
Copisten, sondern ächte und große Künstler von ursprünglich=
ster Poesie. Auch Lessing war von den moralisirend lehrhaften
Sittengemälden Diderot's und der Engländer des achtzehnten
Jahrhunderts ausgegangen; aber er hatte das Unkünstlerische
dieser Vorgänger schöpferisch fortgebildet, in Minna von Barn=
helm zum Lustspiel, in Emilia Galotti zum bürgerlichen Trauer=
spiel. Schröder und Iffland vermochten nicht das Gleiche. Schrö=
der's und Iffland's dramatische Dichtung ist photographische Na=
turwirklichkeit, nicht künstlerische Genremalerei. Schröder's und
Iffland's dramatische Dichtung ist zwar im Sinn Lessing's, aber
ohne Lessing's schöpferischen Geist. Es ist lediglich die Welt Dide=
rot's und Goldoni's, nur in das Deutsche übertragen; gemüths=
tüchtig, aber erdrückend eng, schwunglos. Die Handlung gestaltet
sich nicht frei und in sich nothwendig aus der Energie der Cha=
raktere, sie verläuft nur in den allergewöhnlichsten Zufällen und
Intriguen. Alles wird, wie Goethe sich ausdrückt, nur von
außen herein, nicht von innen heraus bewirkt. Und dazu noch

bei Iffland viel weichliche Sentimentalität und die Aufdringlich=
keit breiter salbungsvoller Moralpredigt.

> Uns kann nur das Christlich=Moralische rühren
> Und was recht bequem häuslich und bürgerlich ist.
> „Was? Es dürfte kein Cäsar auf Euren Bühnen sich zeigen,
> Kein Achill, kein Orest, keine Andromache mehr?"
> Nichts, man siehet bei uns nur Pfarrer, Commerzienräthe,
> Fähndriche, Secretäre oder Hufarenmajors.
> „Aber ich bitte Dich Freund, was kann denn dieser Misère
> Großes begegnen, was kann Großes denn durch sie geschehn?"
> Was? Sie machen Kabale, sie leihen auf Pfänder, sie stecken
> Silberne Löffel ein, wagen den Pranger und mehr.
> „Woher nehmt Ihr denn aber das große gigantische Schicksal,
> Welches den Menschen erhebt, wenn es den Menschen zermalmt?"
> Das sind Grillen! Uns selbst und unsere guten Bekannten,
> Unsern Jammer und Noth suchen und finden wir hier."

Ganz in der Weise dieses Xenions schrieb Schiller am
31. August 1798 an Goethe, die Begierde nach den Iffland'schen
Stücken sei durch einen Ueberdruß an den Ritterschauspielen er=
zeugt oder wenigstens verstärkt worden, man habe sich von Ver=
zerrungen erholen wollen; aber das lange Angaffen eines Alltags=
gesichtes ermüde doch endlich auch.

Doch ist bei der Betrachtung dieser denkwürdigen dramati=
schen Bewegung, wie sie sich einerseits in den Ritterschauspielen,
andererseits in den bürgerlichen Familiengemälden kundgiebt, vor
Allem die monumentale Seite in's Auge zu fassen. Weit wichtiger
als die künstlerische Bedeutung dieser Dramen ist die kulturge=
schichtliche.

So verschieden diese Ritterschauspiele und diese bürgerlichen
Sittengemälde in ihrer Richtung sind, in ihrer Grundstimmung
sind sie innig eins. Beide Gattungen, eine jede in ihrer Weise,
sind ächte Kinder der Sturm= und Drangperiode.

In beiden Gattungen, im Ritterschauspiel sowohl wie im

bürgerlichen Drama, das energische Streben nach fester und frischer Volksthümlichkeit, das ein so durchgreifender Grundzug der
Dichtung der Sturm- und Drangperiode ist. Und in beiden Gattungen, im Ritterschauspiel sowohl wie im bürgerlichen Drama,
dasselbe tief revolutionäre Grollen, das man mit Recht ein de-
mokratisches, ja ein demagogisches genannt hat.

Wenn irgendwo, so ist hier von politischer Tendenzdichtung
zu sprechen. Die politische Jugenddichtung Schiller's stand nicht
vereinzelt. Die Zeit wuchs bereits über die stille Beschaulichkeit
Goethe's und seiner nächsten Genossen hinaus. Wie die Dramen
Voltaire's ganz im Gegensatz zu Corneille und Racine, deren
Formen sie beibehalten, den großen Kampf gegen Tyrannei und
Pfaffenthum kämpften, wie Beaumarchais in dieser Zeit seine
schneidenden politischen Lustspiele schrieb, so nehmen auch die deutschen Dramen der achtziger Jahre den politischen Kampf auf.
Je näher dem Ausbruch der französischen Revolution, um so lau-
ter und bitterer.

Oft freilich hört man in dem unablässigen schwülstigen Reden der Ritter von Deutschheit und Manneskraft noch sehr deutlich die Nachklänge der Klopstock'schen Bardiete und ihrer knaben-
haften Deutschthümelei, aber die eigentliche Grundtendenz dieser
Stücke quillt aus dem tiefsten Herzblut der Zeit. Die Ritter
führen gegen die Fürsten, die Fürsten gegen den Kaiser, die
Kaiser gegen Papst und Kirche eine Sprache, daß es nicht Wunder nimmt, daß 1781 in München die Aufführung aller dieser
sogenannten vaterländischen Stücke untersagt wurde. Törring
stellt die Tragik der Agnes Bernauerin als den Kampf zwischen
den Rechten des Herzens und zwischen der grausamen Unnatur
der Standes- und Staatsgesetze dar; am Schluß des Stücks
wird Agnes ausdrücklich das Schlachtopfer des Staats genannt.
Und welch leidenschaftlich rücksichtslosen Sinn die Zeitgenossen in
Babo's Dramatisirung der Geschichte Otto's von Wittelsbach leg-

ten, das erhellt schlagend, wenn man in Zimmermann's Dramaturgie (herausgeg. von Lotze. Br. 1, S. 63) lieſt: »Wer in
ſolcher Kraft der Seele lebt, in ſo klarem feſtem Bewußtſein
eigener Rechtlichkeit und Ueberzeugungstreue, der darf auch Kai-
ſermörder werden wie Otto es ward, geächtet von Fürſten und
Reich, doch geachtet und geehrt von der richtenden Nachwelt und
gerechtfertigt dort oben. Wir haben dies Stück nie anders als
mit ernſten und frommen Gedanken anſehen können!«

Und die aus dem Kleinleben der nächſten Gegenwart ge-
nommenen Dramen waren ſogar noch leidenſchaftlicher, um nicht
zu ſagen, noch aufreizender. Schröder allerdings hielt ſich fern
von politiſirenden Nebenzwecken, ſeine Bühnenſtücke wollen nur
mittelbar durch Erweckung reineren und feineren Sittlichkeits-
gefühls für Volkswohl und Bürgerglück ſorgen. Ihm iſt die
Bühne in ihrer höchſten Aufgabe, wie ſich Schiller ſpäter empha-
tiſch ausdrückte, eine moraliſche Anſtalt. Aber alle die Anderen
ließen es ſich nicht umſonſt geſagt ſein, daß auch in Leſſing's
Emilia Galotti ein ſatiriſch politiſcher Zug war.

Sehr beliebt iſt das Thema der Standesunterſchiede. »Der
deutſche Hausvater« von Otto Heinrich von Gemmingen in
Mannheim (1780), eines der erſten dieſer dramatiſchen Familiengemälde, iſt in ſeinem Grundmotiv durchaus übereinſtimmend
mit dem Grundmotiv von Schiller's Kabale und Liebe; nur daß,
was Schiller zum Ernſt der Tragödie wendete, hier in der ge-
müthlichen Lehrhaftigkeit des moraliſirenden Rührſtücks haften
bleibt. Ein junger Graf liebt ein Bürgermädchen, die Tochter
eines Malers, und verführt ſie. Er wagt nicht, ſie zu heirathen;
hauptſächlich weil er meint, ſein Vater werde nimmer in eine
Mißheirath willigen. Der alte Graf aber, der Vater, überzeugt
ſich von der Rechtſchaffenheit des Mädchens, überwindet die
Standesvorurtheile, billigt die Verbindung. Alles ſchwimmt in
Freude und Seligkeit.

Dreifter und weitgreifender war bereits Großmann, mit seinem
Luftspiel »Nicht mehr als sechs Schüsseln« (1780). Es war ein immer wieder gern gesehenes Zugstück; in Berlin (Plümicke S. 305)
erlebte es sogleich in den erften vierzehn Tagen zehn Vorstellungen. Auch hier geht das Grundmotiv zunächst gegen den Adel;
ein vermögender bürgerlicher Hofrath wird von seinen herabgekommenen und verlumpten adligen Verwandten ausgebeutet und
trotzdem hochmüthig mißhandelt. Bald aber erweitert sich die
lose zusammengefügte Handlung zu allerlei Zwischenscenen, die auf
Maitreffenwirthschaft, Camarilla, Gewaltthätigkeit und Bestechlich-
keit der Beamten, die grellsten Streiflichter werfen. Es sind die
Anschauungen und Stimmungen, die in allen späteren Stücken
dieser Art ständig wiederkehren. Und auch darin zeigt sich dieses
Luftspiel als das maßgebende Urbild aller Nachahmungen und
Variationen, daß die Opposition vor dem Thron selbst stehen
bleibt; im Zeitalter des aufgeklärten Despotismus glaubte man,
vom schlecht unterrichteten König sei an den besser zu unterrich-
tenden zu appelliren.

Iffland wurde der eigentliche Meister dieser dramatisirten
Sitten- und Familiengemälde. Wie sein schauspielerisches Talent
sich vorzugsweise in bürgerlichen Charakteren und in fein komischen Rollen bewegte, so kam auch sein dichterisches Schaffen erst in
diesen Werken niederen Stils zur Geltung. Und trotz aller Schwächen dürfen wir über die sogenannte Iffländerei nicht vornehm den
Stab brechen. Einzelne seiner Stücke, wie vor Allem »Die Jäger«,
»Die Spieler«, und »Die Hagestolzen« (vorausgesetzt, daß die erften Alte gehörig zusammengedrängt werden,) sind auch heut noch
von Wirkung. Aber auch bei Iffland derselbe satirische Zug;
sogar noch tiefer und grollender. Insbesondere Iffland hat Goethe
vor Augen, wenn er im dreizehnten Buch von Wahrheit und
Dichtung rügt, daß das Drama dieser Zeit mit schadenfrohem
Behagen die theatralischen Bösewichter immer nur aus den hö-

26*

heren Ständen gewählt habe; man habe Kammerjunker oder wenigstens Geheimsekretär sein müssen, um sich einer solchen Aus-
zeichnung würdig zu machen; zu den allergottlosesten Schau-
bildern aber habe man die obersten Chargen und Stellen des
Hof- und Civiletats erkoren.

Es ist ein treffliches Wort, das diese ganze Erscheinung auf
ihren letzten Grund zurückführt, wenn Goethe nach Böttiger's
Bericht (vgl. Literar. Zustände und Zeitgenossen Bd. 1, S. 97)
ein anderes Mal sagte, Iffland habe ganz im Sinn Rousseau's
immer nur Natur und Kultur in schneidenden Gegensatz gestellt;
Kultur sei ihm nur die Quelle sittlicher Verderbniß, die Rückkehr seiner Menschen zur Sittlichkeit sei Rückkehr zum Naturzustand. Das sei aber ein ganz falscher Gesichtspunkt; das Geschäft
des Schauspielers bestehe nicht darin, die Kultur zu verunglimpfen, sondern zu zeigen, wie die Kultur gereinigt, veredelt und
liebenswürdig gemacht werden könne. Jedoch vergißt Goethe
nicht, ausdrücklich hinzuzufügen; die Schuld sei nicht Iffland's,
seine Beobachtungen seien richtig, seine Copien treu; die Schuld
sei vielmehr die Schuld der Zeit, die nur allzu oft eine Fratze
ächter Kultur gewesen.

Mehr als je standen Leben und Bühne im engsten Zusammenhang. Mit Recht sagt Eduard Devrient in der Geschichte
der deutschen Schauspielkunst: »Den Hochmuth, den Aberwitz
und die Infamie, vor denen man sich am Tage bücken mußte,
gab man Abends vor den Theaterlampen dem Spott und der
Verachtung preis; der Schauspieler war der Sachwalter der Unterdrückten, der Richter und Rächer.«

Wo sind die harmlosen Zeiten der Rabener'schen Satire?
Zu verwundern ist nur die Sorglosigkeit der Theaterpolizei. Selbst
das Wiener Burgtheater, jeder freieren Regung so ängstlich ver-
schlossen, nahm an Iffland kein Aergerniß.

2.

Roman.

Hippel. Miller's Siegwart. Der Ritter= und Räuber=
roman. Der Familienroman (Lichtenberg, Merck).

Noch Lessing klagte über den Mangel an deutschen Roma=
nen. Seit dem Anfang der siebziger Jahre war es völlig ge=
rechtfertigt, im Gegentheil über die maßloseste Ueberfluthung zu
klagen. Im Jahr 1796 berechnete die Neue Allgemeine deutsche
Bibliothek (Bd. 21, St. 1, S. 190), daß seit 1773 mehr als
sechstausend Romane in Deutschland gedruckt worden.

Keiner dieser Romane reicht in Gehalt und Kunstform an
Goethe's Werther, selbst nicht an Jacobi's Allwill und Woldemar
oder an Heinse's Ardinghello. Das Meiste fällt in das niedere
Bereich der flachsten, zum Theil sogar schmutzigsten Unterhal=
tungsliteratur.

Und doch ist es leicht, auch diese Ueberproduction in verschie=
dene Gruppen zu sondern und dieselben auf die maßgebenden
Stimmungen und Richtungen der allgemeinen Zeit= und Litera=
turverhältnisse zurückzuführen.

Ein zahlloser Troß von Nachahmern, die das Hohe und
Große ihrer Vorbilder geistlos copiren, oft auf das allerärger=
lichste trüben und verzerren.

Zuerst Sterne's mächtiger Einfluß. Goethe hat in Wahrheit
und Dichtung wiederholt auf Sterne hingewiesen. Ganz über=
einstimmend sagt Ramler in einem Briefe vom 14. November
1775 (vgl. Fr. Schlegel's deutsches Museum Bd. 4, S. 144),
vor Kurzem habe Jeder klagen wollen wie Young, jetzt wolle
Jeder scherzen wie Sterne. Diese springende Humoristik war so

recht die Kunstform der springenden Gemüthswillkür, der fessellose
Ausdruck aller zufälligsten persönlichen Leidenschaften und Eigenheiten. Wie man im Drama shakespearisirte, so sternisirte man
im Roman; und hier wie dort blieb man weit zurück hinter
dem Vorbild. Der Humor gedeiht nur, wo er auf der Grundlage eines durchgebildeten reinen und liebenswürdigen Gemüths
ruht.

Vor Allem rief Sterne's berühmter Roman »Tristram
Shandy« zur Nachahmung. Aber hatte Sterne in der Darlegung
»des Lebens und der Meinungen« seiner Helden zugleich die hin-
reißendste Kraft der Charaktergestaltung entfaltet, so glauben die
deutschen Nachahmer sich dieser Charaktergestaltung gänzlich ent-
schlagen zu können; sie sehen in Sterne's Manier nur den Frei-
paß einerseits für die Carricatur und andererseits für die trockenste
Lehrhaftigkeit, wie sie aus den Anschauungen und Gewohnheiten der Dichtung des Aufklärungszeitalters noch immer
herüberwirkte. Nicolai, der sich mit seinem Sebaldus Nothanker
selbst in die Reihe der deutschen Sternianer stellte, spricht in der
Vorrede dieses Romans das eigenste Geheimniß dieser Manier
aus, wenn er sagt, man solle sich nicht wundern, daß er mehr
nur Meinungen als Geschichte und Handlung darstelle; Sebaldus
kenne die Welt nicht, die Speculation sei seine Welt, jede Meinung sei ihm so wichtig wie kaum manchem Anderen eine Handlung. Nur Merck, der seine Kritiker, giebt im Deutschen
Merkur (1776. Bd. 1, S. 272) den deutschen Dichtern zu bedenken, ob es nicht im Vortheil des Lesers liege, wenn sie statt
Meinungen lieber Leben, statt der überall aufgehängten Tafeln
eigener Inspiration lieber eine pragmatische Geschichte des Helden,
statt der Monologen lieber ein möglichst episches Märchen liefern
wollten.

Wezel's Tobias Knaut und Gottwald Müller's Siegfried
von Lindenberg schildern nur Carricaturen; die Reflexionen, mit

denen fie einzelne Zeitrichtungen, namentlich die weinerliche Em=
pfindelei, bekämpfen, find dürftig und platt; die Atmosphäre, die
wir athmen, ift eng und philifterhaft.

Am bedeutendften unter diefen fternifirenden Romanen find
Hippel's Lebensläufe. Auch fie werden nicht mehr gelefen; und es
koftet in der That Mühe, fich durch dies wunderliche weltfchweifige
Buch hindurchzuwinden. Es ift ein Gemifch rührendfter Herzenser=
gießungen und trockener philofophifcher Ausführungen, ein Neben=
und Durcheinander unzufammenhängender Einfälle und Gedanken=
blitze. Nichtsdeftoweniger ift es durchaus gerechtfertigt, daß dies
Buch fich in ehrendem Andenken erhalten hat. Ein tiefer gebil=
deter Geift fpricht zu uns über die höchften menfchlichen Bildungs=
kämpfe.

Es ift überrafchend, daß grade Oftpreußen, das Land der
klaren Verftandesfchärfe, die Geburtsftätte Kant's, reich an Men=
fchen ift, die ihr ganzes Leben hindurch an dem unverföhnten
Zwiefpalt zwifchen den unabweislichen Forderungen ihrer Ver=
ftandesbildung und dem unbeugfamen Trotz phantaftifcher Ge=
fühlsfchwelgerei ringen und kranken. Man denke an Hamann
und neuerdings an Bogumil Goltz. Hippel, 1741 zu Gerdauen
geboren und feit feiner Univerfitätszeit faft ununterbrochen in
Königsberg lebend, gehörte zu diefer feltfamen Menfchenart.
Sein Leben und Wirken war voll der unenträthfelbarften Cha=
rakterwiderfprüche; in feinem Denken und Empfinden wollte er
das Unmögliche möglich machen und Pietift und Kantianer zu=
gleich fein. Was bleibt in fo verwickelter Gemüthsverfaffung
anderes als der kühne Saltomortale des Humors? Aber auch der
Humor ift bei Hippel nur Wollen, nur Anfatz. Zum ächten
und großen Humoriften fehlt ihm die hinreißende Liebenswürdig=
keit und Gemüthstiefe, fehlt ihm die plaftifche Phantafie, felbft
in dem befcheidenen Maß, das Jean Paul zum Dichter macht.

Auch Nachahmungen von Sterne's empfindfamer Reife wu=

cherten üppig. Am bekanntesten sind Thümmel's Reisen im mit=
täglichen Frankreich geworden; eine arge Vergröberung der scher=
zenden Anmuth Sterne's in Wieland'sche und Voltaire'sche Fri=
volität.

Die zweite Gruppe bilden die Nachahmer des Goethe'schen
Werther.

Im Jahr 1776 erschien der Roman »Siegwart, eine Klo=
stergeschichte« von Johann Martin Miller, einem Mitglied des
Göttinger Hainbundes. Zuerst in zwei, dann in drei Bän=
den. Es ist eine Doppelgeschichte zweier Liebespaare; die eine
mit glücklichem, die andere mit unglücklichem Ausgang. Auch
das glückliche Paar, Kronhelm und Siegwart's Schwester The=
rese, hat zuerst mit Schwierigkeiten zu kämpfen; Kronhelm's
Vater, ein brutaler Landjunker, will nicht dulden, daß sein Sohn
eine Bürgerliche heirathet; der Vater aber stirbt und Alles endet
in Glück und Wonne. Der Held der unglücklichen Liebesgeschichte
ist Siegwart selbst. Siegwart, der als Knabe stilles Klosterleben
sich als schönstes Zukunftsideal träumte, lernt auf der Universität
zu Ingolstadt die Tochter eines Ingolstadter Hofraths kennen,
liebt sie, findet die innigste Gegenliebe. Er entsagt dem Entschluß
des Klosterlebens. Aber der Vater des Mädchens verweigert die
Einwilligung; er hat die Tochter bereits einem alten Hofrath
versprochen. Die Tochter läßt sich zu dieser Heirath nicht zwin=
gen. Der Vater schickt sie in's Kloster. Siegwart tritt als
Gärtner in den Dienst dieses Klosters; er will die Geliebte
entführen. Der Anschlag mißlingt. Darauf verbreitet sich das
Gerücht, die Geliebte sei gestorben. In der Verzweiflung erwacht
Siegwart's alte Neigung zum Kloster, er wird Mönch. Eines
Abends wird er in ein benachbartes Kloster gerufen, die Beichte
einer sterbenden Nonne zu hören. Die Sterbende ist Marianne, die
Geliebte, noch immer nicht Vergessene. Gegenseitige Wiederer=
kennung. Marianne stirbt. Tiefste Erregung Siegwart's. Er=

schöpfung und Krankheit. »Den Tag über lag er in anscheinen=
der Ruh auf dem Bett; seine Freunde hielten's für ein Zeichen
der Besserung, aber im Grunde war's Entkräftung. Einmal
Abends um elf Uhr wachte Siegwart von einem sehr lebhaften
Traum auf. Es war ihm vorgekommen, seine Marianne winke
ihm. Er sprang auf, an's Fenster. Der Mond, der durch dünne
Wölkchen düster schien, warf etliche blasse Strahlen an das Kreuz
auf Mariannen's Grab. Hastig lief er auf's Grab, stürzte sich
darauf hin, umarmte das Kreuz, weinte laut. Nimm mich zu
Dir, nimm mich zu Dir, Engel!« Am andern Morgen ver=
mißte man Siegwart und suchte ihn. »Auf dem Grab, auf dem
Grab! rief endlich eine Nonne, die am Fenster stand. Alle
flogen hinab auf den Kirchhof, und der edle Jüngling lag erstarrt
und todt im blassen Mondschein auf dem Grabe seines Mäd=
chens, dem er treu geblieben war bis auf den letzten Hauch.«

Goethe's Werther ist eine unvergängliche klassische Dichtung
von tiefer Tragik, Siegwart ist nichts als eine trübselige Liebes=
geschichte von flachster Weinerlichkeit. Man kennt Siegwart jetzt
nur noch als den geschichtlichen Spottnamen jener schwächlichen
Empfindsamkeitsperiode, deren charakteristische Ausgeburt er ist.
Und man würde eine Generation, die nicht übel Lust bezeugte,
Siegwart unmittelbar neben, ja über Werther zu stellen, gar
nicht begreifen können, wenn nicht erst wieder in unseren Tagen
ein leiblicher Abkomme Miller's, Oskar von Redwitz, mit dem
Erfolg seiner Amaranth gezeigt hätte, daß empfindelnde Süßlich=
keit immer und überall ein dankbares Publicum findet.

Eine dritte Gruppe waren die romanhaften Selbstbiographien,
welche durch die Confessionen Rousseau's hervorgerufen wurden.

Wir kennen die Lebensgeschichte Jung = Stilling's. Ganz
ähnlich hat Karl Philipp Moriz sein Jugendleben unter dem
Namen Anton Reiser geschildert. Es giebt kaum zwei Naturen,
die so verschieden sind wie Stilling und Anton Reiser. Der Eine

gehört zu den Stillen im Lande; der Andere ist von heißblütiger
Leidenschaftlichkeit, unruhig abenteuernd, zuerst in der Schauspielkunst, für die er kein Talent hat, sein höchstes Lebensideal su-
chend, dann ein schätzbarer Gelehrter und gleichwohl auch in der
Wissenschaft keine innere Befriedigung findend, in stetem Kampf
und Gegensatz gegen die nächsten Lebensforderungen. Und doch
sind Beide von unverkennbarster Familienähnlichkeit. In Beiden derselbe Drang nach ungebundener Entfaltung des Ich, in
Beiden dieselbe eitle Selbstbespiegelung; in Beiden dieselbe phantastische Gefühlsschwelgerei, wenn auch nach verschiedenen Richtungen und Zielen gewendet.

Die Geschichte Anton Reiser's ist ein höchst denkwürdi-
ges Buch. Es ist vergessen, weil wir mit den Stimmungen
und Zielen, aus denen es entsprang, nichts mehr gemein haben; aber es ist von unvergänglicher Anziehungskraft durch die
psychologische Tiefe und Poesie in der Darstellung der geheimsten
Herzensregungen, durch die herzgewinnende Wahrheit und Frische
in der Schilderung des deutschen Kleinlebens, durch den schwärmerischen idealen Zug, der selbst den schwersten Fehltritten und
Irrungen entschuldigendes Verständniß und warme Theilnahme
sichert. Ueberall der Zauber einer edlen und schönen Natur, wenn
auch einer in sich unfertigen und unklaren.

Zuletzt die zahllosen Ritter- und Räuberromane, die in
Nachahmung von Goethe's Götz und von Schiller's Räubern und im engen Anschluß an die gleichzeitigen Erscheinungen des deutschen Dramas an allen Ecken und Enden aufschossen. Cramer, Spieß, Vulpius, Schlenkert und deren Con-
sorten.

Sehr natürlich, daß gegen all diese Ueberschwenglichkeiten
bald ein gesunder Rückschlag erfolgte.

Es galt, aus der phantastischen Traumwelt wieder zu Natur
und Wahrheit zurückzukehren.

Von den verschiedensten Richtungen aus erhoben sich die Versuche der Gegenwirkung.

Mufäus trat mit seinen »Volksmärchen der Deutschen« auf, 1762—1786. Er, der in seinem »Grandison dem Zweiten« gegen die Weinerlichkeit Richardson's, in seinen »Physiognomischen Reisen« gegen die Uebertreibungen und Lächerlichkeiten des neusten Geniewesens mannhaft angekämpft hatte, spricht es im Vorbericht dieser Märchen offen aus, daß dieselben wesentlich dazu bestimmt seien, der leidigen Sentimentalsucht der modischen Büchermanufactur, dem weinerlichen Adagio der Empfindsamkeit den gesunden und kernhaften Volkston entgegenzustellen. Wir wissen jetzt Alle, daß Mufäus den ächten Märchenton noch nicht getroffen, daß er diese schlichten und herrlichen Blüthen der Volksphantasie nicht blos, wie er meinte, localisirt, sondern oft auch höchst ärgerlich modernisirt, um nicht zu sagen, wielandisirt hat; aber er war ein Ergänzer der Anregungen, die durch Herder's Hinweisung auf das Volkslied gegeben waren. Nicht blos Leonhard Wächter (Veit Weber) mit den Sagen der Vorzeit, sondern auch Tieck und die Brüder Grimm stehen auf seinen Schultern.

Gleichzeitig in Meißner und kurz nachher in Feßler die Anfänge des historischen Romans. Einer Zeit, welcher die Einsicht in das geschichtliche Leben und in das psychologische Triebwerk öffentlich handelnder Charaktere noch so fern stand, war diese Aufgabe unlösbar. Es war nicht ein künstlerischer Fortschritt, sondern nur ein geistloses Weiterspinnen der alten Wieland'schen Romanweise.

Und hier reiht sich auch Schiller's Geisterseher ein. Aber die Nachahmer wurden durch dies mächtige Vorbild nicht auf den realistischen Roman geführt, sondern nur zum Spektakelwesen abenteuerlicher Geister- und Geisterbannergeschichten.

Wenn es ewig wahr ist, daß das Kunstschaffen um so ur-

fprünglicher und in sich vollendeter ist, je fester es sich auf den
Boden der gegebenen Gegenwart und Wirklichkeit stellt, so
nimmt es Wunder, daß nicht vor Allem auch der Sitten= und
Familienroman ausgebildet wurde, zumal ja eben jetzt die drama=
tischen Sitten= und Familiengemälde Schröder's und Iffland's in
allen empfänglichen Herzen den lebendigsten Wiederklang fanden.

Besonders Lichtenberg und Merck wiesen nach dieser Rich=
tung.

Georg Christoph Lichtenberg (geboren 1742 zu Oberram=
städt bei Darmstadt, gestorben 1799 zu Göttingen), ein verdienst=
voller Mathematiker und Physiker, ein hochangesehener Universi=
tätslehrer, großgewachsen an den Einwirkungen der englischen
Literatur und wiederholter englischer Reisen, war von seinem
ersten Auftreten an einer der hervorragendsten Widersacher der
Sturm= und Drangperiode. Wie Sancho Pansa begleitet er alle
diese Donquixoterien auf Schritt und Tritt und ironisirt sie
mit seinem gesunden realistischen Sinn unerbittlich. Fast möchte
man ihn zu dem Geschlecht der Nicolaiten zählen, wäre er nicht
hocherhaben über sie durch die vielseitigste Bildung und durch
den schlagendsten satirischen Witz und Humor. Den Uebertrei=
bungen der Lavater'schen Physiognomik stellte Lichtenberg sich um
so heftiger entgegen, je weniger er sich den unumstößlichen phy=
siognomischen Wahrheiten verschloß, ja dieselben schon vor Lavater
und unabhängig von diesem gesunden und ausgesprochen hatte.
Bei der Kunde von Garve's zehrender Krankheit sagte er witzig,
es sei ein ebenso großer Verlust für unsere Literatur, daß Garve
aufgehört habe zu schreiben als daß Lavater jemals zu schreiben
angefangen. Und in der Bekämpfung der herrschenden Literatur=
schäden selbst ist er unerschöpflich in immer treffenden Wendungen
und Ausfällen gegen diese sogenannten Originalgenies, »die fluchen
und schimpfen wie Shakespeare, leiern wie Sterne, sengen und
brennen wie Swift und posaunen wie Pindar, »und die doch nur

zum Namen Genie kommen, »wie die Kellerefel zum Namen
Taufendfuß, nicht weil fie fo viel Füße haben, fondern weil die
Meiften fich nicht die Mühe nehmen, bis auf vierzehn zählen zu
wollen«. Wie hätte er, der begeifterte Kenner und Bewunderer
Shakefpeare's und Garrick's, einverftanden fein können mit dem
unverftändigen Shakefpearifiren unverftändiger Nachahmer, die
nicht Shakefpeare, fondern nur ein Phantom nachahmten, das fie
fich nach Maßgabe ihrer Kräfte von Shakefpeare gemacht hatten!
Wenn ein Affe in den Spiegel hineinguckt, fagt Lichtenberg,
fo kann aus diefem Spiegel kein Apoftel herausfehen. Und
eben weil ihm diefe neuen Dichter, wie er fich mit ent-
fchiedener Verkennung der Größe Goethe's ausdrückte, nur
Dichter aus Dichtern, nicht Originale, nicht Dichter aus der
Natur waren, fuchte er fie immer und immer wieder zur Natur
und Wirklichkeit, zum genauen Studium und zur individuellen
Darftellung der gegebenen Charaktere und Zuftände zurückzurufen;
kein Buch könne auf die Nachwelt gehen, das nicht die Unter-
fuchung des vernünftigen und erfahrenen Weltkenners aushalte.
Aus diefem Gefichtspunkt richtete Lichtenberg fein Augenmerk
ganz vornehmlich auf den Roman. Er felbft machte die ver-
fchiedenften Verfuche und Anfätze: aber ohne fchöpferifche Kraft
brachte er es nur zu kleinen befchreibenden Genrebildern. Die
Schilderungen feines Orbispictus und vor Allem die Erklärung
Hogarth's beweifen, wo fein Ideal lag.

Glücklicher und wirkfamer war Johann Heinrich Merck, der
bekannte Freund Goethe's.

Ein fefter einheitlicher Grundgedanke geht durch alle kriti-
fchen Anfchauungen Merck's. Es ift jenes bedeutende Wort, mit
welchem er Goethe's dichterifche Eigenthümlichkeit bezeichnete:
»Dein Beftreben, Deine unablenkbare Richtung ift, dem Wirklichen eine poetifche Geftalt zu geben; die Anderen fuchen das
fogenannte Poetifche, das Imaginative zu verwirklichen, und

das giebt Nichts als dummes Zeug!« Diesen Grundgedanken hat Merck besonders auch in Anwendung auf den Roman ausgesprochen. In der Anzeige von Goethe's Werther
(Allgem. Deutsche Bibliothek 26, 1, S. 103) sagt er: »Das
innige Gefühl des Verfassers, womit er die ganze, auch die
gemeinste ihn umgebende Natur zu umfassen scheint, hat über
Alles eine unnachahmliche Poesie gehaucht; er sei und bleibe allen
unseren angehenden Dichtern ein Beispiel der Nachfolge und
Warnung, daß man nicht den geringsten Gegenstand zu dichten
und darzustellen wage, von dessen wahrer Gegenwart man nicht
irgendwo in der Natur einen festen Punkt erblickt habe, es sei
nun außer uns oder in uns. Wer nicht den epischen und dramatischen Geist in den gemeinsten Scenen des häuslichen Lebens
erblickt, der wage sich nicht in die ferne Dämmerung einer idea-
lischen Welt, wo ihm die Schatten von nie gekannten Helden,
Rittern, Feen und Königen nur von weitem vorzittern. Ist er
ein Mann und hat er sich seine eigene Denkart gebildet, so mag
er uns die bei gewissen Gelegenheiten in seiner Seele angefachten
Funken von Gefühl und Urtheilskraft durch seine Werke hindurch
wie helle Inschriften vorleuchten lassen; hat er aber nicht dergleichen aus dem Schatze seiner eigenen Erfahrungen aufzutischen, so
verschone er uns mit den Schaubroten seiner Maximen und Ge-
meinplätze«. Aehnlich sagt Merck in der Anzeige des Vossischen
Musenalmanachs (Deutscher Merkur 1776, 1, S. 85): »Unsere
jungen Dichter werfen sich jetzt mit Gewalt in idealische Abgründe, und malen, was kein Auge gesehen und kein Ohr gehört
hat; fühlten sie aber die Magie des Epos in jeder Scene des
Lebens, so würden ihre Blätter eben so voll davon sein, wie die
Werke ihrer Meister, die sie mit so viel Recht bewundern«. Am
bezeichnendsten aber ist Merck's Abhandlung »Ueber den Mangel
des epischen Geistes in unserem lieben Vaterlande« (Merkur 1778,
1, S. 48. Stahr Leben Merck's. S. 287 ff.). Die deutschen

Romane, heißt es hier, seien entweder ausländisch oder antik oder
utopisch. Kaum einer dieser neußten Romane reiche an die Güte
von Gellert's Schwedischer Gräfin. Man habe vergessen, daß
zum epischen Wesen vor Allem wackre Sinne gehören; wo aber
sei jetzt diese Frische und Schärfe der sinnlichen Auffassung?
Man schwatze jetzt viel von der Liebe zur Natur; bei den Meisten
sei dies aber nur garstige anerlernte Tradition. Besonders aber
verderbe die Sekte der Empfindsamkeit und des Geniewesens alle
scharfe Gegenständlichkeit. Was können diese jungen Genies an
Menschen sehen, deren ganzes Spiel von Leidenschaften ihnen zu
alltäglich und zu philisterhaft vorkommt, als daß es aufgenommen zu werden verdiene? Grade an Shakespeare sei zu lernen,
daß wer den Glauben habe, überall Merkwürdiges aufzufinden,
auf jedem Schritt Merkwürdiges finde; überall ist Spiel menschlicher Leidenschaft wie überall Spiel von Schatten und Licht.
Die Abhandlung schließt mit den Worten: »Unsere jungen Dichter sollen sich nur üben, einen Tag oder eine Woche ihres Lebens
als eine Geschichte zu beschreiben, daraus ein Epos, d. h. eine
lesenswürdige Begebenheit zu bilden, und zwar so unbefangen,
daß nichts von ihren Reflexionen durchstimmert, sondern daß
Alles so dasteht, als wenn's so sein müßte. Alsdann, wenn sie
darin bestehen, wollen wir ihnen erlauben, uns mit größeren Werken zu beschenken.«

Merck blieb nicht bei der Theorie; er schuf eine Reihe kleiner Genrebilder häuslichen Lebens, so frisch und naturwahr und
mit so ächt dichterischem Auge erschaut und dargestellt, daß es
fast ungerecht scheint, wenn ihm Goethe in Wahrheit und Dichtung nur einen leichten und glücklichen Productionstrieb zuerken-
nen will, der niemals über das blos Dilettantische hinausgekommen sei. »Lindor«, besonders aber die »Geschichte des Herrn
Dheim«, »Herr Dheim der Jüngere« und »Eine Landhochzeit«,
in den Jahren 1779—1781 im deutschen Merkur veröffentlicht

(wiederabgedruckt in A. Stahr's Merck. S. 155 ff.), sind in ihrer Art klassische Novellen von unveraltbarer Kraft.

Jedoch der Iffland des Romans blieb aus: Lafontaine kann nicht mit Iffland verglichen werden, sondern nur mit Kotzebue. Der Grund, warum die Zeit des deutschen Romans noch nicht gekommen war, ist klar. Es fehlte die volle und freudige Hingabe an die Gegenwart und Wirklichkeit. Die Novellen und Romane, die sich dem phantastischen und sentimentalen Roman entgegenstellten, waren selbst noch phantastisch und sentimental. Auch die Pointe der Genrebilder Merck's ist nicht die Durchgeistigung und Beherrschung der Wirklichkeit, sondern die Flucht aus der Gesellschaft in die ländliche Zurückgezogenheit, die Flucht aus der Verderbniß der Kultur in den selbstgeschaffenen Naturzustand. Lafontaine's »Naturmensch« und »Sonderling« sieht in der Welt nichts als Unnatur und Narrenspossen; in solcher Stimmung konnten Lafontaine's Familiengemälde, auch wo sie sich über leichtfertige Fabrikarbeit erhoben, entweder nur flache Satire oder nur weinerliche Moralpredigt sein.

Ueberall das alte Grundgebrechen der Sturm- und Drangperiode, der unversöhnte Kampf und Zwiespalt zwischen Ideal und Wirklichkeit, zwischen Herz und Welt.

Eine neue Epoche begann, als die Besten und Trefflichsten diesen Kampf und Zwiespalt überwanden und das Ideal nicht über- und außer dem Leben, sondern im Leben selbst suchten. Auch für die Geschichte des deutschen Romans war diese neue Epoche eine entscheidende Wendung. Wilhelm Meister's Lehrjahre sind die Bildungsgeschichte eines jungen Menschen, welcher von der Phantastik zur sittlichen Harmonie, von der Furcht und Flucht vor der Wirklichkeit zum poesievollen Erfassen und Fortbilden derselben geführt wird.